Marita Metz-Becker
Drei Generationen Hebammenalltag

Forschung Psychosozial

Marita Metz-Becker

Drei Generationen Hebammenalltag

Wandel der Gebärkultur in Deutschland

Psychosozial-Verlag

Für Alice, *2009
Louis, *2014
Gian, *2015
Finn, *2018
und Delphi, *2019

Gedruckt mit Unterstützung der Gerda Henkel Stiftung, Düsseldorf

Bibliografische Information der Deutschen Nationalbibliothek
Die Deutsche Nationalbibliothek verzeichnet diese Publikation
in der Deutschen Nationalbibliografie; detaillierte bibliografische Daten
sind im Internet über http://dnb.d-nb.de abrufbar.

Originalausgabe
© 2021 Psychosozial-Verlag, Gießen
E-Mail: info@psychosozial-verlag.de
www.psychosozial-verlag.de
Alle Rechte vorbehalten. Kein Teil des Werkes darf in irgendeiner Form
(durch Fotografie, Mikrofilm oder andere Verfahren)
ohne schriftliche Genehmigung des Verlages reproduziert
oder unter Verwendung elektronischer Systeme
verarbeitet, vervielfältigt oder verbreitet werden.
Umschlagabbildung: Arztkoffer mit Stethoskop © froto/adobe.stock.com
Umschlaggestaltung und Innenlayout nach Entwürfen von Hanspeter Ludwig, Wetzlar
ISBN 978-3-8379-3056-6 (Print)
ISBN 978-3-8379-7767-7 (E-Book-PDF)

Inhalt

I	**Einleitung und Methode**	9
II	**Zur Geschichte des Hebammenberufs im 19. Jahrhundert**	15
1	Von der Hebammenkunst zur akademischen Disziplin	15
2	Hebammenwissen und Hebammenwahl	16
3	Berühmte Hebammen im 19. Jahrhundert	19
4	Hierarchisierungsbestrebungen in der Geburtshilfe	22
5	Gebären in der Accouchieranstalt	24
III	**Zweite »kopernikanische Wende« Das Ende der Hausgeburt im 20. Jahrhundert**	35
1	Zur Lage der Hebammen im beginnenden 20. Jahrhundert	35
2	Hebammen im Nationalsozialismus	36
3	Die Situation seit der Jahrhundertmitte	37
IV	**Generationen und Traditionen**	45
1	Die letzten Landhebammen erzählen	45
1.1	Ausbildung	46
1.2	Hausgeburten	51
1.3	Wissen und Kompetenzen	64
1.4	Brauch und Tradition	76
2	Klinikhebammen in den 1960er und 1970er Jahren	85

2.1	Ausbildung	85
2.2	Arbeitsalltag und Selbstverständnis	89
2.3	Fazit	101
3	**Die Klinikhebamme der Gegenwart**	**105**
3.1	Ausbildung	105
3.2	Geburtshilflicher Alltag	110
3.3	Rituale und Hierarchien	132
3.4	Kosten-Nutzen-Denken im Gesundheitssystem	136
3.5	Berufszufriedenheit	140
4	**Außerklinische Geburtshilfe heute**	**144**
4.1	Frauengesundheitsbewegung	144
4.2	Hausgeburten	148
4.3	Geburtshausgeburten	165
4.4	Kompetenzen und Konflikte	175
5	**Niedergelassene Hebammen in der Vor- und Nachsorge**	**180**
5.1	Vorsorgehebammen	180
5.2	Nachsorgehebammen	190
6	**Die Hebammenschülerin heute**	**193**
V	**Exkurs: Was wollen die Frauen? Mütter erzählen**	**209**
1	Pia Bönner, vier Geburten	209
2	Mareike Nast, zwei Geburten	215
3	Katrina Stiel, zwei Geburten	224
VI	**Die sichere Geburt** **Risikodiskurse**	**235**
1	Die ärztliche Sicht	235
2	Die Sicht der Hebammen	243
3	Die Sicht der Frauen	247
4	Fazit	248
VII	**Verbandspolitische Forderungen**	**253**

VIII Epilog 263
1 Historischer Wandel: Dorfhebammen 265
2 Historischer Wandel:
   Klinikhebammen der 1970er und 1980er Jahre 268
3 Historischer Wandel:
   Hebammen in Gegenwart und Zukunft 270

Danksagung 275

Anhang 277
InterviewpartnerInnen (alphabetisch, anonymisiert) 277
Hebammen 277
Mütter 278
Deutscher Hebammenverband 278
Leitung Geburtshilfliche Abteilung Universitätsklinikum 278
Die Bundesländer der InterviewpartnerInnen 278

Literatur 279

Verzeichnis der Abbildungen 289

I Einleitung und Methode

Zur Geschichte der Hebammen gibt es auf dem Buchmarkt vielfältige Literatur, sei es in kulturgeschichtlicher Perspektive zum Hebammenberuf im Mittelalter oder der Frühen Neuzeit, sei es unter geschlechterspezifischen Prämissen zur Veränderung des Hebammenberufs durch die Ärzteschaft im Zeitalter der Aufklärung oder aber zur speziellen Situation der Hebammen während des Nationalsozialismus – immer geht es um einen besonderen Frauenberuf mit einer langen und wechselvollen Geschichte. Es finden sich auch Publikationen in Form von Romanen oder Lebenserinnerungen, die das weite Feld des Hebammenalltags zum Thema haben, oft unter nostalgischen Vorzeichen geschrieben, manches auch aus kritischer Distanz, einiges erfüllt die Voraussetzungen des Unterhaltungsromans.

Der Beruf der Hebamme berührt aber auch auf besondere Weise unsere Gegenwart. In den letzten Jahren überschlugen sich die Nachrichten zum Hebammenberuf geradezu. Von extrem hohen Versicherungskosten ist die Rede und vom Aufgeben vieler Hebammen, für die sich die Freiberuflichkeit nicht mehr rechne. Gleichzeitig gehen die Bewerbungen an den Hebammenschulen drastisch zurück, da der Beruf an Attraktivität eingebüßt hat. Dies hat zur Folge, dass Frauen keine Vor- und Nachsorgehebammen mehr finden und die wenigen Hebammen, die ihre Leistungen noch anbieten, sich vor Anfragen nicht retten können. Die Problematik betrifft sogar Ballungszentren, wie das Rhein-Main-Gebiet, in dem jüngst, um dem Mangel entgegenzuwirken, aus dem Stehgreif eine Ausbildungsstätte in Frankfurt am Main entstand. Auf dem sogenannten flachen Land sieht es noch schlimmer aus. Längst sind wohnortnahe Entbindungseinrichtungen dem Rotstift zum Opfer gefallen, da kleinere Krankenhäuser ihre Pforten schließen und Geburten zunehmend in Kliniken der Maximalversorgung stattfinden. Parallel dazu steigen die medizinischen Interventionen an, allen voran die Kaiserschnittraten, die mancherorts die 50-Prozent-Marke überschritten haben und im bundesdeutschen Durchschnitt mittlerweile bei 30,5 Prozent liegen (Sommer, 2019).

Diese Entwicklung stößt nicht nur auf die Kritik der Hebammen und der WHO, die allenfalls eine Sectiorate von zehn bis 15 Prozent für indiziert hält (WHO, 2010, S. 4), sondern auch auf die der Bevölkerung, die mittlerweile demonstrierend auf die Straße geht und eine Petition mit über 200.000 Unterschriften an den Deutschen Bundestag gerichtet hat, um dem Missstand der mangelhaften Hebammenversorgung entgegenzuwirken (Deutscher Hebammenverband, o.J.a). Vor diesem Hintergrund sahen die Hebammen sich im Jahr 2015 sogar veranlasst, ihr Wissen als immaterielles Weltkulturerbe von der UNESCO schützen zu lassen (Deutscher Hebammenverband, o.J.b).

Um Gegenwart zu erklären, tut stets ein Blick in die Geschichte not, und dieser Blick zeigt, dass es gerade erst einmal 60 Jahre her ist, dass der selbstständige Hebammenberuf ins Wanken geriet und die Geburt als ein Geschehen betrachtet wurde, das in der Klinik stattzufinden habe. Alte Landhebammen erinnern sich noch gut an diese Entwicklung, mussten sie doch befürchten, von heute auf morgen arbeitslos zu werden. Die Krankenkassen übernahmen Ende der 1960er Jahre die Kosten für eine Klinikentbindung; ganz im Gegensatz zu der bisherigen Praxis, die vorsah, dass geburtsärztliche Leistungen nur bei einer medizinischen Indikation abgerufen werden konnten. Waren die Kinder bis dahin noch zu Hause unter dem Beistand einer Hebamme zur Welt gekommen, mussten sich die Hebammen nun in Kliniken anstellen lassen, wo sie sich einem für sie völlig neuen Arbeitsfeld gegenübersahen. Viele gingen diesen Schritt nicht mit und fanden sich mit der geringeren Nachfrage nach außerklinischen Geburten ab, andere arbeiteten fortan in abhängiger Stellung in der Klinik und wieder andere gaben ihren Beruf ganz auf.

Die Hebammen aus jener Zeit sind heute hochbetagt und haben dem damals Erlebten im Rahmen der vorliegenden Studie in zahlreichen narrativen Interviews Ausdruck verliehen. Dieses in der Wissenschaft als »Oral History« bezeichnete Vorgehen rekonstruiert gelebte Geschichte und gibt Einblick in die Denk- und Gefühlswelten der Betroffenen, in ihre Erfahrungen, Wünsche, Ängste und Hoffnungen. Die eigenen Berufserfahrungen aus der Sicht unterschiedlicher Hebammengenerationen zu betrachten, ist Anliegen dieses Buches. Es kommen Frauen zu Wort, die Ende der 1920er Jahre geboren sind und sich in der Nachkriegszeit als junge Frauen für den Hebammenberuf entschieden haben, aber auch die Töchter- und

Enkelinnengenerationen, Geburtsjahrgänge der 1950er bis 1990er Jahre, sodass insgesamt gut drei Hebammengenerationen erfasst werden konnten.

»Wer etwas über Erlebnisse und Ansichten erfahren will«, sagt der Kulturhistoriker Albrecht Lehmann, »muß einzelne Menschen zu Wort kommen lassen« (Lehmann, 1993, S. 10). Mit seinen einschlägigen autobiografischen Untersuchungen kann Lehmann als federführend im Fach Europäische Ethnologie auf dem Gebiet der Biografie- und Oral-History-Forschung gelten (vgl. Lehmann, 2007; Lehmann, 1983; Lehmann, 1982a; Göttsch-Elten & Lehmann, 2007; vgl. auch Vorländer, 1990; Flick et al., 2008; Fuchs-Heinritz, 2005; Hopf, 2008).

Mit der Methode des narrativen Interviews, eines wissenschaftlichen Ansatzes, der zu den qualitativen Forschungsmethoden gehört (vgl. Schütze, 1983), wird nicht die getreue Wiedergabe historischer Sachverhalte angestrebt, sondern die Konstruktion und Rekonstruktion lebensgeschichtlicher Ereignisse, Erfahrungen und Erwartungen. Die InterviewpartnerInnen erzählen aus ihrer eigenen Perspektive und werden nicht von einem von außen angelegten Fragenkatalog in eine bestimmte Richtung gedrängt. Der Vorteil des biografischen Erzählens ist somit, dass auch psychologische Prozesse erfasst werden können und mentale Handlungsspielräume in ihrer kulturellen Dynamik sichtbar werden.

In diesem Forschungskontext ist auch die vorliegende Publikation verortet: Erzählte Lebensgeschichten von Hebammen sind Quelle und Ausgangspunkt der Untersuchung. Die Erzählungen beinhalten zwei große Erzählstränge: erstens die persönliche Lebensgeschichte mit ihren Erfolgen und Niederlagen und den typischen lebensgeschichtlichen Knotenpunkten der Individuen, wie Schulabschluss, Berufswahl, Eheschließung und die Geburt der eigenen Kinder. Daneben enthält der zweite Erzählstrang Erinnerungen an die Ausbildungszeit und den Berufsalltag. Beide Erzählstränge, die persönliche Lebensgeschichte und die Berufsbiografie, werden nicht losgelöst voneinander betrachtet, sondern sind im Gegenteil durch Assoziationsketten aufs Engste miteinander verknüpft. Ziel der vorliegenden Forschungsarbeit ist es, möglichst viele Einblicke in die Interviewpassagen zu geben und durch umfassende Originalzitate sowohl die individuellen Elemente der Lebensgeschichte als auch die zeitgeschichtlichen Ereignisse zu erfassen. Bei der qualitativen Forschungsmethode der Oral History (Niethammer, 1980) werden lebensgeschichtliche Erzählungen zu bestimmten Themenspektren gebündelt, in Ausschnitten wortgetreu wiedergegeben und in ihrem sozialen, kulturellen und historischen Kontext analysiert. Damit können die Aussagen außer in ihrer individuellen Dimension auch als Ausdruck eines kollektiven Bewusstseins interpretiert werden.

Die Analyse der ausgewählten Erzählsequenzen erfolgt auf Basis einer »Querschnittauswertung«. Da es sich bei den befragten Personen um eine relativ homogene Gruppe handelt, ist es möglich, die relevanten Stellen aus den einzelnen Erfahrungsberichten miteinander zu vergleichen, womit bei aller Disparatheit der geschilderten Einzelerlebnisse eine gewisse Einheitlichkeit herausgefiltert werden kann. Die Untersuchung folgt der Chronologie der Erfahrungen, sodass die Auswertung mit der ältesten Hebammengeneration begonnen und mit der jüngsten abgeschlossen wird.

Das hier vorgelegte Buch basiert auf den Ergebnissen eines von der Gerda Henkel Stiftung geförderten Forschungsprojektes zur jüngeren Hebammengeschichte. Alle erhobenen Interviews wurden auf Tonband aufgezeichnet und transkribiert. Zusätzlich wurden weitere Quellengattungen genutzt, wie Autobiografien, Zeitschriftenbestände, historische Dokumente und wissenschaftliche Sekundärliteratur. Durch die umfassende Quellenrezitation ergibt sich das Problem des Datenschutzes, das hier so gelöst wurde, dass alle Interviewpartnerinnen, außer den öffentlichen Personen, anonymisiert wurden. Vor- und Nachnamen wurden so abgeändert, dass die realen Personen dahinter nicht mehr zu erkennen sind.

Die Abhandlung versteht sich als Erfahrungs- und Mentalitätsgeschichte dreier Hebammengenerationen, die in unterschiedlichen historischen Kontexten leben und arbeiten. Eng mit dem Hebammenalltag verbunden ist die Veränderung der Gebärkultur in den letzten 70 Jahren. Mit der fortschreitenden Medikalisierung und Hospitalisierung der Geburt veränderte sich auch das Aufgabengebiet der Hebammen eklatant. Wussten die alten Landhebammen beispielsweise noch ganz selbstverständlich Beckenendlagen, Zwillingskinder oder Frühchen zu entwickeln, gehörte dies später nicht mehr zu ihrer Tätigkeit, da sogenannte Risikogeburten ärztlicher Aufsicht unterstellt wurden. Auch ihre soziale Stellung im Dorf veränderte sich, wenn sie etwa die Kinder nicht mehr zur Taufe trugen, wie es vorher üblich gewesen war, da die meisten Täuflinge ja auch nicht mehr mit ihrer Hilfe geboren worden waren und sie nur noch als Vor- und Nachsorgehebammen gebraucht wurden. Der enge Bezug zu den Familien im Dorf ging mit der Auslagerung der Geburt in die Klinik verloren.

Da davon auszugehen ist, dass sich das Ganze als schleichender Prozess entwickelt hat, kommen drei Hebammengenerationen zu Wort, um die Veränderungen von den 1950er Jahren bis heute nachzuvollziehen. Es wurden insgesamt 30 narrative Interviews geführt, wobei 25 Hebammen zu ihren Berufserfahrungen, drei Mütter zu ihren Geburtserfahrungen und in Form von ExpertInnengesprächen die Vorsitzende des Deutschen Hebammenverbandes und der stellvertretende Leiter der geburtshilflichen Abteilung eines großen deutschen Uniklinikums gehört wurden.

Im Kontext zweier Seminare zur Geschichte der Hebammenkunst an der Philipps-Universität Marburg haben Studierende der Europäischen Ethnologie in den Jahren 2015/16 14 Hebammeninterviews erhoben und transkribiert, jedoch nicht analysiert. Die anderen 16 Interviews wurden im Jahr 2018 von der Verfasserin allein geführt und anschließend alle 30 Interviews auch von ihr ausgewertet.

Für die Kultur- und Zeithistorikerin stellte sich die Frage, wie es in so kurzer Zeit, endgültig erst in der zweiten Hälfte des 20. Jahrhunderts, dazu kommen konnte, dass der rituelle Vorgang der Geburt, der als Interaktion unter Frauen – der Gebärenden und der Hebamme – verstanden wurde, sich vollständig dem radikalen Monopol der Medizin unterordnete, um als »Resultat ihrer professionellen Leistung definiert« (Duden, 1998, S. 153) zu werden. Die traditionelle oder natürliche Geburt scheint zugunsten einer Vielzahl von medizinisch-technischen Interventionen weitestgehend aufgegeben worden zu sein. Wie reagierte ein ganzer Berufsstand auf diese Entwicklungen? Wie veränderten sich der Berufsalltag und das Selbstverständnis der Hebammen? Welches professionelle Ethos leitete sie bei ihrer Arbeit? Wie stand und steht es um ihre Berufszufriedenheit?

Mit dem Verfahren des narrativen Interviews konnten die prozesshaften Veränderungen der eigenen Berufsbiografie noch einmal wachgerufen und reflektiert werden und die zurückliegenden persönlichen Erfahrungen und Perspektiven in die Narration einfließen. Solche Erzählungen ernst zu nehmen, zu analysieren und dem kulturellen Gedächtnis hinzuzufügen, heißt, die Wahrnehmungs- und Deutungsmuster historischer Akteure in die kulturwissenschaftliche Forschung einzubeziehen und die Einstellungen, Gedanken und Gefühle der Menschen verschiedener Generationen in ihren unterschiedlichen Kontexten aufzuzeigen, zu deuten und mentalitätsgeschichtlich zu verorten.

II Zur Geschichte des Hebammenberufs im 19. Jahrhundert

1 Von der Hebammenkunst zur akademischen Disziplin

Gegenwärtig werden in Deutschland weniger als zwei Prozent aller Geburten der außerklinischen Geburtshilfe zugerechnet, das heißt, sie finden mit Hilfe von Hebammen im häuslichen Bereich oder in speziellen Einrichtungen, wie beispielsweise in von Hebammen geleiteten Geburtshäusern, statt. Mehr als 98 Prozent der Schwangeren aber entbinden in einer Klinik. Dies wird als Fortschritt gewertet vor dem Hintergrund, dass die hohe Mütter- und Säuglingssterblichkeit früherer Jahrhunderte heute nicht mehr vorhanden ist. Frauen fühlen sich in der Klinik sicher und vertrauen auf die Apparatemedizin, was unter anderem in den zunehmenden Kaiserschnittraten deutlich wird. Gleichzeitig aber wird auch Kritik an der Medikalisierung und Technisierung der Geburt laut und alternative Modelle rücken ins Blickfeld, insbesondere auch im Kontext der Diskussion um Kostenersparnis im Gesundheitswesen. In einer Situation also, in der es um neue Weichenstellungen sowohl vonseiten der Experten als auch der Betroffenen geht, kann ein Blick in die Geschichte hilfreich sein: Seit wann werden Kinder überhaupt in einer Klinik geboren? Welches geburtshilfliche Personal stand in früheren Zeiten bereit? Warum wurde die Hausgeburt, die bis in das 20. Jahrhundert hinein selbstverständlich war, fast vollständig aufgegeben? Wo sind die Triebfedern zu suchen, die diese Entwicklung inszenierten und beschleunigten? Wie veränderte sich die Gebärpraxis in den letzten 200 Jahren? Gab es Widerstände vonseiten der Schwangeren und der Hebammen gegen die Akademisierung und Medikalisierung des Fachs Geburtshilfe? Am Beispiel ausgewählter europäischer Gebärkliniken, in denen die Verwissenschaftlichung der Geburtshilfe ihren Ausgang nahm, soll diesen Fragen im Folgenden nachgegangen werden.

Mit der Gründung der Accouchierinstitute, wie die Gebärhäuser im ausgehenden 18. und frühen 19. Jahrhundert genannt wurden, ging eine fundamentale Veränderung der Geburtspraxen einher. Zum ersten Mal in der Geschichte der Geburtshilfe begaben sich Frauen zur Entbindung in eine Klinik, wo sie ihr Kind unter den Augen männlicher Geburtshelfer zur Welt brachten. Die Geburt galt nicht mehr länger als ein natürliches Geschehen, sondern als so interventionsbedürftig, dass man Wissenschaftler mit dieser Aufgabe betraute und auch die Hebammenausbildung nicht mehr in den Händen der Hebammen beließ, sondern sie unter ärztliche Aufsicht stellte.

Diese kopernikanische Wende, an der die bisherige Geburtshilfe zur Geburtsmedizin »avancierte«, kann zeitlich ungefähr auf die Wende zum 19. Jahrhundert datiert werden. Die Aufklärungsphilosophie hatte auch die medizinischen Wissenschaften erfasst und sie vor gänzlich neue Aufgaben gestellt (vgl. Foucault, 1988). Das Buchwissen allein reichte fortan nicht mehr aus, vielmehr stand nun die empirische Forschung im Mittelpunkt der Überlegungen. Forschung und Lehre am Krankenbett war das, was aufgeklärte Mediziner jetzt forderten und in die Tat umsetzten. Die ersten Krankenhäuser entstanden und mit ihnen – oder sogar noch vor ihnen – die ersten Geburtskliniken, damals in Anlehnung an ihre französischen Vorgängerinnen noch »Accouchierhäuser« genannt.

»Die aufgeklärte Obrigkeit versprach sich von den Gebärhäusern eine Verringerung der Mütter- und Säuglingssterblichkeit, die beteiligten Ärzte sahen darin eine Chance, Kontrolle über die weitgehend von Hebammen betreute Geburt zu erlangen, und die in der Regel ledigen Mütter suchten Unterstützung in einer schwierigen Lage« (Schlumbohm & Wiesemann, 2004, S. 12).

2 Hebammenwissen und Hebammenwahl

Bevor diese durch die Aufklärung forcierte Entwicklung einsetzte, wurde der Gebärenden in der Regel von einer Hebamme Beistand geleistet. Auch weibliche Familienangehörige, Freundinnen und Nachbarinnen konnten in der Wochenstube zusammenkommen, um die Kreißende zu beruhigen, ihr Mut zuzusprechen und die praktischen Dinge, wie das Geburtslager zu richten, für eine geeignete Raumtemperatur zu sorgen, Essen und Getränke zuzubereiten, das Neugeborene zu versorgen etc., zu regeln. Der Nachbarin oder Freundin bei der Niederkunft wechselseitig beizustehen, war eine Selbstverständlichkeit, der sich keine verheiratete Frau entzog. Auf dem Lande bildeten die verheirateten Frauen eine praktische geburtshelferische Hilfsgemeinschaft. Männer hatten zu der Geburtsstube zumeist keinen Zugang. Lediglich wenn sich eine schwierige Niederkunft andeutete, wurde der Ehemann hinzugezogen, um der Gebärenden physisch und psychisch beizustehen. Innerhalb dieser Hilfsgemeinschaft nahm die Hebamme eine zentrale Rolle ein. Die Gemeinde- oder Amtshebamme wurde von den verheirateten und verwitweten Frauen einer Gemeinde gewählt. Die Wahl ihrer Hebamme war Teil der dörflichen Frauenöffentlichkeit und zugleich das einzige öffentliche Wahlrecht der Frauen. Diese autonome Hebammenwahl blieb vielerorts bis weit in das 19. Jahrhundert erhalten – auch wenn landesherrliche Verordnungen diese Praxis bereits verboten hatten. Um von der Frauengemeinschaft zur Hebamme gewählt zu werden, hatte eine Frau bestimmte persönlichkeitsbezogene Voraussetzungen zu erfüllen. Vor allem musste sie bereits selbst geboren haben. Auch das Alter der Hebamme spielte eine wichtige Rolle. Ein fortgeschrittenes Alter signalisierte eine besondere Lebenserfahrung und persönliche Reife. Bei einer alten Hebamme konnte ihre moralische Qualität als unmittelbarer Teil ihrer Hebammentätigkeit eher vorausgesetzt werden. Eine ältere Hebamme verfügte auch über die notwendige Ungebundenheit und stand zu jeder Tages- und Nachtzeit zur Verfügung, weil sie selbst keine kleinen Kinder mehr zu versorgen hatte. Ein weiteres wichtiges Kriterium war, dass eine Hebamme verheiratet oder verwitwet sein musste. Eine geburtshilfliche Hilfsgemeinschaft auf dem Land war eine Gemeinschaft der verheirateten Frauen, und so war es eine Selbstverständlichkeit, dass auch die Hebamme diese Voraussetzung erfüllte, zumal ledige Frauen in der Regel schon wegen ihres Alters und der mangelnden eigenen Erfahrung mit Schwangerschaft, Geburt und Wochenbett kaum infrage kamen. Das Wissen einer Hebamme war ein geschlossenes Wissen. Als mündlich überliefertes Traditionswissen konnte es seinen Bestand nicht wesentlich verändern. Eine Trennung von Theorie und Praxis kannte dieses Wissen nicht. Es wurde direkt in der Lebenspraxis gewonnen und in dieser selbst vermittelt. Die Weitergabe dieses geburtshilflichen Wissens geschah von Hebamme zu Hebamme. Die alte Hebamme nahm gewöhnlich eine Assistentin zu allen ihren Geburten mit, die mit ihr arbeitete, der sie ihr Wissen weitervermittelte und die dann die geburtshilfliche Praxis selbstständig übernahm, sobald die alte Hebamme starb oder ihr Amt aufgab. Häufig wechselte auch das Hebammenamt von der Mutter auf die Tochter (vgl. Labouvie, 1999, S. 99ff.; vgl. auch Labouvie, 1998, S. 103ff.).

Mit der Gründung der oben erwähnten Accouchieranstalten aber – denen in der Regel auch Hebammenausbildungsstätten angegliedert waren – veränderte sich das Wissen der Hebammen fundamental. Ihr Unterricht beschränkte sich nun auf das, was akademisch gebildete Mediziner, für die das Fach selbst noch relativ neu war, ihnen vermittelten. Damit waren sie abgeschnitten von den normalen Erfahrungen um das Geburtsgeschehen und herausgenommen aus den Vorgängen bei einer Hausgeburt, die ja nach wie vor den Normalfall darstellte. Keine erfahrene ältere Hebamme führte sie mehr in die Entbindungskunst ein, eine mehrjährige praktische Lehrzeit verwandelte sich zu einem drei- oder sechsmonatigen akademischen Kursus (vgl. Metz-Becker, 1997, S. 25ff.). Nun waren es die Hebammen, die mit der Entwicklung nicht Schritt halten konnten. Buchwissen war ihnen weitgehend fremd und konnte auch nur langsam an sie herangetragen werden, da einfache Frauen zu Beginn des 19. Jahrhunderts im Lesen und Schreiben nur dürftig unterrichtet waren. Damit begann nicht nur der Prozess der Verwissenschaftlichung des Fachs, sondern auch die Ausgrenzung der Frauen aus dem Fach, denen erst ein Jahrhundert später das Universitätsstudium möglich war (vgl. Metz-Becker & Maurer, 2010, S. 11ff.).

Die vor diesem Hintergrund neu erlassenen Hebammenordnungen schrieben die subalterne Stellung der Geburtshelferinnen gesetzlich fest. Sie verpflichteten die Hebammen, bei jeder Unregelmäßigkeit des Geburtsablaufs den Accoucheur hinzuzuziehen und sich dessen Weisungen zu fügen (vgl. Metz-Becker, 1997, S. 54). Nur die Normalgeburt verblieb in ihrem Aufgabenbereich, sodass das Wissen der Frauen bei »unrecht stehenden Geburten«, wie sie etwa die berühmte Siegemundin – Stadthebamme in Liegnitz und Verfasserin eines bedeutenden Hebammenlehrbuchs (vgl. Pulz, 1994, S. 16ff.) – noch geschickt zu behandeln wusste, mehr und mehr verloren ging. Sie durften sich weder geburtshilflicher Instrumente bedienen noch bei einer toten Frau den Kaiserschnitt vornehmen oder gar innere Medizin verabreichen. Selbst anerkannte Hausmittel, die gerade auf dem Land noch sehr verbreitet waren, wurden verfemt und den Hebammen deren Verwendung untersagt. Alle volksmedizinischen Kenntnisse, über Generationen tradiert und anerkannt, wie die Anwendung von Heilkräutern oder meditativen Techniken, sollten zugunsten der Verbreitung der aufgeklärten Medizin, wie sie von den Universitäten ausging, aufgegeben werden. Die Hebammenlehrbücher, nun von Ärzten verfasst, waren, wie der an der Marburger Universität lehrende Accoucheur Georg Wilhelm Stein d. Ä. betont, »in gemeiner Schreibart abgefasset« und darauf ausgerichtet, den Hebammen »die Gränzen ihres Handwerks« genau zu bestimmen: »Kurz man müßte sie mehr vor demjenigen warnen, was sie nicht thun; als sie lehren wollen, was sie thun sollen« (Stein, 1801, S. VIII, S. IX; vgl. auch Metz-Becker, 1998, S. 10ff.). Damit war die Grundlage für eine Hierarchisierung der Geburtshilfe gelegt: Die »höhere« Entbindungskunst oblag den Ärzten, die Normalgeburt verblieb im Aufgabenbereich der Hebammen.

3 Berühmte Hebammen im 19. Jahrhundert

Dass die Hebammen trotz der Autonomiebeschneidung, die sie hatten hinnehmen müssen, bestrebt waren, auch auf wissenschaftlichem Gebiet voranzukommen und eben nicht das Feld allein den Ärzten zu überlassen, belegen nicht nur jene berühmten Geburtshelferinnen, deren Namen selbst im legendären *Lexikon der hervorragenden Ärzte aller Zeiten und Völker* (vgl. Hirsch, 1884–1888) Aufnahme fanden und auf die noch zurückzukommen sein wird. Bereits 1745 petitionierten in Paris 40 Hebammen um besseren Unterricht an der dortigen medizinischen Fakultät. Die französischen Hebammen nahmen es nicht hin, dass sie von der Verwissenschaftlichung des Fachs abgeschnitten werden sollten, und errichteten 50 Jahre später selbst eine Hebammenschule, der die berühmte Marie Louise Lachapelle (1769–1821) vorstand, als sie am 22.12.1802 den ersten Kurs eröffnete. Vom akademischen Studium an Universitäten ausgeschlossen, basierten die Erkenntnisse der Hebammen auf Beobachtungen aus der Praxis und den daraus resultierenden Erfahrungen. Dem Lehrbuch der Lachapelle lagen 40.000 Geburten (!) zugrunde, die sie und ihre Kolleginnen im Pariser Gebärhospital geleitet hatten (vgl. Marie Louise Lachapelle, 1821–1825).

Die Schülerin der Lachapelle, Marie Anne Victorine Boivin-Gillain (1773–1841), schrieb ebenfalls ein bedeutendes geburtshilfliches Lehrbuch, für das sie 1828 mit dem Ehrendoktortitel der Universität Marburg ausgezeichnet wurde. Diesem Werk, dem *Handbuch für Medizinstudenten und Hebammen*, lagen die genauen statistischen Beobachtungen von 24.214 Geburtsfällen zugrunde. Das Buch erlebte allein vier französische

II Zur Geschichte des Hebammenberufs im 19. Jahrhundert

Abbildung 1: Marie Anne Victorine Boivin-Gillain, Dr. med. h. c. Philipps-Universität Marburg

Auflagen und wurde ins Italienische und Deutsche übersetzt (vgl. Boivin, 1829).

Madame Boivin war Ehrenmitglied der Königlichen Gesellschaft der medizinischen Wissenschaften in Bordeaux, erhielt die preußische goldene Verdienstmedaille und einen Ruf an den Hof der russischen Zarin nach Sankt Petersburg, den sie jedoch ablehnte. Sie entwickelte das damals beste Spekulum, mit einer schmerzlindernden Vorrichtung bei der Einführung in die Vagina, und ein Intrapelvimeter zur inneren Messung des weiblichen Beckens. Dass ihre Erkenntnisse und Entwicklungen auch Anwendung auf breiter Ebene fanden, erhellen die weite Verbreitung ihres epochemachenden Lehrbuchs ebenso wie beispielsweise die Erwähnung ihrer Schriften und Instrumente im Inventarkatalog der Marburger Accouchieranstalt: »Boivin's Hebel«, »Intrapelvimeter von Madame Boivin« und ein »Speculum vaginae von Madame Boivin« sind hier verzeichnet (HStAM, Bestand 305 a, A IV, 3 c, δ 1, Nr. 32, Katalog von 1829).

Schon im frühen 19. Jahrhundert zeichnete es sich ab, dass Hebammen das Geburtsgeschäft ganz anders verstanden als die Mediziner und den natürlichen Ablauf der Geburt propagierten. Augenfällig wird dies am Beispiel des Port-Royal in Paris, einer sehr großen und ausschließlich von Hebammen geführten Geburtsklinik, in der mehr als 95 Prozent der Geburten »natürlich« verliefen.

3 Berühmte Hebammen im 19. Jahrhundert

»Beinahe das ganze 19. Jahrhundert hindurch haben die Hebammen von Port-Royal ihren Vorrang gegenüber den Geburtshelfern sichern können. Die faktische Leitung der Einrichtung lag ebenso in ihren Händen wie die Ausbildung, die praxisorientiert war und höchsten Standards genügte« (Beauvalet, 1998, S. 240).

Dennoch war es ein Hospital, in dem Hebammen ihre wissenschaftlichen Beobachtungen machten und die Verlegung der Geburt aus dem häuslichen Bereich in ein öffentliches Krankenhaus hatte auch hier stattgefunden. »In Port-Royal zeigt sich in besonders zugespitzter Weise«, sagt der Historiker Jürgen Schlumbohm,

»was auch für viele Gebäranstalten Mitteleuropas gilt: Die Medikalisierung und Hospitalisierung der Geburt, also die formelle Ausbildung und Einbindung der Hebammen in einen durch Ärzte geprägten Denkstil, diente nicht ausschließlich männlichen Geburtshelfern, sondern auch der Professionalisierung des Hebammenstandes – freilich in Paris auf besonders hohem Niveau und unter ausdrücklichem Ausschluß männlicher Konkurrenten« (Schlumbohm et al., 1998, S. 26).

Auch in Deutschland machten sich im frühen 19. Jahrhundert Frauen in der Geburtshilfe einen Namen. Zur Ehrendoktorin der Universität Gießen wurde im Jahr 1815 Regina Josepha von Siebold (1771–1849) ernannt. Mit dem am 06.09.1815 verliehenen Doktordiplom war sie neben Dorothea Erxleben die zweite deutsche Frau, die einen medizinischen Doktortitel führte. Ihre Tochter aus erster Ehe, Charlotte Heidenreich, genannt von Siebold (1788–1859), schlug die gleiche Laufbahn ein. Sowohl von der Mutter wie vom Stiefvater, der ebenfalls Geburtshelfer war, gründlich vorbereitet, nahm sie noch privaten Unterricht an der Universität Göttingen. 1814 legte sie die Prüfung zur Ausübung der Geburtshilfe in Darmstadt ab. Anders als die Mutter unterzog sie sich einer ordnungsgemäßen und nach den Regeln der Medizinischen Fakultät verlaufenden Promotionsprüfung, das heißt einer öffentlichen Disputation. Dieser ungewöhnliche Vorgang erregte eine heftige Debatte innerhalb der Gießener Professorenschaft, die »eine öffentliche Disputation wegen der Materie für ein Frauenzimmer contra decorum« (= unschicklich) hielt (vgl. Schönfeld, 1948, S. 145).

Doch diese herausragenden wissenschaftlich tätigen Geburtshelferinnen traten in der ersten Hälfte des 19. Jahrhunderts gewissermaßen als Krönung und Abgesang vor der endgültigen Beschränkung der Hebammen auf die ganz normale Geburtshilfe auf. Die Medizinhistorikerin Esther Fischer-Homberger fasst den hier beschriebenen Prozess folgendermaßen zusammen:

> »Die Aufklärung hat eine Verwissenschaftlichung, Literaturfähigkeit und vor allem eine Eingliederung der Geburtshilfe in die Medizin gebracht, die dieses Fach (bei der Beschränktheit der Bildungsmöglichkeiten für Frauen) in die Hände von Männern brachte. [...] Für die weiblichen Hebammen wurden nun spezielle Schulen gegründet, die ihnen die Belehrung vermittelten, derer sie als medizinische Hilfspersonen bedurften« (Fischer-Homberger, 1975, S. 154).

4 Hierarchisierungsbestrebungen in der Geburtshilfe

Die um 1800 gegründeten Accouchier- bzw. Entbindungsanstalten boten den Ärzten in besonderer Weise die Möglichkeit, empirisches Expertenwissen zu erwerben und damit die Grundlage zur Verwissenschaftlichung der Geburtshilfe zu legen. Alle wichtigen geburtshilflichen Autoren seit der zweiten Hälfte des 18. Jahrhunderts hatten Entbindungsanstalten vorgestanden. Die Lehren der deutschen Geburtshilfe entstammten der klinischen Praxis und den Beobachtungen, die in den verschiedenen Gebärhäusern gemacht wurden, wobei sich die Geburtshilfe ausdrücklich als empirische Wissenschaft verstand (Niemeyer, 1828). Dabei versprach der geschützte und isolierte Raum der Klinik nach Auffassung der Geburtsärzte eine reine Naturbeobachtung ohne störende äußere Einflüsse, womit sich die Entbindungsanstalten als praktische Ausbildungsstätten für den geburtsärztlichen Nachwuchs etablierten. Sie ermöglichten erstmals prinzipiell eine Vereinheitlichung der geburtsärztlichen Ausbildung, die geregelte Weitergabe des Wissens an den Nachwuchs und die Kontrolle dieses Wissens durch die Ärzte selbst. Häufig wird dieser erhebliche Bedeutungsgewinn ärztlich-männlicher Geburtshilfe im 19. Jahrhundert mit einer einseitigen Verlustgeschichte der Hebammen assoziiert und mit Verdrängung, Marginalisierung oder Deprofessionalisierung verknüpft. Bei näherem Hinsehen allerdings kann von einer Verdrängung der Hebamme eigentlich keine Rede sein. Der ärztlich-männliche Monopolanspruch in der praktischen Geburtshilfe beschränkte sich auf die Behandlung von

Geburtskomplikationen, während die Zuständigkeit der Hebamme für das viel umfänglichere Feld der natürlichen Geburtshilfe bis ins 20. Jahrhundert hinein nicht ernsthaft infrage gestellt wurde. Schließlich betrachteten die Ärzte komplikationslose Geburten nicht als ihr Aufgabengebiet, wobei sie aber die Definitionsgewalt in der Klinik darüber hatten, welche Fälle ärztliches Eingreifen verlangten und welche nicht. Weit über Deutschlands Grenzen hinaus bekannt wurde vor diesem Hintergrund der Göttinger Anstaltsleiter Friedrich Benjamin Osiander (1759–1822). Er ging als »Zangen-Osiander« in die Medizingeschichte ein, da er bei fast jeder zweiten Geburt in seiner Klinik die Zange zur Anwendung brachte. »Warum«, so schrieb er, »soll man mit animalischer Ergebenheit die Hülfe der Natur abwarten«, wenn der Geburtshelfer sich doch der »Hülfe der Kunst« (Osiander, 1794; S. XII–CXIII) bemächtigen konnte, die in den Accouchierhäusern im häufigen Anlegen der Zange, im Einsatz von Perforationsinstrumenten oder dem »Kaiserschnitt-Bistouri« lag (vgl. Metz-Becker, 1997, S. 202ff.).

Abbildung 2: Hausgeburtsszene mit Accoucheur, Hebamme und dem Gebärstuhl nach Georg Wilhelm Stein aus Kassel

Die Nachfrage nach geburtsärztlichen Dienstleistungen in der Bevölkerung blieb jedoch gering, sodass mehr als 90 Prozent der Geburten das ganze 19. Jahrhundert hindurch noch immer von Hebammen geleitet wurden. Es ging den Ärzten letztlich auch nicht um eine vollständige Verdrängung der Hebammen oder eine absolute Monopolstellung, sondern um eine Hierarchisierung der Geburtshilfe. Nicht nur, dass ihnen infolge ihrer Universitätskarriere die sogenannte »höhere Entbindungskunst« (Loytved, 2002, S. 175) zufiel, vielmehr beanspruchten sie auch, im Einzelnen festzulegen, wo das Aufgabengebiet der Hebammen aufhörte und das der Ärzte begann. Der ärztliche Unterricht in den Hebammenschulen verfolgte genau diesen Zweck, nämlich nicht nur eine qualitative Verbesserung der weiblichen Geburtshilfe, sondern auch die Überlegenheit ärztlicher Geburtshilfe zu garantieren: »Nur partiell ging es also um eine neue Teilung der Arbeit zwischen Hebammen und Ärzten, fundamental hingegen um eine Änderung in der Verteilung der Macht und des autorisierten Wissens« (Schlumbohm et al., 1998, S. 17).

5 Gebären in der Accouchieranstalt

Ort der Hebammenausbildung waren in der Regel ebenfalls die Accouchierhäuser bzw. Gebär- oder Entbindungsanstalten, wie sie später in Deutschland genannt wurden. Die Schwangeren, die sich hier einfanden, gehörten zu keiner Risikogruppe, sodass hier durchaus »natürliche« Geburten vorkamen, bei denen die Hebammenschülerinnen zugegen waren. In erster Linie jedoch waren die Entbindungsanstalten zur Ausbildung angehender Geburtshelfer gegründet worden, denn nur hier hatten sie Gelegenheit, empirische Beobachtungen anzustellen und Gebärende selbst zu behandeln. Ihre Klientel bestand aus ledigen und armen Schwangeren, denn eine verheiratete Frau gebar nach wie vor im häuslichen Ehebett und begab sich nicht in eine öffentliche Klinik. Hinzu kam, dass die Häuser keinen guten Ruf hatten und die unehelich Schwangeren unter Strafandrohung gesetzlich gezwungen werden mussten, ihr Kind hier zur Welt zu bringen. Andererseits blieb für manche verlassene Schwangere das Gebärhaus die letzte Zuflucht, wenn die Dienstherrschaft sie aufgrund ihrer Schwangerschaft entlassen hatte und sie obdachlos war (vgl. Metz-Becker, 1997, S. 156). Doch es ergab sich ein besonderes Gewaltverhältnis aus der Unterrichtsfunktion dieser Anstalten: Mit ihrer Aufnahme verpflichteten sich die unentgeltlich verpflegten Frauen, für die Untersuchungsübungen der Medizinstudenten und Hebammenschülerinnen zur Verfügung zu stehen und ihr Kind unter deren aktiver Teilnahme zur Welt zu bringen; im Falle des Todes sich oder das Kind gar der Anatomie zur Verfügung zu stellen. Einspruchsmöglichkeiten gegen therapeutische Eingriffe und instrumentelle Operationen waren unmöglich. Dass die Anstaltsärzte diesen Spielraum häufig zu unnötigen Eingriffen, die letztlich nur Unterrichtszwecken dienten, nutzten, zeigt die unverhältnismäßig hohe Operationsfrequenz in den Gebärhäusern. Häufig genug bezahlten die Schwangeren ihre Indienstnahme für die Zwecke der Wissenschaft und des Unterrichts mit ihrem Leben. Starb eine Frau unter der Geburt, war nach einer hessischen Verordnung aus dem Jahr 1801 der »Leichnam in Gegenwart aller Lernenden [zu] öffnen und [zu] zergliedern, demnächst aber beerdigen [zu] lassen« (HStAM 305a; Nr. 4). Das heißt, dass die Gebärhäuser ihre Leichen nicht in die Anatomie gaben, sondern eigene Sezierräume für ihre Untersuchungen unterhielten, die sie in die Lage versetzten, umfangreiche Sammlungen anzulegen, mit denen sich die Institutsdirektoren einen oft zweifelhaften Ruhm erwarben. In der berühmten »Marburger Beckensammlung« soll sich laut Inventarliste unter anderem sogar das Becken der verstorbenen Haushebamme Nöll, befunden haben (vgl. Metz-Becker 1997, S. 61f.).

Bei dem berühmten Marburger Anstaltsleiter G. W. Stein d. Ä. heißt es:

> »Damit es auch an nichts, was zur vollkommenen Erlernung der Entbindungskunst nöthig ist, fehlen möge, und die Lernenden einen genauen Begriff von allen zum Gebähren nöthigen Theilen, deren Lage, Verbindung und Nutzen, desgleichen von dem beträchtlichen Unterschiede zwischen schwangeren, gebährenden und im Kindbett befindlichen oder verstorbenen Personen, nicht weniger auch von den Ursachen des Todes, bekommen: So soll der Professor der Entbindungskunst, wenn eine Schwangere, Gebährende, Kindbetterin, oder das neugebohrne Kind im Institute verstirbt, den Leichnam in Gegenwart aller Lernenden öffnen und zergliedern [...] lassen« (Stein, 1801, § 4).

Auch in Göttingen sah es nicht anders aus:

> »Todtgebohrne oder gestorbene Kinder werden auch entweder geöffnet und dann sogleich begraben; oder die schicklichsten Leichname in Wein-

geist aufbewahrt, und als die natürlichsten Puppen zu den Uebungen am Fantome gebraucht. Sind sie durch vielen Gebrauch verdorben, so werden sie ebenfalls begraben. Pathologische oder physiologische Seltenheiten werden für das Institut zum Unterricht in Weingeist aufbewahrt« (Osiander, 1794, S. LXVII).

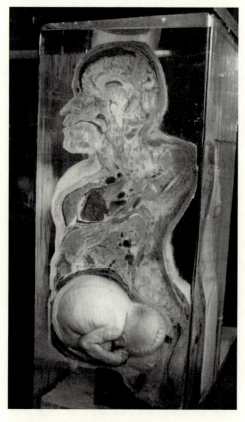

Abbildung 3: Totalpräparat einer Schwangeren

Auch als das Ministerium 1847 anfragte, ob es nicht – angesichts des gravierenden Kindbettfiebers – besonders schädlich sei, dass weiterhin verstorbene Wöchnerinnen in der Entbindungsanstalt seziert würden, antwortete der zu dieser Zeit in Marburg tätige Professor Hüter, dass er sezieren lasse, um das Wissen der Lernenden zu erweitern. Dabei nehme er die Sektionen zwar in unmittelbarer Nähe des Kreißsaals vor, aber unter Ausschluss der Öffentlichkeit (vgl. Metz-Becker, 1997, S. 223).

Aber auch der normale, nichtoperative Geburtsablauf im Accouchierhaus war im Sinne seiner Lehr- und Ausbildungsfunktion geregelt. In den Marburger Statuten von 1821 heißt es:

»Wenn eine Schwangere zu kreisen anfängt, so werden alsbald die sämtlichen Praktikanten und der Lehrer gerufen: Nach der Reihe, wie sie sich zu der Klinik gemeldet haben, übernimmt einer die Behandlung der Geburt, während die übrigen als Beobachter zugegen sind. Nachdem der Lehrer die Kreisende untersucht hat, geschiehet dasselbe von dem, welcher die Geburt

5 Gebären in der Accouchieranstalt

besorgt, und nachher auch von den übrigen Zuhörern. [...] Wenn es nützlich erachtet wird, so werden im Verlaufe der Geburt sämmtliche Praktikanten noch einmal zu der Untersuchung zugelassen« (Busch, 1821, S. 12).

Auf das Schamgefühl der den Ärzten anvertrauten Frauen wurde wenig oder gar keine Rücksicht genommen. Musste der zu einer Hausgeburt gerufene Arzt unter der Bettdecke arbeiten, war im Gebärhaus der entblößte Frauenkörper selbstverständlich. Der Geburtshelfer und Medizinhistoriker Dohrn berichtet selbstkritisch über die Gepflogenheiten in einigen deutschen Gebärhäusern des 19. Jahrhunderts:

»In Erlangen hielt damals der Professor in einem unglaublich dürftig ausgestatteten Auditorium öfters über die einzige, mitten unter den Studenten, an dem runden Tisch sitzende Schwangere seinen Vortrag. In Gießen stand in der Untersuchungsstunde die Schwangere hinter einem dicken Vorhang und der Praktikant durfte nur durch einen Schlitz des Vorhanges seinen Finger in die Genitalien der aufrecht stehenden Schwangeren einführen, worauf der Praktikant über den Befund referierte. In Göttingen sah man

Abbildung 4: Der Geburtshelfer tastet die stehende Schwangere ab, ohne einen Blick unter ihren Rock zu werfen

in der abendlichen Untersuchungsstunde die Schwangere auf einer Art von Katafalk aufgebahrt. Ein von der Decke herabhängender Vorhang verdeckte die Gesichtszüge der Schwangeren den Augen der Studenten. Ein fremder Besucher glaubte in ein Sektionslocal zu kommen« (Dohrn, 1903, S. 84f.).

Zu den in dieser Zeit entwickelten geburtshilflichen Operationsinstrumenten gehörten: Kopfzangen, Steißzangen, Hebel, Kopfzieher, Kopfsägen und Perforationsgeräte. Im Übrigen hatte Georg Wilhelm Stein d. Ä. ein eigenes Kaiserschnitt-Bistouri entworfen und von einem Marburger Instrumentenmacher bauen lassen (vgl. Metz-Becker, 1997, S. 68; vgl. auch Metz-Becker, 2014).

Dass der Einsatz der oben beschriebenen Instrumente auch Gefahren für Mutter und Kind barg, dürfte auf der Hand liegen. Die Medizinhistoriker Kuhn und Tröhler bemerken im Vorwort zur Göttinger Sammlung der Geburtsmedizin:

> »Vielen und im besonderen in der Geburtshilfe nicht Erfahrenen mag der Anblick mancher Instrumente aus der im folgenden vorgestellten Sammlung einen gehörigen Schrecken einjagen, wenn sie sich ausmalen, wie diese Werkzeuge dazu benutzt worden sein könnten, einen Geburtsvorgang, der natürlicherweise nicht oder zu langsam vonstatten ging, zu erzwingen oder zu beschleunigen. Dies ist umso mehr der Fall, wenn man sich erinnert, dass die Narkose erst um 1850 in die Medizin eingeführt wurde. Die beträchtliche und schmerzhafte Gewalt, die mit diesen Werkzeugen an Mutter und Kind verübt werden konnte, barg ohne Zweifel das Risiko erheblicher Traumatisierung, die nicht selten durch Blutungen und Entzündungen zu einem langen Leidensweg oder zum Tode führte« (Kuhn & Tröhler, 1987, S. 19).

Der schlechte Ruf der Gebärinstitute resultierte auch aus der Tatsache, dass die Mortalitätsrate in den Geburtshäusern exorbitant hoch war: So kam beispielsweise in Kurhessen auf 16,2 Zangengeburten eine tote Mutter und unter 4,8 Zangenentbindungen in der Gebäranstalt kam ein Kind tot zur Welt. Im Marburger Accouchierinstitut starben zwischen 1836 und 1838 4,2 Prozent der Wöchnerinnen und 25,6 Prozent der Säuglinge unter der Zangengeburt (vgl. Metz-Becker, 1997, S. 206).

Auch die anderen operativen Eingriffe wie Kaiserschnitt oder Embryotomie bargen hohe Verletzungsgefahren; der Kaiserschnitt war fast in jedem Fall tödlich, da die Uterusnaht noch nicht erfunden war und die Schnittentbundenen an einer Blutvergiftung starben (Lehmann, 1986).

Mit dem Einzug operativer Technik in die Geburtshilfe wurde der Schoß der Frau im Sinn des Wortes zum öffentlichen Uterus (vgl. Duden, 1994). Nie zuvor in der Geschichte der Medizin war es möglich gewesen, einen lebenden Körper zu öffnen und dem ärztlichen Blick freizulegen. Bis zu diesem Zeitpunkt hatte man die Organisation des menschlichen Leibes nur an Toten bzw. Kupferstichen oder Wachsmodellen demonstrieren können – in der Geburtshilfe bot sich nun erstmals die Möglichkeit, die schwangere Frau zu öffnen, zu begutachten und wieder zu schließen, also wiederherzustellen. Dabei wird – so Emily Martin – der Körper der Frau als eine Maschine gesehen und der Arzt als Mechaniker oder Techniker, der sie ›wiederherstellt‹. Martin hat darauf hingewiesen, dass in den Gebäranstalten des 18. Jahrhunderts diese der Mechanik entlehnte Metapher entstand, die einherging mit der Benutzung mechanischer Hilfsmittel (wie Hebeln und Zangen), die »für die Verdrängung der Hände von Hebammen durch die mit Werkzeugen ausgerüsteten Hände von Männern wichtig waren« (Martin, 1989, S. 76).

Jeder Geburtshelfer, der etwas auf sich hielt, entwickelte sein eigenes technisches Instrumentarium: Pelvimeter und Cliseometer zur Beckenmessung; Cephalometer und Labimeter zur Kopfmessung; Baromacrometer zur Schwere- und Längenmessung; Gebärbett; Uterussonde; spezielle Kaiserschnittmesser, Zangen und Perforationsinstrumente verschiedenster Art sind alles Erfindungen aus dieser Zeit. Die Namen der Erfinder wurden stets vorangestellt: Osiander'sche Zange, Stein'sches Kaiserschnittbistouri, Fried'sches Perforatorium etc. (HStAM 305 a; A IV, 3 c, δ 1, Nr. 4 und Nr. 32).

Mit diesen massiven geburtsmedizinischen Interventionen ging die Pathologisierung des Frauenkörpers einher. Die Mediziner hatten im »Zeitalter der Vernunft« den ganzheitlichen Begriff von der Leiblichkeit des Menschen und die traditionelle Säftelehre zugunsten der rationellen Beobachtung eines von Organen zusammengesetzten Organismus verlassen. Menstruation, Geburt, Wochenbett und Stillzeit wurden als Krankheiten verstanden, die medizinischer Behandlung bedurften. Die weiblichen Genitalien galten als so störanfällig, dass schon die Menstruation den gesunden Menschenverstand der Frau infrage stellte: »Die geistige Integrität des menstruierenden Weibes«, befand der Gerichtsmediziner Krafft-Ebing, »ist forensisch fraglich« (Krafft-Ebing, 1902, S. 108f.). 1865 meldet ein

Handbuch der medizinischen Statistik: »Auch ist ja das Weib von Geschlechts wegen ohnedies nahezu 1/5 seines Lebens invalid, oft wirklich leidend und krank« (Oesterlen, 1865, S. 664).

Konsequenterweise wurden um die Wende zum 19. Jahrhundert in den geburtshilflichen Lehrbüchern nicht mehr schwangere Frauen abgebildet, sondern »Gebärmütter im nicht schwangern und im schwangern Zustande« (Siebold, 1839–1845, S. 439). Wir haben es hier mit einer extremen Fragmentierung des weiblichen Körpers zu tun, der, Barbara Duden hat dies mehrfach ausgeführt, zum fötalen Umfeld reduziert wird (vgl. Duden, 1994 sowie Duden, 2002; vgl. auch Duden, 1996).

In den Accouchierhäusern konnte folglich, anders als in der Hausgeburtshilfe, von einer weiblichen Kultur um das Ereignis der Geburt nicht die Rede sein. Die schwangeren Frauen sahen sich hier mit einer Öffentlichkeit konfrontiert, die sie freiwillig wohl kaum gewählt hätten. Mit gesetzlichen Verordnungen sowohl des Staates wie der Kirche wandte man sich an verlassene, unverheiratete Schwangere, eine Personengruppe, bei der nicht mit Widerstand gerechnet werden musste. Mit einem ausgefeilten Bonussystem wurde ihnen die Niederkunft in der Anstalt schmackhaft gemacht: Man garantierte ihnen eine kostenlose Entbindung, Unterbringung und Verpflegung für etwa 14 Tage und erließ ihnen die hohen staatlichen Fornikationsstrafen wie auch die gefürchtete öffentliche Kirchenbuße. Sollten sie immer noch nicht freiwillig kommen, so wollte man sie durch zusätzliche Strafandrohungen dazu bringen: In Marburg wandte man sich 1789 mit einem Gesuch an den Landgrafen, mit höchstem Erlass anzuordnen, »dass alle unehelich geschwängerten bey Strafe von 20 Thaler oder 3monatlichem Gefängnis, unter allen übrigen nachgelassenen sonst aufgelegt gewesenen Fornications Büßungen, schuldig und verbunden seyn müssten, in dem Institut niederzukommen« (Ahlfeld, 1927, S. 69). Die kurhessische Gesindeordnung sah gleichzeitig vor, unehelich Schwangere aus dem Dienst zu entlassen und ihre Schwangerschaft bei der Obrigkeit anzuzeigen, die

Abbildung 5: Foetus in utero

dann dafür sorgte, dass die Dienstmagd im Accouchierhaus niederkam. Verheimlichte Schwangerschaft oder heimliche Niederkunft wurde bei Ledigen unter Strafe gestellt, sodass sich letztlich doch viele verarmte, alleinstehende Schwangere bereitfanden, eine Gebärklinik aufzusuchen.

Vor dem Hintergrund der hohen Operationsfrequenz und des schlechten Rufes der Entbindungsinstitute wird allerdings auch verständlich, warum nicht wenige Frauen heimlich niederkamen, obwohl dies untersagt war. Hierzu einige Beispiele: Am 21.12.1837 wurde die ledige Dienstmagd Catharina Schmidt aus Weipoltshausen im Hessischen des Kindsmords angeklagt. Sie hatte ihr Kind heimlich, ohne Hilfe einer Hebamme oder anderer Personen auf dem Heuboden der Müllersleute Ullrich entbunden und es dann im Heu versteckt, wo es starb. Auf die Frage des Staatsanwalts, warum sie sich nicht in die Marburger Accouchieranstalt, jenes »sehr heilsame[ ] Institut des Staates«, zur Entbindung begeben habe, antwortete Catharina Schmidt, sie habe Angst gehabt wegen der »dort zur Anwendung kommenden Instrumente und die [...] schmerzliche Behandlung der Gebärwunden durch so viele ›Kerle‹«. »Ich habe die Schwangerschaft Niemandem entdeckt«, fährt sie fort, » aus Furcht, in das Accouchierhaus von Marburg gebracht zu werden, weil da so viele Doctoren über einem gehen. [...] Es war mir angst vor dieser Anstalt.« Ihre Schwangerschaft habe sie verheimlicht, weil der Bürgermeister ihr mit der Abschiebung in die Entbindungsanstalt gedroht habe, wo »die Doctoren [...] garstig mit den Weibsleuten umgingen« (HStAM, Bestand 261, 1837–1848).

In den Kindsmordakten findet sich auch die ledige Magd Elisabeth Gunkel, die ihr Kind heimlich neben einem Stall zur Welt brachte, nachdem sie vorher auf den gut gemeinten Rat, doch das Entbindungshaus in Marburg aufzusuchen, entgegnet hatte, »lieber ins tiefste Wasser [zu] gehen«, auch wolle sie sich »eher den Hals abschneiden« (HStAM, Bestand 268 Kassel, Nr. 16, 1864: 160; zum Phänomen des Kindsmords im 19. Jahrhundert vgl. Metz-Becker, 2016).

Dabei waren die Accouchierhäuser im 18. Jahrhundert insbesondere auch als Einrichtungen zur Verhinderung des Kindsmordes gegründet worden. Sie sollten präventiv wirken und ledigen Schwangeren Schutz und Obdach bieten, worin der aufgeklärte Staat eine seiner Fürsorgepflichten erblickte. Doch die Entbindungsanstalten hatten sich in der Bevölkerung keinen guten Namen gemacht. Von Anfang an bewegte sich das Accouchierhaus in einem Spannungsfeld zwischen medizinisch-sozialer Fürsorge und einer Art Strafanstalt. Nicht wenige der betroffenen Frauen empfanden die Zwangsunterbringung als Erpressung, da sie dem polizeilichen Zugriff bzw. den hohen Fornikationsstrafen und der entehrenden Kirchenbuße nur um den Preis einer Klinikgeburt entgehen sollten. Auch in den Augen der Zeitgenossen waren sie durch den Aufenthalt im Institut stigmatisiert. Wie aus der Aktenlage hervorgeht, galten die ledigen Schwangeren im Institut als »liederliche Weibsstücke«, denn wer sonst begab sich hierher? Der Gebäranstalt als »Freistätte gefallener Dirnen« kam somit auch die Funktion einer Disziplinierungsanstalt zu, von der – ähnlich dem Arbeitshaus – eine abschreckende Wirkung ausgehen sollte (vgl. Metz-Becker, 1997, S. 314).

Freilich müssen diese Phänomene auch im Zusammenhang mit der allgemeinen Not in Deutschland betrachtet werden, die um die Jahrhundertmitte besorgniserregende Ausmaße annahm. In den 1850er Jahren erreichten die Belegungsquoten des Marburger Instituts nie dagewesene Höhen (durchschnittlich 200 Entbindungen jährlich); Ursache war die zunehmende Pauperisierung der Bevölkerung. Hessen galt als »Armenhaus Deutschlands« (Dipper, 1980, S. 79). Im Jahr 1847 stöhnte Institutsdirektor Hüter: »Wer noch nicht eine klare Idee von Noth und Elend der Menschen hat, der besuche ein Jahr oder nur ein halbes Jahr die Entbindungsanstalt« (HStAM 305 a, A IV, 3 c, δ 1, Nr. 42, Hüter am 7.2.1847). Die meisten gesunden Schwangeren wurden tagsüber zur Arbeit geschickt, um ihren Unterhalt selbst zu verdienen und so den Institutsfonds zu entlasten. Wer keine Arbeit finden konnte, musste sein Essen erbetteln. Manche sahen sich zum Stehlen genötigt oder gerieten auf andere Weise mit dem Gesetz in Konflikt, wie die 31-jährige Margaretha Henkel, die mit einem Polizeitransport unter Geburtswehen in der Klinik ankam (Metz-Becker, 1997, S. 312). Da das Accouchierhaus sich nicht als Anstalt zur Unterstützung Armer sah, sondern seine eigentliche Aufgabe in Forschung und Lehre lag, versicherte Direktor Hüter der vorgesetzten Behörde devot: »Auch diese Personen, welche während der letzten Zeit ihrer Schwangerschaft blos ein Nachtlager in der Anstalt fanden, [sind] sowohl zum Unterrichte der angehenden Geburtshelfer, als auch der Hebammen benutzt worden« (HStAM 16, Ministerium des Innern, Rep. VI, Kl. 17, Nr. 8, Hüter am 4.3.1852).

Zusammenfassend kann festgehalten werden, dass sich die praktischen Ausbildungsstätten für den geburtsärztlichen Nachwuchs zwar im 18. Jahrhundert etablierten, breitere Bevölkerungsschichten aber, die die Kliniken auch aufgesucht hätten, zunächst nicht erreichten. Die Nachfrage nach geburtsmedizinischen Dienstleistungen in der Bevölkerung blieb so gering, dass mehr als 90 Prozent der Geburten selbst an der Wende zum 20. Jahrhundert noch immer allein von Hebammen geleitet wurden. Es ging der Ärzteschaft letztlich nicht um eine vollständige Verdrängung der Hebammen oder eine absolute Monopolstellung, sondern um eine Hierarchisierung der Geburtshilfe, die die Überlegenheit ärztlicher Geburtshilfe garantierte. Diese sahen die Mediziner vornehmlich im Einsatz technischer Hilfsmittel, der Hebammen nicht gestattet war. Dabei blieb der Nutzen ärztlicher Entbindungskunst für Mutter und Kind bis in die 1880er Jahre ambivalent. Einerseits erhöhten sich die Überlebenschancen der Schwangeren und Kinder bei schweren Geburten durch die Anwendung technischer Instrumentarien, andererseits schufen genau jene geburtshilflichen Eingriffe oft erst Gefahren. Es gehört »zu den von der herkömmlichen Medizingeschichte kaum beachteten Paradoxien«, führt Jürgen Schlumbohm aus,

> »dass die Leiter der großen Entbindungshospitäler als die maßgeblichen Autoritäten der Geburtshilfe anerkannt wurden, obwohl in ihren Anstalten bis in die 1880er Jahre die Müttersterblichkeit wesentlich höher war als bei der Masse der von Hebammen betreuten Hausgeburten« (Schlumbohm et al., 1998, S. 22).

Das Auftreten der Ärzte in der Geburtshilfe und auch die Veränderung der Hebammenausbildung bewirkte also nicht, dass die Geburt bis in das späte 19. Jahrhundert hinein statistisch gesehen sicherer wurde. Erst zu Beginn des 20. Jahrhunderts begannen die Morbiditäts- und Mortalitätsraten zu sinken, was aber auch im Zusammenhang mit veränderten generativen Verhaltensmustern und den verbesserten sozialen und wirtschaftlichen Verhältnissen reflektiert werden muss.

III Zweite »kopernikanische Wende«

Das Ende der Hausgeburt im 20. Jahrhundert

1 Zur Lage der Hebammen im beginnenden 20. Jahrhundert

Gegen Ende des 19. Jahrhunderts begannen die Hebammen sich zu organisieren und eigene Standesvertretungen zu gründen, ein wichtiger Schritt »nicht nur bezüglich finanzieller Hilfen und beruflicher Unterstützung, sondern ebenso im Hinblick auf das Selbstverständnis, auf Selbstwertgefühl und ›Standesehre‹« (Labouvie, 1999, S. 333). Auch eine verbandsinterne Zeitung erschien und 1922 wurde endlich die Dachorganisation »Arbeitsgemeinschaft Deutscher Hebammenverbände« gegründet, die bis zur Auflösung durch die Nationalsozialisten im Jahr 1933 bestand (vgl. Hamann, 1989, S. 18ff.).

Im Jahr 1922 wurde auch das erste Hebammengesetz vom Preußischen Ministerium für Volkswohlfahrt erlassen. In § 1 wird jeder Frau in Preußen Hebammenhilfe zugestanden.

> »Diese erstreckt sich auf die Beratung und Hilfe in der Schwangerschaft, Hilfe bei Störungen in der Schwangerschaft, Hilfe bei der Geburt, Versorgung der Wöchnerinnen im Wochenbett und der Neugeborenen sowie auf Beratung über die Pflege und das Stillen der Kinder« (Krohne, 1923, § 1).

Auch die Altersversorgung der Hebammen (§ 18) wurde erstmals geregelt und eine Gebührenordnung (§§ 15–17) festgeschrieben. Eine Entbindung inklusive zehn Tage Nachsorge wurde in den 1920er Jahren mit ca. 25 bis 30 Mark honoriert, was selbst in der damaligen Zeit nicht viel Geld war (vgl. ebd.).

Zu dieser nicht gerade fürstlichen Ausstattung kamen nun auch noch Konkurrenzängste: Während zu Beginn des 20. Jahrhunderts nur ein Prozent aller Frauen zur Geburt in eine Klinik ging, veränderte sich dies mit

Abbildung 6: Abschlussfoto des Hebammenkurses 1911 der Marburger Hebammenlehranstalt

dem Ende des Ersten Weltkrieges, was einschneidende Folgen für die Hebammen in der freien Praxis haben sollte. Die steigende Zahl der Anstaltsgeburten drohte für die städtischen Hebammen zu einer ernstlichen Konkurrenz zu werden. Ende der 1920er Jahre wurden schon ca. 15 bis 20 Prozent der Kinder in einer Klinik geboren, wobei sich dieser Trend insbesondere in den Großstädten abzeichnete (Goldstein, 1932), auf dem Land dagegen blieb es einstweilen noch bei der traditionellen Hausgeburt.

2 Hebammen im Nationalsozialismus

Mit der Machtergreifung der Nationalsozialisten veränderte sich die Situation eklatant. Das öffentliche Gesundheitswesen wurde in die Politik des Regimes integriert und das gesteigerte nationalsozialistische Interesse am Hebammenberuf spiegelte sich unmittelbar in dem 1938 verabschiedeten Reichshebammengesetz wider. Insgesamt wertete das Gesetz den Berufsstand auf und es verschaffte auch der Hausgeburt neue Geltung: Die Hausgeburtshilfe unter der Leitung einer Hebamme zu stärken, war jetzt das Ziel angesichts der sich nach dem Ersten Weltkrieg ankündigenden Tendenz zur Klinikgeburt. Hebammen konnten sich mit einem Mindesteinkommen frei niederlassen und waren gegen Berufsunfähigkeit versichert. Erstmals wurde die Hinzuziehungspflicht der Hebamme für den Arzt gesetzlich verankert, ein weiterer Prestigegewinn für den bis dahin nicht gerade mit staatlicher Anerkennung verwöhnten Berufsstand. Ihre Aus- und Weiterbildung war fortan ebenso kostenlos wie die Ausstattung mit Arbeitsgerätschaften. Die Lehrzeit wurde auf 18 Monate festgelegt und alle drei Jahre eine Nachprüfung angeordnet. Vor dem Hintergrund des nationalsozialistischen Mutterkults gab es weitere Aufgaben für die Hebammen, wie ihre Einbindung in die Schwangeren,- Säuglings- und Mütterfürsorge (vgl. Mädrich & Nicolaus, 1999). Den beachtlichen Prestigezuwachs während der NS-Zeit analysiert Wiebke Lisner in ihrer Untersuchung wie folgt:

> »Hitler erklärte das Geburtsbett zum Schlachtfeld der Frau, wodurch er Geburten und Mütter mit den heroisierten Schlachten der Soldaten gleichsetzte. In diesem Bild bleibend, erhielt die Hebamme nun den Status eines Offiziers, dessen Aufgabe es war, die ›Geburtsschlacht‹ zu leiten und den ›Soldat Gebärende‹ zu befehligen. Die Vorstellung, ›Mutter der Mütter‹ und ›Offizier im Geburtskrieg‹ zu sein, wertete Hebammen analog zur Mutterschaft ideell auf, sie gewannen an sozialem Prestige« (Lisner, 2006, S. 224).

Ein weiterer tiefer politischer Einschnitt war die Auflösung aller bestehenden Hebammenvereinigungen zugunsten des Zusammenschlusses in der Reichshebammenschaft im Jahr 1939. Der Zwangsverband instrumentalisierte die Hebammen sowohl für die Zwecke der nationalsozialistischen Rassenideologie als auch der nationalsozialistischen Geburtenpolitik, die die Förderung »erbgesunden« und »arischen« Nachwuchses vorsah, wobei als erbkrank und nicht-arisch definierte Menschen von Sterilisation und Verfolgung bedroht waren. Die neuen Machthaber sahen die Hebamme als bevölkerungspolitische Propagandistin und verpflichteten sie, erbkranke Frauen und behinderte Neugeborene dem Amtsarzt zu melden. Damit hatte der Berufsstand ein ambivalentes Doppelmandat: Die Hebammen waren sowohl Vertraute der Frauen als auch Vertraute des Staates und zählten damit zu den »Akteurinnen bei der Umsetzung der Bevölkerungspolitik« (ebd., S. 328).

3   Die Situation seit der Jahrhundertmitte

Nach dem Zweiten Weltkrieg blieb es zunächst bei der Freiberuflichkeit der Hebammen. Nur wenige waren in Kliniken angestellt, die meisten arbeiteten in der Hausgeburtshilfe oder als freie Beleghebammen im Krankenhaus. Die Beleghebammen schrieben ihre Rechnungen selber und reichten sie bei den Krankenkassen ein. »Unter den im Jahre 1953 in Münster insgesamt 19 tätigen Hebammen befanden sich daher lediglich drei Angestellte; alle anderen arbeiteten als Freipraktizierende« (Schmitz, 1994, S. 81), stellt eine Untersuchung zur Geschichte der Hebammen der Stadt Münster fest. Erst in den 1970er Jahren setzte die große Zäsur ein: Die Festanstellung von Hebammen in Krankenhäusern. Damit reduzierten sich die Beleg- und Arbeitsmöglichkeiten für freie Hebammen in den Kliniken, was abermals starke Auswirkungen auf das Berufsbild hatte. Die angestellte Klinikhebamme wurde zum Modell der Zukunft, wobei die Anzahl der niedergelassenen Hebammen rapide zurückging.

Auf den Dörfern sah es allerdings noch eine Zeit lang anders aus: Bis weit in die Mitte des 20. Jahrhunderts hinein waren hier Hausgeburten an der Tagesordnung. Die Landhebammen aus den 1950er und 1960er Jahren, die in diesem Buch zu Wort kommen, erinnern sich gerne an diese Zeit zurück, als es eine Selbstverständlichkeit war, ein Kind zu Hause mithilfe der Hebamme zur Welt zu bringen.

Erst durch die flächendeckende Versorgung mit Kliniken und neuen Leistungskriterien der Krankenkassen entwickelte sich auch hier sukzessive die Krankenhausgeburt zur dominierenden Form der Entbindung. Man erhoffte sich von der Klinik größere Sicherheit und manche Frauen wollten von der längeren Ruhezeit profitieren, die der stationäre Aufenthalt bot. Politisch flankiert wurde diese Entwicklung durch die grundlegende Reform des Mutterschutzgesetzes im Jahr 1968. Das im Gesetz enthaltene Wochengeld hieß nun »Mutterschaftsgeld« und die dazugehörigen Regelungen wurden in die Reichsversicherungsordnung aufgenommen. Gleichzeitig avancierte die Entbindung im Krankenhaus 1968 zur Regelleistung der gesetzlichen Krankenkassen, was den sich abzeichnenden Trend zur Klinikgeburt maßgeblich forcierte. Vorher war die Niederkunft im Krankenhaus nur Frauen mit pathologischem Geburtsverlauf vorbehalten gewesen (vgl. ebd., S. 1ff.), nun aber war sie Bestandteil des Leistungskataloges der Krankenkassen für alle Frauen.

Die damit verbundene Aufgabe der Hausgeburt in Deutschland hatte nicht zu unterschätzende Auswirkungen auf die vielerorts noch außerklinisch tätigen Landhebammen und auch auf den Hebammenberuf insgesamt. Kaum eine der jüngeren Hebammen praktizierte zu jener Zeit noch in der freien Praxis. Die Festanstellung im Krankenhaus wurde zum vorherrschenden Berufsbild und prägte entscheidend den Alltag der Hebammen. Die traditionelle, hier und da noch tätige Landhebamme galt als Ausnahmeerscheinung und Auslaufmodell. Die Hebamme Jadwiga Hamann erinnert sich:

> »Ja, da war das, ja. Da waren die Alten weggestorben und die Jungen sind abgehauen, weil's net schickte hinten und vorne [= Bezahlung reichte nicht aus – Anm. d. Verf.]. Haben sich anstellen lassen in der Klinik. Da gab's noch net das, was jetzt, dass man'ne halbe oder'ne Viertel-Stelle macht und dann hier noch Nachsorge macht. Und die Kurse gab's net« (Hamann, 1989, S. 12).

Auch Frau Hamann wurden Stellen im Krankenhaus angeboten, die sie aber nicht annahm, da sie freiberufliche Landhebamme bleiben wollte: »Ich bin angefragt worden. Ich soll Wehrda, Elisabeth-Klinik, die Uniklinik ... Sag' ich, ›Nee, nee, ich mach kein Schichtdienst‹« (ebd., S. 32).

Die Mehrzahl der Hebammen ließ sich jedoch anstellen, womit sich nicht nur das Berufsbild, sondern auch die Geburt selbst fundamental veränderte. Ein einstmals natürlicher physiologischer Prozess wurde von der klinischen Technisierung bestimmt und überlagert. Mit der zunehmenden Medikalisierung, Hospitalisierung und Technisierung der Geburt ging – ebenso wie zwei Jahrhunderte zuvor – die Pathologisierung eines an sich natürlichen Vorgangs einher: Cardiotokografie (CTG) und Ultraschalldiagnostik wurden zu Routineverfahren und die Möglichkeiten der medikamentösen Beeinflussung des Geburtsverlaufs nahmen stetig zu. Dabei vollzog sich ein weiterer entscheidender Wandel: Neben das manuelle Geschick der Hebamme oder des Geburtshelfers trat nun die größere Berücksichtigung der Pathophysiologie, der Biochemie und der Einsatz der Elektronik (vgl. Hasenjäger, 2002, S. 7). Hiervon profitierten zweifelsfrei Frauen mit Risikoschwangerschaften oder Früh- und Mehrlingsgeburten, nicht jedoch solche mit unkomplizierten Schwangerschafts- und Geburtsverläufen, im Gegenteil konnten diese Geburten durch die Apparatemedizin negativ beeinflusst werden.

Viele Frauen fürchteten sich vor der »programmierten Geburt« (Schmitz, 1994, S. 3), die nun Einzug in die Kreißsäle hielt: Man wartete nicht mehr ab, bis die Geburtswehen von selbst einsetzten, da dies für den Klinikablauf ein ungünstiger Zeitpunkt sein konnte, sondern ging dazu über, Geburten auch ohne Not mit wehenfördernden Mitteln wie Oxytocin oder Prostaglandin künstlich einzuleiten:

»Die Geburt zum optimalen Zeitpunkt einzuleiten und glücklich zu beenden, stellt unseres Erachtens einen neuen Abschnitt in der Geschichte der Geburtshilfe dar. Der fast vollständige und rasche Übergang von der Hausentbindung zur Klinikgeburt, vom Holzstethoskop zum modernen Kreißsaal findet hier seinen ersten Abschluß« (Hillemanns & Steiner, 1976, S. VI).

Eine so verstandene Geburtshilfe stieß jedoch nach kurzer Zeit auf massive Kritik großer Teile der Gesellschaft und der Ruf nach einer »sanften Geburt« war unüberhörbar. Immer mehr werdende Eltern wünschten sich eine »Geburt ohne Gewalt« (vgl. Leboyer, 1974) und plädierten für einen »sanften Weg ins Leben« im Gegensatz zur programmierten und medikalisierten Klinikgeburt. Im Jahr 1978 erschien in Deutschland das von Michel Odent zwei Jahre zuvor in Paris verfasste und berühmt gewordene Buch *Die sanfte Geburt. Die Leboyer-Methode in der Praxis*, das die Enthumanisierung des Geburtserlebnisses in der Klinik anprangerte und nach Lösungen suchte. Es wurden intensiv Gegenentwürfe zur technisierten Krankenhausgeburt entwickelt und der sogenannte medizinische Fortschritt hinterfragt. Sowohl Frédérick Leboyer als auch Michel Odent waren Ärzte, die am Segen der Apparatemedizin zweifelten und auch deren Schattenseiten benannten, wie der Philosoph Ivan Illich, auf den sie sich bezogen (vgl. Illich, 1975). Als Krankenhausärzte trachteten sie danach, die von vielen als traumatisch beschriebene Klinikgeburt so zu revolutionieren, dass so wenig medizinisch und technisch invasiv wie nur möglich gearbeitet wurde, um die natürliche Geburt zu befördern. Auch nachgeburtliche Trennungserfahrungen sollten unterbleiben und das »Rooming-in«-Verfahren kam in Mode. Eine neue Erkenntnis war, dass das Zusammensein von Mutter und Neugeborenem sich sowohl positiv auf die Bindung zwischen Eltern und Kind als auch auf das Stillen auswirkte. Bereits 1984 wurde Rooming-in in 80 Prozent aller deutschen Krankenhäuser angeboten.

Die von Frédérick Leboyer angestoßene Bewegung zur Geburt ohne Gewalt ging davon aus, dass die Gebärende im Mittelpunkt steht und ihr Bewegungsspielraum nicht durch Apparate oder Verhaltensmaßregeln beschnitten wird, sondern vielmehr ihr eigener physiologischer Rhythmus den Verlauf der Geburt bestimmt. Die Frau wird ermutigt, Vertrauen in ihren Körper zu haben und Emotionen – Schmerz wie Freude – nicht zu unterdrücken, sondern auszuleben. Dieser Ansatz der natürlichen Geburt stand in diametralem Gegensatz zur programmierten Geburt, wie sie die Klinikärzte jener Jahre empfahlen und praktizierten.

Nachdem seit Mitte der 1960er Jahre das Gebären fast ausschließlich als medizinisches Ereignis verstanden wurde, konnten Leboyer und seine Kollegen eine neue Perspektive in die Geburtshilfe einführen, die den Geburtsvorgang für Mutter und Kind als gewaltlosen Prozess des Übergangs verstand, für den eine ungestörte und individuelle Atmosphäre wichtig war. Schmerzen und auch Ängste wurden durch Atem- und Entspannungstechniken, Hypnose und individuelle Geburtspositionen minimiert. Medizinische Interventionen kamen nur zum Einsatz, wenn sie unumgänglich waren. Die Philosophie der »sanften Geburt« fand nicht nur bei fortschrittlicheren Geburtshelfern, sondern vor dem Hintergrund der feministischen Bewegung vor allem bei den Frauen Resonanz, die sich zudem für ihre Niederkunft eine individuellere Umgebung wünschten und das Krankenhaus grundsätzlich kritisch sahen.

Die noch wenige Jahre zuvor akzeptierte »programmierte Geburt« mit ihren entwürdigenden und als traumatisch beschriebenen geburtshilflichen Praktiken war nun endgültig verpönt. Dies wiederum hatte Auswirkungen auf die Kliniken, die den Gebärenden zwar gute medizinische Standards offerierten, ihnen jedoch keine individuelle Umgebung oder Behandlung anbieten konnten. Die Geburt als »technisches Ereignis« samt der sterilen Atmosphäre der Kreißsäle sollte nun durch freundlichere Geburtszimmer und der Möglichkeit alternativer Gebärhaltungen zunehmend patientinnenorientierter umgestaltet werden.

Flankiert wurden diese Entwicklungen von der zweiten Frauenbewegung der 1970er Jahre, die auch als »Neue« Frauenbewegung (Gerhard, 2009, S. 107; vgl. auch Heimberg, 2005, S. 23) in die Geschichte eingegangen ist. Diese zweite Welle war Teil der neuen sozialen Bewegungen im Anschluss an die Studentenbewegung der 1960er Jahre. In ihrem Kontext entwickelte sich eine starke Frauengesundheitsbewegung (Gerhard, 2009, S. 114ff.), deren Aktivistinnen nicht länger bereit waren, Männern das Wissen und die Entscheidungsmacht über ihren Körper und ihre Seele zu überlassen. Es entstanden Frauengesundheitszentren für eine frauengerechte Gesundheitsversorgung. Der Instrumentalisierung, Pathologisierung und Medikalisierung des weiblichen Körpers durch die herrschende Schulmedizin und auch der Vereinnahmung durch die Pharmaindustrie stand man kritisch bis ablehnend gegenüber. Die Frauengesundheitszentren unterstützen Frauen im bestehenden Gesundheitssystem, ihren eigenen Weg zu suchen und damit ihre Autonomie zu wahren und zu stärken.

Die feministischen Ansätze forderten neben sanfteren geburtshilflichen

Praktiken auch einen anderen Geburtsort als die Klinik. Vor diesem Hintergrund entstand das erste Geburtshaus 1985 in Rödgen bei Gießen unter der Hebamme Dorothea Heidorn; 1987 folgte ein weiteres in Berlin.

Abbildung 7: Geburtshaus Rödgen

In den Geburtshäusern waren damals und sind auch heute ausschließlich Hebammen tätig, die der zentralen Forderung Genüge leisten, das Recht von Frauen auf ihre Selbstbestimmung zu achten. So führt zum Beispiel das Marburger Geburtshaus gegenwärtig auf seiner Homepage aus, dass es ein Ort sein will, an dem die Frauen ihr »Kind in einer liebevollen und entspannten Umgebung zur Welt bringen und ihre Geburt nach ganz eigenen Vorstellungen gestalten [können]«. Dass sie »dabei von einer Ihnen vertrauten Hebamme begleitet werden [und] gemeinsam mit ihrem Mann und den Geschwisterkindern oder einer Freundin in ruhiger und fürsorglicher Atmosphäre ihr Baby begrüßen und kennen lernen« (Geburtshaus Marburg – Familie im Zentrum, o. J.).

Damit vollzogen sich erneut Veränderungen im Hebammenberuf. Viele wechselten in den 1980er Jahren nach einigen Berufsjahren vom Krankenhaus in die Freiberuflichkeit und suchten sich außerklinische Betätigungsfelder. Auch die alten Landhebammen, die sich schon vor dem beruflichen Aus sahen, kamen wieder zum Einsatz. Sie wurden nun aber nicht in erster

Linie von den Frauen ihres Dorfes, wie es früher der Fall gewesen war, konsultiert, sondern von akademisch gebildeten Städterinnen, die mit ihrem feministischen Selbstverständnis und einem neuen Körperbewusstsein eine fremdbestimmte Klinikgeburt ablehnten und für ihre Niederkunft auf erfahrene Hausgeburtshebammen zurückgriffen. Im folgenden Kapitel wird darauf noch weiter einzugehen sein.

Doch trotz der oben beschriebenen Gegenbewegungen der 1970er Jahre konnte das Ruder nicht mehr herumgerissen werden und das sich bereits in den 1960er Jahren des 20. Jahrhunderts in Deutschland abzeichnende Ende der Hausgeburt blieb im Wesentlichen bestehen. Geburt wurde fortan eher als ein medizinisches denn natürliches Ereignis akzeptiert:

> »Von einem ehemals öffentlichen Ereignis um die verheirateten Dorffrauen war die Geburt seit dem beginnenden 19. Jahrhundert zu einem privaten Familienereignis geworden, um sich seit der Mitte des 20. Jahrhunderts schließlich zu einem ihres öffentlichen wie privaten Charakters enthobenen medizinischen Ereignis zu entwickeln«,

hält die Historikerin Eva Labouvie fest (Labouvie, 1999, S. 329f.). Allerdings blieb ein kleiner Prozentsatz außerklinischer Geburten bestehen (ca. 1,5 Prozent), der auch in den letzten Jahrzehnten relativ konstant geblieben ist und von freiberuflichen Hebammen betreut wird.

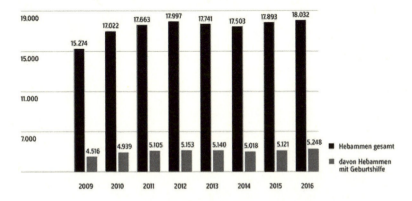

Abbildung 8: Anzahl freiberuflich tätiger Hebammen (Stand jeweils im Oktober)

IV Generationen und Traditionen

1 Die letzten Landhebammen erzählen

»Hebammen kämpfen ums Überleben« (Jansen, 2017, 23. Juni) heißt es seit längerem bundesweit in Presse, Funk und Fernsehen, da die berufliche Existenz freiberuflicher Hebammen in Deutschland infolge der hohen Beiträge für die Berufshaftpflicht, die sich in den vergangenen Jahren vervielfacht haben, gefährdet ist.

Hebammen warfen der Politik, den Krankenkassen und der Versicherungswirtschaft Tatenlosigkeit vor, die dazu führe, dass ca. 25 Prozent der freiberuflichen Hebammen nicht mehr in der Geburtshilfe, der ursprünglichen Hebammentätigkeit, praktizierten, sondern sich auf die Vor- und/oder Nachsorgebetreuung beschränkten oder den Beruf ganz aufgäben.

Eine ähnliche Problematik stellte sich schon einmal vor gut einem halben Jahrhundert. »In den 1960er Jahren«, so die 1931 geborene Landhebamme Liesel Werthmann aus einem hessischen Dorf, »da war es ja ganz schlimm, wo die Krankenkassen die Kosten übernommen haben« (Wethmann, 2015, S. 11). Die Hebamme hatte fortan kaum noch Hausgeburten, da die Dorffrauen nun alle ins Krankenhaus gingen, was zuvor nur mit einem ärztlichen Attest möglich gewesen war. Auch die gleichaltrige Jadwiga Hamann aus dem Hessischen erinnert sich an jene Zeit. Sie hatte allerdings, als die deutschen Frauen in der Klinik niederkamen, in ihrem Ort die Gelegenheit, türkische Frauen zu entbinden. Aufgrund der eisenverarbeitenden Industrie lebte hier seit den 60er Jahren des 20. Jahrhunderts eine größere türkische Bevölkerungsgruppe: »Es waren dann mehr Türken. Deutsche wenig« (Hamann, 2018, S. 16f.).

»Das war dann schon, wo keine Hebamme mehr weit und breit war […]. Da waren die Alten weggestorben und die Jungen sind abgehauen, weil es nicht schickte [= finanziell ausreichte – Anm. d. Verf.] hinten und vorne. Haben sich anstellen lassen in der Klinik« (ebd., S. 11),

was für Frau Hamann allerdings nicht infrage kam. Sie ist bis heute mit ihren 88 Jahren freiberufliche Hebamme geblieben:

> »Wie gesagt, also mir macht das so Spaß, sonst würd' ich's nicht machen. Ich hab' voriges Jahr [2018] noch 72 Frauen gemacht und hab' dies Jahr 45 und habe auch noch bis Weihnachten noch mal angenommen, ich sag' aber jetzt immer dabei, ›Also es kann mir jeden Tag irgendwas passieren, aber ihr müsst euch keine, habt keine Angst, ich hab' dann 'ne Vertretung.‹ Die kann ich einfach anrufen. Die Frau X. ist das in A. Und die vertritt mich dann, ja. Gestern rief einer an, von N.: ›Unsre Hebamme ist plötzlich abgesprungen, sie will in Urlaub.‹ Sag' ich: ›Ja, da muss sie 'ne Vertretung haben.‹ ›Ja, ich krieg aber keine. Ich hab' schon so viel Hebammen jetzt angerufen.‹ Sag' ich: ›Wissen Sie was, rufen Sie mal bei der Frau X. an‹, sag' ich. Ich hab' im Moment sieben Frauen, wo ich auch nicht bei jede jeden Tag hin geh, wo es nur das Näbelchen ist, oder wo ich nur mal wiegen muss, weil's Kind net so gut zugenommen hat, da geh' ich auch mal jeden zweiten Tag nur hin. Die ersten fünf Tage bis alles richtig läuft mit Brust und kein Fieber und der Nabel ab und so, da geh' ich jeden Tag hin, oder gelb, das ist auch mehr geworden, dass die Kinder gelb werden, dass man da noch mal Blut abnehmen muss. ›Und‹, sag' ich, ›wenn Sie niemand kriegen, dann rufen Sie mich wieder an‹« (ebd., S. 31).

Die 88-jährige hessische Landhebamme ist weiterhin in der Vor- und Nachsorge aktiv und das bei steigender Nachfrage, da es zu wenige Hebammen gibt. Bis auf kurze Pausen übt sie ihren Beruf ohne größere Unterbrechungen schon mehr als 20 Jahre über das Rentenalter hinaus aus.

Im Interview gab sie bereitwillig Auskunft zu ihrem beruflichen Selbstverständnis und wie sie als junge Frau zu ihrem Berufswunsch gekommen ist.

1.1 Ausbildung

»Ja. Ich bin ja die Tochter von einer Hebamme. Und die starb, wo ich 14 Jahre alt war. Die war 57. Und da war der Hebammenbezirk [...] verwaist.

Und dann waren ja noch die ganzen Geburten zu Hause damals zu der Zeit. Jedenfalls in den Dörfern« (ebd., S. 1).

Als Nachfolgerin von Frau Hamanns Mutter kam eine Hebamme aus Berlin, die aber von der Dorfbevölkerung nicht angenommen wurde, sodass die Gemeinde Frau Hamann drängte, doch Hebamme zu werden und das Werk ihrer Mutter fortzuführen. Eines Tages wurde der Bürgermeister persönlich bei ihr zu Hause vorstellig und schlug ihr vor, die Hebammenschule zu besuchen; um die Ausbildungskosten brauche sie sich nicht zu sorgen: »Und da kam der Bürgermeister, sagt er, ›Wir brauchen 'ne Hebamme, das kannst du.‹ Sag' ich: ›Ich, wie soll ich denn das machen?‹ Da war ich 18« (ebd., S. 32).

Mit finanzieller Hilfe der Gemeinde begann nun ihr Unterricht an der Marburger Hebammenschule:

>»Wir hatten ja damals in der Klinik in der Ausbildung Hausschwangere. Das waren junge Mädchen aus Heimen oder geschiedene Frauen, die net in der Krankenkasse waren, also ne, und die waren dann paar Monate in der Klinik. Die haben da bisschen rumgeputzt und leichte Arbeit gemacht, kriegten Essen und standen uns aber dann zur Verfügung zum Untersuchen. Wir waren eigentlich dann immer (eher) Freundinnen. [...] Wir waren als Schülerinnen bei denen auf dem Schwangerenstock und haben, damit wir's gut lernen, sag' ich, ›Komm, leg dich hin, jetzt woll'n wir, will ich wieder mal tasten‹, und das war dann net unter Aufsicht von der Hebamme, das war dann immer nur so heimlich gemacht, dass wir sicher wurden, gell. Ja. War 'ne schöne Zeit. Also streng wie im Internat. Wir mussten damals uns eintragen, wenn wir fortgingen, vorne an der Pforte lag 'n Buch. Die Pförtnerin, die hat aufgepasst, wann wir wiederkamen. [...] Ja, ja. Wir hatten da so'n Schlafsaal. In einem Saal waren wir mit zehn Schülerinnen und jede hatte da, wie in der Kaserne, 'n Waschbecken und 'n Spind und Bettzeug musst' man mitbringen. Wir haben das Bett mitgebracht, wir haben Kleidung, die Kittel mussten wir mitbringen, die Schürzen, weiße Schürzen, blaue Kleider, so Häubchen mussten wir noch aufsetzen damals.

Das mussten wir alles selbst kaufen und mussten 80 D-Mark bezahlen. Es war schon viel Geld. Mein Vater war da schon Rentner und dann hat der Vater, der hat net viel gekriegt damals, glaub' ich, 130 D-Mark. Und da hat er mir 30 und das andere hab' ich vom Bürgermeisteramt gekriegt. Musste dafür 'n Vertrag machen, dass ich dafür neun Jahre in M. arbeite. Dann war der abgegolten. Und der Koffer, der Koffer auch, der kostete 500 D-Mark damals. Und den hab' ich auch von der Gemeinde, den hab' ich auch dann zurückbezahlt, wie ich fort bin dann« (ebd., S. 10f.).

»Na gut, bei uns war's so, dass wir morgens wie Soldaten da standen und die Oberhebamme hat gesagt, ›Sie haben heut das Zimmer 73, da liegen drei Wöchnerinnen und da helfen Sie, wo Sie können.‹ Also, wenn wir auch noch net fit waren, also in der Geburtshilfe, aber Wochenstation und Kinderzimmer, da wurden wir dann schon eingeteilt. Kreißsaal durften wir nur gucken und bisschen Bein halten und so was. Und dann [...] haben wir noch Waschbecken geputzt, [...] haben das Essen gereicht oder lauter so Zeug. [...] Und dann ging abends diese Oberhebamme, Schwester Edeltraut, die ging mit dem Tablett Schmerztabletten oder Abführtabletten oder irgendwas ging die durch die Zimmer noch mal und sagt, ›Also alles okay hier in dem Zimmer 72?‹ ›Ach nee, die hat die Blumen net gerichtet und hat auch das Becken net richtig geputzt.‹ Aha. Dann hat die die nachher, net zu versammelter Mannschaft, hat sie dich net fertiggemacht, aber sie hat dich mit ins Dienstzimmer genommen. Sagt sie, ›Also, wir haben ja keinen Arbeitsvertrag, wenn du dir was zu Schulden kommen lässt, musst du gehen.‹ Sagt die, ›Wenn Ihnen das net passt und Sie das net so machen wollen, können Sie gerne nach Hause gehen‹, ja« (ebd., S. 23).

Frau Hamann kann sich sehr gut an ihre Ausbildungszeit erinnern, sowohl an die hohen Kosten, die ihre Familie zu tragen hatte als auch daran, wie sie von der Oberhebamme von oben herab behandelt wurde. Die Lehrzeit, die sie schon mit 18 Jahren begann, verlief unter militärischem Drill, aber ihre Motivation, den Beruf zu erlernen und den Gebärenden beizustehen, wenn es sein musste auch nach Dienstschluss, war groß:

»Was ich auch als Schülerin nie gemacht hab', dass, wenn ich 'ne Frau mehrere Stunden betreut hab', dass ich als Schülerin am Bett war und hab' Herztöne – wir mussten dann ja noch so hören, wir mussten die Wehen aufschreiben, wir mussten den Puls ja noch mit der Uhr zählen und alles aufschreiben – und ich hatt' dann Dienstschluss und ich hab' gemerkt, also die wird in der nächsten halben Stunde das Kind kriegen, da bin ich da net weggegangen, gell. Da wollt ich das auch, wenn ich auch dann net mehr das machen durfte, da hat's die andere Schülerin gemacht, aber ich wollte dann dabei sein. Der Frau zuliebe. Die kannte mich. Dann bin ich dann bei ihr geblieben und wenn ich der nur die Hand gehalten hab', gell. So stell ich mir halt Hebammen vor, das ist jetzt net, ich will mich net groß darstellen, aber das ist, ich kann das net als 'n Job machen. So'n kleines bisschen Idealismus muss doch mit reingebracht werden, oder?« (ebd., S. 22f.).

Eine Freundin von Frau Hamann, die Hebamme Liesel Werthmann, absolvierte ihre Ausbildung in Göttingen, nachdem ihre Heimatgemeinde sie dazu aufgefordert hatte. Ihre Vorgängerin war bereits 80 Jahre alt und wollte aufhören, sodass eine Nachfolgerin gesucht wurde:

»Ja, dann habe ich da zugesagt. Und jetzt ging's dann los. Dann haben wir erst einmal geguckt, wo die Hebammenschulen alle waren. Ich musste mich ja dann auch anmelden und mich bewerben. Nach Marburg wollte ich eigentlich nicht. Das war mir einfach ein bisschen zu nah hier. Und Gießen hatte noch keine Hebammenschule. Und dann sind wir auf Göttingen gekommen. Das war zwar in Niedersachsen, nicht in Hessen, aber ich habe mich da beworben und [...] bin ich gleich angenommen worden. Es war wirklich sehr gut dort. Die Göttinger nahmen gerne mit Vorbildung, das heißt Krankenschwestern, Kinderkrankenschwestern und Wochenpflegerinnen. Die kamen dann erst zum Zuge. Und da ich gerade mein Examen gemacht hatte, wurde ich sofort angenommen, und dann bin ich gleich von Kassel nach Göttingen zur Hebammenschule. Da war kein großer Kurs; wir waren nur zu neunt, neun Schülerinnen, und hatten eine klasse Ausbildung. Ganz toll. Damals war Professor M. noch da, der hatte die Leitung damals. Er war ja ein bekannter Gynäkologe. Doktor H. war unser Unterrichtsarzt, also wir hatten ganz tolle Ärzte dort. Und dadurch, dass wir nicht in einem so großen Kurs waren, kamen wir auch sehr schnell und gut an Arbeiten und Praktiken ran. [...] Ja, und als dann das Examen rum war, das wurde dann auch gemeldet auf dem Gesundheitsamt, das war ja unsere unterste Behörde, der unterstanden wir ja. Ich sollte dann die Stelle von meiner Vorgängerin, Frau Stamm, übernehmen. Das Gesundheitsamt hatte dann Bezirke eingeteilt [...] und in diesem Bezirk durftest du dann arbeiten. [...] Diese älteren Hebammen, die fielen wegen Alter oder Tod dann weg, und dann wurden die immer größer, unsere Bezirke. [...] Ja, und dann wurde halt dieser Kreis immer größer und natürlich hatten wir dann auch sehr viele Hausgeburten zu dieser Zeit. [...] Wir kamen manchmal so auf 50, 80 Geburten im Jahr« (Werthmann, 2015, S. 2f.).

Die junge Hebamme musste sogleich ins kalte Wasser springen und ihre Vorgängerin ersetzen. Da die Gemeinde teilweise für ihre Ausbildungskosten aufgekommen war, konnte sie sich ihren Bezirk nicht aussuchen, sondern musste hier ihren Dienst antreten:

> »Damals, als ich nach Göttingen ging, da mussten wir – weil es Niedersachsen war – Lehrgeld bezahlen. Das war hier nicht. Jeden Monat 100 D-Mark. Und das war natürlich schon ein Problem für meine Eltern damals. Sie sagten: ›Wie sollen wir das stemmen?‹ Und dann hat die Gemeinde damals einen Kredit gegeben und hat das finanziert« (ebd., S. 22).

Auch die heute 90-jährige Landhebamme Helma Ide ersetzte ihre Vorgängerin, die sie zu dem Schritt, Hebamme zu werden, ermuntert hatte. Sie begann relativ spät, erst als 29-Jährige, mit der Ausbildung, die sie in Marburg absolvierte. Die Idee, Hebamme zu werden, kam ihr, als sie ihrer Schwester bei der Geburt assistierte:

> »Ich war ja dann dabei und konnte das erleben. Das Baby kam, lebensfrisch, schön, alles toll. [...] Und dann sagte ich [zur Hebamme]: ›Was du hier machst, das ist ja etwas, das könnte mir ja grade so aus'm Herz kommen. Das ist ja etwas, [...], das übermannt mich ja.‹ Und da sagte die, ›Sag' mal, wie alt bist du denn?‹ Ich war zehn Jahre verheiratet. Ich sag, ›Ich bin 29.‹ ›Ei, dann geht's doch noch.‹ Sag' ich, ›Was geht denn noch?‹ ›Du kannst doch noch lernen.‹ Und das war ein Wort. Ich war ja mit meinen Gedanken schon wochenlang beschäftigt, was wird denn mit dir? Du brauchst doch 'ne Aufgabe. Du brauchst doch 'ne Aufgabe, die dich ausfüllt. [...]
> Als dann am Wochenende mein Mann nach Hause kam, hab' ich das mit ihm mal besprochen. Das muss der ja auch erst mal bedenken. Und er brauchte auch nicht lange dazu. Und er hatte dann gemeint, ›Wenn du das meinst, dass du das kannst und dass du das gern würdest, also ich bin kein Hindernis. Ich komm schon zurecht.‹ [...] Und dann sagte ich das zu meiner Mutter, und die sagte, ›Dann sag' das doch mal. Rede doch mal mit unserem Walter.‹ Das war ihr jüngster Bruder, der war Bürgermeister. Und der hörte das mit großen offenen Ohren, weil die Frau K., die vorher jetzt 25 Jahre und mehr Hebamme gewesen war, [...] gekündigt hatte. ›Sie muss aufhören und sie hört auf, und wenn sie keinen herbei kriegen, dann geht sie eben, ohne dass 'n Ersatz da ist.‹ Und dann dauerte es nicht lange. Ich war jetzt zur Vorprüfung gewesen, und ich war ja, wie gesagt, längst der Schule

entwachsen. Ich war ja dann inzwischen 30 Jahre alt. [...] Da kam dann umgehend die Prüfung, die war gelaufen, und man konnte sehen, dass ich lesen und schreiben konnte. Und dann durfte man eben dort dann anrücken. Zehn Fragen, mit Rechnen und mit, ähm, alle möglichen Fragen mussten beantwortet werden. Und das ging damals, waren's noch anderthalb Jahre. Es wurde dann aber erhöht auf zwei, kam dann. Ja, und die Ausbildung ging dann bis September 61« (Ide, 2018, S. 4f.).

Nach eineinhalb Jahren schloss Frau Ide ihre Lehrzeit ab und wurde sogleich an ihrem Heimatort als Hebamme eingestellt:

»Das Examen war gut gelaufen. Ich hatte ein gutes Examen gemacht und konnte auch mit gutem Gefühl sagen, ›Ich geh' in die freie Praxis.‹ Ich war mir sicher, das, was du jetzt brauchst, das kannst du. Und das ist doch schön, wenn man Sicherheit fühlt« (ebd., S. 8).

»Und dann kam eine Geburt, das weiß ich noch, es war ein Mädchen aus der Nachbarschaft. Und dann ging's immerzu weiter, immerzu weiter, immerzu weiter. Einer erzählt's dem andern und [...] als es klingelte und als ich da guckte, es war der Mann an der Haustür. Und sagte ich, ›Was ist denn?‹ ›Ei, weißte, meine Frau schickt mich. Ich will jetzt in die Werkstatt, in die Autowerkstatt. Und wenn ich dann wiederkomme, dann soll ich deinen Koffer mitbringen. Bei uns geht's nämlich los.‹ Da kriegt die ihr erstes Kind, grad so, wie nebenbei« (ebd., S. 10).

1.2 Hausgeburten

Nach der Ausbildung gingen die frisch examinierten Hebammen in ihre Heimatorte zurück, um dort ihren Dienst zu versehen. Sie wurden sehnlichst erwartet, denn die Vorgängerin hatte aus Altergründen aufgegeben oder eine ortsfremde Hebamme war nur interimsmäßig angestellt worden, bis die frisch ausgebildete anfangen konnte. Von Anfang an hatte Frau Ide alle Hände voll zu tun:

»Im Jahr konnten's mal 60 sein, konnten mal 50 sein, gab auch Jahre, wo es mal weniger waren. Ganz verschieden, ganz verschieden. Ich war jedenfalls immer sehr zufrieden. Mir ging's nicht um große Mengen [...], ich konnte alles richtig schön gut machen, gell. Die Besuche regelmäßig machen, die Frauen versorgen, die Kinder versorgen, zweimal am Tag« (ebd., S. 14).

Helma Ide arbeitete zeitweise auch im Krankenhaus als Beleghebamme, aber nur in den Jahren, in denen die Klinik mit Hebammen so schlecht besetzt war, dass der Chefarzt sie händeringend darum bat, bei ihm auszuhelfen:

> »Und dann in den 70er Jahren, da waren die [...] im Krankenhaus, die waren da so knapp dran. Und da hab' ich viele Jahre, über zehn Jahre, vielleicht 14 Jahre, dass ich da auch regelmäßig in B. Dienst hatte. Und da wurde mir aber auch gleich gesagt, Doktor H. hat das gleich festgelegt, wenn so, ›Helma, wenn du zu Hause was hast, dann kannst du freilich ohne Weiteres gehen‹, und er war mir immer behilflich« (ebd., S. 21).

Frau Ide betont, dass dieser Gynäkologe ihr deshalb auch im Gegenzug, falls nötig, bei den Hausgeburten zur Seite stand:

> »Ich hatte dadurch auch einen guten Gynäkologen an der Hand. [...] Der Doktor H. wusste, dass er sich auf mich verlassen konnte. Das war, war amtlich, und der hätte da niemand abgeworben oder so, hätte der nicht gemacht. ›Wenn was ist, kommste‹, sagte er. ›Wenn irgendwas ist, kann man ein Auge drauf werfen‹« (ebd., S. 22).

Trotz ihrer Aushilfstätigkeit im Krankenhaus ließ Frau Ide im Interview an keiner Stelle Zweifel daran laut werden, dass für sie die Hausgeburt alltäglich und eigentlich das Normale war. Sie selbst war zwar kinderlos, aber die Kinder ihrer Geschwister waren alle zu Hause geboren: »Hier, die Kleinen, [...] die kamen auch zu Hause auf die Welt. Meine Nichten und Neffen, gell, die kamen zu Hause auf die Welt« (ebd.).

Zum Thema »Klinik- oder Hausgeburt« erläuterte sie:

> »Gab ja immer Frauen, denen es im Krankenhaus schlecht gegangen war. Die dann auch da nicht hinter'm Berg hielten, die dann eben nicht weitergeholfen bekamen. Was weiß ich, wie man das alles, was da manchmal aufgelaufen ist. Ich weiß es net. Aber die haben das dann auch verbal kundgetan. Wenn da was war, was mit diesen Einleitungen, das war ja auch mal 'ne Zeit lang so ganz schlimm. Und das ist ja das, was man zu Hause

nicht macht. Die Kinder durften ja kommen, wenn sie fertig waren« (ebd., S. 22f.).

Helma Ide spricht hier von den programmierten Geburten der 1970er Jahre, als man Geburten im Sinne eines reibungsloseren Klinikablaufs künstlich einleitete. Bei ihr dagegen durften die Kinder zu Hause kommen, »wenn sie fertig waren«. Zu einer Geburt gehören Ruhe und Gelassenheit, sagt sie. Und diese schöpfe sie selber

> »auch aus meinem Glauben, denke ich. Ganz gewiss. Und, sobald, solange alles in Ordnung ist, kann ich ja auch gelassen sein. Und Anomalitäten erkennen, gehört ja mit zu dem, zu dem Wissen, was man angeeignet bekam, gell. Dass man weiß, wo die Normalität aufhört und die Pathologie anfängt« (ebd., S. 26).

Sie verlässt sich auf ihre Kompetenz, auf ihr Wissen und weiß doch gleichzeitig, dass nichts hundertprozentig sicher ist. Dass eine höhere Macht anwesend ist, glaubt sie

> »ganz bestimmt. Und der Gedanke, dass es ja genauso gut auch schiefgehen könnte, was ja gar nicht selbstverständlich ist, dass das immer funktioniert, dass das immer in Ordnung ist, wie es ist, das ist nicht selbstverständlich, gell. Da gibt's ein Lied, da heißt es, ›In wie viel Not hat nicht der gnädige Gott, über dir Flügel gebreitet.‹ Und das ist ganz bestimmt so. Kann ich spüren, ganz bestimmt [atmet tief ein]. Denn das sind ja auch Nöte, die man hat, um so'ne junge Frau, um das ungeborene Kind. Da hat man ja Not drum, dass das, falls das nicht klappen würde, falls das schiefgehen würde, gell. Nicht selbstverständlich ...« (ebd., S. 38)

Auf der anderen Seite ist sie aber davon überzeugt,

> »dass immer alles funktioniert. Wie? Mit Zuspruch. Wenn man dann untersucht hatte, konnte man sagen, ›Hast schon so toll gearbeitet, ist ja schon so gut vorwärts gegangen, siehst so gut aus.‹ Das hört man doch gerne, gell. Ist ja 'ne harte Arbeit. Und dass das so wieder verschwindet, diese Erinnerung an diesen Schmerz, das ist nicht zu fassen, nicht zu glauben. Aber es ist doch so. Sonst kriegt man nie wieder eins, gell. Es ist was ganz Eigenartiges. Wie das was ist mit der Menschwerdung. [...] Aber allein lassen, das macht,

das macht schlimm. Aber wenn man mit denen mit atmet, dann ist das net mehr schlimm, weil sie ja merken, da kann ich ja mitarbeiten, ich gehe ja mit meinem Körper mit. [...] Ja. Und dann hab' ich gedacht, der Beruf ist ja für mich gemacht. Bin so glücklich, bin so dankbar, dass immer alles so funktioniert« (ebd., S. 37).

In Erinnerung geblieben ist der Hebamme ein ganz besonderes Weihnachtsfest, bei dem es gleich mehrere Hausgeburten zu betreuen gab:

»Einmal Weihnachten, Weihnachten, ob's Heiligabends oder -morgens, also am 24.12. früh am Morgen, wurde ich nach D. gerufen. Erstgebärende. Und das Kind kam dann im Laufe des Nachmittags kam das Kind dann zur Welt. Und's Kind war geboren, da kam ein Anruf aus B. von einer Zweitgebärenden, die mir sagte, ›Hör' mal, bei mir ist Wasser weggegangen. Aber ich hab' noch keine Wehen.‹ Sag' ich, ›Gut, ich hab' hier ein Baby noch bisschen zu versorgen. Hier ist noch bisschen zu tun für mich, aber wenn ich fertig bin, komm ich zu dir und dann guck ich, wie das alles aussieht.‹ Das war dann an dem Heiligabend. Und dann, an diesen Tagen wird's ja schon um vier Uhr fast dunkel, gell. [...] Ich war ja dann, Gott sei Dank schon, war auch schon alles fast fertig, musste nur noch aufräumen und schreiben und was man da noch so zu machen hat, wenn man dann weiß, es geht ja schon vielleicht bald weiter, da muss man ja alles greifbar haben, muss man sich entsprechend einstellen. Und dann bin ich dann von da aus direkt nach B. gefahren und da sagte die Mutter da im Haus, die sagte dann, ›Heut' kommt das Kind noch net. Nee, nee. Unsere Kinder kommen immer am Ersten Feiertag.‹ ›So?‹, sag' ich, ›Das ist ja schön. Na, woll'n wir mal sehen.‹ Und dann hab' ich sie untersucht, es war alles super gut und in Ordnung, aber es fehlten eben noch die Wehen. Aber die kommen ja dann, wenn der Körper sich auf diese Situation da unten eingestellt hat, dann gibt's ja auch Wehen. Und dann konnte ich alles für in Ordnung befinden und hab' dann gesagt, ›Wisst Ihr was? Ich fahr‹ – ich glaub, es war Schnee, Eis und Schnee, war Weihnachten, gell, – ›Ich fahr jetzt gar nicht heim, ich bleib heut' Nacht lieber mal hier. Falls es dann losgeht, dann hab' ich den Weg nicht zu machen und du hast mich früher hier‹, weil die Blase ja schon gesprungen war. Und dann drückt das ja meistens mehr auf den Muttermund, das Köpfchen, was dann eben keinen Puffer mehr hat. Und so war's dann auch. In der Nacht fingen ja dann auch die Wehen an und steigerten sich auch, und als es Tag wurde, hatten wir das Kind, und die Mutter war fertig, alles war gelaufen, 's Kind war in Ordnung, die Mutter war in Ordnung. Und ich konnte dann wieder wegfahren und konnte dann meine gestrige Geburt noch besuchen. Da bin ich von da dann zu der Frau in D. gefahren. Ja. Das Mädchen, es kam ein Mädchen, das kam dann auch noch während der Dunkelheit noch auf die Welt und es war nicht verkehrt, dass ich dann nachts da geblieben war. Ich weiß nicht mehr, wo ich mich hingelegt hatte, ich weiß es nicht. Ist ja auch egal. Jedenfalls bin ich da geblieben. Und meistens fangen ja so Wehen um zwei Uhr nachts an. Das ist so, so 'ne, so 'ne eigenartige Zeit. Jedenfalls lief dann da auch alles sehr gut. Die Frau, die hatte ich beim ersten Kind, da war die Patientin in B. im Krankenhaus. Da hatt' ich das erste Kind im Krankenhaus entbunden. Und jetzt beim zweiten ging sie gar nicht mehr erst ins Krankenhaus, ist gleich zu Hause [geblieben] [...].

Und als ich dann nach Hause kam, da hat mir mein Mann zwei Wärmflaschen ins Bett gelegt [lacht] und hat mir mal gute Nacht gewünscht. Ja, aber nach paar Stunden steht man ja dann auf. Dann hab' ich mich wieder um-, wieder passend angezogen, und bin zu den Hausbesuchen gefahren. Ja, das waren Weihnachten, am ersten Feiertag und Heiligabend. Aber das ist ja, an Feiertagen ist ja immer sowas. Ist ja so. Aber das ist alles egal. Ist alles bestens« (ebd., S. 42).

Mit großer Selbstverständlichkeit berichtet die betagte Landhebamme aus ihrer aktiven Zeit, als sei es erst gestern gewesen. »Ist alles bestens«, so ihr selbstbewusstes Resümee, und Beschreibungen von Ängsten, Risiken oder Gefahren treten in den Hintergrund zugunsten eines für sie ganz normalen, alltäglichen und immerzu gleich erfreulichen Vorganges, des Vorgangs einer Geburt.

Auch die Landhebamme Jadwiga Hamann hat ihr ganzes Berufsleben lang Hausgeburten betreut und auf die Frage, wie sie sich erklärt, dass die Hausgeburten so stark zurückgegangen sind, antwortet sie:

»Ja, das ist einfach 'ne Sache der Medien, eben, ich will nicht sagen, bange machen, ja, Angst, einfach nur Angst. ›Ich such mir 'ne tolle Klinik, ich gucke alle Kliniken an.‹ Sag' ich, ›Leute, ihr könnt in jeder Klinik entbinden, ihr könnt in jedem Haus entbinden, ihr müsst nur die richtigen Leute bei euch haben, die bei euch bleiben, auf euch aufpassen und sehen, wenn 'ne Regelwidrigkeit ist, dass das rechtzeitig erkannt wird. Das ist's Einzige. Ich kann das nicht im Schnellverfahren machen.‹ Wenn ich 'ne Hausgeburt damals der Frau versprochen hab', dann musst' ich für diese Frau ungefähr vier Wochen einplanen. Hab' das ausgerechnet nach der Nägel'schen Regel, wenn sie, wenn sie's wusste, dass sie die Periode, hab' ich ausgerechnet. Sag' ich, ›Das kann zehn bis 14 Tage vorher sein, es kann aber auch zehn Tage nachher sein‹, ne. Und dann zehn Tage hingegangen, wo ich junge Hebamme war und noch [...] mehr Angst hatte, dass ich vielleicht doch was übersehe, da bin ich manchmal sogar die ersten fünf Tage zweimal hingegangen und hab' ..., den zweiten Besuch hab' ich aber nicht irgendwie extra bezahlt gekriegt. Es war ja sowieso der Pauschalsatz war 47 D-Mark. Da war alles beinhaltet, ob die Geburt zwei Stunden gedauert hat oder 20 und die zehn Tage dazu, das war alles. Dann hab' ich alles schön aufgeschrieben, was ich eingenommen hatte. Hatt' ich ein Schulheftchen, da hatt' ich das drin, weiß ich. Dann bin ich zum Finanzamt und hab' dem Mann das, sag' ich, ›Muss ich ja auch hier noch Steuern von bezahlen?‹ [lacht] Den Mann seh' ich heut noch, der guckte so über die Brille, sagt er, ›Ach Fräulein, Sie leben noch?‹ ›Aber Sie kriegen Trinkgelder‹, – sag' ich, ›Kriegen Sie welche hier am Finanzamt? Ich krieg keine.‹ Sag' ich, ›Ich krieg vielleicht mal ne Rote Wurst oder einen Korb Kartoffeln oder irgendwas. Das, was die Bauern haben, aber Geld haben die ja auch nicht.‹ Ja« (Hamann, 2018, S. 16).

Die Hebamme weiß, dass für eine Geburt Menschen gebraucht werden, die der Gebärenden beistehen und ihr Aufmerksamkeit, Zeit und Zuwendung entgegenbringen. Und dass eine Geburt Zeit benötigt: »Ich kann das nicht im Schnellverfahren machen.« Insofern ist für sie der Ort zweitrangig und die Klinik sicher nicht die erste Wahl. Aber sie kritisiert, dass heute alles mediengesteuert und im Gegensatz zu früher das geburtshilfliche Personal auch nicht mehr willens sei, die erforderliche Zeit – und sei es auch unbezahlte Zeit – aufzubringen. Sie bekam als junge Hebamme so wenig Geld, dass sie nicht einmal Steuern zahlen musste; hier und da gaben ihr die Bauern noch eine Wurst dazu. Das Leben habe sich aber sehr verändert in den letzten 50 Jahren, merkt sie an, und es sei auch eine Mentalitätsfrage, dass heute Geburt als etwas ganz Schlimmes angesehen würde, das man am liebsten mit Narkose bekämpfe:

»Und dass, dass es zurückgeht, ich kann's Ihnen nicht sagen. Es liegt an der Mentalität der jungen Leute heut, die in der Geburt was ganz Schlimmes sehen, [...] manche lassen sich ja einen Wunsch-Kaiserschnitt machen. Wenn ich eine in die Finger krieg, dann, dann dreh ich mal auf manchmal. Sag' ich, ›Weißte überhaupt, was da alles kaputtgeschnitten wird bei dir? Das willst du?‹ Sag' ich, ›Das muss man machen, ja, ich bin dafür, wenn Mutter – so hab' ich das gelernt – Mutter oder Kind in Lebensgefahr sind, dann muss man das machen. Aber nur wegen paar Schmerzen, die du heute sogar noch durch 'ne Rückenmarksnarkose ... – die ich auch nicht liebe, weil da musst du ja auch vorher unterschreiben, dass da monatelang Kopfschmerzen oder Rückenschmerzen oder Lähmungen [auftreten können]‹« (ebd., S. 16f.).

Frau Hamann sieht die heutigen Geburten eher kritisch und beklagt die medizinischen Interventionen, wie den Wunschkaiserschnitt oder die Rückenmarksnarkose. Den Rückgang der Hausgeburten vermutet sie in der Angst:

»Die haben Angst. Die glauben, dass sie's ewige Leben kriegen, die denken, ich such mir 'ne Klinik und da is'n Doktor und 'ne Hebamme und die bringen mir das Kind auf'm Tablett, gell. Und dann gucken sie [= wundern sich], dass das nicht geht. Dass niemand als [= ständig] bei ihnen stehen kann, weil sie nicht genug Leute [= Personal – Anm. d. Verf.] haben« (ebd., S. 22).

Hier merkt sie die fehlende Eins-zu-eins-Betreuung an, die infolge der Sparmaßnahmen der Krankenhäuser in keiner Klinik gegeben ist und die der Hebammenverband vehement einfordert. Ihre eigene Sicht auf Geburt ist den heutigen Gegebenheiten diametral entgegengesetzt. Gegenwärtig entbinden mehr als 98 Prozent der Frauen in einer klinischen Einrichtung, zu ihrer Zeit entbanden 98 Prozent außerklinisch:

»Eine Geburt macht ja die Natur selber, gell. [...] Ich bin mal auf'nem Kongress gewesen, und da saß ich mit der Frau Werthmann [= einer Kollegin] vorne in der Reihe und da war'n junger Arzt und der war also mit seinem Reden sehr kompetent, aber er sagte dann immer, mehrmals hört ich den Spruch: ›die heutige moderne Geburtsmedizin‹. Und dann konnt' ich mich nicht mehr beherrschen. Sag' ich, ›Liesel, was will er denn damit sagen?‹ Und da guckt er so nach uns und da sagt er, ›Sie hören gut?‹ Sag' ich, ›Ja, wir haben's verstanden‹, sag' ich, ›nur, Sie haben jetzt paar Mal die heutige moderne Geburtsmedizin in Ihrem Gespräch‹. Sag' ich, ›Also, wir zwei sind altgedient – aber eigentlich ist es wie bei Adam und Eva. Was ist da bitte schon modern geworden? Also, die Frau muss Wehen kriegen und der Muttermund muss sich öffnen und die muss das Kind rausdrücken. Was ist denn da modern dran?‹ Hab' ihm da bisschen auf'n Fuß getreten« (ebd., S. 24f.).

Mit dem Thema »Vorsorge«, das der Arzt dann ansprach, war sie weitestgehend einverstanden, obwohl sie die Häufigkeit der Vorsorgeuntersuchungen für übertrieben hielt:

> »›Jaaa, aber‹, sag' ich, ›Vorsorge ist was anderes und da bin ich auch mit einverstanden‹. Wollt' nicht grad sagen, wenn auch zu viel! [...] Ja. Manche haben ja ein ganzes Märchenbuch da im Mütterpass. Ich hab' nix dagegen, wenn jemand krank ist, wenn Bluthochdruck ist, wenn zuckerkrank ist, also das, das hat auch zugenommen. Falsche Ernährung, falsches Leben, was die machen, sitzende Tätigkeiten, keine Bewegung, ne. So. Dass die Vorsorge wichtig ist, da bin ich auch für. ›Aber an der Geburt ...‹, sag' ich. ›Ultraschall‹, sag' ich, ›ja, dass man frühzeitig erkennen kann‹ [seufzt]. Ja da ging's dann nachher um Abtreibung, gell, dann darfst du auch nicht 'ne christliche Hebamme fragen, gell. Da zieh ich ja auch den Kopp ein, gell. Muss auch jemand wollen. Nackenfalte gesehen, werd' ich angerufen, ›Was soll ich denn machen?‹ Sag' ich, ›Das musst du wissen mit deinem Mann. Das kann ich dir nicht raten.‹ Ich denke aber im Geheimen, wenn sie's nicht gewusst hätt', da wär' sie 'ne glückliche Schwangere gewesen, ne« (ebd., S. 25).

Frau Hamann spricht hier die diagnostischen Möglichkeiten an, durch Messung der Nackentransparenz beim Ungeborenen die Wahrscheinlichkeit für das Vorliegen einer Chromosomenstörung oder einer anderen angeborenen Erkrankung abschätzen zu können. Eine verstärkte Flüssigkeitsansammlung kann zum Beispiel ein Hinweis auf das Vorliegen von Trisomie 21 sein. Das Gesetz lässt in solchen Fällen einen Schwangerschaftsabbruch zu. Eine problematische Entscheidung, die die Schwangere treffen muss und vor der sie deshalb steht, weil die entsprechenden diagnostischen Möglichkeiten heute gegeben sind. Zu früheren Zeiten dagegen, »da wär' sie 'ne glückliche Schwangere gewesen, ne« – resümiert die erfahrene Hebamme.

> »Oder, ich krieg im siebten Monat erzählt, ›Mein Kind liegt in Beckenendlage, Frau Hamann, der Doktor hat gesagt, ich krieg dann 'n Kaiserschnitt.‹ Sag' ich, ›Aaach, das dreht sich doch noch 150 Mal. Komm her‹, sag' ich, ›Und da gibt's auch noch mal bisschen so'ne indische Gymnastik‹, sag' ich. ›Das ist keine richtige Gymnastik, ist eigentlich nur das Kind ein bisschen geärgert. Das hat den Kopf hier oben, [...] wird der Kopf an die Rippen ge-

drückt und das findet das [Kind] nicht gut und dann schwimmt das weg‹ [lacht], sag' ich. ›Du kannst aber auch in Garten gehen und kannst bisschen Dreck ruppen‹ [= Unkraut jäten]. Das will ich ja auch nicht alles verkleinern, es kann ja auch 'ne Nabelschnurgeschichte sein, dass es nicht kann, gell. Also ich bin schon auf Sicherheit bedacht« (ebd.).

Hier findet sich eine ganz andere Sicht auf Schwangerschaftskomplikationen als bei dem zitierten Arzt, der einen Kaiserschnitt bei Beckenendlage auf die Schwangere zukommen sah. Zuerst einmal geht die Hebamme davon aus, dass das Kind noch etliche Male seine Lage verändern und somit eine normale Geburtslage einnehmen wird. Ferner ist sie davon überzeugt, dass ein Kaiserschnitt im siebten Monat noch gar nicht vorhergesehen werden kann; somit sieht sie auch keine Komplikation und keinen Grund, die Schwangere in diesem Stadium der Schwangerschaft zu verunsichern. Außerdem verfügt sie über Möglichkeiten, dem Kind bei einer Wendung in die Kopflage behilflich zu sein und mit »indischer Gymnastik« oder auch mit Unkraut jäten den gewünschten Erfolg herbei zu führen. Aber sie ist auch auf »Sicherheit bedacht«, dies erwähnt sie ausdrücklich, nur ist ihre »Sicherheit« anders konnotiert als die des Arztes. Schließlich weiß die Hebamme, wovon sie redet, denn sie hat sowohl in ihrer Ausbildung als auch in ihrer Praxis durchaus selbst Beckenendlagen gesehen und begleitet. Dass ein Kind mit dem Po voran zur Welt kommt, ist für die erfahrene Landhebamme noch lange kein Grund für eine Sectio.

Da es für diese Hebammengeneration selbstverständlich war, dass Kinder zu Hause auf die Welt kamen, so waren auch die Kinder der Hebammen selbstverständlich Hausgeburten. Die Hebamme und fünffache Mutter Liesel Werthmann erzählt:

»Alle zu Hause. Beim Ersten, das hat ein bisschen länger gedauert. Es war abends um Viertel nach zehn. Da hatte ich Blasensprung, ohne alles. ›Naja‹, denk ich, ›jetzt wird's ja dann losgehen‹. Aber ich hatte mich dann schon drauf eingestellt, vorzeitiger Blasensprung dauert, geht nicht so schnell. Und so war es auch. Nachts um zwei fingen halt die Wehen an und naja, die liefen über den ganzen Tag und dann gegen Abend wurd's ein bisschen stärker und mehr, und die Kollegin aus Gladenbach, die sollte dann die Entbindung machen. Der habe ich dann Bescheid gegeben. Die kam so gegen Abend und abends ist er viertel nach elf dann geboren. Das war einen Tag.

Beim Zweiten ging's ein bisschen schneller. Der ist ja in 60 geboren, wie gesagt, das war so dieser Umschwung, da hatte die Kollegin auch wenig zu tun in G. Die war aber auch Krankenschwester und hatte in irgendeinem Betrieb sich als Betriebskrankenschwester gemeldet. Da sagte ich: ›Wie soll's denn gehen? Ich habe dann einen Entbindungstermin.‹ ›Ei‹, sagte sie, ›ich kann nicht kommen. Da musst du in die Klinik.‹ Da sagte ich: ›Ich glaub, es geht los! Da krieg ich mein Kind alleine!‹ Dann war aber die alte Kollegin aus N. noch da, und dann rief ich die an und sagte ihr: ›Kannst du dann mal kommen, wenn ich jetzt mein Kind krieg?‹ ›Ei ja, sagst Bescheid.‹ Es ging dann ein bisschen schneller, es war dann nachmittags. Es fing dann morgens an und nachmittags war es dann soweit. Und dann kam sie an, kam zur Tür rein und sagte: ›Ach, hoast joa dei Keand noch goar nit, ... aber brauchste nicht lange zu warten; es kommt jetzt gleich.‹ Und so war es dann ja.

Es waren dann ja zwei Jungens und dann kam's Mädchen. Und das Mädchen, das war im Dezember noch, und da war die andere Kollegin aus G. doch wieder zurück, sie hatte sich dann doch wieder angemeldet als Hebamme. Es fing gegen Nachmittag so ein bisschen an und da sagte ich zu meinem Mann: ›Ruf doch mal in G. an, ob sie da ist.‹ Und er sagte: ›Meldet sich niemand! Meldet sich niemand!‹ Sie hatte mir auch eine Nummer gegeben von einem Nachbarn, dass ich da auch einmal anrufen kann. Da sagte ich: ›Ruf noch den Nachbar an, vielleicht ist sie ja dort.‹ ›Nee, ist auch nicht da, aber die Nachbarn haben gesagt, das Licht brennt, also irgendwie muss sie doch da sein.‹ Und dann sagte ich: ›Weißte was? Es ist glatt draußen. Fahre selber nach G. und hol sie.‹ ›Ja‹, sagte er, ›dann fahre ich jetzt hin‹. Und inzwischen kam meine Schwägerin, die wollte ein bisschen ›neugiern‹ und hat geguckt, was ich mache, ob ich schon soweit bin, weil es so am Termin war. Und dann war die dabei. Und das ging so schnell mit der Kleinen, dass niemand dabei war außer meiner Schwägerin. Und so hatte ich es dann alleine gekriegt. Und dann sagte sie: ›Es schreit ja nicht, es schreit ja nicht, es schreit ja nicht!‹ Sagte ich: ›Sei ruhig! Streichele sie mal ein bisschen am Rücken und dann schreit die schon.‹ Dann hat sie doch geschrien. Und dann kamen noch zwei, zwei Jungens« (Werthmann, 2015, S. 20f.).

Insgesamt hatte Frau Werthmann fünf Kinder, konnte aber trotzdem ohne Unterbrechung berufstätig sein, da sie in eine große Familie eingebunden war und seitens ihrer Eltern und ihres Ehemannes Unterstützung erhielt, wo immer es ging:

> »Da muss man natürlich sagen: Wir haben mit meinen Eltern zusammengelebt. Und das war mein Glück, sonst hätte ich's ja nicht schaffen können. Sie war halt immer da, meine Mutter, wenn ich nachts weg musste. Sie war bei den Kindern und sie war auch eine richtige Bezugsperson für die Kinder. Ein kleines Beispiel: Als der Zweite beim Bund war und wenn er dann nach Hause kam, dann hatte er da so einen Seesack. Dann rief er immer: ›Oma, ich hab' dir auch was mitgebracht!‹, anstatt: ›Mama, ich hab' hier Wäsche.‹ Nee, es war die Oma. Sie war schon eine Bezugsperson. Mein Vater hatte auch noch gelebt, über die Mutter weg, die war mit 80 Jahren gestorben und der Vater war 85. Aber er war geistig noch ganz gut dabei. Wir hatten keine Handys, damals gab es das ja sowieso nicht. Ich hatte so ein Gerät, da wurde ich angepiept von zu Hause und dann musste ich zu Hause anrufen, wer war das, und musste ins nächste Häuschen gehen und telefonieren. Der hat dann die Anrufe immer entgegengenommen. Und dann haben mir die Frauen immer erzählt: ›Weißte, dein Vater, der weiß doch schon auch alles. Der hat gesagt, wir sollen dem Kindchen ein Mützchen aufziehen, das wär' ganz gut.‹ ›Ja‹, sag' ich, ›das hat der schon mitgekriegt. Das ist schon in Ordnung, kannste ruhig machen, wenn er das sagt.‹ Da musste alles schon mithelfen« (ebd., S. 20).

Neben den Eltern war auch ihr Ehemann in ihre berufliche Tätigkeit eingebunden. Wenn er Zeit hatte, begleitete er sie auf ihren Fahrten, vor allem, wenn sie in eine fremde Gegend musste und unsicher war:

> »Die Frau Hamann hier, wir haben uns auch immer so ein bisschen vertreten, und dann war sie im Urlaub und sie hat in Richtung Kassel da oben in einer Mühle, da hatte sie eine Geburt angenommen, die fiel nämlich gerade in ihren Urlaub, S. oder so ähnlich hieß das da oben. Und nachts denke ich: Oh, so weit da oben. Dann habe ich meinen Mann gerufen und gesagt: ›Willst du nicht mal mitfahren? Das ist mir zu weit da oben, bis ich dahinkomme.‹ Sagt er: ›Na klar.‹ Und dann hat er im Auto übernachtet und ich habe meine Geburt gemacht und dann sind wir wieder nach Hause gefahren« (ebd., S. 11).

Obwohl Frau Werthmann mit ihren fast 90 Jahren keine Geburten mehr betreut, würde sie immer der Hausgeburt den Vorzug geben, denn die Klinik hält sie nicht für den adäquaten Ort, um ein Kind zur Welt zu bringen. Trotz vorheriger Kreißsaalbesichtigungen der werdenden Eltern und

Gesprächen mit den dort tätigen Ärzten und Hebammen kann die Klinik, so ihre Meinung, das Zuhause nicht ersetzen:

> »Also man sollte das nicht meinen, was diese Umgebung ausmacht. Jetzt sehen sie sich ja immer meistens den Kreißsaal an, ist ja Besichtigung, können sie ja hingehen. Aber es ist nicht gewährleistet, dass dieselbe Hebamme, die den zeigt, da ist dann. Das ist schon mal nicht gegeben. Und es kann auch sein, dass sie diesen – da gibt's ja jetzt die Einzelzimmer – dass sie sich das noch vor Augen hält, aber trotzdem in ein anderes Zimmer kommt, wo es ein bisschen anders aussieht. Also es ist halt nicht das Häusliche, Kuschelige da. Es ist halt Klinik oder ein Krankenhaus. Und das macht das auch aus« (ebd., S. 14).

Das fehlende »Häusliche« und »Kuschelige« ist ihr aus ihrer Ausbildungszeit in Göttingen noch sehr gegenwärtig:

> »Es war ja ein großer Saal. Ein großer Saal! Wenn ich da noch daran denke, das war das Schlimmste. Da habe ich immer gedacht: Nie, nie würdest du in so einem Saal entbinden. Obwohl, also die hatten ja eine Schülerin am Bett, die war immer da. Eine Schülerin war am Bett und die Oberhebamme saß am Schreibtisch und die guckte dann nochmal. Aber sonst niemand. Und die waren einfach alleingelassen, das kann man nicht so sagen, sie waren trotzdem alleine, nur mit Fremden. Es war ja fremd, alles fremd für sie. Das war schlimm« (ebd., S. 14).

Bei den 2.500 Hausgeburten, die die Hebamme Liesel Werthmann in ihrem 50-jährigen Berufsleben betreut hat, blieben auch Überraschungen nicht aus. So erinnert sie noch heute eine Geburt, die sich unerwarteterweise als Zwillingsgeburt herausstellte:

> »Aber ich hatte hier, wie gesagt, bei den Zwillingen nur äußerlich untersucht und es war halt alles so weit in Ordnung. Jedenfalls kam's zur Geburt und das erste Mädchen war da. Und wir haben uns geherzt und getanzt. Sagte ich: ›Mensch, jetzt haste ein Mädchen‹, und hab's dann auch fertig gemacht und so und da sagt er [der Kindsvater – Anm. d. Verf.] auf einmal: ›Lisbeth‹, sagt er, ›ist noch gar nicht so gut alles‹. Sag' ich: ›Zeig mal.‹ Ich noch mal geguckt. Sag' ich: ›Mensch, es kommt noch eins!‹ Das war die Zwillingsgeburt. Noch 'ne Tochter! Das war ein schönes Erlebnis« (ebd., S. 10).

Dass Zwillinge zu Hause zur Welt kamen, war durchaus nicht ungewöhnlich, doch manchmal musste die Hebamme mit sich ringen, ob sie die Gebärende nicht lieber in die Klinik verlegen sollte, wie im folgenden Fall:

> »Ich habe ein Frühchen mal gehabt, ich weiß nicht, ob ich das heute noch machen würde, nach all diesen Gesetzesvorlagen, die man da kriegt, was man da alles nicht machen darf. Es war ein Frühchen mit 1.700 Gramm, mehr nicht. Die Frau wollte partout nicht weg. Wir haben das Kind gut gekriegt und es war auch sehr munter. Und daraufhin, ich wollte das dann in die Klinik bringen. Sagt sie: ›Auf keinen Fall, bleibt hier!‹ Und dann hat sich die Schwester von ihr auch noch bereit erklärt. Sag' ich: ›Es kommt sehr viel Arbeit auf dich zu.‹ Das Kind habe ich dann in Watte – wirklich in Watte – gepackt [...]. Sag' ich: ›Alle zwei Stunden muss das gefüttert werden.‹ Und das haben die beiden durchgestanden. Und der ist heute proper. [...] Das würde ich heute glaube ich nicht mehr machen. Aber die hat dann drauf bestanden und das Kind war auch so ganz gut dabei. Also die Geburt war gut und dann ist auch das mit dem weiteren Versorgen sehr gut gelaufen und es ist sehr gut geworden« (ebd., S. 15f.).

Frühgeburten, Beckenendlagen, Zwillinge, also Risikoschwangerschaften im heutigen Sinne, wurden von den befragten Landhebammen – oft in Kooperation mit einem niedergelassenen Landarzt – zu Hause betreut. Je nach Einschätzung der Hebamme konnte sie die Schwangere mit einer Indikation auch an eine Klinik überweisen, doch viele Dorffrauen weigerten sich, zur Geburt ein Krankenhaus aufzusuchen, und baten die Hebamme, es doch zu Hause zu versuchen. Die Hausgeburt war und blieb bis in die 1960er Jahre das »Normale« und auch die Geburten verliefen in aller Regel »normal«. Die Hebammen kannten die Frauen und konnten sie einschätzen; und sie kannten die Familien und die älteren Geschwisterkinder, denen sie ebenfalls auf die Welt geholfen hatten:

> »Die hat alle fünf Kinder zu Hause gekriegt und ganz ohne alle, alle ... Wunderbar, gell. Sind auch alle gut geraten. Hm. Da gab's auch überhaupt keine Frage, da gab's gar keine Frage, dass die nicht zu Hause auf die Welt kämen. Und man kannte ja dann auch die Menschen, die man so zu betreuen hatte. Die waren einem ja dann auch nicht fremd. Das war schon immer sehr, sehr, sehr schön. Ganz schön. Wenn dann so ein gesundes Kindchen dann da ist, das ist so was Besonderes. Ganz wunderschön. Und wenn ich dann die Wo-

chenbesuche machte, dann waren dann schon die anderen, die schon gekommen waren, und die so interessiert waren, die waren alle da, wenn ich morgens kam, und guckten zu, wenn ich dann badete und wenn ich die pflegte und machte. Und so weiter, und so fort. Das kann man net hier wiedergeben, dass das so, diese Gespräche mit den Kindern ... Das waren alles meine Kinder« (Ide, 2018, S. 30).

Mit ihrer soliden Ausbildung, ihrem beruflichen Selbstverständnis und ihrer langjährigen Erfahrung sahen sich die Hausgeburtshebammen ihren Aufgaben nicht nur gewachsen, sondern sie verteidigten ihr Berufsbild auch gegenüber der neuen Entwicklung, die Frauen zur Entbindung in eine Klinik zu schicken. Die meisten der Landhebammen sahen darin keinen Gewinn für die Geburtshilfe und weigerten sich konsequenterweise, in Kliniken zu arbeiten. Sie nahmen den Rückgang der Geburtenzahlen in Kauf und hielten sich mit Vor- und Nachsorge finanziell über Wasser, bis ihre alte Tätigkeit bald wieder neuen Aufschwung nahm. Denn es dauerte nicht lange bis viele Frauen der Klinik ernüchtert den Rücken kehrten und die Medikalisierung des Geburtsgeschehens grundsätzlich infrage stellten. Nun waren die Dorfhebammen wieder gefragt mit ihren spezifischen Kenntnissen und Erfahrungen und ihrer ganz eigenen Sicht auf Geburtshilfe.

1.3 Wissen und Kompetenzen

Die in der freien Praxis tätigen Landhebammen verstanden ihren Beruf als *Berufung* und viele wandten sich gegen den Trend, sich in einer Klinik anstellen zu lassen. Sie bauten auf ihr Wissen, ihr Können und ihre Überzeugung, die sie für ihre Arbeit in der Freiberuflichkeit brauchten.

Die Landhebamme Liesel Werthmann erinnert sich gut daran, wie sie nach ihrem bestandenen Examen im Jahr 1953 sogleich in der Hausgeburtshilfe tätig wurde:

»Ja, das war dann in 53 Examen, und dann ging's los. Und als ich dann entlassen wurde, also in Göttingen, als wir uns verabschiedet haben – unsere Oberin – werde ich nie vergessen, sagt sie: ›Kindchen, Kindchen‹, ich war die jüngste, ›stell Dir vor, jetzt bist du ganz alleine draußen und hast die Verantwortung für alle. Und denk immer dran, Blutung ist die Nummer Eins, die Nachblutung.‹ [...] Am 1. September 53 habe ich in L. begonnen, am 14. war die erste Geburt, ganz alleine, also ich war nicht aufgeregt, ich war ganz gelassen, weil ich mit meinem Wissen, was ich gelernt hatte, einfach zufrieden war, und hab' gedacht, das musst du so dann auch praktizieren« (Werthmann, 2015, S. 3).

Abbildung 9: Hebammenkoffer, Anfang 20. Jahrhundert

Sie berichtet, dass sie als Freiberuflerin zwischen 50 und 80 Geburten im Jahr betreut hat und alle Entbindungen komplikationslos verliefen, bis auf sehr wenige Ausnahmen, bei denen sie weitere Hilfe in Anspruch nehmen bzw. die Frau in die Klinik verlegen musste. Insgesamt hat sie als Hausgeburtshebamme über 2.500 Kindern ans Licht der Welt geholfen – hinzu kommen noch die Geburten aus ihrer Aushilfszeit im Krankenhaus.

Dass es sich bei ihr um eine ausgesprochen kompetente Hebamme handelt, steht außer Zweifel. Sie hat sowohl Beckenendlagen als auch Zwillingsgeburten außerklinisch betreut, bis sich die Gesetzeslage änderte und die Entbindung einer Steißlage zur ärztlichen Leistung wurde. In diesem Zusammenhang schildert sie folgenden Konflikt:

> »Da habe ich die Uniklinik hier geschockt, und zwar oben bei den ›Hansen-Häusern‹ hat die Frau gewohnt. Die hat das erste Kind ganz toll entbunden, das zweite Beckenendlage. Und Beckenendlage durfte ich ja eigentlich nicht zu Hause machen. ›Aber ich will nicht, ich möchte mit Ihnen, ich will nicht in die Klinik!‹ Sagte ich: ›Ich darf es nicht, ich darf es nicht. Aber weißt du, was wir machen? Ich bleib bei dir solange es geht. Dann ruf ich an und fahre runter und du kriegst dein Kind in der Klinik, und dann fahren wir wieder nach Hause.‹ [...] Ja, ich habe selbst zu Hause auch, wenn es nicht mehr anders ging, auch Beckenendlagen entbunden. Aber wirklich nach dieser Methode [...] – dieser Griff da. Und das ging ganz gut. Wäre auch hier so gegangen, aber es war schon in der Zeit, wo die Ärzte sehr da drauf achteten, dass man das nicht macht. Wenn was gewesen wäre, wäre ich dran gewesen. Dann bin ich hin, dann habe ich den Wagen angerufen, den Rot-Kreuz-Wagen, und die Klinik und habe gesagt: ›Bitte machen Sie alles fertig, wir kommen mit einer Beckenendlage, die dann da unten beendet wird.‹ ›Das geht doch nicht, das geht doch nicht!‹ Sag' ich: ›Doch, wir kommen jetzt gleich.‹ Und als wir dann ankamen, standen sie schon alle da mit Handschuhen. Und dann habe ich zu ihr gesagt: ›Ich bleibe bei dir. Ich stelle mich oben an das Kopfende und du machst das, was ich dir sage, wenn es jetzt zur Geburt kommt.‹ Das hat sie auch gemacht. Wir sind dann rein und alle waren aufgeregt: ›Eine Beckenendlage! Wie kann man so lange warten?‹ [...] ›Das kann man doch nicht machen!‹ Und die Oberärztin geholt, dann die auch schnell Handschuhe an, die Studenten gerufen – war ja was Besonderes –, aber der Muttermund war schon fast vollständig auf. Wir sind dann hin in den Kreißsaal und es wurde dann alles vorbereitet und das Kind kam ganz wunderbar. Ich habe dann immer gesagt: ›Und jetzt noch ein bisschen, nicht so arg viel‹, damit das langsam ... – bis zur Schulter passiert ja nichts. Es ist ja nur der Moment, wo der Kopf geboren wird. Und das ist so gut gewesen und so gut hingekriegt und die waren so glücklich, die Studenten damals, dass sie eine normale Beckenendlage normal gesehen haben; nicht als Kaiserschnitt« (ebd., S. 10f.).

Es fällt auf, dass die Hebamme von einer »normalen« Beckenendlage spricht, die ihrer Meinung nach auch zu Hause hätte entwickelt werden können, dass sie aber hierzu nicht befugt war, sodass sie die Schwangere verlegen musste:

> »Außerdem wurde uns ja immer vorgeschrieben, also wir dürfen eine normale Geburt leiten und alles, was dann nicht normal war, musste man ja sowieso abgeben. Und an Medikamenten durften wir ja auch nicht viel was geben. Wir hatten zwar unser Hebammen-Köfferchen. Da war ja alles drin. Da waren – ich hab's mitgebracht – da waren 37 Sachen drin, die in dem Koffer sein mussten. [...] Wir hatten eine Dienstordnung. Das war ganz wichtig für unseren Kreisarzt und zwar war das bei uns damals Doktor W., und er verlangte, das steht ja auch in der Dienstordnung, dass wir alle zwei Jahre – zumindest, ja alle zwei Jahre – eine Nachprüfung machen mussten« (ebd., S. 6).

Frau Werthmann weist darauf hin, dass ihre Tätigkeit Reglementierungen unterworfen war und sie nur normale Geburten betreuen durfte. Was aber ist eine normale Geburt? Für die Hebamme gehörte auch die Beckenendlage dazu – die Ärzteschaft war aber der Meinung, dass in diesem Fall ein Kaiserschnitt zu erfolgen habe. Vor diesem Hintergrund haben Generationen von Ärzten die Entwicklung einer Beckenendlage in ihrer Ausbildung nicht mehr erlernen können. Das Wissen, die Erfahrung und das manuelle Geschick, das die ältere Generation von Hebammen oder auch ärztlichen Geburtshelfern noch hatte, sind zusehends verloren gegangen, sodass die Kaiserschnittraten immer höher schnellten. Gegenwärtig besinnen sich wieder einige Ärzte auf die eigentliche Entbindungskunst. In Deutschland gibt es aktuell 20 Kliniken, die regelmäßig Kinder auch bei Steißlage vaginal entbinden. Eine davon ist das Universitätsklinikum Frankfurt, das auf seiner Website mit der »Möglichkeit einer vaginalen Beckenendlagengeburt als sichere Alternative zum sonst meist durchgeführten Kaiserschnitt« wirbt (Klinik für Frauenheilkunde und Geburtshilfe, o. J.).

Auch Frau Werthmann sah sich durchaus in der Lage, die oben beschriebene Steißlagegeburt vaginal zu beenden, da sie hierin Erfahrung hatte:

> »Ja, also das waren bestimmte Sachen, die man machen musste, und Ruhe bewahren musste man. Also wenn man da hektisch wurde ... Also wie gesagt, Beckenendlage ... Es sind einige gewesen, nicht nur eine, sondern einige Beckenendlagen« (Werthmann, 2015, S. 11).

Auch die Hebamme Jadwiga Hamann erinnert sich an Beckenendlagengeburten:

> »Und dann waren ja noch die ganzen Geburten zu Hause damals zu der Zeit. [...] Es wurde also nur in der Klinik entbunden, was operativ sein musste. Wenn die Hebamme draußen feststellte, dass Herztöne absinken oder ein Kind verkehrt kommen wollte, [...] das war immer noch als normal angesehen. Eine Beckenendlage konnt' man auch zu Hause machen« (Hamann, 2018, S. 2).

Doch ihrer Kollegin waren damals schon die Hände gebunden und sie durfte die Geburt zu Hause nicht durchführen: »Aber es war hier schon so ein bisschen später, wo das halt schon kritisch war, wenn man was machte, was man nicht durfte« (Werthmann, 2015, S. 11).

Da die von ihr betreute Schwangere aber in keine Klinik wollte, griffen beide Frauen zu einer List und warteten so lange zu Hause ab, bis die Geburt unmittelbar bevorstand. Das klinische Personal konnte nun von dieser erfahrenen Hebamme lernen und erstaunt zur Kenntnis nehmen, dass es durchaus Alternativen zum Kaiserschnitt gab.

Auch die heute 88-jährige Hebamme Jadwiga Hamann, die 1955 ihren Dienst als Landhebamme antrat, verfügt über einen reichen beruflichen Erfahrungsschatz: »Das erste, was ich von M. hier August 1955 auf die Welt [...] gebracht [habe], war ein Mädchen. Die ist jetzt oben in Amöneburg Studienrätin« (Hamann, 2018, S. 11).

Die Ortsbehörde, die ihre Ausbildung finanzierte, hatte als Gegenleistung zur Bedingung gemacht, dass sie neun Jahre in ihrem Sprengel als Hebamme arbeiten

Abbildung 10: Deutsche Bundespost, Wohlfahrtsmarke, Hebamme mit Kind

müsse: »[Lehrgeld] hab' ich vom Bürgermeisteramt gekriegt. Musste dafür 'n Vertrag machen, dass ich dafür neun Jahre in M. arbeite« (ebd.).

»Ich hatte 65 Geburten im ersten Jahr, hatte das Glück, bei meinem Vater, wir hatten ein eigenes Haus auch, da hatt' ich 'n Zimmer, das diente zum Schlafzimmer, zum Wohnzimmer und zum Untersuchungszimmer. So auf der Couch wurde Notbett für die Untersuchung gemacht. Also, ich hatt' keine extra Praxis [lacht], ne. Meine Hände, mein Koffer, sonst nix. Und das Hörrohr, das war wichtig« (ebd., S. 5).

»Ich hör auch heute, ich hab' kein Stethos, ich hab' kein CTG, ich hab' noch mein altes Rohr. Ich werd' ja noch ab und zu mal gerufen. Die gehen mit Wehen in die Klinik und werden dann wieder heim geschickt, weil's noch net so weit wär', und dann auf einmal kriegen sie doch wieder richtige Wehen und dann wollen sie net schon wieder hin und dann rufen sie, ›Ich war doch da, die haben mich heim geschickt. [...] Können Sie denn net mal gucken?‹ Und dann mach ich 'ne vaginale Untersuchung, taste den Muttermund und hör Herztöne mit meinem Rohr, gell. [...] Ich war jetzt grad bei der Ohrenärztin, [...] ich hörte auf einmal nix mehr. [...] Sag' ich, ›Na, dann machen Sie mal, ich muss noch ein paar Herztöne hören‹ [lacht]« (ebd., S. 28).

Bei ihren Hausgeburten musste die Hebamme häufig einen niedergelassenen Gynäkologen hinzuziehen, um einen Dammriss nähen zu lassen, da sie die Technik des Nähens nicht beherrsche:

»Ich hatte hier, Gott sei Dank, in A. das Glück, zwei praktische Ärzte mit noch mal Spezialausbildung für Geburtshelfer: ›Praktischer Arzt und Geburtshelfer‹ hatten die auf'm Schild stehen. Und mit denen, mit dem einen, hab' ich ca. 500 Geburten gemacht, also was zum Nähen war. Bis ich dann, nachher hab' ich noch mal, wo die Hebammen dann nähen durften, wo ich gemerkt hab', die Schülerinnen werden ja auch im Nähen ausgebildet, hab' ich mich noch mal in der Frauenklinik, da hab' ich mich noch mal ausbilden lassen im Nähen« (ebd., S. 6).

Landärzte wurden zu dieser Zeit auch im Fach Geburtshilfe unterrichtet, damit sie zu komplizierten Fällen hinzugezogen werden konnten. Sie mussten, ähnlich wie die Hebammen, bei Tag und bei Nacht, zu Fuß oder im Pferdeschlitten zu Krankenbesuchen aufbrechen und sich auf vielen

Gebieten zu helfen wissen (Girtler, 1998, S. 141ff.). Die Dorfhebammen arbeiteten mit ihnen zusammen, wenn sie sie brauchten. Grundsätzlich ist die Hebamme Jadwiga Hamann jedoch davon überzeugt, dass sie ihr Fach versteht und keine ärztliche Assistenz benötigt. Zu diesem Zweck wurde sie von der Gemeinde zur Ausbildung geschickt:

> »Ich bin damit rausgeschickt worden in die Klinik, dass ich ausgebildet bin, dass ich das kann. Und das – das war so. Das war net wie heute, heut bin ich kriminell vielleicht von manchen, die da dagegen sind, hm. Dass Risiko hier ist und Risiko da ist, also dass bei jeder Geburt was passieren kann. Da darf der beste Mütterpass vorliegen, da darf der Ultraschall hundertfünfzigprozentig sein, ist er aber net. Im Gewicht schon gar net, in Junge und Mädchen auch net hundertprozentig. Hatte jetzt grad vor'm halben Jahr, ›Mädchen‹, alles rosa. Sag' ich, ›Nun sei mal vorsichtig‹, sag' ich, ›die sehen net hundertprozentig, mach mal net alles rosa‹. Ja, kam der Junge nachher, gell. Da sag' ich nachher, ›Dann zieh' ihm Kleidchen an‹ [lacht]. Sag' ich: ›Wolltest ja net, wolltest ja net hören. Ihr glaubt, diese Maschinen können hundertprozentig arbeiten. Die arbeiten net hundertprozentig. Das ist 'ne Maschine‹, sag' ich. ›Stürzt der Computer net mal ab oder macht Dummheiten?‹, gell. Sag' ich: ›Eigentlich hab' ich mich immer hier drauf verlassen‹ [Frau Hamann zeigt ihre Hände]« (Hamann, 2018, S. 10).

Die Hebamme äußert sich kritisch zur Instrumentengläubigkeit der Schwangeren und der betreuenden Ärzte. Sie ist überzeugt, dass keine Maschine einen Menschen mit seinem Wissen und seinen Erfahrungen ersetzen kann.

Doch trotz des Trends zur Klinikgeburt gab es eine Zeit, in der sie sich vor Anfragen nicht retten konnte, da es keine niedergelassenen Hebammen mehr gab:

> »Da hatt' ich die Schallmauer durchbrochen mit 540 Frauen in einem Jahr. Also betreut hauptsächlich. Das war dann schon, wo keine Hebamme mehr weit und breit war. Da kriegte ich von [...] der Amtsärztin, die schickte immer wieder einen Brief: ›Ja, Sie müssen den Bezirk da auch mitmachen.‹ Da hatt' ich nachher Steindorf, Neuberg, Kurzscheid, Rielhausen, Wieslingen – Ach, wo bin ich rumgefahren? Grauberg, Wiesendorf, der Schwalm, gab ja niemand« (ebd., S. 11f.).

> Zum Beispiel im Winter [seufzt], da gab's zwischen Erbhausen und Mariendorf einen Hohlweg. Und da gab's ja noch richtig Winter. Und dann war der [...] Hohlweg zugeweht. [...] Da hab' ich mich da durchgemergelt, dann kam ich dahin, da war ich nass geschwitzt. Meinen Koffer musste ich ja auch tragen. Der war net leicht und da war ja auch keine Heizung. Da war im Zimmer so'n kleiner Kanonenofen und da lagen zwei Briketts drauf. [...] Eisblumen an den Fenstern. Dann hab' ich, bin ich in die Küche, meine Instrumente ausgekocht, so ging das da. Und jetzt klopf ich mal auf meinen Holzkopf, ich hab' keine einzige, keine einzige von meinen Hausgeburten mit einer Infektion der Gebärmutter oder was, wieder zurückgeschickt oder hingeschickt in die Klinik. Mit 'ner Blutung oder Verdacht auf Blutung oder Querlage oder Beckenendlage, okay. Oder schlechte Herztöne, hm. Die hab' ich hingebracht, aber nicht mit 'ner Infektion, ja. Was heute – ich sag, wie es ist: Es ist gesündigt worden mit, ich weiß net, zu viel, die Keime sind so aggressiv. [...] Das darf ich den Frauen überhaupt net sagen. Die würden noch mehr Angst kriegen. Also mir ist am liebsten, wenn sie entbinden und kommen nach 24 Stunden nach Hause. Hab' ich die wenigsten Probleme« (ebd., S. 15).

Die Hebamme spricht hier das Infektionsrisiko an, das bei einer Hausgeburt minimal, in der Klinik hingegen hoch sei. Wenn schon das Kind in der Klinik geboren werde, so ihre Auffassung, dann am besten ambulant, um der Gefahr der Ansteckung mit Klinikkeimen zu entgehen.

Frau Hamann ist heute – mit knapp 90 Jahren – noch immer gefragt. Im vergangenen Jahr hatte sie 72 Nachsorgen und im laufenden Jahr (2018) sind es nicht weniger geworden. Hausgeburten macht sie keine mehr wegen der hohen Kosten für die Berufshaftpflicht, begleitet aber Frauen im Rettungswagen in die Klinik, weil sie noch immer als eine der kompetentesten Hebammen in ihrer Region gilt:

> »Ja, das wurde aber dann immer weniger, also die letzten, also vor fünf Jahren waren es noch zwei, drei im Jahr, die ich noch gemacht hab', aber jetzt mach ich net mehr. Weil ich die Versicherung gekündigt hab'. [...] Weiß nicht, was die haben wollen jetzt, 7.000 oder 9.000? Ich weiß net. Seh' ich net ein. Also ich sag' zu den Frauen, wenn jetzt eine anrufen würde, sag' ich: ›Ich betreu dich bis in den Kreißsaal, also das mach ich. Also du kannst daheim noch Wehen ... [...] soweit ich's verantworten kann, und dann bring ich dich mit acht Zentimetern in den Kreißsaal und da wird das bisschen

da gemacht und dann kannst du nach 24 Stunden wieder heimgehen oder sogar nach sechs, wenn alles gut ist‹, sag' ich. Dann ist es ja praktisch 'ne Hausgeburt. [...] Krankenwagen – das war dann auch immer. Das letzte, das allerletzte hab' ich im Krankenwagen. Bei Annenburg war der Kreisel, da ist so'ne Brücke. Unter der Brücke hab' ich gesagt, ›Fahrt mal rechts ran. Bei 120 Sachen kann ich keinen Dammschutz machen‹ [lacht] [...]. Auf der Geburtsurkunde stand ›Auf dem Transport nach M.‹« (ebd., S. 21).

Die freiberuflichen Hebammen mussten in vieler Hinsicht flexibel sein. So machte auch Liesel Werthmann in ihrer praktischen Arbeit neue Erfahrungen und kam von der Vorstellung ab, dass eine Geburt liegend im Bett stattfinden müsse, wie sie es noch in der Göttinger Hebammenschule gelernt hatte:

»Und dann war mal 'ne Zeit auch, da ging es um die Haltung der Geburt, Geburtshaltung. Das war ein großes Thema. Hängend, liegend, kniend, Geburtshockerchen, alles Mögliche. Also ich habe mich ja immer sehr gut auf die Frauen einstellen können, wie sie's wollten. Das war halt kein Problem für mich. Aber ich war ja noch gewohnt, von der Ausbildung, nur im Bett. Liegend« (Werthmann, 2015, S. 8).

1984 legte die Ethnologin Liselotte Kuntner ihre vielgerühmte Untersuchung zur Gebärhaltung der Frau vor, die in zahlreichen Sprachen und in mehreren Auflagen erschien. Die Arbeit gilt als Pionierleistung auf diesem Gebiet, indem sie im deutschsprachigen Raum den Anstoß zur Diskussion um verschiedene Geburtspositionen, vor allem auch in vertikaler Haltung, gab (vgl. Kuntner, 1994; zu den verschiedenen Gebärhaltungen vgl. auch Metz-Becker & Schmidt, 2000).

Die türkischen Gastarbeiterinnen, zu denen Frau Werthmann in den 1960er Jahren gerufen wurde, gebaren in der Hocke, für die Hebamme damals noch eine ungewohnte Seltenheit:

»Und wie gesagt, die Türken haben mir gezeigt, dass es anders geht. Hocke, die waren einfach ... – die hockten. [...] Und dann war ich noch mal bei einer. Da gab's kein Bett, die hatten nur wie so ein Sofa. Und da sollte sie sich drauflegen. Da sagte sie: ›Nein!‹ Und dann ist sie raus, [...] und dann haben wir es da in der Hocke gekriegt. Und, also es ging wirklich, auch vom Damm her war das wirklich gut mit dem Hocken. Bei den Türken waren ja keine Männer dabei. Ich weiß, einmal, da hat sie in der Mitte gesessen mit Schneidersitz und unten viele Frauen und sie hat dann immer geschaut. [...] Das habe ich nur einmal erlebt, dass so viele Frauen um sie herumsaßen. Ich hatte das Gefühl, sie würden sie beschützen. Sie durfte dann sich wiegen, sie hat immer sich hin und her bewegt, und sie waren ganz ruhig, ganz still. Es war alles ruhig. Dann wurde da gestreichelt. [...] Also wie eingebunden war sie da. Das war sehr schön. Das war sehr gut« (Werthmann, 2015, S. 8f.).

Obgleich es Verständigungsschwierigkeiten mit den türkischen Frauen gab, verliefen alle Geburten ohne Probleme, bis sich aber auch die Türkinnen zunehmend entschieden, zur Entbindung eine Klinik aufzusuchen:

»Ja, man konnte sich ja kaum verständigen mit ihnen. Sie konnten ja gar kein Deutsch. Oft waren Kinder da, mit denen ich dann kommunizierte und sagte: ›Frag mal.‹ Ich bin auch schon dann bei denen mal Vorsorge machen, dann musste ich die Kinder fragen: ›Wann ist die letzte Blutung gewesen?‹ und so was. Also einfach: Ich konnte kein Türkisch und die kein Deutsch. Ja, das war so eine Zeit, das ist auch vorübergegangen. Die Türken gehen ja jetzt alle in die Klinik. Schade« (ebd., S. 9).

Nachdem die Krankenkassen Ende der 1960er Jahre sämtliche Kosten für eine Klinikgeburt übernahmen, die sie zuvor nur in den Fällen getragen hatten, in denen eine medizinische Indikation vorlag, wurden viele Frauen auf die Klinik neugierig:

»Und da hat alles gesagt: ›Au ja, jetzt gehen wir in die Klinik.‹ Da hatte ich im Jahr mal fünf Geburten. Im Jahr! Wenn ich da nicht verheiratet gewesen wäre, dann hätte ich davon nicht leben können. Es sind auch viele abgesprungen, Kolleginnen, sind in andere Berufe und sind in die Kliniken. Sie haben sich anstellen lassen. Aber ich habe dann durchgehalten und gesagt: ›Nein, mache ich nicht.‹ Und dann nachher, als diese Phase vorüber war, stieg es wieder an. Aber ich bin nie wieder so hoch gekommen, vielleicht mal 30, 40 Geburten, aber mehr nicht mehr danach« (ebd., S. 12).

Dass dann bald »diese Phase vorüber war«, ist im Kontext der zweiten deutschen Frauenbewegung und der Frauengesundheitsbewegung der 1970er Jahre zu sehen. Sie wandte sich in Selbsterfahrungsgruppen, politischen Arbeitskreisen und wissenschaftlichen Diskussionszusammenhängen auch dem weiblichen Körper zu. Die Frauengesundheitsbewegung forderte Selbstbestimmung und Verfügungsgewalt über den eigenen Körper, argumentierte gegen die Medikalisierung weiblicher Sexualität bei Menstruation, Schwangerschaft, Geburt und Menopause und widmete sich der »Rekonstruktion und Aufwertung weiblicher Körpererfahrungen und Wissensbestände sowie der Suche nach neuen Ausdrucksformen weiblicher Lust jenseits von patriarchalen und heterosexuellen Zuschreibungen« (Krüger-Fürhoff, 2013, S. 79). Es wurden landesweit Netzwerke für eine frauengerechte Gesundheitsversorgung gegründet, um sich gegen die Medikalisierung und Pathologisierung des Frauenkörpers zur Wehr zu setzen (Gerhard, 2009, S. 114). Da die Bewegung zunächst nur eine intellektuelle Avantgarde erreichte, waren es zuerst die jungen Studentinnen, die eine geschlechtersensible Medizin einforderten und sich den erfahrenen Landhebammen anvertrauten. Frau Werthmann erinnert sich:

> »Also die städtischen Frauen waren ja ein bisschen anders wie auf dem Dorf, ja? Die haben mehr nachgefragt und da ging's ja auch immer wieder um die Eigenkraft für die Entbindung, dass sie das selber schafften, so was. Das haben die auf dem Dorf nicht so gefragt. Die mussten hingeführt werden. Es war eine Studentin, die hat [mich] dann gerufen. Möbel waren ja nicht viel drin bei den Studenten. Eine Matratze war aber eine da. Und als ich hinkam, gab es in dem Haus überhaupt kein Licht. Kein Licht, es war dunkel! Sagte ich: ›Was soll denn das jetzt geben?‹ ›Ach‹, hat sie gesagt, ›ich habe doch Kerzen.‹ Da hat die überall Kerzen hingestellt, und da haben wir bei Kerzenlicht entbunden [lacht]« (ebd., S. 7).

Die Hebamme Dietlinde Heil charakterisiert eine frühere »Dorfhebamme« folgendermaßen:

> »Also, jetzt muss man unterscheiden zwischen Hebamme in der Klinik und zwischen Hebamme, die freiberuflich arbeitet und die sehr viel Wert drauf legt auf die Eins-zu-eins-Betreuung. Das ist jetzt erst mal der große Unterschied, was Hebamme anbelangt. Und dann gehe ich ein Stückchen weiter zurück im Sinne von der Frage: Was sollte denn eine Hebamme leisten? Und ich hab' lange ganz viel, 45 Jahre Hebamme, also ich hab' eine ganz – wie sagt man denn? – überkommene Ansicht von ›Was sollte eine Hebamme leisten?‹ Und das hab' ich Ihnen schon gesagt, […] eine Hebamme hat früher zum Dorf gehört. Fünf Säulen. Ein Dorf hat fünf Säulen: Das ist allen

jetzt voran – weil es das Thema ist – die Hebamme, der Lehrer, der Apotheker, der Pfarrer und der Bürgermeister. Fünf Säulen. Und auf den fünf Säulen sollte eigentlich ein Dorf, eine Dorfgemeinschaft, aufbauen. Menschen, die ja eben Säulen darstellen« (Heil, 2016, S. 3).

Die hier zitierte 1947 geborene und sich nun im Ruhestand befindende Hebamme gehörte zu den Pionierinnen der Geburtshausgründungen in den 1980er und 1990er Jahren, bei denen sie eine federführende Rolle spielte. Aus ihrem großen Erfahrungsschatz als Freiberuflerin kritisiert sie die Medikalisierung von Schwangerschaft und Geburt und weiß um die Ängste, die die Schwangeren verunsichern:

»In der Zeit, wo ich hier [im Geburtshaus – Anm. d. Verf.] die Geburten gemacht habe, bis zu 250 im Jahr, da war ich gestresst. Was heißt gestresst? Aber da war ich auf Zack. Und das ist jetzt schön. Das vermisse ich nicht. Ich muss mir nicht noch abends überlegen, was hat Frau Müller/Meier/Schmidt gesagt? […] Was sagt der Herr Doktor dazu, wo hat der ihr Angst gemacht? Die Ärzte machen ja so viel Angst. Gucken Sie mal die Mutterpässe heute an. Ich bin ja immer froh, wenn von so einer Hebamme da was kommt und Stempelchen drin sind im Mutterpass, ›alles o.B.‹. Das ist nur Angstmacherei – und Geld. Diese Ultraschallerei, das ist ganz schrecklich. Die Babys sitzen drin und halten sich die Ohren zu. Ungeborene!« (ebd., S. 38)

Das berufliche Selbstverständnis der hier zu Wort gekommenen Landhebammen blieb auch nach dem Ende der Hausgeburt in den 60er Jahren des 20. Jahrhunderts ungebrochen. Ging ihre eigentliche Klientel in den Dörfern auch zunächst zurück, so konnte dies aufgefangen werden durch zugezogene Gastarbeiterinnen, die ihre Hilfe beanspruchten, junge Studentinnen, die Alternativen zur Klinikgeburt suchten, oder durch die wagemutige Gründung hebammengeleiteter außerklinischer Einrichtungen, in denen Frauen ohne medizintechnische Interventionen selbstbestimmt gebären konnten.

Wie Frau Heil erwähnt, hatte die Hebamme in den Dörfern auch noch weitere Aufgaben. Sie war eingebunden in die dörfliche Sozialstruktur und trug als eine der »fünf Säulen« Verantwortung in der Gemeinde. Aus dieser erwuchs ihr eine besondere Stellung, die sich in verschiedenen Merkmalen ausdrückte. So hatte sie, wie auch der Bürgermeister, einen eigenen Platz in der Kirche, sie trug eine bestimmte Fest- und Arbeitskleidung und war maßgeblich beteiligt an der Weitergabe von Brauch und Tradition im Dorfgeschehen.

1.4 Brauch und Tradition

Bis in die 1970er Jahre gab es in ländlichen Gebieten noch zahlreiche Rituale und Bräuche um Geburt und Wochenbett (vgl. Thurnwald, 1994, S. 66ff.), wie zum Beispiel der von der Dorfhebamme angeleitete Taufzug, der in vielen evangelischen Orten in Hessen üblich war:

> »Ja, das war ein richtiger Taufzug. Ich hatte ja damals noch meine Schwesterntracht an. Und da gab's ja auch 'ne Sonntagstracht, so ähnlich wie die Diakonissen hier, mit Pellerine, und eine Haube hatte ich auf und auch über der Haube so einen schwarzen Flor. Das Kind habe ich dann bei der Taufe vorher fertig gemacht morgens, dann angezogen mit allem Drum und Dran. Manchmal gab's ein Steckkissen. Richtige Taufkissen, die waren ja oft so schwer, bis man die dann getragen hatte. Es ging dann der Taufzug: Ich ging zuerst mit dem Kind bis in die Kirche, die Eltern, Großeltern, Paten, Tanten, wer dann noch alles mitging. Das war der Taufzug. Das ging dann in die Kirche rein. Ja, das war noch lange. Verloren hat sich's auch in den 60er Jahren, wo halt diese Klinikgeburten waren. Da wurde viel in der Klinik getauft schon, ›Da sind wir fertig‹, haben sie gesagt. Und dann hatte ich auch so keinen Bezug zu dieser Taufe mehr, weil ich ja nur sie versorgt hatte hinterher. Also beim Wochenbett schon. Aber die Geburt war nicht drin und das war ja meine Hauptarbeit und die war ja dann nicht mehr durch die Klinikgeburt und dann habe ich gesagt, ›Nee, jetzt stelle ich das ein.‹ Dann habe ich das so von mir aus eingestellt. Aber sonst war immer ein richtiger Taufzug dann« (Werthmann, 2015, S. 28f.).

Die Taufe bedeutete nicht nur Aufnahme in die christliche Gemeinde, sondern stiftete auch soziale Beziehungen, insbesondere durch die Patenschaften, die ein Leben lang trugen. Die herausragende Stellung der Hebamme in diesem Brauchablauf wird im Bericht von Liesel Werthmann sehr deutlich. Sie, die Hebamme, hatte einst den Taufzug angeführt, gefolgt von den Eltern, Paten und übrigen Verwandten des Täuflings und auch ein besonderer Platz in der Kirchenbank war für sie reserviert. Für die Hebamme war aber dieser Brauch auf einmal sinnentleert, sie hatte »keinen Bezug zu dieser Taufe mehr«, wie sie im Interview äußert. Viele ließen ihre Kinder gleich in der Klinik taufen, andere trugen sie ohne Hebamme zur Kirche, denn die Dorfhebamme hatte das Kind nicht ans Licht der Welt geholt, sondern eine städtische Klinikhebamme, zu der man keine familiäre Verbindung aufgenommen hatte. Mit den Funktionen, die Liesel Werthmann sukzessive verlor, verloren sich auch ihre spezifischen Einbindungen im Dorf, die sich über die intensiven zwischenmenschlichen Begegnungen, wie sie bei der Geburt eines Kindes entstehen, entwickelt hatten. Die Hebamme war die Ansprechpartnerin mehrerer Generationen von Frauen und Müttern, denen sie bei der Geburt und im Wochenbett beistand; sie kannte ihre Ängste und Nöte ebenso wie ihre familiären Verhältnisse und war eine der unhinterfragten Autoritäten im Dorf, ähnlich wie Pfarrer oder Bürgermeister. Durch die Klinikgeburten jedoch hatte sie den engen Kontakt zu den Frauen und Familien verloren, da sie von dem unmittelbaren Geburtsgeschehen abgeschnitten war und ihre Arbeit sich allenfalls noch auf die Nachsorge der im Krankenhaus Entbundenen beschränkte. Damit war ihre Stellung im Dorf eine andere geworden, wie auch das Dorf als solches sich infolge des Strukturwandels der 1960er Jahre verändert hatte (vgl. Weber-Kellermann & Stolle, 1971, S. VI). Mit der Öffnung des Dorfes nach Außen und dem sogenannten Wirtschaftswunder der Nachkriegszeit lockerten sich auch die engen sozialen Bindungen. Man war nicht mehr so aufeinander angewiesen wie früher und pflegte auch Beziehungen nach außerhalb. Auch die Nachbarschaftshilfe nahm ab und die Bräuche, die mit ihr einst einhergingen. Hatten früher die Nachbarinnen die Wöchnerin versorgt, wozu eigens Wöchnerinnenschüsseln zur Aufnahme der Kind-

Abbildung 11: Wöchnerinnenschüssel aus Hessen, 19. Jahrhundert

betterinnensuppe verschenkt wurden, so kam auch diese Hilfeleistung mit der Klinikgeburt zum Erliegen (Beitl, 1942, S. 149f.).

Aus der Steiermark wird berichtet, dass dort die Hebamme bis zur Mitte des 20. Jahrhunderts die »Kindbetterinnensuppe« für die Wöchnerin selbst kochte und auch nach einigen Tagen den Täufling zur Kirche trug:

> »Zur Taufe ging die Hebamme, in der Regel mit der Patin des Kindes, meist am zweiten oder dritten Tag nach der Geburt, es kam auf den Zustand des Kindes an. Aber länger als drei Tage wartete man nie, aus Angst, daß das Kind vielleicht stirbt« (Horner, 1985, S. 28).

Aus diesem Grund durften in katholischen Gegenden Hebammen auch selbst die Nottaufe verrichten, wie beispielsweise im Schweizer Val d'Anniviers bis weit in das 20. Jahrhundert hinein (vgl. Favre, 1982, S. 186).

In evangelischen Gebieten wurden die Kinder später getauft, aber sowohl hier als auch da war es Brauch, dass die Hebamme das Kind zur Kirche trug. Auch der evangelischen Hebamme Helma Ide aus dem Hessischen ist das Taufgeschehen in Erinnerung geblieben: »Ja, das war so üblich, dass die dann übers Taufbecken von der Hebamme gehalten wurden. Ja, das war immer so. Und das konnte ich auch wahrnehmen. [...] [Später] hab' ich das nicht mehr gemacht« (Ide, 2018, S. 31).

Die Historikerin Eva Labouvie charakterisiert die traditionell führende Rolle der Hebamme während der Taufe so: »Sie lud die ansässigen Taufpaten zur Taufe, richtete das Kind zur Taufe her, trug es an der Spitze des Taufzugs zur Kirche und leitete die Festlichkeiten« (Labouvie, 1998, S. 204). Diese der Hebamme seit der Frühen Neuzeit zustehende Aufgabe verlor sich endgültig gegen Ende der 1960er Jahre, als die Frauen die Hausgeburt aufgaben.

Auch das Wochenbett änderte sich in diesen Jahren:

> »Als ich kam, lagen die ja noch zehn Tage fest im Wochenbett. Die wurden gewaschen. Jeden Morgen musste ich die waschen, ganz, alles. Und dann ... nein, die Füße nicht mal vor's Bett hängen oder so. Das war ganz streng! Also ich hatte da schon ein bisschen einen schweren Stand, aber mit sehr viel Gefühl habe ich das ganz gut hingekriegt. Und es war ja dann so: Nach zehn Tagen, dann durften sie aufstehen. Ja, und dann standen sie auf und – schwupp, Kreislauf weg – lagen sie da. Und dann habe ich denen das so ein bisschen hingemalt und habe gesagt: ›Das ist nicht gut. Das ist erstens

> nicht gut für den Kreislauf und vor allen Dingen auch [für] die Rückbildung.‹ Man musste ja dauernd Angst haben wegen Wochenbettfieber. Die flossen nicht richtig, wenn die da so ruhig lagen. Und dann habe ich denen das erklärt. [...] Die Frauen [waren] von den älteren Müttern ziemlich dahin gedrückt worden: ›Du musst das so machen. Das ist einfach so und das muss so gemacht werden.‹ [...] Und dann habe ich angefangen: Am fünften Tag durften sie sich aufs Bett setzen, Beine baumeln lassen. ›Ach ist das schön!‹ Dann habe ich ihnen die Waschschüssel hingestellt und gesagt: ›Kannst dich selber schon mal so'n bisschen waschen.‹ [...] Und so haben sie dann gefühlt, dass sie auch dann schon ein bisschen früher ums Bett herumgehen durften. Das war dann schon ein Erfolg« (Werthmann, 2015, S. 4).

In der Regel half die Mutter oder Schwiegermutter der Wöchnerin im Alltag. Neben der Hebamme versorgte sie die frisch Entbundene mit Essen und besonderer Zuwendung:

> »Eine Frau, die kam aus dem Dillkreis, die machte der Tochter dann 'ne Biersuppe morgens. Und die hab' ich dann zu Hause auch immer gekocht. Die schmeckt ja nicht schlecht. Kann man sehr, sehr gut essen. Und das gab's schon, gell. Die Frauen wurden ja im Kindbett verwöhnt, durften nichts machen. Das ist ja gar nicht mehr wiederzuerkennen [...] in der heutigen Zeit [...], dass die abends ihr Kind kriegen oder nachts Kind in der Klinik kriegen, und am nächsten Tag wird das hier vorbeigefahren. Das wär' unmöglich gewesen. [...] Das Gehirn musste sich erst festigen, ehe das Kind auf die Straße kommt, wo es auch schon diese Erschütterungen aushalten soll. [...] Das gilt alles nicht mehr, gell« (Ide, 2018, S. 31).

Auch der Nachgeburt, dem »Zwilling des Kindes«, wurde zu jener Zeit noch eine größere Aufmerksamkeit zuteil. In der Regel wurde sie bestattet, verbunden mit rituellen Handlungen, die religiös oder magisch konnotiert waren und dem Neugeborenen Schutz für sein weiteres Leben garantieren sollten (vgl. Kuntner, 2004). Die befragten Hebammen erinnerten sich, dass man der Plazenta auch in unserem Kulturkreis eine achtsame Behandlung erwies und sie beispielsweise im eigenen Garten, oft unter einem Obstbaum, begrub. Hierfür wurden spezielle Gefäße angefertigt, von denen einige in jüngster Zeit bei Ausgrabungen wieder ans Licht kamen (vgl. Ade & Schmid, 2011).

Der Brauch der Nachgeburtsbestattung ging in den 1960er Jahren verloren, als die Kinder in der Klinik zur Welt kamen und die Plazenta in der Krankenhausverbrennungsanlage entsorgt wurde. Zeitweise spielte sie auch in der Kosmetikindustrie eine Rolle. Angestoßen durch die Frauengesundheitsbewegung erlebte die Nachgeburtsbestattung gegen Ende des 20. Jahrhunderts wieder eine Renaissance, worauf in einem anderen Kapitel noch einmal eingegangen wird.

Die letzten Landhebammen erlebten diese radikalen Veränderungen in ihrem eigenen beruflichen Alltagsleben und mussten sich entsprechend darauf einstellen.

Seit dem 16. Jahrhundert ist das Wochenbett in vielen Abbildungen überliefert. Insbesondere im sakralen Bereich existieren zahlreiche Wochenstubenmotive, vornehmlich zur Geburt Christi, aber auch der Geburt Marias oder Johannes des Täufers. Die Werke entsprechen den Gegebenheiten ihrer Zeit und zeigen Kleidung, Möbel und Hausgerät aus den jeweiligen Jahrhunderten, in denen die Künstler lebten. Fast in jeder Wochenstubendarstellung ist eine Badeszene zu sehen mit einem wärmespendenden Kamin zum Aufwärmen des Badelakens für den Säugling. Immer sind helfende Frauen abgebildet, allen voran die Hebamme. Die Abbildungen geben Aufschluss über Sitten und Bräuche vergangener Jahrhunderte, sodass davon ausgegangen werden kann, dass der Hebamme stets eine zentrale Stellung in der Wochenstube zukam (vgl. Zglinicki, 1990, S.133f.). In den Profandarstellungen überwiegen die Alltagsszenen mit dem sogenannten Wochenschmaus oder im französischen Sprachraum dem »Banquet dans le chambre de l'acchouchée« mit mehreren Anwesenden, wobei die junge Mutter im Bett liegend abgebildet ist. Meist ist ein Krug dargestellt, der eine wichtige Rolle einnimmt, enthält er doch als »Wochenkrug« stärkenden Wein für Wöchnerin und Gäste (vgl. ebd., S. 264f.).

Auch Wochenbettschalen und andere Gefäße sind überliefert, die diese besondere Zeit im Leben einer Frau dokumentieren. Man versammelte sich in der Geburtsstube zu sogenannten »Kindbettzechen« (Labouvie, 1998, S. 203), die direkt nach der Geburt bis zum Abschluss des Wochenbettes stattfanden und bei denen mit Nachbarinnen und Patinnen und natürlich der Hebamme, gegessen und getrunken wurde.

Hebammen mussten aber auch oft mit überlieferten Traditionen brechen und den Frauen neuere Erkenntnisse vermitteln, wenn sie dies für geboten hielten. So gingen sie etwa gegen hergebrachte Rituale vor, wenn sie diese nicht für sinnvoll erachteten:

1 Die letzten Landhebammen erzählen

Abbildung 12: Geburt des Johannes, Johann von der Leyten, 1512

»Und dann waren da diese vielen ... – was die Schwangere nicht machen durfte: Sie durfte nicht über einen Wasserlauf gehen, sie durfte keine Wäsche aufhängen, dann schlang sich die Nabelschnur um den Körper und um den Hals. Das war alles nicht drin. Das musste so langsam abgebaut werden. Und das ging auch [...] so ganz gut dann. Ja, und dann wurden die Frauen doch ein bisschen aufgeschlossener. Und dann kam ja auch die Vorsorgeuntersuchung von den Ärzten; das war aber später dann, dass man sich da mal melden musste. Und ja, ich bin ja dann auch nicht stehengeblieben. Ich habe ja dann – das war im Ausbildungsprogramm nicht drin, die Vorsorge und auch diese Rückbildung und so was. Die war ja nicht drin. Das musste selber

81

noch erlernt werden. Da habe ich viele Kurse dann noch gemacht. Und dann ging's auch mit dem ›Ja, die Schmerzen muss man ertragen. Das ist einfach so.‹ Aber die Frauen wollten doch Linderung haben. Dann ging's los mit den Vorbereitungskursen. Da habe ich dann die Vorbereitungskurse gemacht« (Werthmann, 2015, S. 5).

Andererseits konnte eine Hebamme aber auch an Traditionen festhalten, und den Wöchnerinnen ihre Meinung sagen, wenn sie mit modernen Neuerungen nicht einverstanden war, wie die heute fast 90-jährige, noch immer in der Nachsorge tätige Hebamme Jadwiga Hamann:

»Wenn man so alt ist wie ich, da hat man auch gute Sachen gesehen und sieht jetzt das Schlechte, ja. Und das sag' ich denen immer. Ich mach denen Kochrezepte und die können manchmal net kochen und holen nur Pizza und wundern sich, dass sie keine Milch kriegen, essen net richtig. [...] Das ist die Hauptsache, was du heutigen jungen Frauen mitgeben musst. Weil sie's einfach net lernen. In der Schule kriegen sie's net gezeigt. Da wird nur Mathe ..., wo sie Angst haben vor der Mathe-Arbeit [und] schon vorher Tabletten einnehmen. Sag' ich, ›Ist das das Leben für die Leute?‹ Also, ich weiß net. Und können's nachher gar nicht gebrauchen, ne. Sag' ich, ›Sollen das lauter Einsteins werden?‹ Werden sie aber net. Sag' ich, ›Wo bleibt denn unser Schuster und Schreiner und Metzger‹, ja. Oder? Lieg ich falsch?« (Hamann, 2018, S. 13f.).

Auf ein langes Arbeitsleben zurückschauend resümiert die Hebamme Liesel Werthmann in Bezug auf ihre Tätigkeit:

»Das war wie Berufung. Ich hätte mir nichts anderes vorstellen können. Damals war ich ja schon am Überlegen, was ich noch machen wollte oder könnte, und dass dann der Ruf kam von zu Hause, ja das war einfach mein Beruf. Obwohl ich ja sehr viel Zeit investiert habe, Stunden, Stunden bei Frauen gesessen, aber das war's. Und wenn ein Kind geboren wurde, das kann man einfach nicht beschreiben, dieses Wunder, was da kommt! Das war nicht Routine, immer anders, immer anders. Ich war immer dankbar, wenn alles gutgeht und einige Stoßgebete zwischendurch, die sind schon gelaufen. Aber das Wunder, dass da plötzlich ein Mensch kommt mit allem, was da sein musste, und dass gleich ein Jubel da war vom Kleinen her durch einen Schrei. Und dann auch Mutter und Vater. Da habe ich einige Väter erlebt, wo die Schweißtropfen dann herunterliefen« (Werthmann, 2015, S. 26).

Frau Werthmann ist mit Erreichen des Rentenalters nicht sofort in den Ruhestand gegangen, sondern hat ihre Hebammentätigkeit sukzessive aufgegeben, da ihre freiberufliche Praxis an die Schwiegertochter überging, der sie anfangs noch mit Rat und Tat zur Seite stand.

»Jaja. Und es ist mir auch nicht so ganz schwergefallen, weil die Adelheid, die Schwiegertochter, die war immer froh, wenn ich dann doch noch mal – ich bin ja da zu Geburten immer noch mal mitgegangen und habe auch hier und da mal Wochenbesuche noch gemacht. Dann ist das so ein bisschen abgeklungen. [...] Das war nicht so abrupt. Das war sehr schön so. Ich habe mich ja immer noch nicht abgemeldet, weil ich Telefonanrufe, so Beratungen, die mache ich ja immer noch. Da rufen ja die Großmütter jetzt an und sagen: ›Hier, meine Enkelin ... und kannst du mir denn mal sagen ... oder wie das so ist ... wir haben das damals doch so gemacht und die jungen Leute heute, die wissen alles besser, die wollen alles anders machen.‹ Da rufen immer noch so einige an« (ebd., S. 30).

Die Hebamme ist noch immer in ihrer besonderen Funktion im Ort verwurzelt. Die Frauen, die bei ihr vor 50 und mehr Jahren entbunden haben, suchen nach wie vor ihren Rat, den sie an die Enkelinnen weitergeben wollen. Dies tun sie, weil sie gute Erfahrungen mit ihrer Hebamme gemacht haben und auf das Wissen und Können der fast 90-Jährigen noch immer bauen.

Die hier zu Wort gekommene Hebammengeneration leistete Beistand bei den damals in den Dörfern noch üblichen Hausgeburten. Ihre Arbeit ging weit über die konkrete Geburtshilfe und Säuglingspflege hinaus. Die Hebammen hatten und hielten engen Kontakt zu den Dorffrauen, die sie entbunden hatten sowie deren Familien und Nachbarn. Sie genossen das Vertrauen, das ihnen entgegengebracht wurde, und empfanden Freude und Stolz nach der gemeinsamen Anstrengung, ein Kind zur Welt gebracht zu haben. Sie waren und sind noch immer Autoritäten in ihren Dörfern und werden bis ins hohe Alter um ihren Rat gefragt. Mit erstaunlicher Selbstsicherheit traten sie als junge Hebammen ihr Amt einst an, voller Energie führten sie es aus, sie fuhren bei Schnee und Glatteis an entlegene Orte, schliefen mitunter im Haus der Schwangeren, wenn die Geburt länger dauerte, und wussten um ihre Kompetenz, die sie auch bei schwierigen Geburten unter Beweis stellten. Mit Gottvertrauen, aber auch mithilfe von Nachbarinnen, Großmüttern oder Vätern kamen sie ohne ärztlichen Beistand und Medikamente zurecht. Die zunehmende Medikalisierung und Hospitalisierung der Geburt betrachteten sie mit Argwohn, die Arbeit in der Klinik, die man ihnen in den 1960er Jahren angeboten hatte, lehnten sie ab. Die Angstmache und Verunsicherung der Schwangeren seitens der Ärzteschaft befremden sie, die »Ultraschallerei« finden sie »schrecklich«, der Entfremdung der Frau von ihrem Körper, die sie in manchen Fällen bis hin zum Wunschkaiserschnitt beobachtet haben, stehen sie mit Unverständnis gegenüber. Die letzten Landhebammen waren bereit, dazu zu lernen. Nachdem man sie auf den Dörfern nicht mehr brauchte, waren ihre Dienstleistungen bei jungen Städterinnen gefragt, die sich dem Diktat der Gesundheitsindustrie im Zuge der neuen Frauenbewegung und Frauengesundheitsbewegung nicht beugen wollten. Bei den selbstbewussten städtischen Akademikerinnen lernten die Dorfhebammen ebenso hinzu wie in den Gastarbeiterfamilien, von denen sie nun gerufen wurden, da die türkischen Frauen Klinikgeburten zunächst noch misstrauten. Hier sahen die freiberuflichen Hebammen neue Gebärhaltungen und ein anderes Körperbewusstsein, als sie es in ihrer Ausbildung erlebt hatten und von ihren Dörflerinnen kannten. Für alle – sowohl die Schwangeren, die sich für eine natürliche Geburt zu Hause entschieden

Abbildung 13: Denkmal für die Hebamme Johanna Volke (1892–1963) in Bad Sassendorf, Entwurf

hatten, als auch die Hebammen selbst – galt gleichermaßen, dass sie der Klinik wenig Vertrauen entgegen brachten, der programmierten Krankenhausgeburt ablehnend gegenüber standen und auf die Eigenkräfte des weiblichen Körpers bauten. Die Klinik hielten sie vor diesem Hintergrund auch nicht für einen sicheren Geburtsort, ganz im Gegenteil sehen sie geburtsärztliche Interventionen eher kritisch und würden jederzeit der natürlichen Geburt, ob zu Hause oder im Geburtshaus, den Vorzug geben.

Festzuhalten bleibt, dass die Hausgeburtshebamme eine zentrale Stellung während Schwangerschaft, Geburt und Wochenbett als Vertraute, Beraterin, Zuhörerin, Freundin und oft auch mütterliche Figur innehatte und soziale Verantwortung für die Frau und deren ganze Familie trug (vgl. Schumann, 2010, S. 255). Diese besondere Funktion der Hebamme, die über Jahrhunderte unangefochten gegolten hatte, sollte sich in der Folgezeit gründlich verändern.

2 Klinikhebammen in den 1960er und 1970er Jahren

Nachdem die Hausgeburten fast vollständig aufgegeben worden waren, ließ sich die neue Hebammengeneration in Kliniken anstellen, wo sie ein festes Einkommen und geregelte Arbeitszeiten erwarten konnte, auch wenn Schichtdienste abgeleistet werden mussten. Dieses Modell schien vielen, die den Hebammenberuf anstrebten, attraktiv. Mit einer ging eine neue Sicht auf Geburtshilfe, die in den Schwangeren und Gebärenden »Patientinnen« sah, die medizintechnischen Beistands bedurften. Die im Folgenden zu Wort kommenden Hebammen dieser Generation berichten aus der Zeit, in der sie in der Klinik ihre Erfahrungen machten.

2.1 Ausbildung

Die 1936 im Saarland geborene Klinik- und Lehrhebamme Rosanna Lachmann erinnert sich an ihre Ausbildungszeit Ende der 1950er Jahre:

»Dann hab' ich meine Hebammenausbildung gemacht von 58 bis 59. Damals war die Ausbildung 18 Monate. [...] Da haben wir in der Schule – [gab] es die sogenannten Hausschwangeren. Ich weiß nicht, ob Ihnen das was sagt? Das heißt, das waren junge sogenannte gefallene Mädchen, die irgendwie schwanger wurden und dann die Familien, die waren dann ein bisschen desorientiert und dann sind die Mädchen zu uns gekommen. Die haben bei uns in der Hebammenschule oben hatten die eine Etage, da haben die gewohnt. Die haben uns versorgt beim Essen und die haben uns versorgt beim Putzen [...] – die waren oft auch nicht versichert. Das ist alles ein bisschen anders gewesen. Und die mussten sich dann auch zum Zwecke des Ganzen zu Untersuchungen bereit erklären. Zu Lehrzwecken. Bei den Hebammenschülerinnen war das nicht so schlimm, aber die wurden auch oft in den Hörsaal gebracht bei Studenten. Wir hatten morgens mit Studenten, mit den Medizinstudenten hatten wir Vorlesung schon ganz früh, und dann sind die Mädchen reingeschoben worden, allerdings muss ich schon sagen, man hat sie nicht gesehen. Es war ein [...] so ein Tuch, irgendwie so ein Ding so drüber und dann wurden die untersucht, je nachdem. Der Professor hat die Fragen gestellt und der wusste ja, wie der Befund war. ›Wie steht der Kopf, ist es überhaupt ein Kopf oder ist es Steiß oder ist es ein Ärmchen?‹ – oder wie auch immer. Und wie gesagt, und so haben wir eigentlich auch gelernt. Es war für die Frauen nicht angenehm« (Lachmann, 2015, S. 3f.).

»Die Geburt lief [dann] im Kreißsaal ab. Das war normal. Im Kreißsaal durften die Hebammenschülerinnen untersuchen, die Studenten durften auch untersuchen. [...] Gut, eine Geburt im Hörsaal konnte man ja nicht vollbringen. Das war schon im Kreißsaal, aber da waren immer nur bestimmte Personen anwesend. Das heißt, das war die leitende Oberhebamme mit der Schülerin zusammen und mit einem Studenten. Also waren immer nicht alle. Aber es war immer zu Lehrzwecken, waren die immer da« (ebd., S. 5).

Erstaunlich ist, dass bis in die 1960er Jahren von »Hausschwangeren« die Rede ist, alleinstehenden Frauen, die nicht krankenversichert waren und in der Klinik als Gegenleistung für die Indienstnahme ihrer Körper zu Lehr- und Studienzwecken kostenlos entbunden wurden. Diese diskriminierende Praxis hatte ihren Ausgang in den Accouchieranstalten des ausgehenden 18. Jahrhunderts genommen, wo man ledige Schwangere als »Lehrmaterial« begriff, da man an eine verheiratete Frau ein solches Ansinnen niemals hätte herantragen dürfen (vgl. Metz-Becker, 1997; vgl. Schlumbohm, 2012). Sowohl angehende MedizinerInnen als auch Hebammenschülerinnen konnten an diesen »Hausschwangeren« mehr oder weniger ungefragt Untersuchungen vornehmen, die weit über das übliche Maß hinausgingen. In einer aktuellen Untersuchung zur Geschichte der Universität Bonn heißt es:

> »Wie in vielen Universitätskliniken lebten auch in der Universitätsfrauenklinik Bonn noch zu Beginn der 1970er Jahre sozial schwache und finanziell nicht abgesicherte schwangere Frauen. Für die kostenfreie Unterbringung in der Klinik mussten sie täglich fünf Stunden arbeiten, erhielten keinen Lohn, hatten keinen freien Tag, lebten zu Dritt in einem Zimmer, hatten sich an- und abzumelden, wenn sie die Klinik verlassen wollten, und spätestens um 20 Uhr mussten sie zurück sein. Die Schwangeren waren außerdem wichtige Untersuchungsobjekte im geburtshilflich-gynäkologischen Kurs für die Medizinstudierenden« (Stieldorf et al., 2018, S. 221).

Andererseits erinnert sich Rosanna Lachmann aber auch an positive Aspekte in ihrer Ausbildung, zum Beispiel an die Eins-zu-eins-Betreuung der Gebärenden, die heute nicht mehr gegeben ist, was von den Hebammenverbänden vehement kritisiert wird:

> »Was mir wichtig war, war halt eben auch immer diese Geburtserlebnisse zu erleben und vor allen Dingen, was mir wichtig war, dass die Frauen nicht wie heute ... Wir hatten ja nicht diese Technik der heutigen Zeit. Wenn eine Frau in den Kreißsaal kam, dann musste immer jemand bei ihr am Bett sitzen. Und das ist ja heute nicht mehr und das tut mir sehr leid. Also das ist eine sehr gewinnbringende Sache. Damals wurde ja nicht auf das Gehalt geguckt. Wir hatten ja kein Geld bekommen. Wir mussten unsere Ausbildung ja bezahlen. Das ist nicht wie heute. Und der von zu Hause aus kein Geld hatte oder nicht sich das leisten konnte, die konnten das auch nicht erlernen. Aber für mich gewinnbringend war halt eben immer wieder dieses Erlebnis der Geburt« (Lachmann, 2015, S. 5).

Auch die Betreuung von Hausgeburten sah der Lehrplan vor, an die sich die Hebamme noch ausgesprochen gut erinnern kann:

> »Und was noch sehr gut war in der Ausbildung und das hat [...] mir gutgetan, wir hatten während dieser Ausbildung auch einen Externat-Einsatz. Das bedeutete, ich musste 14 Tage – jede Schülerin musste 14 Tage – in irgendeine freiberufliche kleine Praxis. Da war ich in Stadt X. eingeteilt bei der Frau K. und da haben wir dann die Hausgeburten erlebt. Und das war für mich etwas so Schönes und Schlimmes zugleich. Denn es war nicht nur die Hausgeburt. Da musste man ja morgens noch die Frauen versorgen, übernächtigt versorgen, und anschließend musste man Kaffee trinken. Und wie

das in Stadt X. so war, dann musst du noch ein Schnäpschen trinken, [...] das vergesse ich nie. Ich war ja da eine junge, gell, ich war 18, 19 Jahre. [...] Und dann jedes Mal halb betrunken mit der Frau K. Das war meine damalige Hebamme [lacht]. Es war halt eben so, gell. Und wenn man dann so drei, vier Hausgeburten hatte und die mussten ja morgens gepflegt werden, die Wöchnerinnen, und so weiter. Das vergesse ich in meinem Leben nicht mehr. Das war sowas. [...] Wir hatten ja noch anders gearbeitet als heute, damals. Wir haben noch mit Händen gearbeitet, nicht mit der Technik, und die Frau beobachtet. So, das war halt eben das, was mir heute immer noch von Vorteil und Nutzen ist. Und das hab' ich den Mädels nachher in der Hebammenschule immer gesagt, und die sind heute noch dankbar dafür, weil ich immer gesagt hab': ›So ein Apparat kann ausfallen, könnt ihr alles vergessen, aber ihr müsst wissen, mit euren Händen, mit den Augen zu arbeiten‹« (ebd., S. 6).

Die zunehmende Pathologisierung der Geburt wurde schon für die Hebammenschülerinnen zum Alltag, was die Hebamme Rabea Greif im Rückblick kritisch sieht:

»Als ich meine Schülerin-Ausbildung gemacht hab', da waren wir zu siebt und nachher hatten wir 15. Aber immer nur ein Kurs. Also über drei Jahre. Meine Ausbildung ging ja auch zwei Jahre und danach wurden es dann drei Jahre Ausbildung. [...] Und, ja, durch diese ganze Pathologie wurde es natürlich auch, wurden natürlich auch mehr Ärzte im Kreißsaal tätig, sodass es eigentlich ab der Zeit gar nicht mehr, eigentlich gar nicht mehr klappte, ohne Arzt 'ne Geburt zu machen. Weil, gut, manchmal ist es noch vorgekommen, wenn's gar nicht anders ging, weil er beschäftigt war oder so, aber, und dann, ab wann haben wir denn dann 'nen Kreißsaal-Arzt gehabt? Oje, das weiß ich irgendwie nicht mehr, ab wann das losging, dass wir 'nen Kreißsaal-Arzt hatten. Da war denn eigentlich, naja, immer war er nicht bei uns im Kreißsaal, aber er war eingeteilt für den Kreißsaal, und er hat sich sehr stark gekümmert. Inzwischen hat man auch 'nen Kreißsaal-Oberarzt, der auch noch da rumschwirrt und daran, allein daran kann man ja schon merken, dass die Geburtshilfe mehr in die Hände des Arztes ging, das ist leider so. Und durch die vermehrte Pathologie ist es natürlich, das ist natürlich ein Grund auch, dass die mehr in die Hände der Ärzte ging. Wir haben zwar immer mal versucht, 'nen Hebammenkreißsaal aufzubauen, wo wir einfach als Hebammen nur arbeiten konnten, aber da haben wir auf Granit gebissen, das haben wir nicht durchgekriegt, dass wir das hinkriegten. War schade« (Greif, 2016, S. 9f.).

Die Hebammen dieser Generation lernten schon in der Ausbildung, »dass die Geburtshilfe mehr in die Hände des Arztes ging« (Greif) und dass ihr spezifisches Können nicht mehr unbedingt gefragt war. »Wir haben noch mit Händen gearbeitet, nicht mit der Technik, und die Frau beobachtet«, sagt Frau Lachmann, aber die Technik hatte nun in den Klinikalltag Einzug gehalten, was unmittelbar Folgen sowohl für den Hebammenberuf als auch für die Geburt mit sich brachte.

2.2 Arbeitsalltag und Selbstverständnis

Diese Entwicklung wurde von den Hebammen durchaus kritisch gesehen und hinterfragt. Da die Veränderungen in der Geburtshilfe nicht von heute auf morgen auftraten, sondern als schleichender Prozess betrachtet werden müssen, haben die Hebammen zunächst noch die Eins-zu-eins-Betreuung in den Kliniken erlebt und die Vorteile gesehen, die darin lagen, eine Geburt mit Wärme und Menschlichkeit zu begleiten und auf das eigene Können und nicht auf das der Apparate zu bauen. Im Laufe der nächsten Jahre sollte sich dies jedoch grundlegend ändern, was die Hebammen im Gespräch bedauerten und auch kritisierten.

Die erfahrene Lehrhebamme Rosanna Lachmann erinnert sich gut an den Einzug der Technik in die Geburtshilfe:

»Und zwar kam ja diese Technisierung so in den Mittsiebziger Jahren mit dem CTG. Das heißt, wir haben ja mit dem Hörrohr gehört. Wir haben getastet unsere Frauen. [...] Die Frauen [...] hatten Vertrauen. Und wie gesagt, das Wichtigste war halt eben, bei den Frauen zu bleiben. Sie zu führen. Aber in dem Moment, wo die Technik kam, das CTG, dann hieß es ... Bis wir das mal erlernt hatten! Das musste ja interpretiert werden und so weiter, und so fort. Da müssen die Frauen kommen in den Kreißsaal und dann müssen sie sich hinlegen. Und dann liegt das Kind auf der Seite und die Frau liegt auf der Seite. Da purzelt das Kind und dann schreibt das nicht richtig. Und also ich muss sagen, diese Technisierung ist nicht das A & O, aber es war ja nicht nur das CTG, es war nachher der Ultraschall-Kram. Ach Gott, ach Gott, ach Gott. ›Das hat ja die Nase krumm‹ oder ›die Zähnchen so‹. Das hat die Frauen, diese Technisierung hat die Frauen sehr verunsichert. Und das ist bis heute leider geblieben. [...] Wir haben ja eine so hohe Kaiserschnittrate, das gibt es ja fast nicht. [...] Aber das spielt eine Rolle durch die Verunsicherung. Die Frau weiß nicht mehr auf sich selbst zu hören. Wir haben verlernt, auf [den] eigenen Körper zu hören. Und das ist eigentlich die Hauptaufgabe einer Hebamme« (Lachmann, 2015, S. 22).

Vor allem die hohe Kaiserschnittrate irritiert die erfahrene Hebamme, da es diese zu ihrer Zeit nicht gab:

»Da war ich damals in Frankreich. Das [war] auch in einer großen Klinik mit Hebammenschule. Und da haben die 12 Prozent [Kaiserschnitte] gehabt und wir haben schon 25 Prozent gehabt. [...] Und heut bist du gut versichert, gehst du, hast du einen Termin, ›Ja, dann und dann machen wir den Kaiserschnitt.‹ Und das ist eigentlich nicht gut. Und ich kenne eine junge Ärztin, die sich dazu bekennt. Die sagt: ›Rosanna, nie wieder.‹ Es gab ja noch für zum Beispiel Kaiserschnitte bestimmte Kriterien. Normal eine Beckenendlage, das heißt, eine Steißlage, die kann ganz normal geboren werden. Heute darf das nicht mehr sein. [...] Und die hat damals, haben die auch einen Kaiserschnitt bei der gemacht. Es ging alles gut, [...] aber sie hat gesagt, ›Mir fehlt das Geburtserlebnis. Wenn es nicht notwendig ist, alles, wie nur keinen Kaiserschnitt‹« (ebd., S. 24).

In ihrer langen Berufstätigkeit hat Rosanna Lachmann aber bemerkt, dass sich nicht nur die Geburtshilfe, sondern auch die Gesellschaft und somit die Frauen verändert haben:

»Wir haben eine andere Generation Frauen. Früher haben die Frauen sechs, sieben, acht Kinder bekommen und wenn da eins irgendwie nicht war, wie es sollte, dann war das Gottes Wille. Das darf heute nicht mehr sein. Sie [...] machen ihr Abitur, die haben einen Beruf, die wollen ja schließlich in dem Beruf ein bisschen arbeiten, und dann sind sie Mitte 30: ›Ach Gott, da war ja noch was.‹ Und das Kind muss gelingen in dem Moment. Und da geht man in die Sicherheitszone rein und sagt: ›Na gut, dann machen wir das so.‹ Ob das richtig ist oder nicht« (ebd.).

Der moderne Mensch geht in die »Sicherheitszone«, so die Beobachtung der Hebamme. Diese wird heute offenbar eher in der Apparatemedizin

2 Klinikhebammen in den 1960er und 1970er Jahren

der Kliniken als in einer natürlichen Geburt mithilfe einer kompetenten Hebamme gesehen. Und so werden auch die Hebammen mit der neuen Sicht auf Geburt konfrontiert, denn seit Ende der 1960er Jahre finden in Deutschland fast keine Geburten mehr außerklinisch statt.

Im Gegensatz zu den alten Landhebammen, die in der Freiberuflichkeit blieben, führt die nächste Hebammengeneration Gründe an, im Krankenhaus zu arbeiten, wie die 1942 geborene Ortrud Ruben:

> »Man macht seine acht Stunden. Und dann geht man heim. Am anderen Tag macht man wieder. So freiwillig oder im Geburtshaus, du musst immer am Telefon sein. Du musst immer Rufbereitschaft haben. Du kannst nirgends hingehen« (Ruben, 2015, S. 19).

Dies gilt umso mehr, wenn die Hebamme selber eine eigene Familie und kleine Kinder zu betreuen hat:

> »Ja, du kannst den Beruf nicht ausüben mit Kindern, weil, du bist ja immer, musst ja immer abrufbereit sein. Ob das nachts um eins ist oder vormittags um zehn ist. Da kannst du keine Kinder kriegen, da musst du entweder einen Mann haben, der daheim ist, oder eine Oma oder eine Haushälterin. Sonst kannst du den freiberuflichen Beruf nicht ausüben. Du kannst ja kein Kind mitnehmen. Und ich habe im Krankenhaus immer Acht-Stunden-Dienste gemacht« (ebd., S. 4).

Neben diesem Argument führt Frau Ruben auch die ihrer Meinung nach große psychische Belastung an, die mit der Freiberuflichkeit verbunden ist:

> »Und es ist mir auch von der Belastbarkeit, wäre mir das zu sehr belastend. Du bist dann verantwortlich, du trägst unheimliche Verantwortung. Und im Krankenhaus kannst du schnell ans Telefon rennen und sagen: ›Herr Doktor, kommen Sie mal.‹ Und er entscheidet dann. Aber wenn du in der Praxis bist, früher gab es ja die Häuser nicht. Da gab es nur zu Hause die Entbindung. Mir wäre die Verantwortung zu groß gewesen. Oder plötzlich sind die Herztöne schlecht. Ja, dann stehst du da. Du hast kein Sauerstoffgerät. Im Krankenhaus greifst du zur Maske und gibst da Sauerstoff, mit der anderen Hand gehst du zum Telefon. Oder sagst zur Kollegin: ›Hol mal schnell den Doktor. Die Herztöne sind schlecht.‹ Ja, ganz schnell einen Kaiserschnitt machen. Da rennst du eine Etage höher mit der Patientin und die

> Gefahr ist gebannt. Und sie kriegt ein gesundes Kind. Und was machst du in der Praxis? Das wäre mir zu viel Verantwortung gewesen. Die hätte ich alleine tragen müssen und es war nicht möglich, ich hatte Familie. Ich wollte keine eigene Praxis haben. Das war überhaupt nicht drin, das stand nie zur Debatte« (ebd., S. 6).

Ortrud Ruben kann aus einem langen Berufsleben in der Klinik erzählen, ihrem Weg, den Hebammenberuf auszuüben, denn Freiberuflichkeit »stand nie zur Debatte«. Dennoch verklärt sie die Klinik nicht, sondern benennt auch Missstände, denen sie damals begegnet ist:

> »Für mich war das eine große Umstellung. Wir hatten in H. trotz Hebammenschule zweieinhalb bis 3.000 Geburten. Jetzt kam ich nach N. in die Frauenklinik, das war Fließbandarbeit. Eine hat nur Entbindung gemacht, die andere Hebamme hat Aufnahme gemacht. Die andere Hebamme hat verlegt, vom Kreißsaal auf Wochenstation. Die andere war für Privatpatienten zuständig. Also es war reine Fließbandarbeit. Du hast Patienten, die geklingelt hatten und wollten zur Entbindung. Bevor die entbunden hat, hat die schon zwei Hebammen als Bezugspersonen gehabt. Eine, die sie aufgenommen hat, die die Diagnose gestellt hat und die sie untersucht hat und hat gesagt, ›So, die ist noch nicht soweit. Die kann noch ein bisschen rumlaufen mit ihren Wehen, und bei der anderen da ist der Muttermund acht Zentimeter, die kommt gleich in den Kreißsaal rein.‹ So lief das. Und dann, wenn sie entbunden hatte, kam wieder eine andere Hebamme, die sie dann gewaschen hat, das Kind versorgt hat und sie dann auf Wochenstation gebracht hat. Also sie hat bei einer Geburt drei Hebammen immer gehabt« (ebd., S. 7).

In den 1960er Jahren, berichtet die Hebamme, war ein Kreißsaal wirklich noch ein Saal, in dem mehrere Gebärende, durch einen Vorhang voneinander abgetrennt, in den Wehen lagen. Man konnte einander nicht sehen, aber hören, was ganz sicher nicht zu einem ruhigen, entspannten Geburtsverlauf der sich dort befindenden Frauen beitrug. Die angehenden Väter durften ihre Partnerinnen nicht begleiten:

> »Schau, wir hatten einen Kreißsaal, der war nur durch eine Spanische Wand getrennt. In jedem Raum waren zwei Frauen und manchmal hatten wir vier Kreißende oder Gebärende. [...] Da wurde die eine Tür zugemacht und der Vorhang. Die hat das hinter dem Vorhang schon mitgekriegt, dass die ge-

presst hat und plötzlich hat das Baby geschrien und hat dann gesagt, ›Wann bin ich denn dran?‹, und so. Und dann die Männer noch daneben, das wäre unmöglich gewesen. Da hatten wir gar keinen Platz. Das hätte zu viel Unruhe reingebracht« (ebd., S. 8).

In ihrer Klinik war es auch nicht üblich, dass sich die Hebammen um die von ihnen entbundenen Wöchnerinnen kümmerten. Sie übernahmen die Betreuung der Geburten und gaben die Frauen danach direkt ab:

»Wir hatten mit den anderen kaum was zu tun, mit den Säuglingsschwestern oder mit der Wochenstation. Wir hatten die Frauen abgegeben. Es ist alles in Ordnung. Die Krankengeschichte dazu, und wenn was Besonderes war mit dem Kind, dass es asphyktisch [= zu wenig Sauerstoff – Anm. d. Verf.] war, dass es blau war oder dass es eine schwere Geburt war. Dann hat man das im Kinderzimmer der Kinderkrankenschwester gesagt. Der Säuglingsschwester. ›Das und das müssen Sie beachten.‹ Und sonst waren die Wöchnerinnen für uns weg. Wir haben die nie mehr gesehen. Sei denn sie kamen nächstes Jahr wieder. [...] Wir haben nur Entbindung gemacht. Wir haben keine Wochenstation, keine Säuglingsstation. Wir haben nichts mit dem Stillen zu tun. Wir hatten gar nichts damit zu tun. Wir haben nur Entbindungen ... und dann die Frauen nach zwei Stunden verlegt auf die Wochenstation und dann haben wir sie nie mehr gesehen. Wir hatten ein gutes Ansehen. Es ist so wie die OP-Schwestern. Es ist eine Abteilung für sich. Die kennen sich. Aber es ist einfach eine Elite für sich« (ebd., S. 9f.).

»Wir hatten ein gutes Ansehen«, sagt die Hebamme selbstbewusst und vergleicht ihre Stellung im Krankenhaus mit der der OP-Schwestern. Es ist ein exklusives Wissen, über das sie verfügt, und das das Ansehen der Hebammen als »eine Elite für sich« so besonders macht:

»Ich habe ganz viele Erfahrungen gesammelt. Bei 4.000 Geburten, das war am Anfang, dann hat es nachgelassen. Dann waren es nur noch 2.500. Aber du kannst dir ja vorstellen, bei 3.000 Geburten im Jahr, auf 20 Hebammen verteilt, was du da an Erfahrung sammelst. Da ist ja nicht eine Geburt wie die andere. Jede Geburt ist anders. Jedes Kind kommt anders auf die Welt. Dann hatten wir viele Sachen, die in den kleinen Krankenhäusern, wie St. Johann oder Santa Clara, die nicht mehr weiterwussten, wo ein Geburtsstillstand war. Die haben die dann zu uns rübergebracht. Die haben wir übernommen.

> Bei uns waren vier Ärzte. [...] Es war einfach ein anderer Betrieb. [...] Wenn du dann nach 25 Jahren aufhörst, ist dir nichts mehr fremd« (ebd., S. 10f.).

Zu den Gebärpositionen in der Klinik sagt sie:

> »Du darfst nicht vergessen, das waren die 60er Jahre. Da war das Kreißbett und alle im Liegen. Alle auf der Seitenlage überhaupt nicht. Da haben die gelegen, wenn die Wehen zu stark waren, weil das Kreuz dann weh tut. Dann haben wir die Frauen auf die Seitenlage gelagert und den Rücken massiert. Aber ab dem Moment, wo die Presswehen kamen und sie mitarbeiten musste und drücken musste, dass das Baby rauskommt, nur in der Rückenlage. Jetzt gibt es Bäder. Da tun sie die Kinder unter Wasser. Ich meine warmes Wasser, das entspannt natürlich. Der Muskel wird weich durch die Wärme, durch das Wasser. Es ist vielleicht leichter. Aber das konnten wir bei der Geburtenzahl nicht machen. Wären wir nicht fertig geworden, diese Extras. Es war einfach nur im Liegen« (ebd., S. 11).

Zu dem in den 1960er und 1970er Jahren sehr häufig angewandten, aber auch schon damals umstrittenen Dammschnitt in der Geburtshilfe, hat die Hebamme keine kritische Haltung. Sie hinterfragt ihn nicht, sondern erkennt ihn vielmehr als Notwendigkeit an:

> »Dass es rauspasst. Damit es nicht reißt und es rauskommt. Dann ist es leichter, wenn es einen großen Kopf hat. Dann musst du einen machen, sonst zerreißt es der Frau alles. Dann heilt es schlecht und sie hat ewig später Probleme. Aber ein Schnitt, der verheilt sauber und das ist dann wieder schön. Man macht bei einer Erst-Para, also erste Geburt, ist es fast ein *Muss* einen Schnitt zu machen. Es ist fast schon ein Kunstfehler, wenn man keinen Schnitt macht. Das hat so ein Köpfchen [zeigt mit den Händen die Ausmaße]. Eine Frühgeburt, ja das flutscht so durch. Aber ein normales Kind, da muss man schon einen Schnitt machen« (ebd., S. 12).

Auf die Frage, ob sie, wenn sie noch einmal mit ihrer Berufstätigkeit beginnen könne, wieder die Klinik oder nicht vielleicht die Freiberuflichkeit vorgezogen hätte, antwortet sie ohne zu zögern:

> »Immer in die Klinik gehen. Ich würde nie in eine Praxis gehen. Stand überhaupt nicht zur Debatte. Wir haben das ja auch gelernt, wir haben gelernt,

eine Geburt zu leiten. Das kann passieren, die Plazenta kann sich vorzeitig lösen. Dann fragt der Gynäkologe, der vormittags Unterricht gibt, da waren wir im Hörsaal, da waren achtzehn Schülerinnen, ›Was machen Sie denn, wenn sie auf dem Land im Bayerischen Wald sitzen und Sie haben keinen Arzt, was machen sie jetzt?‹ Und diese Geschichten alle, die haben mir so einen Horror versetzt, dass ich nie auf den Gedanken gekommen wäre, irgendwo in eine Hebammenpraxis ... Das war damals auch nicht so. Jetzt ist das mehr, dass man so Geburtshäuser macht« (ebd., S. 18).

Zum Hebammenberuf, wie sie ihn versteht, sagt Ortrud Ruben:

»Du musst unheimlich viel wissen. Du musst die ganze Gynäkologie, die ganze Geburtshilfe, den ganzen Geburtsablauf wissen. Es ist jede Geburt anders. Auch wenn es eine normale Längslage ist, der Kopf zuerst kommt. Aber jedes Kind kommt anders auf die Welt. Und du musst einfach viel wissen, um wenig zu tun. Das ist einfach ein Satz. Und die Erfahrung bringt es dann auch. Es ist doch ein Unterschied, ob ich im Monat zwei Geburten habe oder 50 Geburten habe. Wenn dann die nächste kommt, dann weißt du auch, ich hatte mal diesen Fall, da drauf muss ich achten. [...] Man untersucht die ja rektal, durch den Darm, und später hat man vaginal untersucht. Da konnte man gleich an das Köpfchen ran durch die Scheide. Aber rektal durch den Darm, da musste man noch ein paar Schichten Haut mit dem Finger tasten. Du brauchst Übung, um das zu tasten, wie weit der Muttermund ist. Wenn der sehr wulstig war oder ganz dünn, dann konntest du den nicht tasten. Da hast du zur Kollegin gesagt, ›Mensch zieh dir mal einen Handschuh an. Untersuche mal. Wie weit ist der Muttermund? Ich kann den einfach nicht tasten.‹ Oder ist er noch so weit nach hinten verzogen, dass er noch gar nicht nach vorne gekommen ist? Ist er jetzt noch zu oder ist der schon offen? Oder man hat gesagt, ›Schau mal den Bauch an‹ oder: ›Das gefällt mir nicht.‹ Und dann hast du dich immer an eine Hebamme gewandt, die schon für mich alt war. Ende 50, 60. Die schon 20 Jahre in der Klinik war. Die hatten einen unglaublichen Erfahrungsschatz« (ebd., S. 20f.).

Die Hebamme weiß um die große Verantwortung, die sie trägt und der sie sich in einer Klinik eher gewachsen sieht. Hier kann sie, wenn ihr der Befund nicht eindeutig erscheint, eine weitere, am besten erfahrenere Hebamme hinzuziehen und ist nicht – wie in der freien Praxis – auf sich allein gestellt. Dazu gehört für sie auch, dass ein Arzt in der Nähe ist und jederzeit operativ eingeschritten werden könnte. Schon in der Ausbildung wurde ihr Angst gemacht: »›Was machen Sie denn, wenn sie auf dem Land im Bayerischen Wald sitzen und Sie haben keinen Arzt, was machen sie jetzt?‹ Und diese Geschichten alle, die haben mir so einen Horror versetzt« (ebd., S. 18).

Der Blick auf Pathologie hat auch den Blick der Hebammen verändert und sie in ihrem beruflichen Selbstverständnis verunsichert. Nur eine einzige Generation vorher kannten die Hebammen die hier geäußerten Ängste noch nicht.

Die Klinik entlastet die Hebammen in ihrer Verantwortlichkeit, was von Frau Ruben als positiv hervorgehoben wird. Die Klinik veränderte aber auch das gesamte Geburtsgeschehen: Alles war straff durchorganisiert, die Frauen lagen in großen Sälen, in denen die Gebärbetten nur durch eine spanische Wand voneinander getrennt waren, die Hebammen arbeiteten im Schichtdienst und empfanden ihr Tun als »Fließbandarbeit«, die Medikalisierung der Geburt nahm zu, CTG und Ultraschall verdrängten das Hörrohr, das Hinhören und das Hinsehen. Auch in der Literatur wird beschrieben, dass in jenen Jahren der Kreißsaal kein Wohlfühlort war:

> »Es herrschte ein ruppiger Ton und ging zu wie in einer Kaserne. Bis zur Decke gekachelte Wände, Hebammen und Ärzte in OP-Kleidung, immer die Pudendus-Anästhesie oder der Durchtrittsrausch, kein Zutritt für Väter und Babys mit einem ordentlichen Klaps auf den Po waren üblich. Üblich waren ebenfalls morphiumhaltige Spritzen, die die Frauen schön ruhigstellten. Nach der Geburt wurden die Kinder den Frauen fünfmal am Tag zum Stillen gebracht und ansonsten schliefen sie in einsamen, aber adrett bezogenen Bettchen unter den Argusaugen der Kinderschwestern« (Stollowsky, 2016, S. 84).

Dagegen waren die Kaiserschnittzahlen in jener Zeit sehr niedrig, denn die Operation wurde nur dann vorgenommen, wenn eine zwingende medizinische Indikation vorlag. Die gegenwärtige Kaiserschnittrate dagegen sehen selbst Ärzte im Rückblick kritisch, wie der Marburger Gynäkologe Erhard Daume, der in einem Zeitungsinterview vom 16. Mai 2019 anlässlich seines 90. Geburtstages äußerte, dass die bei seinem Wechsel an die Universitätsklinik Marburg in den 1960er Jahren bei 5,6 Prozent liegende Kaiserschnittrate nach kurzer Zeit schon auf acht Prozent gestiegen sei:

»Mittlerweile liegt sie bei 35 Prozent, in einigen Kliniken sogar bei 50 Prozent. Wir haben uns damals noch gefragt, was wir falsch machen. Heute ist es normal«, resümiert der erfahrene Arzt in der Retrospektive nachdenklich (Peters, 2019, 16. Mai).

Obgleich einige der hier zitierten Klinikhebammen der 1960 und -70er Jahre zu Zeiten der programmierten Geburt den obligatorischen Dammschnitt, die Einführung des CTG, die Geburt in der Rückenlage, das Verbannen des Vaters aus dem Kreißsaal und die fehlende Eins-zu-eins-Betreuung relativ unkritisch hinnahmen, äußert eine von ihnen aber einen wichtigen Satz, der ihr Selbstverständnis deutlich macht: »Und du musst einfach viel wissen, um wenig zu tun« (Ruben, 2015, S. 20).

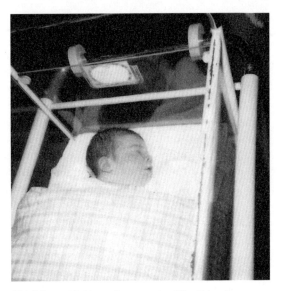

Abbildung 14: Neugeborenes im Säuglingszimmer einer Marburger Klinik, 1980er Jahre

»Wenig tun« heißt, nicht unnötigerweise in den physiologischen Geburtsverlauf einzugreifen, mit ihrem Hebammenwissen aber die Situation stets beurteilen zu können und gegebenenfalls auch ärztliche Kompetenz einzufordern: »Und im Krankenhaus kannst du schnell ans Telefon rennen und sagen, ›Herr Doktor, kommen Sie mal‹« (ebd., S. 6).

Im hierarchischen System einer Klinik sind der Hebammenkompetenz in Relation zur ärztlichen Kompetenz jedoch strenge Grenzen gesetzt. Den immer stärker werdenden Einfluss der Ärzteschaft in der Geburtshilfe sieht die 1947 geborene Hebamme Traudel Greif vor diesem Hintergrund kritisch. Sie erlebte in ihrer aktiven Zeit im Krankenhaus, dass sich die Klinikleitung dem Aufbau eines Hebammenkreißsaales widersetzte und der selbstständige Hebammenberuf sukzessive untergraben wurde:

»Ich glaube, dass die Ärzte eigentlich dafür sind, dass die Geburtshilfe immer mehr in die Hand der Ärzte gelangt. Wir sind, waren zum Schluss sowieso nur noch Handlanger für die Ärzte, so ungefähr, ne? Man musste für alles 'ne Anordnung haben und so weiter und sofort. Wir haben also früher, wenn Frauen übertragen haben, haben wir ganz andere Mittel angewandt als später, ne? Ich meine, gut, wir haben das zwar da immer noch durchgekriegt, dass wir 'nen Wehen-Cocktail geben durften, dass wir mit Rizinusöl und Mandelmus und Aprikosensaft, den durften wir dann zwei Mal ausprobieren. Und wenn das nichts gebracht hat, dann mussten die doch alle an 'nen Wehentropf oder so. Aber in vielen Fällen haben wir das trotzdem geschafft, in diese zwei Mal die Frauen soweit zu bekommen, dass sie regelmäßige Wehen kriegten, ne? Aber das wird einem immer etwas schwerer gemacht, ne? Man muss schon sehr darum kämpfen, wenn man das durchziehen will, ne? Und das macht den Beruf nicht mehr ganz so schön. Also heute, wenn ich heute nochmal in der gleichen Situation wäre, und die Geburtshilfe so ist, wie sie heute ist, dann hätte ich den Beruf der Hebamme nicht mehr erlernt. Dann hätte ich gesagt, lieber 'nen anderen Beruf, aber nicht – ich hab' also meine beiden Nichten, wollten beide Hebamme werden, denen hab' ich beiden abgeraten, sie sollten es nicht machen« (Greif, 2016, S. 10f.).

In den langen Jahren ihrer Berufstätigkeit hat die Hebamme viele einschneidende Veränderungen in der Geburtshilfe erlebt, die ihr noch gut in Erinnerung geblieben sind:

»Die Situation im Kreißsaal hat sich zwar sehr verändert im Laufe der Jahre, ganz massiv. Als ich angefangen bin, meine Ausbildung zu machen, da war es noch so, dass fast alle Frauen zur Geburt, wenn das Kind geboren wurde, 'nen Durchtrittschlaf kriegten. Die haben also nie erlebt, dass ihr Kind geboren wurde, sondern die schliefen. Und viele haben halt auch 'nen Schnitt gekriegt und dann wurde der Schnitt anschließend gleich versorgt, sodass sie ihre Kinder teilweise erst – ooah, dann haben sie nochmal 'ne Narkose gekriegt für den Schnitt, zum Nähen – und dann haben die ihre Kinder teilweise erst so richtig bewusst wahrgenommen nach drei, vier Stunden oder so. Das hat mich schon doch sehr gestört als Schülerin, dass die Frauen alle schliefen während der Geburt. Und dann kam also 'ne junge Ärztin mit ins Krankenhaus K. und dann hat die gesagt, ›Also ich hab' in einer anderen Klinik gearbeitet und da haben die Frauen 'ne Pudendusanästhesie gekriegt, das ist 'ne Anästhesie, wo der Beckenboden betäubt wird, und da sind die sehr gut mit zurechtgekommen‹ und [...] naja, also dann hat sie unseren Chef, das war damals noch Doktor L., hat sie doch so weit gekriegt, dass er sagte: ›Okay, Sie können das ja mal ausprobieren.‹ Und dann hat sie das ausprobiert und das ging in unserer Klinik total gut. Dann waren die Frauen wach, haben gleich ihr Kind in den Arm bekommen. Also das, das war 'ne ganz andere Situation. Das war wirklich echt Klasse. Das gefiel uns gut und das ist denn auch immer mehr geworden, dass die eben wirklich auch zur Geburt wach waren und nicht geschlafen haben. Und dann konnte man mit dieser Pudendusanästhesie den Dammschnitt noch nähen, also das war 'ne ganz prima Sache« (ebd., S. 5f.).

»Dann kam natürlich auch die Technik dazu. Früher gab es ja, wurden Herztöne mit dem Hörrohr gehört, da gab es ja noch kein CTG, was heute ja natürlich gang und gäbe ist. Jede Frau, die auf der Station liegt, kriegt ein CTG jeden Tag 'ne halbe Stunde, und wenn Komplikationen da sind, auch noch öfters, dann gibt es auch dreimal am Tag ein CTG. Das ist natürlich auch 'ne Arbeit, die wir immer vom Kreißsaal auch mitmachen mussten, da wurden ja die meiste Zeit die Schüler hingeschickt. Ja, dann kam natürlich langsam auch hinzu, dass die Kaiserschnittrate wesentlich höher wurde. Mit den Jahreszahlen komm ich eigentlich immer ein bisschen schlecht zurecht. Aber die Kaiserschnittrate wurde höher alleine durch die Frühgeburten. Dann kam dazu, dass wir auch die schmerzarme Geburt machten, die Periduralanästhesie kam dazu. Dadurch sind auch ganz viele Geburten anders verlaufen, als sie früher waren. Ähm, sicherlich kam hinzu, dass oft 'ne Periduralanästhesie angewandt wurde, weil wir wenig Zeit für die Frauen hatten. Weil die Frauen nicht, nicht dreihundertprozentig betreut wurden, sondern weil, weil die Zeit fehlte. Wenn man pro Hebamme da vier Frauen liegen hat, dann gibt es keine optimale Betreuung, ne? Da kann man sich ein Bein ausreißen. Da sagt man sich, die am lautesten schreit, die wird vielleicht am besten betreut, so, ne? Und, ähm, die Tendenz stieg natürlich. Die Periduralanästhesie. Wenn die Frauen unzufrieden waren und keine Betreuung mehr, dann nahmen die natürlich schnell 'ne Periduralanästhesie. Für uns natürlich auch einfacher, das muss man ganz klar sagen. Wir sind zwar nie diejenigen gewesen, die für 'ne Periduralanästhesie plädiert haben, aber einfacher war das für uns. Die meldeten sich ja kaum noch, ne. Wenn sie dann keine Schmerzen haben. [...] So war das damals« (ebd., S. 9).

Abbildung 15: Hebammen-Hörrohr

Mit dieser Situation unzufrieden war auch die ostfriesische Hebamme Miltraud Jäger, die den Schichtdienst und die Festanstellung aufgab, um in einem kleineren Krankenhaus als Beleghebamme zu arbeiten. Ihr fehlte der Bezug zu den Gebärenden, für die in dem großen Klinikum nicht ausreichend Zeit vorhanden war und die sie nicht angemessen betreuen konnte, da der Klinikablauf dies nicht zuließ:

»Und dann im – 1979 hab' ich dann aber gedacht – nee, ich hatte da also keine große Lust mehr drauf, diese Routine-Geburtshilfe zu machen. So. Wir kannten die Frauen ja fast nie, die Tür ging auf, die Frau kam rein, dann lief die da dieses ganze Prozedere so regelmäßig durch und dann nach der Geburt wurde sie dann verlegt. Dann war ja auch dieser Schichtdienst da. Man hatte ja auch manchmal Frauen mit fast vollständigem Muttermund abgegeben und an die nächste Kollegin übergeben. [...] Und dann ist mir die Entscheidung auch ziemlich leichtgefallen, dieses große Krankenhaus zu verlassen und mich dann in die Selbstständigkeit zu begeben. Ich habe dann 1979 in einem kleinen Krankenhaus angefangen als Beleghebamme mit zwei Kolleginnen und diese zwei Jahre da haben wir – es hat deutlich weniger Geburten gehabt als in der Uniklinik, aber das war ein sehr individuelles Arbeiten. Das ist so ein kleines Krankenhaus. Das war wie so'ne Puppenstube in diesem Kreissaal. Das war ein gutes Miteinander mit den Ärzten und das war eine sehr individuelle Geburtshilfe« (Jäger, 2016, S. 2f.).

2.3 Fazit

Wissenschaftliche Erkenntnisse und Neuerungen in der klinischen Geburtsmedizin verhalfen dem Ansehen der Klinikgeburt in der bundesdeutschen Bevölkerung zum Durchbruch. Dies hatte Folgen für den Hebammenberuf, der sich durch die Arbeit im Krankenhaus eklatant veränderte. Hatte es 1953 in der BRD noch 10.245 freiberufliche Hebammen gegeben, waren es 1983 nur noch 1.398 (vgl. Schmitz, 1994, S. 84). Innerhalb von 20 Jahren hatten sich die Arbeitsmodalitäten der Hebammen komplett gewandelt. Während es in den 1950er Jahren so gut wie gar keine festangestellten Klinikhebammen gab, war dies in den 1970er Jahren der Normalfall und die Hausgeburtshebamme ein Relikt aus vergangenen Zeiten.

Die Hebammen büßten durch diese Entwicklung ein hohes Maß ihrer Eigenständigkeit ein. Das Unterordnen unter ärztliche Anweisungen, katastrophale personelle Besetzung in der Klinik und mangelnde Möglichkeit zur selbstständigen Arbeit führte bei vielen zu Unzufriedenheit. Infolge des Schichtwechsels mussten sie Geburten übergeben und konnten die Gebärenden nicht zu Ende betreuen, wie sie es gelernt hatten. Durch die Einführung der Apparatemedizin wurden Geburten medizintechnisch steuerbar, sodass die Kenntnisse und Kompetenzen der Hebammen auf lange Sicht verloren gingen. Die Arbeit im Kreißsaal garantierte ihnen zwar ein sicheres Gehalt und geregelte Arbeitszeiten, auf der zwischenmenschlichen Ebene jedoch löste sich das frühere Miteinander von Hebamme und Gebärender zugunsten einer Kontrolle medizinischer Parameter und einer entsprechenden Disziplinierung der Tätigkeiten von Hebammen auf.

Diese kopernikanische Wende in der Geburtshilfe tangierte den Hebammenberuf fundamental: In der Hausgeburtshilfe wusste die Hebamme abzuwarten und konnte sich auf den guten Ausgang der Geburt verlassen. Bis weit in die 1960er Jahre galt dieser Typus der Geburtshilfe als anerkanntes professionelles Handeln, als State of the Art. Jene gekonnte Nicht-Intervention, die Fähigkeit, nicht einzugreifen, um keinen Schaden anzurichten, basierte auf der Überzeugung, dass auf die Kräfte der »Natur«

der Frau Verlass war (vgl. Duden, 2010, S. 277). Freilich galt hierbei die Grundregel aller Hebammenkunst, dass dem Blick der Hebamme nichts entgehen durfte. Es war ihre Aufgabe, die Gebärende nicht zu verlassen, sondern ihr beizustehen, ganz gleich wie lange die Geburt dauerte, sie zu trösten, zu ermutigen und fachkundig zu unterstützen.»Die Hospitalisierung aller Geburten, die Arbeitsteilung in der Klinik und vor allem das ›Risiko-Denken‹ brachten dieses Axiom zu Fall« (ebd., S. 278). Die Klinik implementierte stattdessen das Modell einer vorausberechnenden, auf Statistiken basierenden, präventiv intervenierenden Geburtsmedizin (vgl. ebd., S. 278f.).

Damit war die Geburt zu einem Vorgang geworden, der wegen seines hohen Risikos nur noch im Rahmen von medizinischen Prozeduren stattfinden durfte. Die Körperhistorikerin Barbara Duden resümiert in diesem Zusammenhang: »Was kam, war die Umformung des Endstadiums einer Schwangerschaft in eine auf die Abweichung von Parametern hin technisch kontrollierte, arbeitsteilig organisierte Dienstleistung an einer physiologischen Funktion des Frauenkörpers« (ebd., S. 280). Die »Entmächtigung« der Hebammen war die unmittelbare Folge dieser Wende, denn für das anstehende Risikomanagement waren die ÄrztInnen die Experten und die Hebammen die Gehilfinnen (vgl. Schumann, 2009, S. 229).

Die Hebamme Rabea Greif hat eine so verstandene Geburtshilfe tagtäglich erlebt und ist froh, nun im Ruhestand zu sein. Sie kritisiert den oben beschriebenen Durchtrittsrausch ebenso wie die fehlende Eins-zu-eins-Betreuung der Gebärenden oder die zu häufig angewandte Periduralanästhesie und natürlich die ständig zunehmende Kaiserschnittrate. Als sie im Jahre 2012 aus dem Beruf ausschied, zeigte sich ihr die Geburtshilfe in folgendem Licht:

> »Aber heute ist es ja tatsächlich so, dass jede Frau eigentlich 24 Stunden am CTG liegt, so ungefähr, wenn sie ihr Kind kriegt. Das war früher natürlich nicht so. Da haben wir alle Viertelstunde die Herztöne gehört, und wenn sie kräftiger wehten nach jeder Wehe die Herztöne gehört mit dem Hörrohr, und ich glaube nicht, dass unsere Geburtshilfe schlechter war als die heute. Dann kommt natürlich heute hinzu, dass sehr, sehr, sehr viele Wunschkaiserschnitte gemacht werden. Was für meine Begriffe natürlich auch nicht so optimal ist, ne? Wo die Hebammen eigentlich immer ›Mord‹ und ›Brand‹ schreien. […] Anfangs haben wir auch wirklich noch ganz lange versucht, die Frauen dazu zu bewegen, denn doch 'ne normale Geburt zu versuchen oder

> so. Und denn hatten wir sie soweit und wenn dann der Doktor kam, dann sind die sofort wieder gekippt. Und dann, ja, dann haben sie das Okay gekriegt für 'nen Wunschkaiserschnitt, ja. Viele sind einfach so, tja, sie wollen keine Schmerzen haben, wobei ein Kaiserschnitt natürlich auch Schmerzen macht. Also das kann man nicht anders sagen und fürs Kind ist der Kaiserschnitt ganz ohne irgendwelche Wehentätigkeit einfach nicht besonders gut. [...] Ich mein, es gibt bestimmt auch viele Ärzte, die ganz bestimmt auch nicht für 'nen Wunschkaiserschnitt sind, ne? Aber ganz viele eben, die haben auch keine Risikobereitschaft mehr« (Greif, 2016, S. 16ff.).

Vor dem Hintergrund des angesprochenen Risikodiskurses äußert sich die berufserfahrene Hebamme auch zur Hausgeburt, die sie zwar selber nie betreut hat, da sie von Anfang an in der Klinik beschäftigt war, die sie aber durchaus unter bestimmten Umständen befürwortet:

> »Gut, ich hab' nie Geburtshilfe zu Hause gemacht, ich, ne? Und viele Geburten verlaufen ja zu Hause wesentlich komplikationsloser als in der Klinik, ne? Das muss man auch sagen. Denn man darf ja nicht unterschätzen, die Frau kommt, geht aus ihrem gewohnten Haus raus, sie kommt in Hände, in 'ner Klinik, durch verschiedene Hände geht sie da. Sie kennt den Arzt nicht, sie kennt die Hebamme nicht, sie hat Schmerzen, wenn sie kommt. Sie muss ja sich auf unheimlich viel einstellen, was sie ja zu Hause alles nicht muss. Sie hat zu Hause 'ne Hebamme, die sie kennt, sie ist in häuslicher Umgebung, sie hat ihren Mann bei sich, sie ist diejenige, die bestimmt in ihrem Haus, das fällt ja in der Klinik alles flach. Also es kann durchaus sein, dass Hausgeburten wesentlich komplikationsloser verlaufen als in der Klinik. Weil diese ganzen Faktoren ja nicht dazukommen. Denn das ist schon kein leichtes Brot, ne? Wenn man dahin kommt und man hat Schmerzen und man fühlt sich auch noch bescheiden und da kommt jetzt jemand auf einen zu, den mag man vielleicht gar nicht. Gibt es ja. Sympathie und Antipathie ist ja nun mal vorhanden. Und dann hab' ich da 'ne Hebamme, die ich eigentlich gar nicht mag und der, mit der soll ich nun zurechtkommen. Und dann kommt die mir noch einmal quer und dann ist alles zu spät, ist ja so« (ebd., S. 30f.).

Eine positive zwischenmenschliche Beziehung von Hebamme und Gebärender, die bei einer außerklinischen Geburt in der Regel gegeben ist, im Krankenhaus aber nicht gewährleistet werden kann, wird hier als wichtige Voraussetzung für einen komplikationslosen Geburtsverlauf angesprochen.

Obgleich sie die zahlreichen Nachteile benennt, die mit einer Klinikgeburt einhergehen können, ist Frau Greif ihr ganzes Berufsleben lang dort tätig gewesen, allerdings in stetem Bemühen, sich auf die Seite der Frauen zu stellen. Die zunehmende Pathologisierung, Medikalisierung und Technisierung der Geburt kritisiert sie, und sie hätte viel lieber ihre Vorstellungen von Gebären in einem Hebammenkreißsaal umgesetzt, ein Ziel, das sie jedoch aufgrund ärztlichen Widerstands nicht erreicht hat. Bleibt zum Schluss das eigentlich traurige Fazit: »Also heute, wenn ich heute nochmal in der gleichen Situation wäre, und die Geburtshilfe so ist, wie sie heute ist, dann hätte ich den Beruf der Hebamme nicht mehr erlernt« (ebd., S. 10f.).

Andere befragte Hebammen würden jedoch jederzeit wieder in der Klinik arbeiten, da ihnen die Freiberuflichkeit zu anstrengend oder auch zu risikoreich gewesen wäre. Das heißt nicht, dass die Hebammen nicht auch Kritik an den Klinikabläufen geäußert hätten, die sie aber in gewisser Weise als systemimmanent hingenommen haben: »Jetzt kam ich nach N. in die Frauenklinik, das war Fließbandarbeit«, erinnert sich die Hebamme Ortrud Ruben (Ruben, 2015, S. 7).

Für den Berufstypus bedeutete dies, dass mit der Durchsetzung der Klinikhebamme »die Reste der traditionellen sozialen Bindung von Gebärender und Hebamme« (Schumann, 2010, S. 260), wie sie die Beleghebammen noch gezeigt hatten, endgültig verschwanden. Die Hebammen hatten nun keine Zeit mehr, sie arbeiteten wie am Fließband im Schichtdienst und waren für mehrere Frauen gleichzeitig zuständig. Eine Eins-zu-eins-Betreuung, wie eine Hausgeburts- oder Beleghebamme sie leistete, war unmöglich. Der Aufbau zwischenmenschlicher Beziehungen zu den Gebärenden unterblieb, noch dazu wurden Geburten nach Schichtende an ein anderes Team abgegeben.

Zum Klinikalltag jener Jahre gehörte auch die bereits erwähnte »programmierte Geburt«, bei der die Schwangere zu einem bestimmten Termin in die Klinik einbestellt wurde, um ihr Kind zu gebären. Mithilfe eines Wehentropfs, über den das künstliche Hormon Oxytocin in das Blut der Frau gelangte, begann die Geburtseinleitung. Wenn nötig, konnte man die Geburt auch medikamentös verzögern. Weitere zentrale Elemente jener Geburtshilfe war der Einsatz invasiver Entbindungsmethoden mit Saugglocke, Zange oder dem Kaiserschnitt. Gynäkologen hielten eine derart gelenkte Geburt für effektiver und beschrieben sie gegenüber der Hausgeburt als Fortschritt. Das Hörrohr der Hebammen galt ihnen als vormodernes Relikt, wovon sie sich mit moderner Medizintechnik abgrenzen wollten.

»1976 feierten die leitenden Frauenärzte die programmierte Geburt als Höhepunkt der Geburtsmedizin. Sie hofften, damit dem Ziel einer minimalen statistischen Säuglings- und Müttersterblichkeit näherzukommen« (Heidiri, 2015, S. 18). Die Verfassung der Gebärenden war bei einer so verstandenen Geburtshilfe von untergeordneter Bedeutung; die sichtbaren Anzeichen eines Geburtsbeginns verloren ihren Status als notwendige Bedingung. Auch eine komplikationslose Schwangerschaft war kein Garant mehr für eine komplikationslose Geburt, vielmehr war in jedem Fall präventives ärztliches Handeln erforderlich.

Die terminierte Geburt markierte einen weiteren bedeutsamen Bruch in der Geburtshilfe, der auch die Arbeit der Hebammen zentral tangierte. Zunächst als Fortschritt akzeptiert, konnte sie sich jedoch auf lange Sicht nicht durchsetzen, denn sowohl die Schwangeren als auch die Hebammen kritisierten die Untergrabung der Selbstbestimmung der Frau und die unpersönliche »Fließbandarbeit« ebenso wie die unnötigen medizintechnischen Eingriffe in den Frauenkörper, die später als *Gewalt unter der Geburt* (Mundlos, 2015) begriffen wurden und auf die im Fortgang der Untersuchung noch einzugehen sein wird.

3 Die Klinikhebamme der Gegenwart

3.1 Ausbildung

Die hier zu Wort kommenden Hebammen sind alle noch aktiv im Dienst und können über viele Jahre Berufserfahrung berichten.

Auf 20 Jahre Hebammenalltag kann Asta Hahn zurückschauen, in denen sie immer in der gleichen Klinik, einem Krankenhaus der Maximalversorgung, gearbeitet hat:

> »Ja. Also ich hab' hier gelernt [...] in der Hebammenlehranstalt, drei Jahre, und 17 Jahre bin ich jetzt Hebamme. Genau, ich arbeite also insgesamt 20 Jahre hier im Haus. Ich habe am Anfang auch freiberuflich gearbeitet sechs Jahre, Nachsorgen gemacht. Aber das mache ich jetzt nicht mehr. Ja. Seit elf Jahren. Ich bin ausschließlich hier in der Klinik. Das war irgendwie immer schon mein Traumberuf. Ich habe ja auch einen anderen Beruf gelernt erst mal [...], aber nachdem ich mein drittes Kind bekommen habe, hab' ich gedacht, nein, das musst du machen in diesem Leben noch – und

hab' mich beworben und glücklicherweise hier einen Platz bekommen auch. Es hat mich einfach fasziniert, diese Arbeit. Ich liebe Kinder, ich liebe Neugeborene, kleine Kinder, und ich hab' gedacht, das ist ein Wunder der Natur, was da passiert, was da geschieht. Das ist so interessant, das ist, du kannst ja jemandem helfen, in so einer wichtigen Situation, in so einem wichtigen Moment im Leben. Das war das Herz. Ich musste es machen einfach. Und ich hab's gemacht« (Hahn, 2018, S. 3f.).

Frau Hahn ist mit Leib und Seele Hebamme und fühlt sich in der Universitätsklinik wohl:

»Ich war ja natürlich ortsgebunden, ich hab' ja drei kleine Kinder gehabt als ich gelernt habe. Aber ich hab' hier im Haus auch [...] gerne gelernt, ich hab' mich hier wohlgefühlt und auch beworben und zum Glück auch hier einen Platz bekommen. Und für mich war hier die Arbeit wirklich das, was ich mir so vorgestellt hatte. Weil, wir haben natürlich hier auch wirklich wunderschöne normale Geburten, ja, wo wir auch die Frauen, wo ein bisschen Zeit ist, auch viel persönlicher betreuen, und da hast du wunderschöne Geburten. Aber hier bist du auch gewappnet für Notfälle. Du bist einfach hier für alles vorbereitet« (ebd., S. 4).

Die Hebamme Marlitt Braun hat nicht so gute Erinnerungen an ihre Ausbildungszeit, die in die 1980er Jahre fiel:

»Also, ich habe im ersten Jahr bestimmt zehnmal überlegt, wieder aufzuhören. Weil das ein unheimlich konservativer Ausbildungsberuf war. Ich bin in einem Krankenhaus gelandet, das sehr hierarchisch orientiert war. Da gab es wirklich den ›Gott in Weiß‹ – den Professor, vor dem alle Angst gehabt haben und alle stramm stehen mussten. Also das war früher wirklich so. [...] Und ich habe im ersten Jahr fast nur geputzt und Tupfer gezuppelt. [...] Man war so die ›Arbeitstier-Kolonne‹. [...] Also, man durfte das Ziel vor Augen nicht verlieren, sonst hätte man es wirklich hingeschmissen« (Braun, 2015, S. 4).

Frau Braun kritisiert auch die Geburtshilfe jener Jahre, die sie als »aggressiv« schildert: »Einlauf – Bad – Rasur – ab ins Bett – gelagert – Wehentropf – dann Fruchtblase auf ... Unheimlich aggressive Geburtshilfe« (ebd., S. 4).

»Als man dann im Mittelkurs war, ging es dann darum, dass man endlich Geburten machen konnte. Das war natürlich dann wieder spannender, diese Geburten zu machen, man hat die Frauen intensiv betreut und man war näher am Beruf dran. Und dann wusste man auch wieder wofür man das macht. Aber das erste Jahr musste man echt durchstehen. [...] Im Oberkurs ist, je weiter man aufsteigt – [lacht] das ist ja auch unter Schülerinnen nicht anders, je höher man in der Hierarchie ist – dann hatte man ja auch immer mehr Freiheiten, immer mehr Möglichkeiten, Frauen eigenständig zu betreuen, das war ganz gut« (ebd., S. 5f.).

Auch die Hebamme Hilka Groß, die in den 1980er Jahren ihre Ausbildung an einem großen Klinikum begann, stieß nicht gerade auf rosige Bedingungen:

»Ich bin dann nach K. Habe da drei Jahre gelernt. Wir waren damals der erste Kurs 1983, die dann drei Jahre gelernt haben. Die da vor uns, die haben noch zwei Jahre gelernt. Ja, das war die Neuerung: drei Jahre Hebammenausbildung! Und dann sind wir losgelassen worden. [...] Ja, aber es war mehr klinische Ausbildung, also Kreißsaal, Wochenstation, Ambulanz und so was, aber freiberufliche Tätigkeit haben wir da nicht kennengelernt. Das war einfach nicht mit drin im Lehrplan. [...] Und war ein großes Krankenhaus mit damals schon zweitausend Geburten [...]. Da bin ich dann weg, weil es einfach zu viel war. Ja, man hat die Frauen auch nie richtig kennengelernt. Man hat dann die so abgehakt. Morgens war dann Visite und der Chef kam dann und dann musste man Bericht erstatten. Die Frauen wurden da aufgebahrt und so, wurden untersucht und die Maßnahmen, die man so routinemäßig gemacht hat, ohne auch zu hinterfragen. Und dann habe ich mir ein kleineres Haus gesucht in W., wo es auch schon ein bisschen mehr um Betreuung ging und auch um Begleiten« (Groß, 2015, S. 3).

Levke Stamm, geboren 1990, denkt ebenfalls nicht gern an ihre Ausbildungszeit zurück, die sie im Nachhinein mit »gemischten Gefühlen« betrachtet:

»Gemischte Gefühle, sag' ich mal, wenn man an die Ausbildung zurückdenkt. Also ich glaub' Hebammenausbildung ist, war mit Sicherheit früher noch mal härter, aber ... Also war schon bei uns auch mit viel Tränen und dass man oft irgendwie im Kreißsaal stand und dann wirklich geweint hat, ne, weil irgendwie die Hebamme wieder so böse war. Das war tatsächlich so. Und dann halt dieses, ja, typische ›Level-eins-Klinik‹, also große Klinik irgendwie, lässt sich manchmal mit den Hebammen, was man sich als Hebamme wünscht für die Frauen, das lässt sich manchmal nicht so gut vereinbaren, ne. Grade so auf den Wochenbettstationen, dass einfach keine Zeit ist und so. Und man halt, ja als Hebammenschülerin oder als junge Hebamme einfach noch so die Welt retten will irgendwie oder die Frauen retten will, und das, ja war in der Ausbildung oft schwierig, sich da durchzusetzen. Wir hatten zum Glück 'nen echt tollen Kurs gehabt, wir haben echt so gut zusammengehalten und sind da zusammen gegen vorgegangen, gegen manche Dinge. Gegen Leitung, die wirklich böse war, ne. Aber großartig verändern konnten wir leider auch nix. Dann waren die drei Jahre vorbei und die nächsten kamen und hatten dieselben Probleme. Leider. Ja« (Stamm, 2018, S. 3f.).

»Also man geht ja in die Ausbildung mit der Vorstellung, [...] man stellt sich ja eher so was Harmonisches vor. [...] Und in so'ner großen Klinik wird man da halt schnell – noch nicht mal von den Schwestern oder von den Hebammen unter[drückt] – sondern einfach [...] von dieser Hierarchie und von dieser Bürokratie und von diesem ganzen, ja, [...] also weil ja die Klinik dann irgendwie auch Geld machen muss. [...] Zwei Krankenschwestern, die sich um alle kümmern sollen. Um alle 30 Frauen mit ihren 30 Kindern. Klar, dass da so was wie Stillen halt untergeht, ne. Oder eben auch manche Frauen untergehen, die sich halt nicht trauen, dann öfter zu klingeln, die dann denken, ›Okay, komm, die zwei Tage, die krieg ich jetzt rum und dann versuch ich das zu Hause halt alles hinzukriegen‹, ne. Und dann kommen die Frauen zu Hause an und es bricht erst mal so'n Berg ein, weil dann merkt man plötzlich, der Start war dann doch nicht so gut, ja. Also das ist so, aber ich glaub, das ist nicht unbedingt ein Ausbildungsproblem, sondern halt generell dieses Problem der großen Kliniken« (ebd., S. 4).

Die Hebamme Sidonia Schmitt machte ähnliche Erfahrungen und erinnert sich an »viel Druck«, den sie in ihrer Ausbildung hatte:

»Das fand ich schon immer schwierig, muss ich dazu sagen, wie ich den Beruf so erlebt habe. Hinzu kam, dass ich das Gefühl hatte, der Hebammenberuf oder viele Ausbildungen, da wird sehr viel Druck gegeben. Die

Schülerinnen sind am Anfang ein bisschen so der Wischmopp für alles, ne? CTG schreiben, putzen, auffüllen, ja. Und ich hatte oft das Gefühl, also es gab natürlich vereinzelte, die total nett waren, die auch dich wirklich rangenommen haben, die dir was beigebracht haben. Aber es gibt auch manche, die weiter, den Druck so weitergegeben haben. Also auch das fand ich von Anfang an so irgendwie schwierig. Und ich dachte immer: ›Wieso ist es eigentlich bei den Hebammen so?‹ Eigentlich versucht man doch ins Leben zu führen und das Leben zu fördern, und ich hab' viele Hebammen kennengelernt, die ich irgendwie so dominant und als unangenehm …, muss ich ganz ehrlich dazu sagen. Mit Ausnahmen, es gab wirklich tolle Hebammen« (Schmitt, 2016, S. 3f.).

Als gelernte Krankenschwester ergriff Sidonia Schmitt erst später den Hebammenberuf, eher aus Pragmatismus, wie sie sagt:

»Also es war wirklich rein pragmatisch, ich wusste damals nicht viel darüber, ich wollte mich einfach verändern. Und dann habe ich recht schnell eine Ausbildung gekriegt, einen Ausbildungsplatz, und durch meine vorherige Ausbildung konnte ich verkürzen, von drei auf zwei Jahre. Hab' dann von 95 bis 97 meine Ausbildung in G. gemacht, in der Uniklinik. Genau. Jetzt muss ich mal gerade überlegen, wie ich es empfunden habe. Es war schon spannend und interessant, aber für mich war am Anfang, also ich komme aus einem Beruf in der Pflege, ist es eine sehr teamorientierte Arbeit, und die Hebammerei fand ich schon immer sehr … Hebammen sind oft Einzelkämpferinnen. Das fand ich schon immer schwierig. Ich dachte so, in der Pflege, natürlich gibt es so da bessere und schlechtere Teams, aber ich hab' immer irgendwie die Kollegialität als sehr wichtig empfunden und auch als angenehm. Mit Ausnahmen natürlich. Und in der Hebammerei fand ich irgendwie viel Einzelkämpfertum. Auch manchmal wenn Hebammen so von ›Ja, meine Frau, die ich entbunden hab‹ und so. Es war immer so bezogen auf ›Ich und meine Frau‹. Das fand ich schon immer schwierig, muss ich dazu sagen, wie ich den Beruf so erlebt habe« (ebd., S. 3).

Die Interviewpartnerinnen berichten fast einstimmig, dass ihre Ausbildungsbedingungen nicht optimal waren, dass sie als Hebammenschülerinnen das Gefühl hatten, überwiegend als »Arbeitstier-Kolonne« betrachtet zu werden und deshalb manchmal kurz davor waren, die Ausbildung wieder hinzuschmeißen, wie Frau Braun: »Ich habe im ersten Jahr bestimmt zehnmal überlegt, wieder aufzuhören«.

In den weiteren Ausbildungsjahren wurde es dann besser, denn man konnte schon im Kreißsaal arbeiten, nahe an den Schwangeren und Gebärenden sein und hier die Berufszufriedenheit erfahren, die man sich schon zu Beginn der Ausbildung gewünscht hatte. Allerdings wurden auch die Schattenseiten des Berufs vor dem Hintergrund der Unterbesetzung mit Klinikpersonal, des Drucks »von oben« oder der Konkurrenz untereinander deutlich, und so waren es »gemischte Gefühle« (Stamm), die die Hebammen nach ihrer Ausbildungszeit mit in den geburtshilflichen Alltag nahmen.

3.2 Geburtshilflicher Alltag

Die Hebamme Sidonia Schmitt erlebte ihren Berufsalltag in einer Universitätsklinik, in der sehr viel medizinisch interveniert wurde. Die Ursachen hierfür meint sie in einer Wechselwirkung von »Angebot und Nachfrage« zu erkennen. Die Operationsfreudigkeit könne man, so ihre Meinung, nicht allein der Klinikleitung anlasten, sondern müsse sie auch auf die Schwangeren selbst zurückführen. Viele suchten zur Geburt ein Klinikum der Maximalversorgung auf, um ihrem hohen Sicherheitsbedürfnis nachzukommen und die Verantwortung für ihren Körper an der Pforte abzugeben:

> »Ja, und in der Uniklinik ist es natürlich so, du hast sehr viel Pathologie. Ja, du hast sehr viel Frühgeburtlichkeit, spielt eine große Rolle, auch das Klientel von den Frauen, die in die Uniklinik gehen, war mein Empfinden. Also auch das sind nur so gewisse – es gibt natürlich Unterschiede – die kommen unten an, geben an der Pforte ihre Verantwortung ab: ›Mach mal.‹ Also viel so, natürlich sehr sicherheitsbetonte Frauen, die auch vielleicht das Denken haben, ›Ach in der Uni, da ist die Kinderklinik, da kann nichts schiefgehen.‹ Also das ist natürlich das Hauptklientel, was du so in der Uniklinik hast. [...] Dann fand ich immer, dass sehr viel interveniert wurde, dass keine Zeit gelassen wurde, dass es immer alles schnell gehen musste. Wie gesagt, Ausnahmen bestätigen die Regel, das sage ich immer dabei, weil es natürlich das gibt, aber was bei mir so hängengeblieben ist, fand ich eher nicht so schön, nicht so ermutigend, muss ich sagen« (ebd., S. 4f.).

Ferner kritisiert sie an der Uniklinik, dass die Hebammen sich aus Zeitmangel nicht ausreichend um die Schwangeren und Gebärenden kümmern könnten:

> »Und das weiß ich aus meiner Zeit, wo ich noch in der Geburtshilfe gearbeitet habe, das macht unglaublich viel aus, wie du auftrittst, ja? [...] Bist du selber so verängstigt? Oder kannst du souverän sein, ne? Kannst du auch mal ein Späßchen machen? Wie betreust du die Frau? Das ist es, es hat sehr, sehr viel damit zu tun wie auch das Geburtserlebnis ist. Wenn sich jemand aufgefangen fühlt, geborgen fühlt und gut versorgt fühlt – oder fühlt sich jemand allein gelassen, nicht gut betreut? [...] Wenn du nur zu zweit im Dienst bist oder alleine, du hast fünf, sechs Frauen zu betreuen, dann kannst du natürlich das nicht so gut machen, als wenn du nur eine Frau [hast], also, wenn du eine Eins-zu-eins-Betreuung hast« (ebd., S. 17).

Dieser Missstand sei für alle Beteiligten – sowohl für die Hebammen als auch für die Schwangeren – inakzeptabel, denn er führe, so die Meinung der Hebamme, zu unnötigen medizinischen Interventionen und damit oft zu traumatischen Geburtserlebnissen, die die Entbundenen später oft schmerzhaft aufarbeiten müssten:

> »Ich kenn' einige Frauen, die das als sehr traumatisch erlebt haben, weil sie einfach irgendwann überhaupt nicht mehr selbst bestimmen konnten, sondern nur noch bestimmt wurden. Manchmal nun auch nicht aufgeklärt wurden, dann einfach nur gemacht wurde. Oder dann vielleicht, wenn das Kind kommt, von oben wirft sich jemand auf den Bauch [= Kristeller Handgriff – Anm. d. Verf.], vielleicht auch ohne das zu sagen, was er jetzt macht. Ja, und du denkst, ›So – Was – Wie jetzt?‹ Also da gibt's nicht wenige, die das letztendlich therapeutisch aufarbeiten müssen nach der Geburt. Es gibt auch ganz andere, das ist auch schön. Sonst würde vielleicht auch keiner mehr Kinder kriegen« (ebd., S. 21).

Traumatisierung bzw. Gewalterfahrung unter der Geburt ist schon seit längerem ein Thema in der Geburtshilfe. Das Buch *Gewalt unter der Geburt* von der Soziologin Christina Mundlos (2015) führte zu einem großen Medienecho und einem ersten Umdenken beim geburtshilflichen Personal, für das mittlerweile Fortbildungsveranstaltungen zur Sensibilisierung und Deeskalation angeboten werden. Gewalt in der Geburtshilfe ist seit

2014 auch ein Schwerpunktthema der WHO. Dabei verwendet die WHO einen Gewaltbegriff, der physische und psychische Gewalt miteinbezieht. Missbrauch, Vernachlässigung und Geringschätzung während der Geburt, so die WHO, gefährdeten das Menschenrecht auf Würde und Schutz vor Diskriminierung (Mundlos, 2015, S. 62).

Die Lehrhebamme Reglinde Kahl, die auf eine 30jährige Berufserfahrung zurückblicken kann, äußert sich im Interview zum Thema Gewalt unter der Geburt. In Bezug auf den oben erwähnten Kristeller'schen Handgriff oder die künstliche Einleitung der Geburt, sagt sie:

> »Das habe ich selbst als Praktikantin [...] gemacht. Aber da ist schon mal bei Frauen auch eine Rippe gebrochen worden. [...] Was ich auch noch daraus mir gedacht habe, ist die Frage der Hormonsituation der Frauen. Dass manchmal in den grünen Ast geschnitten wird, wenn man sagt, wenn sie noch nicht geburtsbereit ist, dass, wenn keine Geduld mehr da ist, dass man dann schon anfängt mit Wehenmitteln. Und wenn ich alleine denke – das ist auch noch mal so ein Modewort der letzten 20 Jahre – die Einleitung. Da haben wir ja verschiedene Medikamente zur Verfügung, und manchmal sagen unsere Schülerinnen: ›Ich weiß gar nicht, warum man bei der Frau immer noch einleitet, das ist doch witzlos.‹ Es gibt doch manchmal zehn Einleitungsversuche, weil, man macht einen Versuch mit dem Medikament, es bringt nichts, sie hat dann Ruhetag und dann geht das am nächsten Tag wieder los, vielleicht mit einem anderen Medikament, und viel hilft viel. Irgendwann muss es ja dazu kommen – und das lief manchmal auf einen Kaiserschnitt hinaus« (Kahl, 2018, S. 33).

Und in Bezug auf den Kaiserschnitt äußert die sehr erfahrene 65-jährige Lehr- und Klinikhebamme:

> »Und zum Schluss war es einfach das, was mir auch zu schaffen gemacht hat, die hohe Rate der operativen Geburtshilfe, dass fast jedes zweite Kind per Sectio geboren worden war. Im Moment haben wir so einen leichten Rückgang wieder, nachdem das auch in Berlin beim Perinatal-Kongress besprochen wurde. Die hohe Sectio-Rate ist nicht risikofrei und was es da für Probleme heraus gibt. Da hat man sich doch auch besonnen, wieder gegenzusteuern. Und das war auch immer so meine Motivation für die Geburtsvorbereitung, dass ich immer dachte, man kann nicht früh genug damit anfangen. Man darf sich mit den Eltern freuen und man darf ihnen

aber auch alles vorstellen, was kompliziert sein kann, und dass die Geburt es wert ist, sich eben ihr hinzugeben und das durchzustehen, weil es auch stärkt für spätere Entwicklungsstufen im Leben mit ihrem Kind. Ja« (ebd., S. 5).

Ihre Kollegin, Frau Hahn, äußert sich ebenfalls zum Kaiserschnitt, den sie nur im Notfall für angebracht hält, obgleich er in der Universitätsklinik, in der sie arbeitet, an der Tagesordnung ist:

»Kaiserschnitt ist manchmal ein Segen. Auch viele sagen, nein. Aber wann ist es ein Segen? In Risikofällen. Wenn zum Beispiel die Plazenta vor dem Muttermund ist, da ist nie und niemals eine normale Geburt möglich. Das geht gar nicht, ja. Und wenn jetzt eine Patientin blutend hier reinkommt und wir wissen, dass sie eine Placenta previa, was man so in Fachsprache sagt, ist, ja, das ist dann, das ist einziger Segen, einziger Weg, in den OP ist der einzige Weg, ja. Und dann rettest du Mutter und Kind, ja. Also natürlich, ein Kaiserschnitt, wenn gemacht wird, muss berechtigt sein. Klar, es muss medizinisch auch eine Indikation geben. Sie glauben es nicht, wir haben viele Frauen, die hier verlegt werden zu uns und kommen und sie denken, die werden jetzt 'n Kaiserschnitt kriegen und sind erlöst. Und die sind enttäuscht, weil wir alles versuchen. Das hab' ich auch erlebt. Die sind wirklich enttäuscht, weil sie sagen, ›Hä? Wir haben gedacht, Sie machen jetzt 'n Kaiserschnitt.‹ Und dann sag' ich, ›Aber warum denn? Sollen wir nicht erst mal 'ne PDA machen und gucken? Vielleicht geht's doch. Das Kind ist super eingestellt. Das stört uns überhaupt nicht. Warum sollen wir das nicht machen?‹ Ja. Und dass sie dann doch, doch letztendlich normal entbinden, sind überglücklich dann« (Hahn, 2018, S. 8).

Wie es aussieht, ist eine Kaiserschnittoperation schon so alltäglich geworden, dass auch die gebärenden Frauen sich sogleich mental darauf einstellen, wenn eine Geburt etwas komplizierter wird. Im beschriebenen Fall waren es die Hebammen, die bremsen mussten, um dem natürlichen Geburtsverlauf Raum zu geben.

Auch die Hebamme Silja Demel, die seit Ende der 1980er Jahren in der Klinik tätig ist, sieht die zunehmenden geburtsmedizinischen Interventionen kritisch. Sie hatte zu Beginn ihrer Berufstätigkeit die Gelegenheit, in einem hebammengeleiteten Kreißsaal zu arbeiten, was ihr ausgesprochen gut gefallen hat:

»Wir haben an der Klinik St. Martin damals eine sehr schöne Geburtshilfe gehabt. Wir hatten einen Chefarzt, der eng befreundet war mit Frédérick Leboyer. Ich weiß nicht, ob du von dem schon was gehört hast? Eben dieser französische Arzt, der eben eine ganz sanfte Geburtshilfe propagiert hat, und die beiden haben eben zusammengearbeitet. Der Doktor X, mein Chefarzt, der hat dann auch mal den Herrn Leboyer eingeladen, der kam uns besuchen und hat uns von seiner Arbeit erzählt, und das war ein sehr schönes Arbeiten. Das Besondere an dem Arbeiten war, dass [...] wir als freiberufliches Hebammenteam an dieser eigentlich recht großen Klinik, die mit der Kinderklinik zusammengeschlossen war und was man jetzt heutzutage als Perinatalzentrum bezeichnen würde, gearbeitet haben, und wir waren nicht angestellt. Und die Tatsache, dass man als freiberufliches Team ganz anders organisieren kann, als wenn man angestellt ist im Krankenhaus, das hat dazu geführt, dass es wirklich ein bisschen einen modellhaften Charakter bekommen hat. Dass wir gesagt haben, okay, selbst eine große Klinik kann man mit einem freiberuflichen Hebammenteam betreiben, wenn denn alle gut zusammenhalten und wenn man halt einfach auch in dem Team eine sehr gute, einen guten Zusammenhalt hat. Also das ist ein kollegiales Verhältnis, das schon fast in ein freundschaftliches Verhältnis zueinander übergeht. Wo man einfach sagt, okay, wir können uns wirklich so darauf verlassen, dass wir unsere Dienstpläne nach Absprache machen, dass wir uns immer irgendwie aushelfen, dass wir uns immer irgendwie gegenseitig so stützen, dass immer irgendwie die Anwesenheit von Hebammen im Kreißsaal gewährleistet war. Ja, das haben wir dann auf dem, auf einem großen gynäkologischen Kongress [...] haben wir das dann einmal vorgestellt. Das war [...] Anfang der 1990er Jahre, 1991, 1992 so um den Dreh, und da war das noch so ein bisschen ›Oh, das geht?‹ Ja, aber es hat sich mittlerweile sehr gut verbreitet und im südlichen Bayern sind mittlerweile fast alle Abteilungen eigentlich freiberufliche Hebammenteams, die an der Klinik arbeiten« (Demel, 2015, S. 3f.).

Von einer »sehr gut[en]« Verbreitung des Hebammenkreißsaals kann allerdings in Deutschland keineswegs die Rede sein. Das Modell Hebammenkreißsaal wurde hierzulande erst zur Jahrtausendwende zur Kenntnis genommen und im Jahr 2003 am Klinikum Bremerhaven Reinkenheide eingeführt. »Die Midwife-Led-Units aus dem angelsächsischen Raum, sowie Hebammenkreißsaalmodelle aus Dänemark und Schweden dienten als Orientierung bei der Entwicklung des Bremerhavener Hebammenkreißsaal-Konzeptes« heißt es im *Handbuch Hebammenkreißsaal* (Verbund Hebammenforschung, 2007, S. 7).

Zurzeit gibt es 18 hebammengeleitete Kreißsäle in Deutschland. Im Gegensatz zu den üblichen Kreißsälen verlaufen hier die Geburten ohne medizinische Interventionen, da sich nur Hebammen um die werdenden Mütter kümmern. In ruhiger Atmosphäre kann sich die Gebärende sicher sein, dass sie mit einer Eins-zu-eins-Betreuung durch die Hebamme eine natürliche Geburt haben wird. Medizinische Eingriffe werden nur im Notfall vorgenommen, wozu dann in einen sich im gleichen Haus befindenden normalen Kreißsaal verlegt wird (vgl. Bauer, 2011).

Auch die Hebamme Marlitt Braun kann aus ihrer eigenen Erfahrung mit dem Hebammenkreißsaal berichten:

> »Dann haben wir zum Beispiel einen Hebammenkreißsaal eingerichtet. Hebammenkreißsaal ist ein Konzept, wo [...] überhaupt kein Arzt involviert ist. Die Frauen können nur mit der Hebamme entbinden. [...] Und dieses Konzept fand ich eigentlich gut. Und das haben aber gar nicht viele Häuser. Wir waren das zweite Haus, das dies einfach gemacht hat. Und das, finde ich, ist echt enorm. Gerade hier in X. Weil wir auch einen Chefarzt hatten, der echt gut mit mir kooperiert hat. Also wir konnten dies gut zusammen aufbauen und konnten gut mit den Ärzten zusammenarbeiten. Und im Grunde läuft das jetzt schon fast fünf Jahre. Der Zulauf ist gar nicht so groß. Wir haben pro Monat vier bis sechs Frauen, die sich für dieses Konzept anmelden. Vielleicht muss man das einfach mal bekannter machen. [...] Und es ist eben jetzt dadurch, dass dieses Konzept da ist, dass von Anfang an sich dann dafür angemeldet wird, dass sich kein Arzt einmischt. Wenn das gut läuft, dann ist bei der Geburt nur die Hebamme da, vielleicht holt sie sich die Kollegin bei, weil, manchmal braucht man eben zwei Hände mehr. Und nur wenn die genäht werden muss, falls sie gerissen ist, das lassen wir in der Regel einen Arzt machen. Weil die nähen einfach viel häufiger und das ist dann bestimmt besser genäht, als wenn wir da ab und zu nähen. Ja, der Vorteil ist für die Frauen, wenn sie dann doch merken, ›Das habe ich unterschätzt, ich will doch eine PDA, ich halte das nicht mehr aus‹, die müssen nicht verlegt werden von draußen nach drinnen, die müssen jetzt nicht irgendwie die Hebamme wechseln, es bleibt wie es ist, das Konzept löst sich so. Es wird nur dokumentiert: ›Hebammenkreißsaal aufgelöst‹ und dann ist der Arzt mit drin und fertig ist. Es ist eigentlich eine ganz schöne Sache. Das hat Spaß gemacht, das war auch sehr spannend für die Kolleginnen.

> Die mussten erst schlucken. Ganz alleine eine Geburt zu machen, ist man nicht mehr gewohnt nach so langer Kliniktätigkeit. Da muss ich sagen: Hut ab vor dem Team. Alle haben mitgemacht, sonst hätten wir dieses Konzept nicht umsetzten können. Alle, die neu kommen, werden dann gleich damit konfrontiert und bekommen dann nur die Stelle, wenn sie mitmachen, ist ja klar. Aber die, die da waren, mussten ja alle mitmachen. Und alle haben zugesagt und machen das auch. Jetzt macht es natürlich die eine besser als die andere. Es ist immer so, wenn die eine motivierter ist als die andere oder die eine nicht abwarten kann oder Schiss hat oder so. [...] Aber nichtsdestotrotz: Es ist ein Angebot, wo auch gerade Frauen sich melden, die diesen intimeren Rahmen wünschen. Die halt einfach bestimmte Probleme haben, ja, die Gewalt erfahren haben oder sexuelle Übergriffe in ihrem Leben erfahren haben oder sexuelle Gewalt. Und die genau diesen Schutzraum suchen, wenn dann da nicht so viele Menschen sind und sie nicht ständig untersucht werden oder ein Mann mit involviert ist. Und diese Frauen brauchen das erst mal für ihre Sicherheit« (Braun, 2015, S. 18ff.).

Der Hebammenkreißsaal wird hier beschrieben als ein geschützter Raum, in dem ärztliches Personal keinen Zutritt hat, in dem die Intimität der Frauen gewahrt und nicht geburtsmedizinisch interveniert wird. Gleichzeitig kann die Klinik mit diesem Zusatzangebot eine Klientel ansprechen, die »ganz normal und natürlich entbinden« (ebd., S. 18) möchte. Es mutet allerdings als Paradoxon an, dass diese Zusicherung, die sich eigentlich von selbst verstehen sollte, als besonderes Zusatzangebot hervorgehoben wird. Die Klinik setzt die *normale* Entbindung als Werbemittel ein, so selbstverständlich scheint heute davon ausgegangen zu werden, dass die gängige Klinikgeburt nicht *normal* und nicht *natürlich* verläuft.

Zum Hebammenkreißsaal bemerkt Marlitt Braun noch, dass durch die Schichtdienste in der Klinik auch Hebammenwechsel in Kauf genommen werden müssen:

> »Was wir nicht leisten können im Hebammenkreißsaal ist, dass die Hebamme die Geburt ganz zu Ende macht. Es kann nicht sein, dass der Schichtdienst unterbrochen wird. Wir sind alle angestellt. Es gibt Arbeitszeitregeln, gesetzlich vorgeschrieben. Das geht nicht anders. [...] Wobei das natürlich auch, wenn du eine Beleghebamme hast oder eine Hausgeburtshebamme oder so, auch von Vorteil ist. Weil man dann weiß: ›Sie macht das zu Ende.‹ Ja, so im Krankenhaus hat man ja nicht immer so eine Eins-zu-eins-Betreu-

ung. Ich hab' immer auch noch andere oder Ambulanz oder Telefon. Das ist einfach so« (ebd., S. 20).

Das Konzept Hebammenkreißsaal ist in Deutschland noch nicht so richtig angekommen. Es scheinen, wie hier beschrieben, Mischformen zu existieren und der Hebammenkreißsaal kann sowohl mit angestellten Hebammen, die im Schichtdienst arbeiten, als auch mit freiberuflich tätigen Hebammen funktionieren. Insgesamt sind es wenige Häuser, die schwangeren Frauen diese Möglichkeit der interventionsarmen Geburt anbieten. Obwohl die WHO davon ausgeht, dass in Deutschland 70 Prozent aller Geburten als normale Geburten einzustufen sind, die keiner medizintechnischen Intervention bedürfen (vgl. Verbund Hebammenforschung, 2007, S. 12), muss man Hebammenkreißsäle nach wie vor mit der Lupe suchen. Im *Handbuch Hebammenkreißsaal* heißt es:

> »Ziele des Betreuungsangebotes sind die Förderung der Eigenständigkeit und Selbst- und Mitbestimmung der Gebärenden, die Unterstützung bei der Bewältigung der Herausforderungen der Geburt und der frühen Elternschaft durch die Stärkung der weiblichen Kompetenz sowie ein Zugewinn an Lebensqualität und Zufriedenheit durch ein gelungenes Geburtserlebnis« (ebd., S. 11).

Bleibt die Frage offen, warum das Konzept sich nicht durchsetzt. Auch die interviewten Hebammen standen dieser Art von Geburtshilfe ausgesprochen positiv gegenüber, was ein Beleg dafür ist, dass der hebammengeleitete Kreißsaal nicht nur vielen werdenden Müttern gerecht wird, sondern auch die Hebammen zurück zum Kern ihres Berufs bringt.

Doch viele Hebammen sind gespalten, wenn sie vor der Frage Freiberuflichkeit draußen oder Angestelltenstatus im Krankenhaus stehen, zumal der an eine Klinik angebundene, doch selbstständig arbeitende Hebammenkreißsaal als Option nur wenigen zur Verfügung steht. Die Hebamme Hilka Groß gibt Gründe dafür an, warum sie nach vielen Jahren in der freien Praxis zurück an die Klinik ging:

> »Und angestellt habe ich erst wieder gearbeitet seit letztem Jahr September [...] bis jetzt Ende November, weil ich einfach gedacht habe, ich muss mir eine Stelle suchen, so lange es noch geht. So lange man noch was kriegt. War auch angestellt wieder, um aus diesen ganzen finanziellen Verpflichtun-

gen rauszukommen wie 100 Prozent Krankenkasse, 100 Prozent Rentenversicherung, 100 Prozent Berufsgenossenschaft, 100 Prozent Haftpflicht, 100 Prozent, also was man immer alles noch selber bezahlen muss, ehe man überhaupt was verdient hat. Und, naja, mit 53, 54 war immer so die Frage, wer nimmt einen noch? Ja, wird man noch genommen? Dann musste ich mir dann auch anhören beim Vorstellungsgespräch, ›Ja, normalerweise nehmen wir ja Jüngere.‹ Da hab' ich gesagt – das lasse ich jetzt nicht auf mir sitzen –, ›Ja, das können Sie gerne machen, aber Sie suchen ja nicht umsonst ständig Hebammen. Die Jungen, die gehen studieren. Die Jungen, die heiraten. Die Jungen, die werden schwanger und fallen dann ja aus. Die Jungen haben die Erfahrung noch nicht, die ich inzwischen gesammelt habe nach 25 bis 30 Jahren. Also, Sie können sich es gerne überlegen. Ich müsste es hier nicht machen.‹ Dann kam dann doch die Zusage« (Groß, 2015, S. 4).

Frau Groß machte aber nun Erfahrungen in der Klinik, die sie in keiner Weise gutheißen konnte, und schied nach kurzer Zeit wieder aus. Die Geburtshilfe, wie sie sie verstand, schien es hier nicht zu geben. Sie war sowohl enttäuscht von den Schwangeren, die sich ihrer Meinung nach verändert haben, als auch von den Ärzten und dem medizinischen Ablauf im Krankenhaus:

»Ich muss sagen, so die letzte Zeit hat mich das im Kreißsaal auch ziemlich genervt, weil auch die Frauen sich total verändert haben. Was da so ankommt, ja. [...] Es gibt dann, also die Vorstellung, die sie haben, ›Ja, das tut ja weh.‹ Ach echt? ›Ich glaube, ich bin ja so erschöpft. Das schaffe ich nicht. Ich glaube, ich lasse mir doch lieber einen Kaiserschnitt machen. Ich habe drei Kinder normal gekriegt, aber fürs vierte hätte ich gerne einen Kaiserschnitt, da lass ich dann gleich die Sterilisation mitmachen, dann kostet mich das nichts.‹ So. Ja, ich denke, da kriege ich Gänsehaut. Das geht total in die falsche Richtung. Ich weiß nicht warum, warum das so geht. Und wer ihnen das erzählt. Und immer der Blick auf Pathologie. Was ist alles falsch, was ist verkehrt, was funktioniert nicht, wo könnte noch ein Problem sein, wo müssen wir denn was machen? Der Blick auf die Dinge hat sich doch etwas verändert. Der Blick auf die Pathologie, auf was man machen muss, ohne dass die Frauen selber was leisten. Denen wird viel aus der Hand genommen. Die werden noch bestärkt darin. ›Ja, Sie müssen keine Schmerzen haben, wenn Sie das nicht wollen.‹ So. Das ist nicht so mein Selbstverständnis, einer Frau durch die Geburt oder durch die Zeit zu helfen. Klar gibt es Sachen, die muss man behandeln und die müssen auch intensiv betreut werden, aber ganz viele, die werden eben auch zu Intensivpatienten gemacht. Ob man Geburten einleitet oder nicht warten kann oder wenn der Doktor meint, er hält es selber nicht aus, daneben zu stehen, wenn eine Frau Schmerzen hat. [...] Viele, viele Probleme. Auch von denen, die ringsum sind und mit betreuen. Vielleicht nicht nur die Frauen. Ist ja leider immer noch so, dass es für einen Kaiserschnitt mehr Geld gibt als für spontane Geburten. Sieht man auch mal wieder so, ja. Deswegen, da habe ich es im Moment einfach satt. Da muss wirklich mal was Neues her« (ebd., S. 5).

Hilka Groß ist frustriert und arbeitet mittlerweile mit halber Stelle als Sozialarbeiterin und mit der anderen halben Stelle wieder als freiberufliche Hebamme. Dabei betont sie, dass es auch immer noch die schönen Seiten ihres Berufes gibt:

»Ja, und dann gibt es doch immer auch Frauen, die dann so einen ganz tollen Umgang damit haben. Das ist dann einfach eine Freude, dann da dabei zu sein, das ist dann echt ein Geschenk. Das ist dann wirklich, dass man sich als Gast bei einer Geburt fühlt fast. Und dass doch auch teilweise, wenn so Kinder auf die Welt kommen, das als wirklich heiligen Moment erlebt und sich freut. Und dann steht man auch daneben und heult fast mit, weil es so schön ist, das gibt es auch noch. Ja, und das ist dann mal so, dass man sich denkt: ›Ja, jetzt weiß ich wieder, warum ich es mache.‹ Das ist schon so eine Ehre, dass man da begleiten darf, so eine Familie, das ist schon toll« (ebd., S. 8).

Frau Groß macht sich weltanschauliche Gedanken über den Wandel ihres Berufes bzw. den Wandel der Geburt in den letzten Jahrzehnten und hat an ihrer Haustür ein Schild angebracht:

»Da hängt auch ein kleiner Zettel an meiner Tür außen und da sammle ich immer so schöne Sprüche: ›Peace on earth begins with birth.‹ Ja, und ich denke, das ist so. Auf der Außenseite hängt der. Was man jetzt schon an Saat legt, das geht auf. Ich denke mal, ob ich mit Gewalt auf die Welt komme oder sanft, das macht schon einen Unterschied. [...] Wenn jetzt so viele Frauen Kaiserschnittgeburten haben und gar nicht mehr wissen, wie ist denn eine normale Geburt vielleicht? Und was für einen Einfluss hat das auf das Kind, wenn das so auf die Welt kommt und nicht anders? Verlernt ein Menschengeschlecht ein Gebären oder ist das etwas, was immer ihm als Wissen im Körper ist? Ich weiß es nicht, das wird sich zeigen. Also, vielleicht hat das weitertragende Konsequenzen, als wir uns jetzt vorstellen« (ebd., S. 6f.).

Die Hebamme hat eine ganzheitliche Sicht auf Geburt und Gebären. Sie sieht auch den gesellschaftlichen Kontext und reflektiert die möglichen Konsequenzen einer technisch invasiven Geburtshilfe. Zum Abschluss sagt sie:

> »Jedes Individuum, ja. Und dann trifft das auf die Menschen um uns rum und die formen wieder, und die Umgebung formt und die sozialen Schichten, in die es rein geboren wird, die formen und alles, ja. Es ist unglaublich, was da ... Und wenn ich jedem Kind alle optimalen Bedingungen ... – aber die hat nicht jeder. Leider. So ist es. Aber ich denke, an dem Platz, an dem man halt steht, sein Bestes tun und mehr geht nicht. Wenigstens im kleinen Rahmen wirken. Ich denke immer, alles, was man so in die Welt rausschickt, das wirkt, ob das jetzt was Gutes oder was Böses ist, und es kommt aber alles immer Retour zu einem, ja. Wenn ich jetzt so ein Fiesling bin, dann kriege ich das auch irgendwann wieder ab. [...] Wenn man sich vorstellt, dass alles miteinander verbunden ist im Leben. Das stelle ich mir vor. Da gibt es doch dieses Netzsymbol, ja, dass im Grunde alles zusammenhängt« (ebd., S. 30f.).

Hilka Groß reflektiert ihre Arbeit als Aufgabe für das eigene Leben: »Sein Bestes tun und mehr geht nicht« – und auch für die Gesellschaft, »dass im Grunde alles zusammenhängt«. Und sie ist der Überzeugung, dass die Art und Weise, wie wir geboren werden, viel Einfluss auf das weitere Leben eines Menschen hat: »Ich denke mal, ob ich mit Gewalt auf die Welt komme oder sanft, das macht schon einen Unterschied« (ebd., S. 6). Und im Hinblick auf die vielen geburtsmedizinischen Interventionen und Operationen sagt sie: »Verlernt ein Menschengeschlecht ein Gebären oder ist das etwas, was immer ihm als Wissen im Körper ist?« (ebd., S. 7)

Diese zentrale Fragestellung beschäftigt viele wissenschaftliche Disziplinen auch außerhalb der Medizin. Von der Philosophie über die Soziologie bis hin zur Körpergeschichte suchen Wissenschaftler und Wissenschaftlerinnen Antworten. Frédérick Leboyér (1974) und Michel Odent (1976) gehörten zu den ersten, die die gewaltsame Geburt kritisiert und die schädigenden Folgen für das Neugeborene beschrieben haben. Die

Körperhistorikerin Barbara Duden vermutet in den modernen medizinischen Prozeduren unter der Geburt eine »Liturgie« (Duden, 1998, S. 150), die die Menschen zu Ungeborenen mache. Es könne nicht das Wesen der Geburt sein – so ihre Überlegungen – »wenn an einem Wochentag zwischen 9 und 17 Uhr durch einen Abbruch der Schwangerschaft (die als Geburtseinleitung bezeichnet wird) [Kinder] ihre extrauterine Existenz« beginnen (ebd.). Die moderne Geburtshilfe habe mit ihren »scheinbar risikomindernden Verfahren wie zum Beispiel Ultraschall, kardiotokografische Überwachung des Föten, Wehentropf, Dammschnitt« (ebd., S. 151) den Frauen neue Ängste, Mythen und Zwangshandlungen auferlegt: »Dieser Glaube verengt das Verständnis von Geburt auf das mit ihr verbundene Risiko, macht die Schwangere mitverantwortlich für die Risikoverwaltung und damit die Teilnahme der Schwangeren an diesen Zeremonien zur Verpflichtung« (ebd.). Vor diesem Hintergrund, so Duden, sei Geburt auch nicht mehr Neubeginn, sondern »ein kritischer Moment in der Karriere eines schon vorgeburtlich entstandenen Verwaltungsobjektes, eines sogenannten ›Fötus‹« (ebd., S. 155). Und für die Frau bedeute Geburt »nicht ein selbstbewußtes Tun, sondern eine Lebenskrise, die nur durch Dienstleistungskonsum zu überstehen ist« (ebd., S. 168). Die Geburt, die noch wenige Jahrzehnte zuvor ein körperlicher, im familiären Umfeld eingebetteter Vorgang war, sei zu einem medizinischen Geschehen geworden,

> »das deshalb professionell betreut werden muss, weil man sich auf seinen gesunden Ablauf nie verlassen kann. Dieser Bedeutungsumbruch brachte zweifellos einen langfristig angelegten Gewinn für die Geburtsmedizin und einen weitgehend endgültigen Verlust für Mutter und Kind« (ebd., S. 161).

Hat ein »Menschengeschlecht also das Gebären verlernt«? (Groß, 2015, S. 7) Kritik an der so gearteten Geburtsmedizin hat bereits Maria Montessori in den 1930er Jahren geübt. Die Reformpädagogin ging davon aus, dass auch Säuglinge ein Seelenleben haben und eine traumatische Geburt sich negativ auf die weitere Entwicklung auswirkt. Im Hinblick auf das Neugeborene, das mit Gewalt ans Licht der Welt geholt wird, mahnt sie einen sanfteren Umgang an und sieht ähnlich wie die Hebamme Hilka Groß, die sich im Interview fragte, »was für einen Einfluss es auf das Kind hat, wenn es so auf die Welt kommt und nicht anders« (ebd., S. 6f.), dass die Art und Weise des Gebärens weittragende Konsequenzen zeigt:

»Es betritt die Welt der Erwachsenen mit seinen zarten Augen, die noch nie den Tag erblickt haben, mit seinen Ohren, die bislang vom Lärm verschont geblieben sind. Sein Leib, der noch nie einen Stoß erlitten hat, ist nun der brutalen Berührung durch die seelenlosen Hände des Erwachsenen ausgesetzt, der seine verehrungswürdige Zartheit nicht achtet ... also wir verstehen es nicht. Für uns ist es kein Mensch. Wenn es in unsere Welt tritt, wissen wir ihm keinen Empfang zu bereiten; und doch ist diese Welt, so wie wir sie geschaffen haben, ihm zugedacht, und es ist das Kind, das sie über unsere Fortschritte hinaus wird weiterführen müssen« (zit. n. Odent, 1978, S. 27).

Das geburtshilfliche Personal, das den Anfang eines jeden Lebens begleitet, hat, wie es scheint, größeren Einfluss auf die menschheitsgeschichtliche Entwicklung, als ihm bewusst sein dürfte. Längst haben sich wissenschaftliche Disziplinen gebildet, diese Zusammenhänge zu untersuchen, wie die ISPPM, die »International Society for Pre- and Perinatal Psychology and Medicine«, eine internationale, in Deutschland eingetragene gemeinnützige Gesellschaft, die sich der wissenschaftlichen Erforschung der frühesten Phase der menschlichen Entwicklung vor, während und nach der Geburt sowie ihren lebenslangen Auswirkungen widmet (Internationale Gesellschaft für Pränatale und Perinatale Psychologie und Medizin, o. J.).

Die Berufsgruppe aber, die diesen Phänomenen am nächsten steht und valide Aussagen dazu machen kann, ist zweifelsohne die der Hebammen, deren Assistenz beim Beginn des Lebens seit der Antike belegt ist.

Im Folgenden äußert sich eine ganz junge Hebamme, die erst vor etwa zwei Jahren in ihrem Beruf begonnen hat und in einem Krankenhaus mit 1.200 Geburten jährlich tätig ist, zu ihrem Beruf. Sie arbeitet derzeit in Teilzeit mit 75 Prozent und macht zusätzlich freiberuflich Wochenbettbetreuung. Levke Stamm beklagt zunächst die fehlende Eins-zu-eins-Betreuung in der Klinik, die ihrer Meinung nach dazu führt, dass so viele Geburten pathologisch verlaufen oder dass zumindest öfter medikamentös interveniert wird, als nötig wäre. Könnte die Hebamme ganz bei der Gebärenden sein, so ihre Erfahrungen, führe dies dazu, »dass man weniger PDAs [hat] zum Beispiel«. Wünschenswert wäre, so Levke Stamm, dass eine Hebamme in Bezug auf die Gebärende

»zumindest in ihrer Nähe einfach bleibt, dass man immer sofort für die Frau da ist, sobald ihr irgendwas in den Sinn kommt oder wie auch immer, oder auch, dass man als Hebamme sofort merkt, wenn es irgendwie in irgendeiner

Form pathologisch wird, ja, weil bevor es pathologisch wird, kündigt sich das ja immer an. [...] Wenn man natürlich nicht im Raum ist und erst reinkommt, wenn sozusagen, ja, die Kacke am dampfen ist, sag' ich jetzt mal so [lacht], ne, dann kann man nicht mehr so viel machen manchmal, ne. [...] Ich weiß nicht, ob's dazu unbedingt Studien gibt, aber zumindest so das Gefühlte ist einfach so, wenn man 'ne Frau gut betreut, also die ganze Zeit, 'ne Eins-zu-eins-Betreuung hat sozusagen, dass man weniger PDAs zum Beispiel hat. Tatsächlich. Also das ist gefühlt jetzt von mir so, ne. Aber das geht vielen Kolleginnen so. Also, ich glaub, es geht ziemlich allen Kolleginnen so, dass man das, dieses Gefühl halt hat, ja. Weil man einfach ganz anders die Frau bestärken kann und ihr andere Hilfsangebote geben kann und die dann auch mit ihr einfach ausprobieren kann, als wenn man eben von einem Kreißsaal in den anderen hüpft« (Stamm, 2018, S. 8).

Das heute in den Kliniken fast routinemäßige Anbieten einer PDA stört die Hebamme und sie versucht, mit der Gebärenden Alternativen zu finden. Schon im Vorgespräch, wenn die Frauen sich zur Geburt anmelden,

»da werden auch solche Dinge schon mal besprochen, ja. Also da besprechen wir einfach Wünsche, die man für die Geburt hat, bzw. wir fragen dann auch explizit schon mal nach dem Thema PDA, weil ja eben viele Frauen vorher sagen, sie möchten's sehr gerne ohne schaffen, ja. Und das dokumentieren wir dann einfach auch so, weil wir dann eben, in dem Fall, wenn die Frau kommt und dann schon Wehen hat, und manchmal ist dann ja, dann lässt man sich ja schnell, ach, PDA ist dann so verlockend, ja. Und wir versuchen dann schon, wenn die Frau uns vorher gesagt hat, sie möchte das unbedingt gerne ohne schaffen, dass wir dann von Anfang an sie anders sozusagen, ja, sie anders betreuen. Also dann würden wir, bevor, wenn die Frau jetzt nach dem Schmerzmittel fragt, würde ich dann zum Beispiel einfach sagen, ›Okay lass es uns doch noch versuchen, vielleicht gehst du noch mal in die Wanne vorher, vielleicht ist das noch 'ne Option‹, ne. Oder man kann mit 'ner Massage oder sowas anfangen, ne. [...] Oder mit was Homöopathischem halt, ne. Und dann hat man vielleicht wieder 'ne Stunde, anderthalb gewonnen, bevor man das erste Schmerzmittel geben muss, ne. Und dann würde man sich langsam da so rantasten. Und, klar, wenn's natürlich gar nicht geht, ne, und die Frau dann irgendwann sagt, sie will absolut 'ne PDA oder so, ne, dann würde sie die natürlich auch bekommen, aber wir versuchen es dann schon so zu lenken, die Frauen, dass die's dann auch ohne schaffen können, ja. Und andersrum gibt's eben auch Frauen, die kommen dann schon beim Anmeldegespräch und die sagen dann, das ist das erste, was sie sagen, ›Ich will auf jeden Fall 'ne PDA, ohne mach ich das nicht.‹ Gibt's manchmal sogar Frauen, die das dritte, vierte Kind kriegen, ne. Wo man sich fragt, *Warum?*« (ebd., S. 9f.)

Die junge Hebamme weiß um die Komplikationen, die eine PDA nach sich ziehen kann, sie kennt die Interventionskaskaden, die durch Medikamentenvergabe ausgelöst werden können und möchte die Gebärende darin bestärken, es ohne Rückenmarksnarkose zu versuchen, um eine natürliche Geburt zu erleben:

»Naja, weil's ja eigentlich so der natürliche Verlauf ist, ne. Und man einfach weniger, man hat einfach weniger Pathologie, ne. Und [...] ja, man erlebt die Geburt auch einfach ganz anders ohne PDA. [...] Es ist halt manchmal dann auch so, die Frauen haben eine PDA und, wenn die wirklich, sag' ich jetzt mal, gut liegt und teilweise spüren die Frauen gar keine Wehen mehr, ne, also wirklich nichts mehr. Und dann, dann liegen die manchmal auf dem Kreißbett und spielen mit ihrem Handy zum Beispiel, ne, sind dann bei Facebook oder so oder schreiben dann irgendwelchen WhatsApp-Gruppen: ›Bin jetzt bei sechs Zentimeter, jetzt ist die Fruchtblase geplatzt‹, oder so. Das ist ja nicht normal. Das macht man nicht. Also das ist nicht normal, kein normales Verhalten eigentlich, ne. Oder zumindest für mich nicht. Wenn man keine PDA hat, dann konzentriert man sich einfach auf die Geburt, auf die Wehen, auf das Kind, ne. Der Fokus liegt wo ganz anders. Und mit 'ner PDA ist es dann eher so, ne, dann guckt man, ›Ah ja, gut, machen wir mal noch 'ne halbe Stunde so, und dann gucken‹, ne, und dann ›Ja, ach, jetzt geht die Zeit so langsam rum‹, und dann wird sogar manchmal nach 'nem Fernseher gefragt, ob wir kein Fernsehen im Kreißsaal haben. Also, es ist total, ich find's ganz verrückt, ja, das hat nix mit Geburt zu tun. Und dann kommt irgendwann die aktive Austreibungsphase, dann muss man wieder mitarbeiten, als Frau, ne. Und dann machen die das schon auch eigentlich immer, die Frauen. Aber sie sind dann schon auch manchmal [...] bisschen schockiert darüber [...], dass es jetzt nicht alles so – ›Wir liegen jetzt da rum und warten, dass 's Kind kommt‹ –, sondern dass man dann irgendwann schon noch was dafür tun muss halt selbst, ne. Kann eben nicht in den Kreißsaal gehen und sagen, ›Macht ihr das mal‹, sondern man muss schon auch selbst was dafür tun, ja. [...] Im blödesten Fall spüren die Frauen die Wehen nicht mehr, spüren den Druck auch nicht mehr, und dann ist es bei uns so, dass wir dann die PDA-Pumpe tatsächlich ausmachen. Wir sagen das den Frauen dann aber auch vorher. Oder wir sagen es ihnen auch manchmal schon, wenn wir schon so während der Eröffnungsphase merken, die Frauen merken so gar keine Wehen mehr, dann sagen wir ihnen das schon, dass man zu 'nem späteren Zeitpunkt eventuell die PDA-Pumpe ausschaltet einfach, damit das Gefühl wiederkommt, damit sie dann besser mitarbeiten können. Und das dauert aber ja dann auch wieder, bis das Gefühl da ist, ne. Man schaltet die aus und dann lässt die Wirkung ja ganz, ganz, ganz, ganz langsam erst nach, ne. Und dann, ja, aber im allerallerallerblödesten Fall, wenn die Frauen so gar nichts merken und dann vielleicht sagen, ›Okay, ich merk 'n Druck‹, aber sie merken dann nicht die Wehe von Anfang bis Ende, sondern nur so den Höhepunkt vielleicht, und dementsprechend kann man auch nicht die ganze Wehe ausnutzen, zum Austreiben sozusagen. Und das ist natürlich für's Kind auch anstrengend, wenn dann so'ne Austreibung sehr lange dauert, dann werden irgendwann die Herztöne manchmal schlecht, ne. Und dann ist eben so was wie 'ne Saugglocke oft die Konsequenz daraus, ja. [...] Heißt dann entweder: ›Wegen 'nem pathologischen CTG‹ oder eben ›aus mütterlicher Erschöpfung‹. Aber ob's dann unbedingt Erschöpfung ist oder ob's einfach nur diese gedämpfte Wahrnehmung durch die PDA ist, das ist halt, das kann man in dem Moment ja nicht so gut sagen, ne« (ebd., S. 10f.).

Möglicherweise hilft nun auch keine Saugglocke mehr, sondern der Zustand der Gebärenden und/oder der des Ungeborenen hat sich so verschlechtert, dass ein Kaiserschnitt gemacht werden muss: »Das ist ja auch manchmal durch PDA, ne, dass dann irgendwie das so ins Stocken kommt, so'ne Geburt, dass es irgendwann, man einen Geburtsstillstand hat, ne. Und dann landet man irgendwann im OP« (ebd., S. 11f.).

Obwohl es die Pflicht der Ärzteschaft wäre, über derartige Risiken aufzuklären – die PDA ist schließlich ein ärztlicher Eingriff – unterbleibt dies häufig, sodass die Hebammen sich gezwungen sehen, selbst die Aufklärungsarbeit zu übernehmen:

> »Dass eben die Geburt dadurch verlangsamt wird, das wird oft, darüber wird oft nicht aufgeklärt, ja. Weil diese Aufklärung ja die Anästhesisten machen und die haben ja mit der Geburt an sich nix zu tun, sondern die machen ja quasi nur diesen Stich einmal in den Rücken sozusagen, legen den Katheter und klären eben klar darüber auf, dass, ja, eben dass man Kopfschmerzen

danach haben kann, Rückenschmerzen, Taubheitsgefühle und so weiter. Aber um dieses wirklich, dass es eben die Geburt verändert, darüber klären die nicht so auf. Das ist dann tatsächlich eher so, was die Hebamme dann von sich aus macht halt, ne. Oder auch, was ich zum Beispiel ganz wichtig finde, ne, dass man oft mit 'ner PDA, auch wenn es ›Walking-PDA‹ heißt und man damit laufen kann, das ist bei uns auch so, dass die Frauen tatsächlich wirklich sich gut damit bewegen können, aber sowas wie auf Toilette gehen und Urin lassen funktioniert trotzdem oft nicht, ne. Also, dass das dann immer mit einem Katheterisieren auch in Verbindung steht, darüber wird halt auch vorher von ärztlicher Seite nicht aufgeklärt. Ist auch dann eher was, was man als Hebamme dann macht. Aber ist halt so das Problem der PDA, ja« (ebd., S. 13).

Die junge Hebamme sieht die Entwicklung mit großer Sorge, da die PDA sich auch negativ auf das Neugeborene auswirke. Was sie jedenfalls beobachten konnte, ist, dass Schmerzmittel unter der Geburt das Kind in gewisser Weise beeinträchtigen und es beispielsweise zu Stillschwierigkeiten kommen kann:

»Also das Stillen, der Still-Start sozusagen, dass der ein bisschen anders ist, ne, bei Frauen ohne PDA. Dass einfach die Kinder so'n bisschen fitter sind oder ein bisschen agiler sind und es eben schneller hinbekommen, sozusagen auch das intuitive Stillen. Also dass die Kinder selbst an die Brust kommen und selbst andocken, ohne dass man als Hebamme oder als Mutter viel beisteuert sozusagen, ne. Und das beobachtet man eigentlich eher bei Kindern, wo es keine PDA gab, keine Schmerzmittel, und die einfach ganz natürlich und normal geboren wurden, ja. Also das ist tatsächlich so. Obwohl man ja sagt, die PDA geht nicht direkt auf's Kind über, weil's nicht über die Blutbahn geht, ne. Aber es ist ja schon, es macht schon irgendwas mit den Kindern. Also das ist schon so, ja« (ebd., S. 12).

Dass die PDA nicht nur etwas mit den Kindern, sondern vor allem mit den Müttern macht, hat die Hebamme ausführlich erläutert. Aber die Periduralanästhesie macht auch etwas mit den Müttern, die sich eigentlich eine natürliche Geburt wünschen:

»Was ich eben manchmal dann erlebe, ist [...], wenn ich Frauen dann beim zweiten Kind betreue, die dann eben sagen, ›Oh, ich glaub, diesmal würd' ich's gern ohne versuchen, weil ich glaube, das hat meine Geburt irgendwie verändert.‹ [...] Und da ist es schon manchmal so, dass die Frauen dann in der nächsten Schwangerschaft oder bei der nächsten Geburt dann sagen, sie möchten's gerne einfach ohne probieren, weil sie schon das Gefühl haben, dass es vielleicht ohne PDA anders gelaufen wäre, ja. Weiß man ja auch nicht immer, ob's dann so ist, ne, aber kann man die Frauen nur [...] unterstützen, ja. Und dann halt versuchen, ohne, ne. Und dann sind die Frauen auch mega stolz, wenn sie's dann geschafft haben. Das ist schon sowas, wenn 'ne Frau das tatsächlich dann, wenn sie gehört hat, von ihren zehn Freundinnen haben alle 'ne PDA gehabt, und sie schafft das ohne. Das ist schon was, wo die Frauen danach wirklich stolz auf sich sind, ne« (ebd., S. 11f.).

»Dann sind die Frauen auch mega stolz«, sagt die Hebamme, denn sie haben aus eigener Kraft geboren und ihrem Körper vertraut. Doch sind solche Frauen allem Anschein nach mittlerweile die Ausnahme. Woran liegt es, dass sie zunehmend kein Vertrauen mehr in ihren Körper haben? Dass sie das Geschäft des Gebärens aufgegeben und an das medizinische Personal delegiert haben? Dass sie um jeden Preis Schmerzvermeidung anstreben, obgleich die angebotenen Mittel häufig nachteilig sind? Die Hebamme Ina May Gaskin geht in ihrer Publikation ausführlich auf dieses Phänomen ein:

»Ich glaube, der Schmerz normaler Wehen hat eine Bedeutung. Das Interessante am Schmerz ist, dass er rein ist. Wenn Sie ihn durchlebt haben, ist er vorbei. Sie können ihn in der Erinnerung nicht wiederbeleben. Der Wehenschmerz ist etwas Besonderes: Er schadet dem Körper fast nie. Wenn das Vermeiden von Schmerz zum Hauptanliegen der Geburtsvorbereitung wird, bewirkt das paradoxerweise, dass mehr Frauen nach der Geburt ihres Babys mit Schmerz zu tun haben. Der häufige Einsatz von Periduralanästhesien (PDA) treibt die Kaiserschnittraten, die Saugglocken- und Zangengeburten in die Höhe. Die PDA verursacht bei etwa jeder fünften Frau langfristige Rückenbeschwerden. Der Einsatz von Geburtszange oder Saugglocke kann zu Verletzungen des Babys oder der Mutter führen. [...] All diese Eingriffe oder Zustände sind mit Schmerzen nach der Geburt verbunden.

Frauen dagegen, die natürlich gebären, haben den Schmerz hinter sich, wenn ihr Baby geboren ist. Sie fühlen sich oftmals euphorisch und werden von den Hormonen, die nach der Geburt ausgeschüttet werden, in eine gute Stimmung versetzt« (Gaskin, 2012, S.164f.).

Da aber in Deutschland nahezu alle Geburten in Kliniken stattfinden und hier bei vielen, ja den meisten Geburten von ärztlicher Seite interveniert wird, kann kaum noch eine Frau eine natürliche Geburt erleben. Ganz im Gegenteil machen die Hebammen die Beobachtung, dass nicht nur die PDA mit den beschriebenen Schattenseiten die Kreißsäle erobert hat, sondern auch der Kaiserschnitt, der in einer bislang noch nie da gewesenen Häufigkeit ausgeführt wird. Alle in dieser Untersuchung zu Wort kommenden Hebammen beklagen eine solche Entwicklung. Auch die junge Hebamme Levke Stamm steht dieser Art von Geburtshilfe mit großer Skepsis gegenüber, vor allem auch was die Einstellung der schwangeren Frauen betrifft:

> »Es wird immer pathologischer, aber einfach halt, weil man zu früh irgendwie in das Normale halt eingreift oder weil man's beschleunigen will [...]. Ganz verrückt. Es gibt Frauen, die würden sich am liebsten 'ne PDA legen lassen, bevor sie Wehen haben, ne. Da muss man dann erst mal erklären, dass das nicht geht. [...] Oder halt so dieses: Die kommen schon in der Kreißsaal mit beginnender Wehentätigkeit und direkt, ›Ab wann kann man jetzt 'ne PDA legen?‹ Dass man *ja* nicht den Zeitpunkt verpasst, nicht dass man's noch ohne machen muss, ne. Das ist eine der größten Fragen in Geburtsvorbereitungskursen: ›Wann legt man am besten 'ne PDA?‹ Legt man sie eher früher? Wann ist es zu früh? Wann ist es zu spät? Gibt's ein *Zu spät?* Damit beschäftigt man sich schon viel als Hebamme, ja. [...] Klar, manchmal hat man eben auch Situationen, wo man sagt, für manche Frauen ist es auch gut, dann 'ne PDA zu nehmen, [...] wo man als Hebamme das Gefühl hat, die Frau kann überhaupt nicht lockerlassen und ist total angespannt irgendwie. Oder wenn irgendwie 's Köpfchen ins Becken nicht richtig eingestellt ist und man merkt, es geht einfach nicht gut voran irgendwie, obwohl die Wehen gut da sind, ne. Und bevor man dann natürlich irgendwann sagt, es geht nicht voran, wir machen jetzt einen Kaiserschnitt, dann ist's schon so, dass wir dann sagen, dann versuchen wir lieber noch mal 'ne PDA. Oder wenn 'ne Frau sagt, ›Ich will das jetzt nicht mehr, ich will 'n Kaiserschnitt‹, weil's ihr, weil sie so Schmerzen hat und das nicht aushalten kann, dann ist es auch was, wo man als Hebamme sagt, ›Komm, dann versuchen wir noch 'ne PDA und wenn's dann, wenn du dann immer noch der Meinung bist ... In den OP fahren können wir immer noch.‹ Also das sind aber die einzigen Gründe, warum man als Hebamme sagt, ›Nimm 'ne PDA‹« (Stamm, 2018, S. 13f.).

3 Die Klinikhebamme der Gegenwart

Die heutigen Frauen fragen an der Kreißsaaltür schon nach der PDA, sagt die Hebamme. Mit Mühe müsse man sie ihnen ausreden und ihnen das Vertrauen vermitteln, dass sie sich erst einmal auf ihren Körper verlassen könnten. Dass alles gut und eine natürliche Geburt zu erwarten sei. Dass man getrost abwarten könne und keine Eile geboten sei, in den Geburtsablauf einzugreifen. Dass sie keine Angst haben müssten vor den Schmerzen, weil es auch andere, sanftere Methoden gebe, mit dem Wehenschmerz klarzukommen.

Was ist geschehen? Woher kommen die Unsicherheiten und Ängste der Schwangeren, woher die Arzt- und Medikamentengläubigkeit? Die Hebamme meint, eine Antwort darauf zu wissen:

»Ich würde sagen, es ist oft das fehlende Vertrauen in den eigenen Körper. Die Frauen trauen sich das gar nicht zu, 'n Kind zu kriegen irgendwie oder dass [sie] halt alleine mit ihrer Körperkraft, dass sie das alleine sozusagen schaffen können, nur mit der Unterstützung der Hebammen. Ich glaub, die Frauen trauen sich's wirklich nicht zu. Die sind so beeinflusst von anderen, die erzählen von ihren Geburten, von Google oder von irgendwelchen Foren, wie auch immer, von den falschen Foren, wo sie dann lesen, ja, dass sie sich das einfach nicht zutrauen. Die trauen's sich einfach nicht zu, glaub' ich. [...] Es ist ja schon in der Schwangerschaft, dass ständig Ultraschall geguckt [wird] und hier gemessen und da gemessen und so. Und das gibt auch so'ne falsche Sicherheit, ja, bzw. es macht ganz viele wirklich kirre in der Schwangerschaft. Die haben dann schon Angst, weil der Frauenarzt schon in der 20. Woche sagt: ›Das Kind ist groß und jetzt müssen Sie aber aufpassen, nicht dass es zu groß wird.‹ So, und dann fangen die Frauen an und essen nix mehr so ungefähr, ne, und das Kind ist vielleicht einfach genetisch bedingt so groß, ja, gibt's halt einfach. Und die machen sich 'ne ganze Schwangerschaft über Gedanken und machen sich total Stress und gehen auch mit diesem Stress in die Geburt. Die sind ja dann auch nicht entspannt und sagen, ›Och, wird schon alles.‹ Also, das gibt's auch, aber die meisten sind dann schon so, ›Oh, hoffentlich geht das jetzt‹, ne. Und dann, dann fängt's in der Klinik an. Wenn das Kind über vier Kilo wiegt, dann muss man schon 'ne Aufklärung über Schulterdystokie oder so unterschreiben. Kriegt man den nächsten Dämpfer, ne, kriegt direkt halt schon Angst gemacht. Und dann ist man als Frau natürlich total verkopft, das ist ja klar, ne, das kann dann keiner ausschalten. Also, wenn man das die ganze Schwangerschaft gesagt bekommt, im Kreißsaal dann auch direkt gesagt bekommt, ja wie soll man denn da noch an sich selbst glauben, dass man es schaffen kann? Das geht ja gar nicht. Also. Und es wird halt auch immer mehr, dass im Ultraschall dann gesehen wird, zu klein, zu groß das Kind, zu wenig Fruchtwasser, zu viel Fruchtwasser, der Kopf ist zu klein für den Körper, der Körper ist zu klein für den Kopf, also, ja, bei ganz vielen irgendwas. Und dementsprechend wird man natürlich dann ja verunsichert und dann, klar, dann denkt man, ›So ganz unauffällig ist meine Schwangerschaft ja nicht‹« (ebd., S. 19f.).

Angst- und Panikmache von Beginn der Schwangerschaft an bis zur Geburt führten dazu, dass Schwangere ihrem Körper nicht mehr vertrauten und ihn am liebsten an der Eingangstür zur Klinik abgeben würden an professionelles medizinisches Personal, so das Fazit der Hebamme. Im ganzen Schwangerschaftsverlauf würden Risiken gesehen, die in der Geburt kulminierten und das Selbstvertrauen der Frauen untergrüben. Die logische Konsequenz daraus seien die medizinischen Eingriffe seitens der Ärzteschaft, was zu einem negativen Geburtserlebnis für Mutter und Kind führe.

Die hier zu Wort gekommen Hebammen sind zum großen Teil frustriert vom geburtshilflichen Klinikalltag. Sie würden gern mehr natürliche Geburten betreuen, weniger ärztliche Interventionen sehen und die Frauen in ihrer Selbstbestimmung bestärken. Aber sowohl der stressige Klinikablauf, bei dem infolge chronischer Unterbesetzung keine Eins-zu-eins-Betreuung möglich ist, als auch die Krankenhaushierarchie vereiteln diese Bestrebungen. Rückendeckung erhalten die Hebammen aber auch nicht von den Schwangeren, die, statt sich ihnen vorbehaltlos anzuvertrauen, lieber ärztliche Leistungen einfordern. Ein nicht aufzulösender Teufelskreis, den die Hebamme Marlitt Braun hier noch einmal beschreibt:

»Ich denke, es liegt insgesamt an der Gesundheitsvorsorge hier. Die Frauen, darf man nicht vergessen, gehen in der Vorsorge in der Regel zu Ärzten. Hebammen können das auch. Wenn die sich jetzt gezielt informieren und dann zu einem Geburtshaus gehen, können die da auch ihre Vorsorge machen. Dann sind die schon in Hebammenbetreuung und denken – das ist dann eine physiologische Sache –, das ist alles normal, das schaffe ich. Sind sie aber im Vorhinein bei Ärzten, orientieren sie sich eher an einer Pathogenese, das ist einfach so. Die gucken und suchen immer nach Krankheiten, man guckt immer nach Fehlern im Gesundheitssystem. Hebammen haben ganz anders gelernt. Wir sind ja nur für die Physiologie zuständig.

Wir sehen erst mal nur das ›Normale‹. Da muss man sagen, dass ja auch viele – was man so hört im Bekanntenkreis – Frauen beeinflusst sind und hören, wie die Geburten laufen oder was da passiert. [...] Die trauen sich das nicht zu. Ich muss auch sagen, im Kreißsaal die Frauen, die wollen das auch nicht, die wollen das nicht unbedingt schaffen, also die Schmerzen aushalten. PDA einfach! Aber im Geburtshaus haben sie ja keine Schmerzmittel, da müssen sie es aus eigener Kraft schaffen. Wer ins Geburtshaus geht, der will unbedingt alleine und ganz natürlich entbinden, und selbstbestimmt. Wobei die das ja theoretisch in manchen Häusern genauso können. Es heißt nicht, dass sie im Krankenhaus sind und sofort Intervention kriegen. Aber das ist auch okay, sie wollen im Geburtshaus eben auch die schönere Atmosphäre, sie wollen nicht den Personalwechsel und nicht die Krankenhausatmosphäre, sie wollen die Eins-zu-eins-Betreuung und die haben sie. Und das ist gut und im Grunde ist dies auch ein echt sicheres System. Wenn ich die Frau eins zu eins betreue, dann passiert auch weniger. Und das haben wir im Krankenhaus ja gar nicht. Von wegen, das ist sicherer im Krankenhaus! Aber das ist auch in den Köpfen der Leute nicht drin. Die denken immer: Ärzte, Hebammen, Maschinen – alles da und im Notfall Kaiserschnitt und so weiter. Aber dass man dann in den großen Häusern von Raum zu Raum rennt und das gar nicht alles im Blick hat, das vergessen die. Da passiert auch was. Und wenn man dann weiter so ungeduldig sagt: ›Ach komm, jetzt doch ein Schmerzmittel oder jetzt doch die Blase auf, dass es schneller geht.‹ Das sind alles Interventionen, die immer irgendwas hinter sich herziehen und irgendwas passiert dann eben doch. Oder läuft anders als es laufen sollte. Und dann entwickelt sich eben auch diese Pathologie, die ist hausgemacht. Das ist auch so. Oder auch wenn sich eine Frau für eine PDA entscheidet, es ist ja okay, wenn sie es nicht mehr aushält, aber damit habe ich dann auch gleich wieder weniger Wehen, die Frau ist ›immobiler‹, ich habe nicht mehr die aufrechte Gebärhaltung, dass das Kind gut rutschen kann. Dann kommt eins zum anderen und zack, hab' ich am Ende einen Geburtsstillstand und muss mit der Saugglocke daran ziehen. Das muss nicht immer sein mit der PDA. Aber natürlich ist das dann manchmal so. Ja, wenn die irgendwie eingreifen, ist das so. Aber es gibt auch Fälle, die Frau soll nicht ins Geburtshaus, wenn die Frau schon Diabetes hat oder ein ganz großes Kind, zu viel Fruchtwasser hat, Bluthochdruck. Das sind Risikofaktoren, das gehört nicht ins Geburtshaus. Wunschkaiserschnitte gibt es nicht so viele, aber das gibt es natürlich auch. Aber das Problem ist natürlich auch, dass eh zu schnell Kaiserschnitte gemacht werden« (Braun, 2015, S. 28f.).

Deutlich wird bei den Hebammen, dass sie, anders als die Ärzteschaft, Schwangerschaft und Geburt als natürliche Phänomene sehen, die bei normalem Verlauf keiner medizinischen Intervention bedürfen. Den Frauen wird aber im Gegensatz dazu offenbar schon bei den Vorsorgeuntersuchungen deutlich gemacht, dass sie ab dem Anlegen ihres Mutterpasses als Patientinnen gelten und es sehr wohl riskant ist, ein Kind auszutragen und zur Welt zu bringen:

> »Das liegt eben auch an der Schwangerschaftsvorsorge, das habe ich ja eben schon gesagt. [...] Die Frauen nutzen die Vorsorge bei den Hebammen zu wenig. Nur in einem Geburtsvorbereitungskurs funktioniert das nicht, das sind ja nur sieben bis acht Wochen. Damit können sie nicht die ganze Lebenswelt aufarbeiten, aber wenigsten die Schwangerschaft. Salutogenese, Pathogenese, das müssen sie gucken: Salutogenetisch arbeiten die Hebammen immer eher, pathogenetisch sind es die Mediziner« (ebd., S. 30f.).

Hier ist ein Problem angesprochen, das alle Hebammen thematisieren und alle Schwangeren erleben: Die unterschiedliche Sicht auf die Geburt von Hebammen und Ärzteschaft.

3.3 Rituale und Hierarchien

Diese entgegengesetzte Sicht auf die Dinge wurde bereits im 18. Jahrhundert im Kontext der Aufklärung und der Verwissenschaftlichung der Geburtshilfe angelegt. Die Medizin betrat erstmals das bis dahin den Hebammen vorbehaltene Terrain und spaltete die Disziplin in einen geburtshilflichen und einen geburtsmedizinischen Sektor. Zu Letzterem hatten Hebammen keinen Zutritt (vgl. Metz-Becker, 1997, S. 25ff.; Schlumbohm, 2012). Sie sind den geburtsmedizinischen Interventionen auch heute mehr oder weniger hilflos ausgeliefert. Selbst wenn sie den Geburtsverlauf anders beurteilen, haben sie sich dem Machtapparat der Klinik zu fügen:

> »Da war die Hebamme Vera, die Kreißsaal-Leitung und sehr erfahren, und der junge Assistenzarzt. Und dann ging der Kampf zwischen denen los. Die Hebamme sagte: ›Das ist möglich. Warten Sie noch ab.‹ Der Arzt sagte: ›Nein. Das CTG bietet uns hier Zeichen, zu handeln. Wir können nicht länger abwarten.‹ Und es führte dann natürlich zum Kaiserschnitt« (Kahl, 2018, S. 19).

Allerdings kann es auch schon einmal vorkommen, dass ein älterer, erfahrener Arzt entscheidet, dass kein Kaiserschnitt gemacht wird, da er sein geburtshilfliches »Handwerk« noch versteht. Die Hebamme Sidonia Schmitt hat Folgendes erlebt:

> »Es ist alles angstgesteuert. Die Angst, man könnte Fehler machen, die Angst, es könnte was passieren. Und es gibt auch mittlerweile viele Mediziner oder Medizinerinnen, die das Handwerk gar nicht mehr kennen, ja? Also ich hab' noch einen Arzt erlebt in Hersfeld, der hat eine Beckenendlage entbunden. Also ich kannte das aus der Uniklinik, da wurde so, wenn jemand eine Beckenendlage spontan entbindet, Sectiobereitschaft, alle waren so in Aufregung, ja? Und da hatte ich ein Kind in Hersfeld [...]. Ich war alleine als Hebamme. Beckenendlage. Und jetzt, jetzt musste ich ja alles schnell vorbereiten. Der kommt rein, zack-zack-zack, entbindet das Kind. Ein älterer Gynäkologe. Er hatte auch Seiten, die ich nicht toll fand, aber das hat er wirklich super gemacht, ja. Wo ich dachte: ›Wow.‹ Das geht halt verloren mittlerweile in unserer medizinischen Überversorgung. Das Handwerk! Ja, dass man nämlich mit den Händen viel ertasten kann, dass man mit den Händen viel machen kann [...]. Das lernt auch niemand mehr. Es lernen auch die Ärzte nicht mehr. Wenn es niemand mehr kann, wer wird es denen beibringen? Ich hab' auch noch so Hebammen erlebt, eine russische Hebamme, kann ich mich noch gut erinnern, da wurde das einfach, in Russland wurde das gemacht, ja. Zack-zack-zack, machte sie eine Beckenendlage. Und nicht so: ›Aaaah! Hilfe! Nee! Der Steiß kommt zuerst! Oh Gott!‹ [...] Und das ist wirklich schade, dass das verloren geht, und dabei geht ja auch ein Stückchen Kulturgut verloren, ja? Ein wichtiges Erbe geht verloren. Also, ich glaube, dadurch dass es verloren geht, dadurch dass es so pathologisiert wird, nimmt man, wie gesagt, erst mal Kulturgut, man nimmt auch dieses Selbstvertrauen und das kriegt sofort so einen medizinischen Kontext, also: ›Oh! Es kommt ein Kind! Zieht euch steril an!‹ (Schmitt, 2016, S. 13f.).

Zur Zusammenarbeit von Hebammen und Ärzten sagt die Hebamme Marlitt Braun:

> »Es ist natürlich dann so, dass, wenn eine Pathologie ist, dass der Arzt sagt, was zu tun ist. Da werde ich zur Erfüllungsgehilfin. Solange es physiologisch läuft, dann darf ich das entscheiden. Aber es ist so, wie die Politik im Hause ist. In einem Krankenhaus ist es so, dass die Abteilung immer geleitet

wird von einem Chefarzt, der hat das letzte Sagen. Und auch versicherungstechnisch in den Häusern ist das so geregelt. Klar, im Hebammenkreißsaal müssen wir die nicht rufen, aber das mussten wir versicherungstechnisch auch abregeln. Das ist ja auch schon ein außergewöhnliches Modell. Dann gibt es natürlich auch manchmal Meinungsunterschiede. Ob man diese Frau einleiten muss oder nicht. Oder ob ein Wehentropf dran sollte oder nicht. Macht man die Blase auf oder nicht. Ob man da jetzt ein bisschen unterstützt, ob man der Frau noch ein bisschen Zeit lässt. Von der Frau hängt es natürlich auch noch immer ab. Aber da gibt es durchaus Meinungsverschiedenheiten und ganz schöne Diskussionen. Jetzt ist das so, ich bin ja jetzt schon älter, dass man mit den Ärzten, also mit den Älteren, auch schon länger zusammenarbeitet, da gibt es schon häufiger mal Diskussionen. Oder die denken, lass die mal machen. Die Jüngeren, da ist es anders. Die fühlen sich durchaus immer noch so bevormundet. Ja es ist so, du musst dir da einen Status erarbeiten. Grundsätzlich gibt es die Hierarchie, aber innerhalb des Kreißsaals, mit den normalen Assistenzärzten, ist es doch eher ein Team. Man will, dass das Kind gut auf die Welt kommt. Und dass Frau und Kind nichts passiert. Und da unterstützt man sich. Aber es gibt durchaus Diskrepanzen und Situationen, wo, also wenn man einen jungen Arzt hat, wo die Hebamme sagt, ›Nee – wir müssen jemanden rufen, der das besser einschätzen kann.‹ Ich hab' auch immer dieses Haftungsproblem. Wenn wir vor Gericht stehen und da ist ein Fall, dass die sagen, ›Hier ein junger Arzt und Sie als erfahrene Hebamme, das müssten Sie wissen.‹ Also bin ich mit dran, ich bin immer mit dran. Auch wenn ich in der Pathologie gar nicht zuständig bin. Aber dann steht da einer gerade von der Uni, ja, der weiß es ja auch nicht« (Braun, 2015, S. 33f.).

Insgesamt aber schaut die Hebamme nicht in erster Linie auf Haftpflichtfälle und Pathologie, sondern sie geht von einem normalen Geburtsverlauf aus:

»Wir haben als Hebammen ja auch wirklich die Sicherheit, sie müssen zu jeder Geburt gerufen werden, es gibt diese Hinzuziehungspflicht. Sie dürfen keine Geburt ohne Hebamme machen, ohne Arzt schon, aber nicht ohne Hebamme. Wir sind die eigentlichen Fachfrauen dafür. Das müsste ein bisschen mehr in die Kreißsäle Einzug halten. Wie in Skandinavien. Und wie beim Hebammenkreißsaal. Also, dass es selbstverständlich ist, dass die Frauen, die keine Probleme haben, wirklich von Anfang an in den Hebammenkreißsaal kommen, das wäre super. Wo die Hebammen mehr die Vorsorge machen. In Holland ist das ja auch schon viel mehr. Und sie brauchen jemanden, der die Frauen bestärkt, dass das auch erst mal ein natürlicher Vorgang ist. Aber die auch alle Pathologie im Blick hat. Und die brauchen die Betreuung unter der Geburt, die Frauen. Je besser betreut, desto besser gebären sie ja auch« (ebd., S. 37f.).

Da die optimale Betreuung durch die Hebamme aber oft nicht gewährleistet ist, greift die Berufsanfängerin Levke Stamm auch schon einmal zu einer List, um die medizinischen Interventionen während ihrer Dienstzeit so gering wie möglich zu halten: Sie lässt sich mit Absicht in die Nachtschicht einteilen, da ihr da viel häufiger die Eins-zu-eins-Betreuung möglich ist als in der alltäglichen Klinikroutine:

Abbildung 16: Hebamme Tatjana Meier, Gießen, mit Neugeborenem nach einer Klinikgeburt, 2020

»Also ich mach zum Beispiel auch gerne Nachtdienste und das hat schon einen Grund. Weil man da halt wirklich nur die gebärenden Frauen hat und nicht dieses, das ganze Drumherum noch, ne. Das kommt ja alles noch dazu im Kreißsaal: Frauen, die zur Kontrolle kommen, vom Frauenarzt geschickt werden, weil er irgendwas im Ultraschall gesehen hat oder so. Das zieht einen ja auch immer wieder aus dem Kreißsaal raus, ne, das ist dann zwar keine Geburt, die man betreut, aber halt eben CTG anlegen oder eben auch den Frauen dann bisschen Angst nehmen oder so, ne. Die kommen ja dann auch vom Frauenarzt und sind manchmal total aufgelöst und wissen jetzt nicht, was jetzt passiert, ja. Das hat man nachts halt eben nicht. Nachts hat man einfach die Frauen, die zur Geburt kommen. Und das ist halt schön. Weil, da kann man meistens wirklich 'ne Eins-zu-eins-Betreuung tatsächlich machen in der Nacht, ja. Und deswegen ist's auch da für mich gefühlt so, dass man da weniger PDAs hat tatsächlich. Und dadurch natürlich dann auch weniger pathologische Geburten. Weniger Wehentropf, weniger Saugglocken, weniger Kaiserschnitte, ja. Einfach, weil man nicht so schnell eingreift. Die Ärzte schlafen nachts meistens, die sind nicht da. Also zumindest ist es bei uns so, ne. Die liegen dann in ihrem Zimmer und man ruft sie dann, wenn man eben denkt, man bräuchte sie jetzt oder man will irgend 'ne Anordnung oder so. Und ansonsten haben die ja auch kein Interesse daran, ständig aufzustehen und einfach nur zu gucken, die Hebammen zu kontrollieren, sozusagen. Also zumindest bei uns machen die das nicht, ne. Dementsprechend kann man einfach viel freier noch mal arbeiten und, ja, es ist irgendwie, es macht 'ne andere Atmosphäre nachts, ja« (Stamm, 2018, S. 8f.).

Eine »andere Atmosphäre«, Raum für Ruhe und Besonnenheit, keine hektische Kreißsaalroutine mit Vorsorgeuntersuchungen, Geburtseinleitungen, Rückenmarksnarkosen und dem Hin und Her der Schwestern, Hebammen und ÄrztInnen, sondern nur die gebärenden Frauen in dem ihnen zustehenden Schutzraum der Intimität. Das ist es, das der jungen Hebamme Berufszufriedenheit gibt, da sie dann »viel freier arbeiten« kann. Dies ist ihr in der Klinik aber nur nachts möglich.

3.4 Kosten-Nutzen-Denken im Gesundheitssystem

Nicht nur die interviewten Hebammen beklagen, dass eine Eins-zu-eins-Betreuung im Krankenhaus unmöglich sei, sondern auch die jüngste Forschung sieht hierin dringenden politischen Handlungsbedarf (vgl. Jung, 2018, S. 71ff.). Doch der Klinikalltag, da sind sich alle Hebammen einig, ermöglicht diesen Betreuungsschlüssel nicht. Gleichzeitig wissen sie aber, dass die intensive Betreuung der Gebärenden unter der Geburt das A und O jeder guten Geburtshilfe ist. »Je besser betreut, desto besser gebären sie ja auch«, so die Feststellung der vorstehend zitierten Hebamme. Es ist ein Dilemma, das die Hebammen stark kritisieren:

> »In keinem Krankenhaus können sie erwarten, dass Sie eine Eins-zu-eins-Betreuung haben. Das ist wirklich so. Da müssten die Gelder besser sein, es ist eine politische Sache. Will man, dass die Frauen gut gebären, will man, dass die Menschen gut auf die Welt kommen? Darauf legt man wohl nicht so einen großen Wert. Okay, dann ist die Situation eben so. Das liegt nicht

am Engagement der Leute, es liegt einfach am Geld und der Gesundheitspolitik« (Braun, 2015, S. 20).

Der gegenwärtige Hebammenmangel wirkt sich auf viele Bereiche aus. Es ist nicht nur so, dass in der Klinik die Eins-zu-eins-Betreuung nicht gewährleistet werden kann, sondern es fehlen auch Hebammen für die dringend notwendige Nachsorge bei Mutter und Kind. Diese ist umso wichtiger, als die Frauen heute wesentlich früher aus dem Krankenhaus entlassen werden als dies in der Vergangenheit der Fall war. Die Hebamme Marlitt Braun sagt dazu:

»Die Frauen finden manchmal keine Hebamme zur Wochenbettbetreuung. Brauchen sie aber, weil früher war die Wochenbettbetreuung im Krankenhaus, also in den 60er Jahren, lag man ja zehn Tage. Jetzt gehen die Frauen nach zwei bis drei Tagen wieder. Nach einem Kaiserschnitt nach vier bis fünf Tagen. Da haben die ja keinen Milcheinschuss, das ist ja dann alles noch nicht richtig. Die Rückbildung muss ja noch beobachtet werden, die müssen erst noch ins Stillen kommen und der Nabel bei dem Kind ist ja noch nicht ab. Und ob das Kind gut zunimmt. Und so weiter. Also die müssen im Grunde ja noch eine Nachbetreuung haben, das ist voll wichtig. Aber die finden keine. Also der stationäre Aufenthalt wurde extrem gekürzt. DRG-mäßig werden nur soundso viele Tage bezahlt, wenn die länger liegen, verdient das Haus im Grunde nicht mehr. Man verdient nicht mit jedem Tag. [Gegenwärtig wird in Krankenhäusern nach den sogenannten »Diagnosis Related Groups« (DRG), abgerechnet. Mit den DRG-Fallpauschalen wird die Höhe der Krankenhausentgelte nach Art und Schweregrad der diagnostizierten Krankheit eingestuft – Anm. d. Verf.] Und zu Hause ist jetzt das Problem, dass im Grunde nicht alle eine Nachsorge bekommen. Hier in X ist es gut abgedeckt. Aber woanders ist es knapper. Wenn man auf dem Land ist, ist es schwierig. Und auch in manchen Großstädten ist es total schwierig. Und deshalb brauchen wir mehr Hebammen, aber im Moment sind die Anmeldezahlen zurück. Also noch kurz das Abrechnungssystem. Früher, in den 70er Jahren, da war es so, es wurde jeder Tag bezahlt. Jetzt gibt es DRG. Das ist eine Diagnose und es gibt einen Betrag. Egal ob man zehn oder vier Tage bleibt. Je eher der Patient raus geht, umso mehr verdient man. Nach einer Geburt sind es maximal drei bis vier Tage. Alles was drüber bleibt, geht auf Kosten des Hauses. Wir gucken jetzt nicht so drauf. Häuser, die sehr voll sind, die gucken auch, dass die

Frauen nach dem dritten Tag alle gehen. So. Daran ist das alles berechnet. Die verdienen nichts, wenn die Leute länger bleiben. Deshalb können alle jetzt schnell gehen« (ebd., S. 38f.).

Dass dringend benötigte Hebammen fehlen, liegt nach Ansicht von Frau Braun auch an den Krankenkassen, die sich in die Stellenpolitik »einmischen«:

> »Dann mischen sich die Krankenkassen inzwischen viel zu sehr ein. Was Ausschlusskriterien sind für Geburtshäuser, für freiberufliche Hebammen – da frage ich mich, was haben sie für eine Expertise, dass die sich da einmischen können? Da gibt es noch nicht mal Studien zu. Das ist eine Unverschämtheit. Krankenkassen sind Verwaltungstypen. Also das versteh' ich überhaupt nicht. Das ist Schikane und Verzögerungstaktik. Das, was sich ändern muss, ist, dass wir uns im Grunde nicht mehr nur selbst versichern. Wie es in anderen Ländern ist, es muss einen Haftpflichtfonds geben, der vom Staat ist, da müssen Steuergelder rein. Also jeder Mensch wird geboren. Das ist ja nicht so, als ob ich eine exklusive Limonade verkaufe. Jeder wird geboren. Und wir wollen, dass auch jeder sicher auf die Welt kommt. Also es ist ein gemeinschaftliches Interesse für die ganze soziale Gemeinschaft. Es ist in aller Interesse, also muss was von den Steuergeldern in den Haftpflichtfonds, wie in Skandinavien« (ebd., S. 35).

Die Hebammen beklagen auch, dass die kleinen Krankenhäuser schließen und Geburtshilfe immer mehr in Kliniken der Maximalversorgung gebündelt wird. Meist handelt es sich dabei um große Mutter-Kind-Zentren, denen Kinderkliniken angeschlossen sind, da die Pathologie im Vordergrund steht. Kleine Häuser rechneten sich nicht mehr, wie die Hebamme Levke Stamm beobachtet hat:

> »Es muss immer mehr Geld bringen und Geburtshilfe bringt nicht viel Geld. Deswegen lohnt sich's für viele nicht mehr.[...] Letztes Jahr hat mal jemand zu uns auch im Kreißsaal gesagt, ›Wenn 'ne Klinik unter 1.000 Geburten hat, dann ist es ein Minusgeschäft‹, und dann wird die zugemacht, das ist total krass, ja. Ganz schlimm« (Stamm, 2018, S. 4).

Ohnmächtig stehen die heutigen Hebammen vor diesem Phänomen: Die Schließungen der geburtshilflichen Abteilungen sind augenfällig. Im Jahr

1991 gab es noch 1.186 Kliniken, in denen Geburten möglich waren, 2017 waren es nur noch 672 Kliniken. Seitdem schließt fast jeden Monat ein Kreißsaal seine Türen. Der Deutsche Hebammenverband weist auf seiner Internetseite darauf hin, welche Kreißsäle seit 2015 geschlossen wurden, welche Schließungen aktuell drohen und welche vorübergehend geschlossen wurden (Deutscher Hebammenverband, 2020).

Auch die Öffentlichkeit wurde in den letzten Jahren durch Presse, Funk und Fernsehen mit diesen alarmierenden Zahlen konfrontiert und viele fragen sich, wie das mit der von der Politik proklamierten flächendeckenden, wohnortnahen geburtshilflichen Versorgung zusammenzubringen ist (vgl. Jung, 2018, S. 63ff.). Aus einer Veröffentlichung des Wissenschaftlichen Dienstes des Deutschen Bundestages geht hervor, dass

> »die Sicherstellung einer flächendeckenden gut erreichbaren Versorgung im Gesundheitsbereich auf qualitativ hohem Niveau [...] der Bundesregierung ein zentrales Anliegen [sei]. Dementsprechend haben die Koalitionäre im Koalitionsvertrag 2018 festgehalten: ›Zu einer flächendeckenden Gesundheitsversorgung gehören für uns [...] auch eine wohnortnahe Geburtshilfe, Hebammen und Apotheken vor Ort‹« (Wissenschaftliche Dienste, 2018, S. 4).

Eine wissenschaftliche, an der Universität Gießen im Jahr 2016 durchgeführte Untersuchung kam hingegen zu dem Ergebnis, dass dieser Anspruch mitnichten eingelöst wurde (vgl. Jung, 2014/2015; vgl. auch Jung, 2017). Vielmehr steht das Konzept dieser Koalitionsvereinbarung in diametralem Gegensatz zur Realität, in der kontinuierlich Kreißsaalschließungen stattfinden. Als Gründe für die Schließungen werden in der Regel hohe Kosten und Personalmangel angeführt. Zu der unlängst in der Universitätsstadt Marburg stattgefundenen Schließung der Abteilung Gynäkologie und Geburtshilfe im Diakonie-Krankenhaus Wehrda titelte die Marburger Tageszeitung *Oberhessische Presse*: »Geburten lohnen sich einfach nicht mehr« (Kunz, 2019, 28. Mai) und auch die anschließende Debatte im Marburger Stadtparlament kam zu dem Schluss, dass man die kaufmännische Entscheidung der Diakonie respektieren müsse. Die Klinik hatte die Schließung damit begründet, dass eine »mit rund 650 Kindern pro Jahr sinkende Geburtenzahl sowie die finanzielle Belastung aus steigenden Haftpflichtversicherungsprämien [...] nicht mehr zu stemmen« (ebd.) sei. Da half auch der Einwand des SPD-Oberbürgermeisters wenig, dass man derartige Entwicklungen nicht den Marktmechanismen überlassen dürfe. Die Abteilung wurde trotz großer öffentlicher Empörung geschlossen. Die Gießener Untersuchung kommt zu dem Schluss, dass mit dem Phänomen der Ökonomisierung der Geburtshilfe die Zentralisierung geburtshilflicher Infrastruktur einhergeht:

> »Die Anzahl der Geburtshilfeabteilungen sinkt kontinuierlich, und zwar stärker als der allgemeine Rückgang der Anzahl an Kliniken insgesamt in Deutschland. Seit 1991 ging die Anzahl der Geburtsstationen deutschlandweit um rund 40 Prozent zurück, allein 2016 schlossen ganze 18 Kreißsäle ihre Türen« (vgl. Jung, 2018, S. 67).

Die Studie hält fest, dass es in Hessen bereits zwei Landkreise gibt, in denen keine Kliniken mit geburtshilflichen Abteilungen mehr existieren, im Vogelsberg- und im Rheingau-Taunus-Kreis. Dabei wurde augenfällig, dass die Kreißsaalschließungen nicht alle Krankenhaustypen betrafen, sondern nur die kleineren wohnortnahen Kliniken der Grund- und Regelversorgung, sodass die Frauen gezwungen sind, ihre Kinder in riesigen, zentralisierten, oftmals viele Kilometer weit entfernten Kliniken der Maximalversorgung zur Welt zu bringen. Auch Hebammen sehen diese Entwicklung kritisch und gehen gemeinsam mit den Eltern auf die Straße, um auf diese Missstände aufmerksam zu machen. Die Universitätsstadt Marburg und der Landkreis Marburg-Biedenkopf haben im November 2019 aufgrund des öffentlichen Drucks eine Konferenz einberufen, die darauf abzielte, die Hebammenversorgung im Landkreis und auch Versorgungsmodelle weiterer hessischer Kommunen zu diskutieren und auf die Abhilfe der Engpässe hinzuarbeiten (vgl. Versorgung durch Hebammen im Kreis ist Thema, 2019, 14. November).

3.5 Berufszufriedenheit

Zu ihrem beruflichen Selbstverständnis äußern sich die Hebammen sehr unterschiedlich. Während die eine ihre Arbeit im Kreißsaal schön findet, weil sie geregelte Arbeitszeiten hat und abschalten kann, wenn sie nicht im Dienst ist, kann die andere sich gerade mit dem anstrengenden Schichtdienst in der Klinik nicht anfreunden und möchte lieber in der Freiberuflichkeit arbeiten, in der sie sich die Zeit selbst einteilen kann. Viele halten die Kliniktätigkeit für »knochenhart« (Hahn, 2018, S. 14) und können sich nicht vorstellen, ihren Beruf bis zum Rentenalter auszuüben:

> »Jetzt als Leitung bin ich wenig im Kreißsaal, mache kaum Kurse. Ich habe meinen Schwerpunkt wirklich auf der Dozententätigkeit, das macht Spaß [...]. Ich bin ja jetzt fast 50, muss ja noch bis 65 arbeiten. Da sagen sie alle: ›Mit über 60 willste im Kreissaal auch nicht mehr stehen. Mit diesem Stress.‹ Also manche Jobs kann man nicht durchhalten« (Braun, 2015, S. 37).

Ein Großteil der Hebammen aber arbeitet in der Klinik und muss den Berufsalltag irgendwie stemmen. Obwohl Frau Hahn ihren Beruf, den sie schon 20 Jahre ausübt, liebt, hat sie doch auch Kritik anzumelden:

> »Wir verdienen für die Verantwortung, die wir haben, nicht viel. Also das ist wirklich ein knochenharter Job, so schön wie der ist. Aber im Klinikum, Sie sind im Schichtdienst, Sie arbeiten in drei Schichten, Sie haben Nachtdienst. Und wenn ich sehe, was wir in unserer Nachtschicht als Nachtschichtzulage bekommen, da hat ein Arbeiter in irgendeiner anderen Firma viel mehr. Einer, der am Fließband zum Beispiel sitzt, hat vielleicht mehr Stundenlohn als eine Hebamme oder Krankenschwester, die hier tätig ist. Es geht um Menschenleben, es geht um Patientenleben, es geht um gute persönliche Betreuung. Also, das ist alles, das sind Faktoren, die wirklich viele, viele junge Leute erschrecken, ja. Meinen Töchtern zum Beispiel hab' ich gesagt, ›Macht Hebamme, lernt es, das ist ein toller Job.‹ Die haben gesagt, ›Mama, das ist toll, aber wir haben nicht so Nerven wie du. Wir können das nicht machen.‹ [...] Also bis jetzt war es ja immer so, ich hab' gedacht, okay, hier hast du halt 'ne feste Arbeitszeit, du bleibst auch länger, ist klar, wenn was ist. Aber dann hast du Urlaub, dann kannst du abschalten, dann bist du weg. Es ist schon anstrengend, in einer Klinik zu arbeiten. Es ist nicht einfach. Und dann, wenn du aber raus bist, dann bist du raus und dann kannst du richtig abschalten« (Hahn, 2018, S. 14f.).

Für Frau Hahn war das ein Grund, die Freiberuflichkeit, die sie zeitweise nebenher noch ausübte, zu beenden:

> »Du musst für die Frauen wirklich auch da sein. Du musst immer gehen, du musst, wenn nötig, nochmal hingehen. Man muss denen beim Stillen helfen, beim Kind, bei Pflege, bei 1.000 anderen Fragen, Ernährung etc. Und

das muss jemand machen, der wirklich auch Zeit hat. Für mich war Zeit ein Faktor, wo ich gesagt habe, ›Okay. Ich möchte, wenn ich eine Frau betreue, möchte wirklich gut und lange und gerne das machen.‹ Aber das konnte ich dann nicht vereinbaren, weil ich jetzt Stress hier [= in der Klinik] hatte und zu Hause noch kleine Kinder und so. Das war einfach zu viel. Deswegen hab' ich aufgehört. Und ich bin jetzt so gerne hier, dass ich einfach hier bleiben möchte. Also, das andere wird zu viel wieder. Sagen wir mal so« (ebd., S. 15f.).

Die Hebamme Levke Stamm dagegen sieht ihre berufliche Zukunft nicht in der alleinigen Arbeit im Krankenhaus. Sie stellt sich vor, die Tätigkeit in der Klinik zu reduzieren, wenn sie selber einmal Familie hat, und dafür die Freiberuflichkeit auszubauen:

»Irgendwann vermutlich werd' ich dann auch mal eins, zwei, drei Kinder haben [lacht], [...] das wär' das Erste, wo ich kürzer treten würde, ne, in der Klinik reduzieren [...] auf nur noch 'ne Viertel-Stelle machen. Und dann eben noch ein paar Wochenbettbetreuungen nebenbei, also das muss man dann einfach sehen, wie das so läuft, ne. Die meisten bei uns machen das tatsächlich so, dass sie 'ne ganz kleine Stelle in der Klinik haben. [...] Aber dass man da auch so drin bleibt irgendwie. [...] Wenn man da so richtig raus ist, ist es auch schwierig, weil, es verändert sich ja alles ständig, ne. Und auch grade in der Geburtshilfe verändert sich ja alles irgendwie ständig. Dann gibt's neue Richtlinien hier und da, und da einfach drin zu bleiben, ja, das würd' ich mir wünschen. [...] Dass der Arbeitgeber das mitmacht. Also das ist natürlich auch nicht in allen Kliniken so möglich, ne. Bei uns ist es echt, das muss man sagen, toll. Unsere Chefin, die ist da absolut entspannt. [...] Die versucht jedem die Wünsche irgendwie wirklich möglich zu machen, ja, Dienstplanwünsche. Also wir haben Mütter, die arbeiten nur Nachtdienste, weil's am besten zu organisieren geht. Wir haben Mütter, die arbeiten nur Frühdienste oder die arbeiten immer nur mittwochs und donnerstags zum Beispiel oder so, ne. Das funktioniert alles super. Das geht natürlich nicht überall. Bei uns geht's und deswegen würd' ich auch da bleiben« (Stamm, 2018, S. 35f.).

Im Moment scheint dies die Lösung für die Hebamme zu sein: Der Ausblick auf eine Viertel-Stelle im Krankenhaus und zusätzliche Nachsorgen als Freiberuflerin. Eine volle Stelle in der Klinik kann sie sich für die Zukunft dagegen nicht vorstellen.

Zusammenfassend lässt sich festhalten, dass der Hebammenberuf in der Klinik bei aller Liebe und Hingabe für die Aufgabe als anstrengend und schlecht bezahlt empfunden wird. Die Stellenpolitik der Kliniken wird bemängelt und an eine Eins-zu-eins-Betreuung, wie sie den Frauen zustünde, ist aus Kostengründen nicht zu denken. Der geburtshilfliche Klinikalltag wird kritisch gesehen: In den Geburtsablauf wird zu oft und zu schnell von ärztlicher Seite eingegriffen und so eine normale und interventionsfreie Geburt vereitelt. Dies setzt eine Interventionskaskade in Gang, die, zusammen mit den geplanten Sectiones, an großen Universitätskliniken zu einer Kaiserschnittrate von 50 Prozent und mehr geführt hat. Die Hebammen haben zu wenig Zeit für die ihnen anvertrauten Frauen und werden im Klinikalltag zerrieben, und die Schwangeren und Gebärenden im Krankenhaus sind verunsichert und fühlen sich alleingelassen. Auf der anderen Seite machen die hohen Versicherungskosten die Freiberuflichkeit unattraktiv, mit den fatalen Folgen eines eklatanten Hebammenmangels. Die Lehr- und Beleghebamme Marlitt Braun bringt es folgendermaßen auf den Punkt:

»Die Leute wollen diesen Job nicht mehr, weil das so unsicher ist. Wie geht es mit der Freiberuflichkeit weiter? Wie sind die Zustände in den Kreißsälen? Also, wir haben bei uns wirklich einen ›Ponyhof‹, das sage ich meinen Leuten immer. Durch diesen Hebammenkreißsaal bin ich in so einem Netzwerk und da treffe ich mich auch mit anderen Häusern, die Hebammenkreißsäle haben. Wir tauschen uns ein- bis zweimal im Jahr aus. Das wird von dem Verband organisiert und da höre ich, wie es in anderen Häusern ist. Das sind ja fast alles richtig große Häuser. Die haben alle tierisch Überstunden 80 bis 100, bis 200. Die kloppen Stunden ohne Ende. Die kriegen die Stellen nicht besetzt. Die sind zu zweit mit 3.000 Geburten, die schaffen das nicht mehr. Die gehen alle am Stock und die wollen das nicht mehr. Das ist auch die Gefahr. Die Hebammenschülerinnen, die lernen alle an großen Häusern. Die kriegen immer nur diesen Trouble mit. Immer viele Geburten klotzen. Denn in der Ausbildung denken die schon: ›Nee!‹ Die gehen gleich in die Freiberuflichkeit. Uns werden wirklich bald die Hebammen in der Praxis, im Kreißsaal fehlen. Weil immer mehr kleine Abteilungen zumachen, wo man schön arbeiten kann. Man hat nur noch die großen Kisten und die sind ständig unterbesetzt und besetzen ihre Stellen auch nicht mehr gescheit. Weil das Krankenhaus ein Wirtschaftsunternehmen ist. Wir sind noch ein diakonisches Haus. Bei uns reicht eine schwarze Null, da können wir noch froh sein, aber selbst die erreichen wir nicht, und das ist so ein Problem. Aber wenn das private Träger sind, dann müssen die ja eine Rendite haben. Die müssen ihre Aktionäre bedienen. Deshalb, die müssen – und wo sparen sie? Am Personal! Das ist das teuerste Budget. [...] Wir haben Ärztemangel, Pflegenotstände, und bei den Hebammen ist das jetzt auch so. Und man muss diese Jobs attraktiver machen, sonst wird es nicht mehr laufen. Es ist immer noch schön. Ich würde es auch immer wieder werden wollen« (Braun, 2015, S. 24).

Die zitierten Textpassagen zeigen, dass der Hebammenalltag sehr vielgestaltig und dass neben der Arbeit in der Klinik auch die freie Praxis oder eine Weiterbildung zur Lehrhebamme möglich ist. Manche verbinden mehrere Tätigkeitsfelder miteinander, anderen wiederum wird es zu viel und sie denken an Stundenreduzierung. Wenn noch eine eigene Familie da ist, muss die Hebamme mit ihren Kräften haushalten, da der Beruf, so der allgemeine Tenor, durch die Schichtdienste, Nachtdienste und die hohe Verantwortung sehr anstrengend ist. Die Klinikhebamme kann abschalten, wenn sie nicht im Dienst ist, die freiberufliche dagegen muss abrufbar sein und trägt immer ein Telefon mit sich. Dies war der Grund für Frau Hahn, die Freiberuflichkeit neben der Arbeit in der Klinik aufzugeben; Frau Stamm dagegen möchte lieber die Zeiten in der Klinik reduzieren und die freie Praxis ausbauen. Der Beruf bietet viel Spielraum für die eigene individuelle Lebens- und Karriereplanung, was für die Berufszufriedenheit förderlich sein kann, immer aber auch das »Burnout-Risiko« birgt, wenn die Balance nicht stimmt. Allgemein werden die Klinikkreißsäle als Ort der Unterbesetzung erlebt, verbunden mit einem hohen Stresslevel, was den Hebammenberuf, der noch dazu schlecht bezahlt ist, zunehmend unattraktiver macht.

4 Außerklinische Geburtshilfe heute

4.1 Frauengesundheitsbewegung

Im Kontext der Zweiten Frauenbewegung der 1970er Jahre etablierte sich auch die Frauengesundheitsbewegung. Ideengeberin der Zweiten Deutschen Frauenbewegung war die französische Philosophin Simone de Beauvoir, die in ihrem Hauptwerk *Das andere Geschlecht* (1951 [zuerst 1949 in

Frankreich]) patriarchale Normen infrage stellte und Frauen ermunterte, sich von gesellschaftlichen Konventionen abzuwenden, scheinbar natürliche Einschränkungen nicht zu akzeptieren und Verantwortung für das eigene Leben zu übernehmen (vgl. Badinter, 2000, S. 27). In Deutschland wurde Beauvoirs Buch durch Alice Schwarzer bekannt, vor allem durch die Gespräche, die die beiden Frauen in den bewegten Jahren 1972 bis 1982 miteinander führten und die als Schlüssel zum politischen Teil zu Beauvoirs Werk gelten können (vgl. Schwarzer, 1999).

Mit dem Aufbruch zu einem neuen Feminismus nach 1970 entstand die autonome Frauenbewegung, die auf Basisdemokratie setzte und ab 1973 in rascher Folge in vielen deutschen Städten Frauenzentren gründete. Zunächst war der Paragraf 218, der Abtreibung unter Strafe stellte, das bestimmende Thema der meisten Frauengruppen, die in eigens errichteten Beratungszentren unerwünscht schwanger gewordenen Frauen Adressen ausländischer Ärzte und Kliniken vermittelten (vgl. Metz-Becker, 2006, S. 8f.). Inhaltlich wurden mehrere Aktivitätsschwerpunkte verfolgt und unter anderem nach amerikanischem Vorbild auch Frauenselbsterfahrungsgruppen initiiert, in deren Kontext feministische Frauengesundheitszentren entstanden. Sie waren nach dem Selbsthilfeprinzip organisiert und boten die Möglichkeit, gynäkologische Selbstbeobachtung und Selbstuntersuchungen zu praktizieren, mit dem Ziel, ein neues Körperbewusstsein zu erlernen (vgl. Schenk, 1992, S. 93ff.). Frauen wollten sich als eigenverantwortliche Subjekte ihre eigene Gesundheit wieder aneignen und suchten sowohl nach alternativen Verhütungsmethoden zur in den 1970er Jahren gängigen Anti-Baby-Pille als auch nach einem neuen körperlichen Selbstverständnis bei Schwangerschaft und Geburt. Die Frauengesundheitsbewegung hatte ihre Kristallisationspunkte zwar in den Frauengesundheitszentren, auf die sie aber nicht beschränkt war. Man traf sich an vielen Orten, um etwas für die eigene Gesundheit zu tun, um sich auszutauschen, Erfahrungen weiterzugeben und um sich Trost und Hilfe zu spenden. Alle methodischen Ansätze in der Arbeit von Frauen mit Frauen waren erlaubt und erwünscht, sofern sie nur erfolgversprechend waren und die Autonomie der Frauen stärkten. In den Frauengesundheitszentren fand man daher ein vielfältiges Angebot vor, von Massagekursen über Meditationstrainings, Methoden der Körperdiagnostik, der Schwangerschaftsverhütung und vieles mehr. Gemeinsam war all diesen Angeboten das Bemühen darum, die Eigenverantwortung der Frauen zu stärken und ihnen Mut zu machen, nach unorthodoxen Lösungen für gesundheitliche

Probleme zu suchen. Gleichzeitig galt es, hierarchische Strukturen abzubauen und sie durch Gruppenarbeit zu ersetzen. Unter der Prämisse, dass das Persönliche politisch sei, forderte die Frauengesundheitsbewegung, Abstand von vielen fremdbestimmten schulmedizinischen »Weisheiten« zu nehmen und sich stattdessen noch einmal ganz von Neuem auf die subjektiven Erfahrungen der Betroffenen einzulassen (vgl. Vogt, 1989). Es galt, ein neues Körperbewusstsein zu erlernen und alternative Behandlungsmethoden zu erproben. Vor allem der Umgang mit Menstruation, Schwangerschaft, Gebären und Stillen sollte der Fremdverwaltung durch das patriarchale Gesundheitssystem entzogen werden, das den schwangeren weiblichen Körper als krank oder sich im Ausnahmezustand befindend abgestempelt hatte (vgl. Schenk, 1992, S. 95).

In den Frauengesundheitszentren bauten die Frauen auf Ich-Stärkung und selbstständige Konfliktbearbeitung jenseits der alten Rollenklischees: »Unser Hauptziel bei der Beratung ist, jeder Frau zu helfen, ihre Eigenidentität als Frau zu entwickeln, d. h. Frauen zu unterstützen und sie in ihren Bedürfnissen [...] zu bestärken«, heißt es in einer Broschüre des BIFF in den 1970er Jahren (Beratung und Information für Frauen im Frauenzentrum Berlin-West, 1975, S. 2). Auch die gegenwärtigen Frauengesundheitszentren vertreten nach wie vor den Anspruch von damals, sich für eine frauengerechte Gesundheitsversorgung einzusetzen und Normierung, Pathologisierung und Medikalisierung der weiblichen Gesundheit durch Gynäkologie und Pharmaindustrie entgegenzuwirken. In den 1970er Jahren mussten diese Konzepte jedoch als revolutionäre Forderungen verstanden werden; ihre Umsetzung verlangte viel Eigeninitiative sowie eine mutige Auseinandersetzung mit den gegebenen gesellschaftlichen Strukturen. Vor dem Hintergrund dieser umwälzenden Entwicklungen wurde vor allem vehement Kritik an der im zweiten Kapitel bereits erwähnten »programmierten Geburt« laut, die die Frauen entmündigte und sowohl ihnen als auch den Neugeborenen Schaden zufügte. Die »programmierte Geburt«, wie sie 1967 erstmals durchgeführt wurde, verstand man als geplante Geburtseinleitung zum optimalen Termin für das Kind:

> »Hat das Kind eine optimale Reife erreicht, was heute bei Nutzung der technischen und Labor-Hilfsmittel zu bestimmen gut möglich ist, sollte die Geburt programmiert eingeleitet werden, auch wenn die Mutter zu diesem Zeitpunkt noch keine Geburtsreife zeigt. Timing-Störungen zwi-

schen Mutter und Kind sind sehr häufig, was schon die Frühgeburten beweisen – spontane Geburt bei noch lange nicht reifem Kind – beim richtigen Einleiten bei reifem Kind sind Schwierigkeiten seitens der Mutter nicht zu befürchten. Die Geburt sollte dann technisch überwacht und medikamentös richtig gesteuert und routinemäßig durch Vakuumextraktion beendet werden, was wir dann ›terminierte Geburt‹ nennen« (Mutke, 1977, S. 93),

heißt es im Deutschen Ärzteblatt vom Januar 1977.

Dass viele Frauen diese Prozedur der Entmündigung und Entfremdung ablehnten, versteht sich von selbst, sodass Kliniken, die mit diesen Methoden arbeiteten, zunehmend in Verruf gerieten. Auch die Hebammen der 1970er Jahre, die für die vorliegende Untersuchung interviewt wurden, sahen diese Art von Geburtshilfe kritisch. Auch unter dem Druck der Frauenbewegung wurde der Wunsch nach der »Sanften Geburt« immer lauter, die der französische Arzt Frédérick Leboyer in seinem Buch *Geburt ohne Gewalt* (Leboyer, 1974) eingefordert hatte. Die zunehmend kritische Einstellung zur herrschenden Geburtsmedizin der 1970er Jahre führte auch dazu, dass die Hausgeburt, die man schon am Ende glaubte, revitalisiert werden und sich andere Alternativen, wie zum Beispiel die Einführung der ambulanten Geburt, entfalten konnten. Ferner kam es zur Gründung von Geburtshäusern, in denen nur Hebammen tätig waren und Frauen die Chance hatten, ihr Kind selbstbestimmt und ohne geburtsmedizinische Interventionen zur Welt zu bringen. Diese Entwicklung hatte nun direkte Auswirkungen auf die Hebammenarbeit, die infolge der flächendeckenden Klinikgeburten ganz auf die Kliniken fokussiert gewesen war. In den 1980er Jahren konnten sich die Hebammen erstmals wieder sukzessive neue Tätigkeitsfelder wie Vorsorge, Wochenbettbetreuung und auch außerklinische Geburtshilfe erschließen. Wie eine Studie aus Münster belegt, verlief der berufliche Werdegang der Hebammen in jener Zeit analog zu der beschriebenen Entwicklung in der Geburtshilfe:

> »Sie arbeiteten im Anschluss an die Ausbildung zunächst als Angestellte und wechselten unter Umständen mehrmals die Klinik, bevor sie sich im Verlauf der 80er Jahre eine alternative Arbeitsmöglichkeit in der Freiberuflichkeit suchten. Allerdings beschränkten sich die meisten von ihnen auf Teilbereiche wie Geburtsvorbereitung oder Nachsorge; auf die Hausgeburtshilfe spezialisierten sich die wenigsten« (Schmitz, 1994, S. 85).

4.2 Hausgeburten

Im Folgenden kommen Hebammen der jüngeren Generation zu Wort, die den Klinikalltag für sich ablehnen und explizit in der außerklinischen Geburtshilfe arbeiten. Zu ihnen gehört Silke Brandt-Schwermann, die in einer norddeutschen Hebammenpraxis arbeitet, in der neben der Schwangerenvor- und -nachsorge schwerpunktmäßig die Betreuung von Hausgeburten angeboten wird. Bereits während ihrer Ausbildung stand für sie fest, dass sie nach dem Examen in die Freiberuflichkeit gehen wollte. Sie hat erst spät, mit 38 Jahren, den Beruf erlernt, der ihr bis heute, wie sie sagt, »Berufung« ist:

»Also ich wusste ja, dass ich in die Hausgeburtshilfe gehe, weil, ich hab' ja in der Klinik jetzt nicht die Ausbildung gemacht, um dann Klinikhebamme zu werden. Das war bei mir klar und das wussten auch meine Lehrer und mein Chefarzt. Der hat mich dann das Nähen zum Beispiel lernen lassen, weil er gesagt hat, ›Sie gehen dann raus. Ich möchte, dass Sie das lernen.‹ Dann durfte ich zum Beispiel im Kreißsaal ab und zu nähen und er war dabei. Fand ich super, ne. Und trotzdem wusste ich, ich gehe dann raus, und dann kam oft das mit der Kompetenz ja auch, ne. ›Ja, Silke, traust du dich das? Du, willst du nicht erst mal in der Klinik richtig Geburten mitkriegen, damit du dann draußen fitter bist?‹ Da kann ich jetzt rückblickend sagen, das ist ›A‹ ein Trugschluss. Alles, was ich in der Klinik gelernt habe, musste ich mir wieder abtrainieren, weil es keine Relevanz hat zu Hause. Vieles ist sogar falsch. Richtiggehend gefährlich. Und ich hab' in der Klinik fast überhaupt keine natürlichen Geburten gelernt. Also was ich heute noch toll finde, ich hab's gelernt, ich bin unheimlich gut beim Ertasten, weil ich so viele Frauen tasten durfte. Das war gut. Das muss ich ehrlich sagen. Dieses Bauchtasten, weißt du? Zu spüren, wie groß ist das Kind, wie liegt es, wo liegt die Plazenta, wie viel Fruchtwasser, vaginale Untersuchung. Das möchte ich nicht missen. Also das waren die zwei Sachen. Das sage ich heute noch. Dafür war es super. Alles andere hat mir für die richtige Geburtshilfe nicht geholfen. Gar nicht. Ich hab' mir alles dann – entweder habe ich dann gelernt von den Frauen über jede Geburt oder in Fortbildungen, die speziell für die Hausgeburten geschneidert waren. Zum Beispiel Nähkurse, die ich immer wieder vergessen habe, weil [...] nähen müssen [...] war so selten, dass ich es wieder verlernt habe« (Brandt-Schwermann, 2018, S. 21).

Die Hausgeburtshebamme ist nicht der Meinung, dass eine Geburt in die Klinik gehört. Vielmehr sei das Krankenhaus kontraproduktiv, da der fremde Ort den Frauen Angst einflöße und das Gebären erschwere:

»Und die Entscheidung, wo ich hingehe, trifft ja – geht ja meistens los, weil dahinter die Angst steht. Also ich fahre ja in dieses Haus, in dieses Krankenhaus, weil ich ja denke, wenn da Fachleute dabeistehen, geht's besser. Faktisch ist es aber genau andersrum. So schwer, wie die deutschen Frauen gebären, und so schwierig es ist, und wenn die Kaiserschnittrate hochschnellt, und was ich ständig höre: ›Der Muttermund geht nicht auf, der Muttermund geht nicht auf‹, das hat was [zu tun] mit diesem – ich verändere den Ort, ja, mein Adrenalin steigt an, ich komme in einen Fluchtmodus und dann ist … gibt die Geburt 'nen Stopp und wird schwieriger und ist nicht mehr so einfach« (ebd., S. 10f.).

Angst hält die Hebamme für keinen guten Ratgeber, aber Angst, so ihre Ansicht, wird der Schwangeren vom gegenwärtigen Gesundheitssystem aufoktroyiert:

»Was mir noch mal ganz wichtig ist, ist diese Entscheidungen immer aus einer Angst heraus. Also es geht hier nicht mehr um die Geburt. Es geht überhaupt nicht mehr um die Geburt. Es geht nur noch um meine eigenen Ängste« (ebd., S. 12).

»Weil die Gehirnwäsche schon anfängt, wenn selbstbewusste Frauen zum Fachmann gehen, um sich überhaupt sagen zu lassen, dass sie schwanger sind. Weil – ich sag' immer so, wenn ich ein Buch schreiben würde, würde es heißen ›Die inkompetente Schwangere‹. Ja. Also dieses, dass wir uns jegliches Eigengefühl […] nehmen lassen. Anwältinnen – was ich Frauen hab', studiert, gebildet, selbstbewusst, wuppen ganze Firmen – und dann sitzen sie vorne und sagen ›schwanger‹ und dann ist alles weg – alles weg: ›Ja, aber der Arzt hat gesagt, ich darf jetzt keine Salami mehr essen.‹ Na, wenn der Arzt das sagt, dann darfst du natürlich jetzt keine Salami mehr essen. Also da geht's los mit diesem … […] Das ist echt schlimm. […] Die übergeben ihren kompletten Körper und ihr Befinden und alles dem Arzt. Und damit […] dann geht's los. ›Wächst das Kind auch richtig?‹ ›Isst du auch das Richtige?‹ ›Kann man dem wirklich so vertrauen, dir und deinem Kind?‹ ›Jetzt holen wir es mal lieber vorher raus, weil, das wächst da drin nicht mehr gescheit.‹ Und so geht das die ganze Zeit. Die Frauen sind zur Geburt, haben die kein Selbstwertgefühl und kein Selbstbewusstsein mehr. Und sie haben es vergessen: Ich kann ein Kind gebären. Das ist weg, völlig weg. Das ist eine Gehirnwäsche« (ebd., S. 11).

Nach Ansicht der Hebamme sind die Schwangeren entmündigt und verängstigt und trauen sich und ihrem Körper nichts mehr zu. Für sie ist Gebären aber etwas, das jede Frau natürlicherweise kann. Nach ihrem eigenen Selbstverständnis ist es daher auch nicht die Hebamme, die »die Geburt macht«, sondern die Schwangere ist es, die das Kind bekommt und der die Hebamme in der Geburtsarbeit mit ihren spezifischen Kenntnissen und Fertigkeiten beisteht:

»Im Grunde mache ja nicht ich die Geburt, sondern die Frau macht ihre Geburt, und die Geburt ist individuell. [...] Klar, lernt man was. Sicherlich hab' ich was gelernt von jeder Geburt. Trotzdem kann jede Frau eine Geburt begleiten. Also das hängen wir zu hoch. Dieses Können. Das finde ich, das wird ein bisschen zu – weil die Angst auf der anderen Seite so hoch ist. [...] Aber eigentlich ist die Frau dazu gemacht, eine Geburt alleine zu machen. Die meisten Frauen der Welt gebären jetzt gerade alleine. Die wären froh, wenn sie überhaupt eine Frau dabeihätten, geschweige denn eine Hebamme. Also Geburt geht meistens einfacher, wenn keine Profis drum herum sind [lacht]. [...] Und klar, ich habe mir immer gesagt, ich bin jetzt so alt und bin zu spät Hebamme geworden. Ich kann nicht sagen, ich habe 1.000 Babys auf die Welt geholt. Aber mit unserem Land – muss ich wieder mal sagen –, mit unserem Umfeld, ist Geburt nicht so gefährlich, wie man immer suggeriert kriegt« (ebd., S. 10).

Im Folgenden schildert die Hebamme eine Hausgeburt, bei der die Gebärende ihre Anwesenheit zwar wünschte, aber doch in ihrer Geburtsarbeit allein und ungestört sein wollte:

»Das ist unterschiedlich. Das kann man nicht sagen. Es gibt Frauen, die unheimlich gut allein gebären und arbeiten. Die rufen aber dann auch später an. Also das ist dann im Grunde, wenn sie anrufen, dann auch schon ein Zeichen, dass sie wollen – das habe ich schon immer als Einladung gesehen, ne. Und aber es gibt auch Frauen, da bin ich dann hingefahren und saß im Wohnzimmer und die Frau sagt, sie muss mal kurz Pipi und kommt

4 Außerklinische Geburtshilfe heute

Abbildung 17: Antike Geburtsszene, Gebärende mit Hebamme und Helferinnen

vier Stunden nicht mehr. Also die war dann vier Stunden auf dem Klo und hat getönt. Also ihre Wehen ... Und ich hab' es mir dann einfach gemütlich gemacht und hab's immer so im Ohr gehabt und als sie dann [macht ein Pressgeräusch], ne, zu drücken angefangen hat, habe ich mal kurz gefragt, ob sie mich jetzt braucht und dann kam sie, ja. Dann ist sie rausgekommen, hat sich auf einen Hocker gesetzt und hat ihr Kind da bekommen. Selbstbestimmt, aus eigener Kraft, nicht über Grenzen von Frauen gehen. Das ist natürlich eine Kunst, ne. Also es ist schon, schon manchmal, bestimmt auch manchmal eine Grenze überschritten. Aber da zumindest achtsam zu sein, sie in ihrer Selbstbestimmtheit zu lassen. Ja, das ist ... Da zu sein, wenn sie mich braucht, aber im Grunde sie das Kind alleine kriegen lassen. Hände weg. Christiane Schwarz, eine der Hebammen, die unheimlich engagiert ist und viel macht, auch im wissenschaftlichen Bereich – ich bin ja keine Wissenschaftlerin –, die sagt immer, ›Die größte Kunst von uns Hebammen ist, die Hände weg zu tun.‹ Auch dieses Dammhalten oder Dammschutz oder ..., ist alles Ego. Ist ein Ego von uns Hebammen. Aber im Grunde ist's auch schön, dazusitzen und zuzuschauen. Das ist die Kunst« (ebd., S. 24).

Vor dem Hintergrund ihrer Erfahrungen aus der Hausgeburtshilfe hat Frau Brandt-Schwermann an der klinischen Geburtshilfe viel zu kritisieren. Vor allem das Legen einer PDA hält sie für kontraproduktiv und überflüssig:

»Weil die Geburt kein krankhafter Vorgang ist. Du lässt dir ja auch nicht bei 'nem Marathonlauf eine PDA legen. Also bei jeder sportlichen Aktivität – ich vergleich's immer mit sportlichen Aktivitäten, da kriege ich es immer am besten, weil es damit vergleichbar ist. Ja. Ich hab' was ganz Großes vor mir, muss mich richtig anstrengen. Ich weiß, mir werden die Muskeln total wehtun und ich werde über meine Grenzen gehen müssen. [...] Warum will man das bei der Geburt nicht? Ich verstehe es nicht. Das ist halt auch anstrengend. Das tut halt dann auch weh. Aber danach, dieses ›High‹ nicht zu kriegen, weil ich eine Schmerzspritze hab', das ist es einfach nicht wert. Da gibt's noch tausend andere Gründe. Aber da laber ich mir einen Wolf. Und trotzdem muss ich sagen, ist meine Rate super. Ich gebe Geburtsvorbereitung für Paare in Hannover. Jetzt seit Jahren. Also Intensivwochenende. Und die Hebammen alle aus dem Umkreis, die ganzen Hausgeburtshebammen und auch sonst, Geburtshaushebammen, die schicken mir speziell ihre Paare zur Vorbereitung auf die Geburt zu Hause oder im Geburtshaus, weil die danach so richtig drauf sind [lacht]. [...] Ich hab' fast in jedem Kurs ein Paar, das sich umentscheidet. Also da passiert schon was. Sind nur kleine Samen, kleine Veränderungen. Und wenn zum Beispiel mir einmal im Geburtshaus eine Frau dasitzt und am Anfang vom Kurs zu mir sagt, sie macht einen Kaiserschnitt, und ich das auch stehen lassen kann. Also mir ist ja ganz wichtig, ne, dass sie – überreden nützt ja gar nichts. Aber die dann am Sonntagabend nach dem Kurs zu mir sagt, dass sie sich jetzt eine Spontangeburt vorstellen kann und dass sie sich sogar schon richtig drauf freut, dann ist das für mich – dann weiß ich, warum ich das ganze Wochenende geackert habe, ne. Die mich dann anruft und nach der Geburt sagt, ›Silke, ich danke dir so. Ich hatte eine wunderschöne Geburt. Es war sauanstrengend, hat auch ganz schön wehgetan, aber ich bin so froh‹ [lacht]. Naja. Genau. Das ist es, was ich meine« (ebd., S. 15f.).

Die Praxis der Hebamme Silke Brandt-Schwermann läuft sehr gut. Sie kann nicht alle Frauen, die sich bei ihr anmelden möchten, annehmen, was sie sehr bedauert, aber auch für ein Politikum hält. Sie ermuntert die Frauen, sich zu beschweren und es nicht stillschweigend hinzunehmen, dass sie keine Nachsorgehebammen mehr finden:

»Hat mich erst gestern wieder eine Frau angerufen. Nachsorge. Ganz normal, ne banale Nachsorge. Da sagt sie: ›Ja, ich finde sonst niemand.‹ Sag' ich: ›Ja, beschweren. Krankenkasse anrufen und beschweren.‹ Die Frauen sind unterversorgt. [...] Ja glaubst du, dass sich da welche zusammensetzen und sagen, ›Ja wir müssen die Hebammen irgendwie retten.‹ Den Beruf. Das interessiert – ich glaub, dass es niemanden interessiert. Für Kaiserschnitte brauchst du keine Hebammen mehr. Ich weiß von zwei Kolleginnen, die aufgehört haben, weil sie gesagt haben, ›Ich bin Sectioschwester‹« (ebd., S. 19f.).

Die hohe Kaiserschnittrate stößt auch hier auf Kritik. Dass in der BRD mehr als 30 Prozent Schnittentbindungen Standard sind, empört sie. An der Natur der Frau kann es jedenfalls, so ihre Meinung, nicht liegen, denn »da wären wir ausgestorben. Wenn wir so gebärunfähig wären, wären wir schon ausgestorben« (ebd., S. 20).
Die Hebamme wird ihre Praxis weiterführen, obwohl sie sich von der Gesundheitspolitik im Stich gelassen fühlt, wie viele ihrer Kolleginnen auch. Zu ihrem beruflichen Selbstverständnis sagt sie:

»Also Hebamme bin ich. Das bin ich einfach. Das ist kein Beruf, den ich mir ausgesucht habe. Das ist einfach wirklich eine Berufung. Das ist eine Leidenschaft. Und das werde ich sicherlich bis zum letzten Atemzug, werde ich das tun« (ebd., S. 16).

Die 53-jährige Berliner Hebamme Hilla Köhler arbeitet seit 27 Jahren als Freiberuflerin und seit mehreren Jahren auch in der Hausgeburtshilfe, nachdem sie ihre Ausbildung in der DDR absolviert hatte. Hier war es Hebammen allerdings verboten, Hausgeburten zu betreuen, da in der DDR seit 1971 gesetzlich vorgeschrieben war, dass Geburten nur in einem Krankenhaus stattzufinden hatten:

> »Wer zu Hause entbunden hat, musste in die Klinik gefahren werden. Gab's extra Wagen dafür, Krankentransporte, die die Frauen dann abgeholt haben, wenn's dann zu schnell ging. Die wurden dann in die Klinik verfrachtet und mussten dann ihr Wochenbett in der Klinik verleben. Weil nur über die Klinik ging die zentrale Anmeldung für die Kinder, um dann ins Geburtenregister eingetragen zu werden und so weiter. Hat auch sowas Kontrollbedürftiges« (Köhler, 2018, S. 22).

Frau Köhler gefiel die Arbeit im Krankenhaus nicht und sie war sehr froh, dass sie nach der Wende als junge Hebamme in die Freiberuflichkeit gehen konnte:

> »Dann kam die Wende. Für mich total glücklich, weil ich dann von Geburtshäusern hörte oder von Hebammenpraxen. [...] Und dann bin ich nach West-Berlin in eine Hebammenpraxis. Hab' mich da vorgestellt und hab' gesagt, ›Ich möchte gerne hier arbeiten.‹ ›Och‹, hat sie gesagt, ›Ja, das ist ja schön. Hier geht grade eine, dann kannst du ja einsteigen.‹ Und das war hartes Brot, da reinzugehen und ins kalte Wasser geschmissen zu werden. Aber es war gut, weil ich dann genau wusste, worum's geht und dann bin ich nach einem halben Jahr dort auch ausgestiegen und hab' mich freiberuflich gemacht. Also ich bin seit 1991 freiberuflich unterwegs und das sind jetzt 27 Jahre. [...] Und dann war das wie so'n Schneeballprinzip. Der rollte und rollte der Schneeball, und es wurde immer größer und es wurden immer mehr Frauen, es hat sich so rumgesprochen und es ist bis heute eigentlich so geblieben. Dass es so Mundpropaganda geblieben ist. Und die Frauen sich einfach unterhalten, wenn sie sich wohlgefühlt haben, das dann auch weitersagen, oder ›Ruf doch mal Hilla an.‹ Und was ich immer ganz schön finde, ist, wenn die Frauen gefragt werden, auch wenn sie bei den Ärzten sind in der Vorsorge, ›Wie heißt denn Ihre Hebamme?‹, und dann kommt immer nur ›Hilla‹. ›Ja, Hilla gibt's viele. Wie heißt sie denn mit 'm Nachnamen?‹ ›Das weiß ich gar nicht.‹ Und dann fragen sie, ›Du sag' mal, wie heißt'n

du eigentlich mit dem Nachnamen?‹ Und dann mach ich meistens meinen Stempel in den Mutterpass und dann wissen alle, wie ich heiße. Und da steht die Telefonnummer dann drin und das find' ich total schön. Das find' ich auch rührend, dass man, also mich nicht unter meinem Vor- und Zunamen kennt, sondern eher unter dem Namen ›Hilla‹ und mich dann eben angerufen hat, weil's ihr 'ne Freundin empfohlen hat oder – hatte schon Männer, die das untereinander weitergegeben haben. Der eine war, ich glaube, Architekt, und der andere, der hat 'n Haus umgebaut und so [sind] die Männer ins Gespräch gekommen: ›Du, meine Frau ist jetzt schwanger.‹ ›Ja, wir haben mit der Hilla entbunden. Kannst ja mal anrufen. Ich geb dir mal die Telefonnummer.‹ Und das find' ich auch total schön, dass dann Männer untereinander die Telefonnummer auch weitergeben« (ebd., S. 3f.).

Frau Köhler erinnert sich an ihre erste Hausgeburt, die sie nach der Wende 1991 betreut hat:

»91, als ich raus bin in die Freiberuflichkeit, aus der Hebammenpraxis auch rausgegangen bin, da gab es eine Hausgeburt, die ich gemacht habe in F., und das war so neu, dass eine Familie zu Hause ihr Kind bekommt, dass der auf dem Standesamt bei der Geburtsanzeige, die der Mann gemacht hat, mit meinem geschriebenen Zettel so überfordert war, dass er gar nicht wusste, was er für ein Formular ausfüllen soll, und hat dann eine Papyrusrolle rausgeholt, ein, so'ne Papierrolle rausgeholt. […] Und hat da unten auf dem letzten Stück, was noch frei war, einfach draufgeschrieben, dass der Mann Soundso jetzt anzeigt, dass sein Kind Soundso zu Hause geboren ist, Adresse Soundso. Das fand ich spannend. Und da hat er gesagt, ›Aber 71 haben wir doch die Geburten abgeschafft, die Hausgeburten. Jetzt gibt's die wieder? Die sind jetzt offiziell erlaubt?‹ – und war völlig verwundert« (ebd., S. 21).

Hilla Köhler ist gegenwärtig nur in der Hausgeburtshilfe tätig. In einem Krankenhaus zu arbeiten, lehnt sie für sich mittlerweile ganz ab, da ihr ihre jahrelange Erfahrung – auch zwischenzeitlich als Beleghebamme – gezeigt hat, dass der Klinikalltag mit seinem engen Personalschlüssel eine Eins-zu-eins-Betreuung nicht zulässt. Doch sie respektiert die Entscheidungen, die die Frauen treffen. Wer aus Sicherheitsüberlegungen in die Klinik gehen möchte, kann dies tun, wer sein Kind zu Hause bekommen möchte, wird von Frau Köhler in dieser Entscheidung unterstützt:

»Ich denke da ganz klar, dass jede Frau für sich selber entscheiden sollte, und wer diesen Sicherheitsaspekt braucht, wenn das wirklich auch was ist, was man braucht, dann find' ich das gut, wenn man das auch eingeht und die Entscheidung trifft, in die Klinik zu gehen. Und ich hab' letztens eine 19-jährige Frau entbunden, die ihr erstes Kind zu Hause bekommen wollte, wo das ganz klar ihr Wunsch war. Und ich hab' sie auch danach gefragt, wie sie darauf kommt. Und die Antwort war, ›Ich bin selber zu Hause geboren.‹ Das war die erste Antwort. Und die zweite Antwort war, ›Ich weiß gar nicht, warum ich in die Klinik gehen soll?‹ Und das ist für mich die Antwort, die ich brauche, um sagen zu können, diese Frau kann ich total gut unterstützen, selbstständig und selbstbestimmend zu Hause zu gebären, beim Gebären zu unterstützen. Und es war auch so. Sie hat innerhalb von drei Stunden ihr erstes Kind bekommen und man merkte einfach, dass diese innere Kraft nur wirklich aus ihr selber kam. Und deswegen denke ich auch, ich begleite gerne Frauen auf dem Weg ihrer eigenen Entscheidung. Aber es muss ihre eigene Entscheidung bleiben« (ebd., S. 8).

Die Hebamme schätzt, dass sie in 27 Berufsjahren ungefähr 4.000 Kindern ans Licht der Welt verhalf und dabei nicht nur viel Erfahrung mit Geburten, sondern auch mit Menschen gesammelt hat:

»Gar nicht, was so das Gebären angeht, sondern eher auch so mit den Menschen. Und das größte Vertrauen hab' ich eigentlich zu den Kindern. Weil die, wenn man denen genau zuhört und hinschaut, die zeigen einem relativ schnell, was geht und was nicht geht. [...] Also das Gefühl beim Abtasten, wie die sich auch hineinbegeben in den Geburtskanal, wie die sich da auch reinstellen, wie die den Kopf halten, das, was so im Prinzip so dieser ganz natürliche Ablauf ist, wo so ein Rädchen ins nächste greift, damit das alles gut vonstattengeht. Und da merkt man schon am Anfang, wenn's dann so ein bisschen hoppelt oder wenn die Kinder auch reagieren auf die Wehen, dass man dann immer schon 'n bisschen mehr Obacht hält und dann daraus auch so schlussfolgern kann. Und in den meisten Fällen stimmt das auch. [...] Hören, Tasten, Fühlen, ja. Und bei den Frauen lese ich ganz viel im Gesicht. Und beobachte ganz viel in der Haltung, Stellung, Worte, Äußerungen, Töne. Das ist alles so das, was ich sehe, wahrnehme und woraus ich auch so meine Zeilen lesen kann. Wo man jetzt über die Jahre auch gelernt hat, zu lesen. Und das macht unheimlich großen Spaß. Das ist eigentlich so mit [...], ja eigentlich das Schönste, zu erkennen oder auch zu sehen. Ja, das ist meine Erfüllung. Würd' ich so sagen« (ebd., S. 9f.).

Zu ihrem derzeitigen Hebammenalltag sagt sie:

> »Und jetzt fahre ich wieder zu den Frauen nach Hause. Nur letztens hatte ich 'ne Frau, die hat gesagt, sie macht mit mir nächstes Jahr im Februar, möchte sie gerne zu Hause entbinden. Die ist auch alleinstehend und hat gesagt, ich möchte, einfach für's Vertrauen, möchte sie mal zur mir kommen und mal gucken, wie ich lebe, und mich mal besuchen kommen. Und die war dann jetzt mal bei mir zu Hause. Aber ansonsten bin ich bei den Frauen. Und das find' ich auch wichtig. Gerade, wenn das 'ne Hausgeburt ist, ist ja die Umgebung, in der die Frauen sich aufhalten, ist ja ihre Umgebung, und da ist es ja gut, wenn ich mich da hineinbegebe und schaue, wie's da ist und wie die Begebenheiten sind und wie man da auch entbinden kann, und einfach auch sehen kann, wie die Frauen sich da bewegen und wohlfühlen und was das auch ausmacht, da zu sein. Auch mit den, wenn's schon Kinder gibt, oder mit dem Partner oder wenn da noch mehr Leute wohnen. Deswegen find' ich das einfach total wichtig, dass ich auch zu den Frauen nach Hause fahre. Und die genießen das immer sehr, dass sie nirgendwohin müssen. Dass sie einfach zu Hause sein können, auf mich warten können, und dann komm ich zu ihnen. Genau wie bei der Geburt dann auch. Das ist eigentlich so das, was ich jeden Tag mach'. Also, ich mach die Vorsorgen mit Vorbesuchen, Gespräche, Beratung, die Nachsorge, also Wochenbettbesuche, Geburten. In bestimmten komplizierteren Fällen einfach auch so'n paar Informationen weitergeben, Netzwerke stricken für bestimmte Fälle, vorbereiten auf Komplikationen. Wenn zum Beispiel im Ultraschall irgendwas rauskommt, zum Beispiel eine offene Lippe oder Kieferngaumenspalte, dass man sich dann das überhaupt erst mal vorstellen kann, dass man Kontakt aufnimmt mit Ärzten, die trifft, dass die einem so ein bisschen was erklären dazu, dass man da nicht so erschrocken ist über das Kind, wie's ausschaut. Aber wie die einzelnen Schritte dann auch sind, wie's dann weitergeht mit dem ganzen Prozedere und so weiter und so fort. Das sind so meine, das sehe ich als meine Aufgabe, da beratend zur Seite zu stehen, ohne jetzt großartig jemandem auf die Füße zu treten, aber trotzdem mit erhobenem Haupt und Selbstbewusstsein das auch weitergeben möchte als Information und Begleitung« (ebd., S. 5).

> »Ich bin eigentlich unterwegs von, ich sag' jetzt mal, Menschen, die in Zehlendorf in irgend so großen Villen leben, bis hin zu Familien, die sich entschieden haben, in der Wagenburg zu leben, ist so alles mit dabei. Alle

Berufsgruppen, und ich find, genau das macht's aber aus. Dieses Breitgefächerte an Menschen, das Interessante, Menschen zu begegnen, die Geschichten dazu zu hören, zuzuhören und zu sehen, zu erkennen [...]. Ich kann mich gut abgrenzen, ich sorge auch gut für mich. Das weiß ich inzwischen auch, dass es sehr wichtig ist, dass es mir gut gehen muss, dass ich gut ausgeschlafen sein muss und dass ich ausgeglichen sein muss, damit ich auch für andere da sein kann« (ebd., S. 6).

Die Frauen, die sich eine Hausgeburt wünschen, beschreibt die Hebamme als

»ganz unterschiedlich. Ganz einfach [...] denkende Menschen, die, für die ganz klar ist, Geburt ist das Natürlichste auf der Welt, und vielleicht auch Menschen, die schlechte Erfahrungen gemacht haben im Klinikbereich, egal aus welchem Grund. Auch Erfahrungen, die schon länger zurückliegen. Ich hatte mal eine Frau, die hat erzählt, [nach den] ganzen Geburtsgeschichten, die sie hört, ist für sie jetzt am Ende ganz klar, dass sie zu Hause entbinden wird. [...] Und die, die ihr erzählt wurden von den Frauen, die zu Hause geboren haben, waren immer total schön und sinnvoll und am Ende auch sehr glücklich und, na, selbstbestimmend gelaufen. Ja. Und dann hat sie natürlich für sich beschlossen, ›Ich bleib zu Hause‹« (ebd., S. 16).

In der Regel, so Hilla Köhler, sei es gar nicht die so oft beschworene Klinikfeindlichkeit, die die Frauen zur Hausgeburt führe, sondern der Wunsch nach Individualität und Selbstbestimmung. Doch solle die Entscheidung stets gut überlegt sein:

»Das ist schon eher gar keine Klinikfeindlichkeit, sondern eher, dass man da [zu Hause] auch besser betreut wird. Und [...] da musste man sich auch anmelden, sich kümmern. Das macht auf jeden Fall mehr Identität aus für einen selber und Individualität« (ebd., S. 24).

»Es gibt Frauen, wenn die noch so'n bisschen unschlüssig sind, und [...] wenn aus der Verwandtschaft die – wenn man das erzählt, dass man 'ne Hausgeburt plant – die unmöglichsten Kommentare kommen, sag' ich immer: ›Das ist ein guter Test, um sich selber zu hinterfragen, wie fühlt es sich an, wenn ich das höre, macht das was mit mir? Bin ich immer noch überzeugt davon, zu Hause zu entbinden – oder kommt da so die Tendenz und ich werd' unsicher und überlege, doch lieber in die Klinik zu gehen?‹ Das find' ich immer ganz gut« (ebd., S. 16).

Obwohl Frau Köhler alle Hände voll zu tun hat und gar nicht alle Frauen annehmen kann, die sich bei ihr anmelden, weiß sie auch, dass nur knapp zwei Prozent außerklinisch entbinden und die Mehrzahl der Schwangeren in die Klinik geht. Dazu sagt sie:

»Und man könnte vor allem den Frauen sehr viel mehr Mut machen. Und das ist ja genau das, was jetzt nicht gemacht wird. Es wird ja genau entgegengesetzt gearbeitet. Was heißt Mut? Viele Frauen sagen auch, es bedarf eher Mut, in die Klinik zu gehen, weil man da immer wieder sich selbst und seine Bedürfnisse erkämpfen oder erstreiten muss oder immer wieder bekannt geben muss. Und bei 'ner Hausgeburt wird das vorher besprochen und es wird ganz klar auch so eingehalten« (ebd., S. 30).

Den Hebammenmangel – gerade auch in der außerklinischen Tätigkeit – beklagt sie sehr und sie bemüht sich, wenigstens in ihrem eigenen beruflichen Rahmen das Beste daraus zu machen:

»Viele sagen, ›Warum kommst du dann nicht zu uns da runter in den Harz, da gibt's keine Hebamme, die Hausgeburten macht. Du würdest dich hier dumm und dusslig arbeiten‹, aber darum geht's mir ja nicht. […] Bei mir ging die Anmeldung jetzt schon bis Mai. Also ich bin für Mai schon voll, und jetzt warte ich auf die nächsten Frauen, die den Test machen und sich melden. Das ist furchtbar. Also, ich find' das gar nicht gut. Aber ich lass mir immer so ein bisschen was offen für Frauen, die sich später melden, die noch mit reinnehmen zu können, weil ich das einfach auch gewährleisten möchte. Dass jemand, der noch nicht Bescheid weiß, der das erste Kind bekommt, überhaupt keine Ahnung hat, wie früh man sich darum kümmern muss, und sagt, ›Bin schwanger.‹ Und ich sag, ›Ja, ich hab' noch 'n Platz frei‹« (ebd., S. 34).

Auch die in Hessen praktizierende, 1951 geborene Hausgeburtshebamme Birthe Lister, war viele Jahre in der Klinik tätig, bevor sie sich entschloss, in die freie Praxis zu gehen:

»Eine Geburt in einem Krankenhaus ist etwas anderes. Es ist nämlich so: Wenn eine Frau in ein Krankenhaus geht, ist sie praktisch dem Arzt verpflichtet. Und viele Hebammen glauben immer noch, sie könnten da im Krankenhaus machen, was sie wollen, aber das stimmt nicht. Es gibt ein Krankenhausgesetz und im Krankenhausgesetz steht, dass der Arzt immer der Chef ist. Und da ich eben die Möglichkeit hatte, damals schon in dem alten Krankenhaus, mit zwei Ärzten zusammenzuarbeiten, die ihre Geburtshilfe auch noch konnten, die auch noch eine Zangengeburt machen konnten und die auch noch ein Kind aus Beckenendlage entbinden konnten, wusste ich natürlich auch darum, dass die Geburt eben normal verlaufen kann. Und das ist eben das. Eine Hebamme – ich bin ja nicht drauf aus, als Hebamme eine Geburt zu einer Komplikation zu machen, sondern die Hebamme ist für eine normale Geburt da. Und es gab eben keine Hebammen. Und ich habe gedacht: ›Nein, die Frauen müssen die Möglichkeit haben, ihre Geburt so zu machen, wie sie eben natürlich auch ist‹, und da bot sich dann die Hausgeburt an« (Lister, 2015, S. 3).

In diesem Zusammenhang beklagt die sehr erfahrene Hebamme, dass heute in der Hebammenausbildung nicht mehr genügend Wert auf die außerklinische Tätigkeit gelegt werde und die Schülerinnen nur noch auf das vorbereitet würden, was sie im Krankenhaus benötigten, womit die Bandbreite an Kenntnissen und Fertigkeiten, die die Hebammen einst hatten, zusehends verlorengehe:

»Aber die Ausbildung in der Klinik ist natürlich so, dass sie für die Klinik ausgebildet werden, denn ich habe im Moment gerade eine Schülerin wieder, vier Wochen: ›Da hab' ich aber auch noch nichts von gehört und davon hab' ich auch noch nichts gehört und davon hab' ich auch noch nichts gehört und wie sind denn die Beckenebenen und wie sind denn die Muskeln des Beckens und wie ist denn die Lagerung?‹ Alles das halt, was eine Hebamme …, das ist ja ureigene Hebammenkunst, diese Geburt zu leiten, so dass die Frau nicht bestimmt wird, sondern die Geburt zu leiten, dass das Kind durch das Becken gleitet. Und das lernen die Schülerinnen nicht. Die Schülerinnen heute, man hat ein CTG, die Frau kommt in die Klinik, als erstes kriegt sie die Braunüle, dann kommt sie in den Kreißsaal, wenn die Wehen kommen. Sie bekommt das CTG – das ist dieses Gerät da, da werden die Herztöne abgehört. Und da ist in jedem Kreißsaal eine große Tafel. […] Von sechs Kreißsälen sieht man da die Herztöne von den Frauen und die Frau ist dort alleine in der Klinik. Die liegt da alleine. Irgendwann kommt mal wieder jemand rein, spätestens zum Schichtwechsel kommt die Hebamme rein, untersucht vaginal, wie weit der Muttermund ist« (ebd., S. 8).

Frau Lister kritisiert stark die Abläufe im Krankenhaus und schildert im Gegensatz dazu eine von ihr und ihrer Kollegin betreute Hausgeburt, die noch nicht lange zurück liegt:

> »Die Geburt jetzt hier letzte Woche, hatten wir wieder zu Hause eine Geburt. Die Frau sucht sich ihren Platz. Das ist die Nummer eins. Die sucht sich ihren Platz. Wir, vorher, wir gehen ja dahin, ich geh' [zu ihr] nach Hause, wir gucken, ›Was denkst du denn, wo könntest du denn das Kind kriegen, wo könntest du dir das denn vorstellen?‹ Dann sind so ganz einfache, so ganz normale Dinge wie: ›Ja, meinst du hier wird dann irgendwas schmutzig?‹ Da sag' ich: ›Hier wird gar nichts schmutzig, weil ich bin eine ordentliche Hebamme‹ – ich mach dann immer so ein paar Witze, ist ja klar, muss man auch immer ein bisschen lustig machen. ›Ich bringe meine Plastiküberwürfe alle mit, brauchst du gar nichts, bring ich alles mit und das legen wir dann drunter, wenn dann eben die Nachgeburt, weil dann kommt ja auch ein bisschen Blut mit, oder wenn Fruchtwasser kommt.‹ Da sucht sie sich als erstes ihren Platz. Aber das ist nicht gesagt, dass sie dann nachher da das Kind bekommt« (ebd., S. 9).

Frau Lister fährt fort, die Hausgeburt von letzter Woche zu beschreiben:

> »Bei der Geburt zum Beispiel, da war die Mama dabei, also ihre Mutter. Nicht die ganze Zeit. Sie ging dann mal wieder raus. Sie wohnen nebenan im Haus. Die geht dann mal wieder raus und dann kam sie wieder und dann sagte sie: ›So, Mama, jetzt möchte ich aber allein sein mit meinem Mann.‹ Man ist einfach sich selbst dann, man ist zu Hause. Und das ist natürlich ganz klar, dass ich immer das Kind im Auge habe, immer die Herztöne. Ich hab' alles dabei, ich bin beladen wie ein Packesel, alles, was auch in einem Kreissaal ist, ja. Und das ist nämlich gar nicht viel. Da ist ein Herztongerät, da ist ein Blutdruckapparat, da ist was, um das Kind später abzunabeln, da ist ein Absauger, falls wir das Kind absaugen müssen. Dann ist ein Gerät mit Sauerstoff und meine wenigen Sachen für die Geburt, die ich brauche. Es ist nicht viel, was man braucht für eine Geburt. Und wir kontrollieren dann immer das Baby, kontrollieren die Herztöne, kontrollieren auch zwischendurch mal vielleicht, ich meine, wie gesagt, ich hab' das ja noch gelernt, dass man eben die äußere Untersuchung hat und dass man auch zwischendurch mal vaginal untersucht, aber nicht alle zwei Stunden. Und dann spürt man ja, wie das Kind nachher schiebt, wie das ja nach unten geht, wie das

kommt, und dann entscheidet die Frau sich auch selbst. Also natürlich helfe ich als Hebamme und sag: ›Möchtest du dich gern mal auf die Knie setzen, möchtest du auf der linken Seite liegen, auf der rechten Seite, möchtest du einen Lappen aufs Gesicht haben?‹ Einfach so dieses Umsorgen. [...] Und wenn das Baby dann kommt, dann spricht niemand außer Vater und Mutter mit diesem Kind. Das sind die ersten Stimmen, die das Kind hört. Es gibt kein grelles Licht. Es gibt kein Rumzerren an dem Kind, sondern das Kind kommt zu der Mutter. Mutter und Vater sprechen mit dem Kind. Die Nabelschnur bleibt dran, so lange bis die Plazenta geboren ist. Denn sobald das Kind geboren ist, ist ja noch lange nicht die Trennung von Mutter und Kind erfolgt. Die Plazenta ist ja noch am Uterus. Es wird so lange gewartet, bis der Uterus, bis der Körper der Mutter sagt: ›So, der Uterus zieht sich nochmal zusammen.‹ Dann verspürt die Frau nochmal einen Druck nach unten und dann kommt die Plazenta. Und erst dann wird der Nabel versorgt. Und die letzte Hausgeburt, die ich hatte, da hatten wir – das nennt man eine Lotusgeburt. Da haben wir die Plazenta dran gelassen, die Eltern wollten das gar nicht, dass das abgemacht wird. Das entscheidet auch jede Familie selbst, und dann bleibt die Plazenta dran« (ebd., S. 9f.; zur Lotusgeburt vgl. Gamperl, 2012).

Die hier geschilderte harmonische Hausgeburt bedeutet freilich nicht, und das weiß die Hebamme sehr gut, dass viele Kinder zu Hause zur Welt kommen. Die meisten Geburten finden im Krankenhaus statt und auch die Vorsorgeuntersuchungen, zu denen die Schwangeren gehen, werden in der Mehrzahl von Ärzten vorgenommen. Daraus folge, so die Hebamme Birthe Lister, dass schon die ganze Schwangerschaft angstbeladen sei. Statt die Frau zu bestärken, würden ihr sämtliche Risiken aufgezählt und unnötigerweise Ängste geschürt:

»Nummer eins: Die Frauen stärken. Das ist die Nummer eins, was ich ändern würde. Und das heißt, den Ärzten verbieten, den Frauen Angst zu machen. Das ist alles. Und das sagt alles. Denn jede Frau ist stark genug, ein Kind zu bekommen. Ich würde denen verbieten, Angst zu machen. Aber nur durch die Angst wird das Geld verdient, nur durch Angst. Wenn ich den Leuten nur genug Angst mache, machen die alles, was ich will. Und das ist menschenunwürdig sowas, menschenunwürdig. Das ist das, was ich ändern würde. Und dann, wenn die Frauen gestärkt sind, [...] dann können die sich auch freuen auf die Kinder. Ich hab' so viele Frauen, die kommen in der Schwangerschaft her, ich sage: ›Warst du denn schon mal einen Moment richtig froh jetzt, richtig glücklich und froh?‹ ›Nee‹, sagt sie, ›nee, noch nicht einmal. Als ich den Test gesehen hab', aber dann nicht mehr. Weil, es könnte doch das sein und es könnte das sein und es könnte das sein.‹ Und die nächste Sache ist, eine Ausbildung der Hebammen zu Hebammen und nicht zu ›GTAs‹, ›geburtshilflich-technischen Assistentinnen‹ der Ärzte« (Lister, 2015, S. 14).

Die engagierte Hebamme plädiert dafür, ihren Berufsstand ernst zu nehmen, ihn seine Arbeit machen zu lassen und in der Geburtshilfe nicht in erster Linie Pathologie, sondern vielmehr einen natürlichen Vorgang zu sehen:

»Die Hebamme ihre Arbeit machen lassen. Hebamme und Frau zusammen, fertig. Sonst nichts. Und dann kommen die Kinder, die kommen einfach. Ein Kind kommt einfach, weil das will kommen und leben. Und unser Körper ist ja so gemacht. Die Gebärmutter schiebt's irgendwann raus, die sagt: ›So, jetzt sind deine 267 Tage rum, komm jetzt‹« (ebd., S. 20).

Und einen weiteren interessanten Aspekt spricht die Hebamme an: Die Anonymität im Krankenhaus. Es befremdet sie, dass frisch Entbundene schon nach 24 Stunden vom Klinikpersonal nicht mehr wiedererkannt würden:

»Aber die andere Seite ist die, wenn ich das sehe in der Klinik [...]. Die Frauen erzählen, die sind auf dem Flur am nächsten Tag, ja, gehen da mit ihrem Kind, und die Ärzte oder die Hebammen, die kennen die gar nicht mehr. Das ist doch nicht normal sowas. Für mich ist das also ... Für mich ist das nicht normal« (ebd., S. 21).

Die Hebamme, die sowohl viele Jahre im Krankenhaus als auch in der Freiberuflichkeit tätig war, teilt im Wesentlichen die Ansichten der Landhebammen der 1960er Jahre: Geburten gehören in den familiären, nicht in den klinischen Kontext. Die Frauen, die sie zu Hause betreut, vertrauen ihrem Körper und seiner Kompetenz, ein Kind zur Welt bringen zu können. Sie wählen mit der Hausgeburt einen geschützten Raum, in dem sie sich aufgehoben fühlen und in dem auf ihre Wünsche eingegangen wird. Es besteht ein Vertrauensverhältnis zur Hebamme und sie sind keine anonymen Patientinnen, deren Namen und Gesicht sich niemand einprägt.

Auch einige alte Bräuche werden gegenwärtig bei den Hausgeburten wiederbelebt, wie zum Beispiel der achtsame Umgang mit der Nachgeburt. War es bei den Hausgeburten im vorigen Jahrhundert noch ganz normal, der Plazenta einen besonderen Stellenwert zukommen zu lassen, wird sie heute in der Klinik einfach entsorgt. Lange Zeit haben Kliniken Plazenten als Rohstoff an die Pharma- oder Kosmetikindustrie verkauft. Wegen der Gefahr der Übertragung von Infektionskrankheiten wurde diese Praxis jedoch eingestellt. Der Brauch, die Plazenta zu vergraben und ein Bäumchen darauf zu pflanzen, wie er beispielsweise im Hessischen üblich war, lebt heute wieder auf. Viele Frauen lassen sich die Plazenta auch in der Klinik aushändigen, um sie mit nach Hause zu nehmen. Ethnologische Untersuchungen belegen, dass in zahlreichen Kulturen die Plazenta als die Doppelgängerin des Kindes geachtet wurde und man ihr eine spezielle Behandlung zuteilwerden ließ. Auch nach ihrer Ausstoßung galt sie den Menschen noch als fruchtbarer Nährboden und sie behielt als Mutterkuchen die Verbindung zu dem Kind, auch nach dessen Abnabelung in Form eines symbolischen Bandes (vgl. Gélis, 1989, S. 256; vgl. auch Landesdenkmalamt Baden-Württemberg & Historische Gesellschaft Bönningheim e. V., 1997). Man ging nicht sorglos mit ihr um, sondern war der Auffassung, dass sie weiterhin Gutes für das Kind bewirken könne. An manchen Orten heißt es, sie müsse unter einen roten Rosenstrauch begraben werden, damit »das Kind rote Wangen« bekomme, wie beispielsweise in Künzelsau (vgl. Otto, 2004, S. 16). Auch in volksmedizinischen Aufzeichnungen aus dem Lötschental in der Schweiz aus dem Jahr 1969 wird noch das Vergraben der Plazenta erwähnt als Ausdruck eines Fruchtbarkeitsrituals (ebd.). Mit dem Aufkommen der Klinikgeburten wurde der Brauch aufgegeben, da das Geburtsgeschehen vom Alltag der Frauen abgekoppelt und der respektvolle Umgang mit der Nachgeburt im Kontext eines Krankenhauses sinnentleert war. Die Hebammen, die die Tradition gepflegt hatten, wurden ebenfalls nicht mehr gebraucht, bis sich in den 1980er Jahren das Blatt erneut wendete und außerklinische Geburten wieder ins Gespräch kamen.

Es sind jedoch wenige Frauen, die zu Hause gebären und es ist keine gesellschaftlich anerkannte Geburtsform. Die Entscheidung für eine Hausgeburt wird von der Umwelt oft kopfschüttelnd zur Kenntnis genommen. Nichtsdestotrotz liegen Untersuchungen vor, die die Hausgeburt als ausgesprochen sicher einstufen und zeigen, dass es eigentlich für eine gesunde Schwangere keine medizinische Notwendigkeit gibt, zur Geburt eine Klinik aufzusuchen (vgl. Loytved & Wenzlaff, 2007). Vielmehr ist es so, wie eine

Studie, initiiert vom GKV-Spitzenverband (= zentrale Interessenvertretung der gesetzlichen Kranken- und Pflegekassen), den Hebammenverbänden und dem Netzwerk der Geburtshäuser in Deutschland e.V. mit Unterstützung von QUAG e.V. (= Gesellschaft für Qualität in der außerklinischen Geburtshilfe e.V.), festhält, dass »geburtshilfliche Ergebnisse in von Hebammen geleiteten Einrichtungen in Deutschland [...] überzeugend sind« (Pilotprojekt zum Vergleich klinischer Geburten im Bundesland Hessen mit außerklinischen Geburten in von Hebammen geleiteten Einrichtungen bundesweit, 2011, S. 37). Auch für das Jahr 2014 wurde der gesundheitliche Zustand von 11.157 außerklinisch betreuten Frauen und Kindern eruiert und dokumentiert und dabei eine »hohe Ergebnisqualität der geleisteten Geburtshilfe durch die an der Dokumentation beteiligten Hebammen« (Loytved, 2016, S. 62) festgestellt. Sowohl für die Mütter als auch für die Kinder wurden insgesamt gute bis sehr gute Werte ermittelt. Die wissenschaftlichen Erhebungen bescheinigen den Hausgeburten oder Geburtshausgeburten eine außerordentlich hohe Sicherheit, sodass es schwer zu verstehen ist, dass diese Geburtsformen so selten gewählt werden.

4.3 Geburtshausgeburten

Die vorstehend genannten Ergebnisse stammen aus den regelmäßig verfassten Qualitätsberichten über die außerklinische Geburtshilfe in Deutschland, wozu auch Geburtshäuser zählen. Die Gründerin des ersten Geburtshauses in Deutschland, Dorothea Heidorn, äußerte in einem Interview, dass es ihr ein wichtiges Anliegen gewesen sei, die Frauen in ihrer körperlichen und seelischen Kompetenz zu stärken, ein Kind ohne ärztliche Interventionen zur Welt zu bringen. Ihr Geburtshaus in Rödgen bei Gießen sollte den Frauen die Möglichkeit eröffnen, in Würde und Sicherheit selbstbestimmt und gewaltfrei zu gebären. Bald folgten weitere Einrichtungen dem Gießener Vorbild, sodass im Jahr 2015 116 Geburtshäuser existierten. Einer Angabe der Bundesregierung zufolge ist die Zahl dieser Einrichtungen jedoch tendenziell rückläufig. Gab es im Jahr 2010 noch 135, so waren es 2016 nur noch 112 Geburtshäuser (Aerzteblatt.de, 2018, 7. Mai).

Die 1967 geborene Hebamme Urte Junghans ist in einem Geburtshaus in Hessen tätig, das so stark frequentiert wird, dass die Hebamme guter Hoffnung ist, dass die außerklinische Geburtshilfe, trotz der hohen Haftpflichtversicherungskosten, weiterhin eine Zukunft hat:

>»Also im Moment habe ich schon das, bin ich in dem Glauben, dass man die außerklinische Geburtshilfe nicht einfach so abgeschafft bekommt. Ich habe schon das Gefühl, da würden hier zu viele Menschen auf die Barrikaden gehen, weil zu viele Frauen eingeschränkt wären in ihrer Wahl des Geburtsortes. Also da bin ich eigentlich ganz zuversichtlich. Es wäre nur schön, es würde sich irgendwann auch mal so gestalten, dass es nicht immer alles so schwierig ist, weil neben unserer Arbeit auch noch Politik zu machen und darum zu kämpfen an allen Ecken und Enden, ist einfach so anstrengend, dass es schön wäre, das würde auch mal wegfallen. Also im Moment sehe ich mich noch nicht wirklich gefährdet. Wenn die außerklinische Geburtshilfe wegfällt, das wär' ganz schrecklich. Das ist eigentlich unvorstellbar« (Junghans, 2015, S. 20).

Das Hebammenteam im Geburtshaus besteht aus sieben Hebammen, die rund um die Uhr Bereitschaft haben. Zusätzlich kommen Hebammen von außen hinzu, die keine Geburtshilfe anbieten, aber Kurse oder auch Nachsorgen übernehmen.

Die in der Geburtshilfe tätigen Hebammen müssen regelmäßig Auszeiten nehmen, damit der Stresslevel nicht zu hoch wird:

>»Eine Auszeit ist immer ein Monat. Und ich kann mir das nicht leisten, den Monat gar nicht zu arbeiten. Schon mal gar nicht, wenn es dann zwei oder drei Monate wären, weil da zu viel laufende Kosten sind und nichts reinkommt. Sodass ich häufig Nachsorgen mache und dosiere, wie viele Nachsorgen ich in der Zeit machen möchte, sodass ich nicht zu eingeengt bin, aber einfach weiß, ich habe keine Bereitschaften, ich kann jeden Abend ins Bett gehen und weiß, ich stehe erst morgens auf, wenn ich ausgeschlafen bin mehr oder weniger. [...] Aber es muss Auszeit genommen werden, einfach, das hat auch was mit, ja mit seiner Gesunderhaltung zu tun. Mit Gesundheitsvorsorge für uns selber, weil, Bereitschaftsdienst zu leisten ist schon wahnsinnig fordernd, anstrengend. Schafft auch so einen Dauerstresslevel« (ebd., S. 25).

Die Hebamme hat in ihrer Ausbildung und in den ersten Jahren ihrer Berufstätigkeit in einer Klinik Erfahrungen gemacht, die sie darin bestärkten, in die Selbstständigkeit zu gehen:

>»Also ich kann außerklinisch viel selbstbestimmter arbeiten, ich kann das umsetzen, was ich für Ideen habe, ich kann die Frauen begleiten auf die Art

und Weise, die mir wichtig ist, und das ist in der Klinik nicht so. Also ich sehe schon, dass man in der Klinik auch gut sein kann, also dass man Gutes tut an einer Stelle, wo es auch sehr wichtig ist, zumindest in seinem Rahmen das zu tun, was man tun kann. Aber ich kann halt so [...] viel mehr auf die Bedürfnisse der Frauen eingehen [...]. Es gibt da schon ganz viele Bereiche, die ich so besser umsetzen kann. Und es macht auch Spaß, die Frauen ganzheitlicher zu betreuen. So sehe ich die Frauen ja fast die ganze Schwangerschaft [hindurch], das ist sehr, sehr schön. Auch wenn es im Intervall ist, dass man sie in der Schwangerschaft sieht, eventuell zur Geburt sieht, dann sieht man sie zur Nachsorge, dann kommen sie irgendwann wieder zu Kursen und man sieht sie hier« (ebd., S. 7f.).

Diese Art des Arbeitens hat die Hebamme jedoch nicht in ihrer Ausbildung erlernt, sondern erst später in der Praxis und durch gezielte Weiterbildung:

»Ich glaube meine Ausbildung war damals, das ist wirklich nur die Basis gewesen, so die absolute Basis, und alles, was so ein bisschen alternativer ist, haben wir damals nicht gelernt. Alles, was du als freiberufliche Hebamme brauchst, so wie diese ganzen Kurssysteme, das musste man sich alles danach mit Weiterbildungen, in Form von Weiterbildungen oder Eigenarbeit erarbeiten. Also ich würde nicht sagen, dass wir [...] damals eine tolle Ausbildung hatten, es gab damals schon andere Schulen, die besser ausgebildet haben, glaube ich. Aber ich habe so den Grundstock, den Grundstock beigebracht bekommen, um darauf aufzubauen. [...] Es war damals, dass man 40 Dammschütze brauchte. Dammschütze hieß immer, du musstest mehr oder weniger deine Hände da im Geschehen gehabt haben, wenn das Kind geboren wurde. Ich glaube aber, ein Gefühl für die Geburt habe ich erst gehabt, als ich dann selbstständig, eigenverantwortlich arbeiten musste in meiner ersten Anstellung. Also vorher ist das immer noch so, dass da alle rumwurschteln, die Hebammen, die Ärzte, wo du nicht wirklich das Gefühl hast, du hast das jetzt hier selbstständig geleitet. Und ich weiß noch, dass man in der Ausbildung, dass es ganz schwer war, normale Geburten zu sammeln, weil es so viele Kaiserschnitte gab, dass man das schon gar nicht mehr zählen konnte vor lauter Strichen. Und das war auch ein Teil der Ausbildung, den man erfüllen musste, aber da war man so weit drüber, dass das überhaupt gar kein Problem war, und es war eher schwierig, *normale* Geburten zu bekommen« (ebd., S. 13).

»Normale Geburten« hat Frau Junghans jetzt im Geburtshaus: »Das Gros der Geburten sind hier ganz normale, selbstbestimmte, selbstinszenierte Geburten, die so unterschiedlich sind, wie Frauen unterschiedlich sind« (ebd., S. 15).

Auch die noch sehr junge Hebamme Traude Mann arbeitet in einem Geburtshaus. Sie hat direkt nach ihrer Ausbildung, die in einer niedersächsischen Klinik stattfand, beschlossen, außerklinisch zu arbeiten:

> »In meiner Ausbildung sah es so aus, ich kam zum Dienst, morgens um sechs Uhr oder mittags um zwei, dann war da die A und die B im Dienst, die beide sehr alte Hebammen waren oder so ein bisschen alte Schule machten in der Geburtshilfe. Das heißt, die Frau liegt auf dem Rücken, die hat unbedingt ein OP-Hemd an, weil [...] man muss ja auf alles vorbereitet sein in der Geburt. Und man kann ja auch auf keinen Fall von was Normalem ausgehen. Man denkt ja immer, alles ist total schlimm und es passieren sofort tausend Millionen ganz schlimme Sachen, und alle sterben am Ende des Tages« (Mann, 2015, S. 8).

Aus dieser Erfahrung heraus, die ihr schon als Hebammenschülerin nicht behagte, kam für sie nur die Selbstständigkeit infrage:

> »Und wenn ich jetzt arbeite, in der Geburtshilfe hier, [...] ohne OP-Hemd und einem Kaiserschnitt-OP nebenan und ohne Oberarzt, der sagt, ›Hier, jetzt ist zwei Stunden da in der Geburt nichts passiert, jetzt müssen wir hier mal was machen‹, oder ›Wir fahren mal in den OP‹ – ohne genau diese ganzen Sachen bin ich viel entspannter und kann [dies] auch viel mehr [...] der Familie vermitteln, weil ich weiß, wir müssen uns hier überhaupt nicht stressen, euch geht's doch gut. Also, wenn es euch gut geht, dann können wir doch hier alle Zeit oder fast alle Zeit der Welt haben und müssen uns hier überhaupt nicht abhetzen. Und zieht euch bitte eure eigenen Klamotten an und macht's euch schön, weil ich komme auch mit meinen schönsten oder in meinen bequemen Klamotten und hab' kein irgendwelches Zeug an. Also, das finde ich, das hätte ich vor meiner Ausbildung nicht gedacht, dass sich das so verändert. Weil ich dachte, Kinder werden in der Klinik geboren, weil ich es einfach nicht anders wusste und man es ja in den Medien ja auch nie anders sieht. Man sieht in Kinderbüchern immer Frauen, die auf dem Rücken liegen und die in Krankenhäuser gehen zum Kinderkriegen. Und es steht immer ein Arzt mit Mundschutz daneben und irgend-

einem Kittel und irgendwelchen Riesen-Handschuhen und die Frau liegt auf dem Rücken. Und dann wird es einem in Filmen gezeigt und in diesen ganzen Serien im Fernsehen. Man lernt es ja gar nicht anders, ne? Man weiß es ja nicht anders. Und so merke ich, dass heute bei den Familien, die wir betreuen, [...] kommen sie dann zu uns und denken aber, ›Ich muss mein Kind auf dem Rücken kriegen und irgendjemand macht mir einen Dammschnitt und dann kommt mein Kind raus.‹ Also, Frauen denken, ›Ich kann das nicht.‹ Und da, also da bin ich sehr glücklich, dass ich dieses Denken ändern kann oder dazu meinen Beitrag leisten kann. Ja, um wieder so einen natürlichen Blick darauf zu kriegen, auf Geburtshilfe und auf Geburt und auf den weiblichen Körper auch, ne? Weil wir können das doch, also wir sind doch eigentlich das starke Geschlecht, in Anführungsstrichen« (ebd., S. 9).

»Eigentlich braucht eine Frau eine Hebamme nicht. Die muss einfach nur danebensitzen und gucken, dass alles gut ist. Also dass, wenn mal irgendetwas passiert, dass dann irgendjemand weiß, was zu tun ist, ne? Aber eigentlich kann ich strickend in der Ecke sitzen [lacht], ja. Und dieses Denken halt wieder hochzuholen bei den Frauen oder dieses Verständnis wieder hochzuholen, das [...] macht mir Spaß, ja« (ebd., S. 9f.).

Die Einstellung, dass eine Hebamme einfach nur strickend dasitzen und möglichst nichts tun sollte, teilt auch die ein Geburtshaus leitende Hebamme Sibilla Plattner. Sie hatte als Krankenschwester in einem Krankenhaus in Tansania Beobachtungen gemacht, die sie dazu bewegten, den Hebammenberuf zu ergreifen:

»Plötzlich, jede freie Sekunde, war ich in diesem Feldkrankenhaus im Kreißsaal verschollen. Und da war's anders, da haben Frauen Frauen geholfen, Kinder zu bekommen. Und das war einfach faszinierend, also sowohl dieses Helfende als auch das passiv mit dabei sein. Also nicht unbedingt aktiv werden zu müssen, weil man sich als Hebamme eigentlich möglichst zurückhalten sollte. Und das war wirklich total toll, das war auch sehr bewegend, und jedes Kind, das auf die Welt kommt, ist jedes Mal wieder ein Adrenalinkick, das kann man nicht anders sagen, auch wenn man nichts macht. Das ist einfach ein unfassbarer Kick. So bin ich irgendwie dazu gekommen, mich mit fast 30 dann noch mal zu bewerben und zu überlegen, ob ich nicht doch noch Hebamme werde« (Plattner, 2015, S. 1).

»Ich wusste aber schon während der Ausbildung, dass ich mein eigenes Geburtshaus aufmachen werde. Das [...] stand nicht infrage, das hab' ich nicht für mich hinterfragt, das war einfach völlig klar: Ich möchte Frauen ermöglichen, anders Kinder zu bekommen. Idealerweise zu Hause. Weil es aber in Deutschland einfach Situationen gibt, in denen es einfach nicht günstig ist, zu Hause zu bleiben, egal ob die Wohnsituation das nicht hergibt oder Schwiegereltern im Haus sind, mit denen man sich vielleicht nicht so gut versteht, oder das eine Übergangswohnsituation ist. Deswegen habe ich ein Geburtshaus gebaut. [...] Ich hab' erst zwei Jahre an einem anderen Geburtshaus gearbeitet, um noch Erfahrung zu bekommen, obwohl ich ja schon ein Päckchen mitbekommen habe an Erfahrungen durch meine Rettungsassistentenausbildung und durch die Krankenpflegeausbildung. Aber ich hab' wirklich gedacht, erst mal bekommst du jetzt ein bisschen mehr Wissen mit, weil das in der Ausbildung nicht unbedingt geeignet ist, dass man sein Wissen im außerklinischen Bereich sehr auffüllt. [...] Also das war mir schon auch wichtig, dass ich noch mit Kolleginnen arbeiten will, dass ich das nicht alleine machen möchte. Aber es stand nie – es war für mich einfach immer völlig klar, dass ich niemals in der Klink bleibe« (ebd., S. 23f.).

»Niemals in der Klinik bleiben« kann gewissermaßen als Leitspruch gelten für die Hebammen, die sich für die außerklinische Geburtshilfe im Geburtshaus entschieden haben. Oftmals hat sich schon während ihrer Ausbildung Widerstand gegen Praktiken, die sie nicht gutheißen konnten, in ihnen geregt. Die vielen medizinischen Interventionen im klinischen Geburtsablauf standen ihrem Selbstverständnis als Hebammen diametral gegenüber, wie sich zum Beispiel Michaela Traube erinnert:

»Ich hab' an 'ner großen Universitätsklinik gelernt und [...] fand die Ausbildung sehr schwer, und zwar nicht fachlich, sondern menschlich, fand ich eine richtig schlimme Katastrophe. Ich habe die Ausbildung erst mit 23 angefangen und ich hab' immer gesagt, wär' ich 19 gewesen, hätte ich die Ausbildung nach vier Wochen abgebrochen. [...] Sehr hierarchisch, aber im negativen Sinne. Also es gibt ja gute Hierarchien, wo man von erfahreneren Menschen lernt und lernen kann und Vorbilder haben kann. Aber das war wirklich unmenschlich degradierend und so habe ich auch die allermeisten Geburten dort erlebt. Mit sehr viel Angst verbunden, sehr gewalttätig. Ich möchte jetzt nicht sagen, dass die einzelnen Menschen dort alles Unmenschen waren. Ich glaube, dass man Geburten sehr unreflektiert betreut. Man weiß heute schon mehr über die Besonderheit von Schwangeren, besondere Geburtsphase und Bedeutung von Schwangerschaft und Geburt, und man verhält sich eigentlich nicht angemessen respektvoll und auch nicht angemessen individuell. Und dort hab' ich einfach viele Geburten erlebt, die sehr gewaltvoll beendet wurden. Damals konnte ich natürlich nicht wissen, dass das häufig nicht notwendig ist. Ich konnte es nur ahnen, weil ich ja die fachliche Ausbildung noch gar nicht hatte. [...] Was ich in meiner Ausbildung gelernt habe, ist vor allem Pathologie, was natürlich auch sehr wichtig und sehr gut ist, aber was ich auch gelernt habe, ist viel Angst haben als Geburtsbegleiterin. Und da war mir nach der Ausbildung klar: ›So, jetzt muss ich erst mal gucken, wie ich wieder mit beiden Beinen auf'n Boden komme und erst mal wieder ein natürliches Verhältnis zu diesem natürlichen Prozess entwickeln kann‹« (Traube, 2018, S. 4).

»Es ist ein sehr komplexes System, was sich in eine Richtung entwickelt hat, die nicht sehr menschlich ist. Es geht heutzutage im medizinischen Bereich nicht immer um die Frage, ›Tut das, was wir jetzt an Therapie vorschlagen, dieser Frau und diesem Kind am besten oder haben wir noch vielleicht ganz andere Gründe?‹ Forensische Gründe, Haftungsgründe und so weiter. Das spielt eine sehr große Rolle, vor allem auch in der Geburtshilfe. Außerklinisch sowie auch klinisch. Und das ist natürlich ein verkehrter Ansatz. Es ist auch, denk ich, ein verkehrter Ansatz, dass ein Kaiserschnitt mehr Geld bringt als eine natürliche Geburt. Jeder Eingriff in die Geburt kann extra abgerechnet werden. Also eine PDA und so weiter und so fort, ja. Das gibt da auch Pauschalen, das ist richtig. Aber das wird ja eingerechnet in die Pauschalen. Und natürlich ist es so, wenn ich jetzt als große Klinik einen OP-Saal mit dem ganzen Anästhesieteam zur Verfügung stelle, dann ist es sinnvoller, das häufiger zu benutzen. Weil, das alleine zur Verfügung, also bereitzustellen, ist mit so enormen Kosten verbunden, dann macht das auch Sinn, es häufiger in Anspruch zu nehmen. Ich unterstelle nicht einem einzigen Geburtshelfer in einer großen Klinik, dass er da Profitinteresse hat selber. Aber das System verlangt das ein bisschen. Und das ist eine Entwicklung, die über Jahrzehnte erfolgt ist, und jetzt haben wir den Salat halt so, ja. Und ich glaube, es gibt einfach auch sehr viele Menschen, die einfach denken, ›Eine außerklinische Geburt, das ist einfach veraltet‹, ja. Und zu uns kommen ja nicht irgendwelche Leute, die unreflektiert außerklinische Geburten wählen, sondern ganz im Gegenteil. Das sind Menschen, die sich ganz, die sich eigentlich sehr intensiv damit auseinandersetzen, ›Wie möchte ich mein Kind kriegen, was bedeutet für mich Sicherheit?‹ Die definieren Sicherheit anders« (ebd., S. 6).

»Die definieren Sicherheit: ›Ich fühle mich sicherer mit einer kompetenten Hebamme, die mich eins zu eins betreut, die mich im Blick hat, die mich unterstützt, die mich auch in Ruhe lässt, wenn alles soweit gut läuft, wo ich meinen Weg finden kann durch die Geburt, mein Tempo finden kann, die nicht auf die Uhr schaut‹, und so weiter. Das gibt vielen Frauen Sicherheit. Abgesehen davon, wenn man jetzt auf die andere Sicherheit blickt, sofort einen Kaiserschnitt machen zu können oder eine hohe medizinische Versorgung auch zu haben, da muss ich jetzt hier in M. sagen, haben wir den Luxus, dass die Uniklinik sehr gut mit uns kooperiert und wir halt auch sehr nah sind. Und einfach da die Abläufe gut funktionieren. Es wird halt bei Geburt auch immer, [...] man denkt immer, Geburt an sich ist wahnsinnig gefährlich. Also, wenn ich keinen Wehentropf anhänge, dann habe ich in der Regel bei natürlichen Wehen nicht einen plötzlichen Herztonabfall. Ich sag' nicht, dass es das gar nicht gibt. Aber es ist sehr unwahrscheinlich. Einen plötzlichen Herztonabfall habe ich eher, wenn ich einen Wehentropf anhänge. [...] Also, je mehr ich mache, desto höher wird auch, geht auch ein Risiko. Wenn ich einen Wehentropf anhänge, ist es natürlich notwendig, dass ich dauerhaft ein CTG an der Frau habe. Das wiederum führt dazu, dass die Frau sich nicht frei bewegen kann. Es gibt heute kabelfreie CTG-Knöpfe, die Telemetrie. Wenn die zur Verfügung stehen, verrutschen die Knöpfe, man muss dauernd den Knopf nachjustieren. Das ist auch ein großer Unterschied in der Geburtsbetreuung. Wir hören nicht dauerhaft die Herztöne, sondern intermittierend. Und das ist auch evidenzbasiert. Wir sind nicht verpflichtet, dauerhaft die Herztöne zu hören, [...] das heißt, die Frau kann sich frei bewegen, und zwar nicht so, wie ich es ihr sage, sondern wie sie möchte. Das macht Geburt auch sicher. Wenn sie sich frei bewegt, wenn sie ihrem, ihrer Intuition nachgehen kann und wenn sie möglichst ungestört ist« (ebd., S. 6f.).

»Wir haben 130 Geburtshäuser oder noch mehr in Deutschland. Die sind ja auch nicht irgendwelche Erfindungen von irgendwelchen Irren, sondern [lacht] da gibt es gute Gründe für, warum Geburtshäuser gegründet werden. Da ist der Bedarf da und wir haben ja ganz hohe Auflagen. Wir arbeiten ja auch gar nicht so frei, ja? Wir haben viele Auflagen, an die wir uns halten müssen. [...] Es gibt Geburtshäuser und die machen gute Arbeit und das sollte vielmehr auch gesellschaftlich getragen sein« (ebd., S. 10f.).

Hier spricht Frau Traube das Problem der Sicherheit an. Wann ist eine Geburt sicher? Während die einen auf die Apparatemedizin vertrauen und auf ärztliche Kompetenz setzen, brauchen andere die Sicherheit, nicht fremdbestimmt zu sein, auf ihren eigenen Körper hören zu können und Vertrauen in die Hebamme zu haben, die in Form einer Eins-zu-eins-Betreuung die Geburt begleitet und die Gebärende nicht verlässt, auch wenn sich der Prozess über viele Stunden hinzieht. Frauen, die ein Geburtshaus aufsuchen, erwarten genau dies: In aller Ruhe selbstbestimmt und mithilfe einer kompetenten Vertrauensperson, der Hebamme, ihr Kind auf natürliche Weise zur Welt bringen zu können.

Dass die Zahl der Geburtshäuser aber gegenwärtig schon wieder rückläufig ist, da der Hebammenberuf durch die hohen Beiträge für die Berufshaftpflicht zunehmend unattraktiver wird, ist ein Politikum. Der Verlust an Geburtshäusern schränkt die freie Wahl des Geburtsortes ein, der Frauen gesetzlich garantiert wird. Viele Menschen protestierten gegen diese Entwicklung, gingen auf die Straße und unterschrieben Petitionen, wobei auf die Proteste aufseiten der politisch Verantwortlichen nur zögernd reagiert wird:

> »Da gibt's definitiv viel zu tun. [...] Und die Politiker wissen eigentlich um unsere Situation. Die signalisieren auch immer wieder, ›Ja, wir verstehen das und wir finden das auch nicht gut und wir wollen euch unterstützen.‹ Aber die verweisen dann halt auch oft: ›Ja, das muss doch alles in Berlin entschieden werden.‹ Und in Berlin mahlen die Mühlen langsam und die Kapazität der einzelnen Hebamme ist auch begrenzt. Das merk ich auch immer wieder. Ich kann mich nur phasenweise engagieren, weil, in den anderen Zeiten hab' ich einfach genug anderes zu tun« (ebd., S. 21f.).

Das Korsett der Berufshaftpflicht schmälert das Einkommen einer freiberuflichen Hebamme so fundamental, dass dringender Handlungsbedarf besteht:

> »Es ging ja auch immer wieder um die Berufshaftpflichtversicherung. Wir müssen uns natürlich versichern. Die Prämie für diese Versicherung ist stark angestiegen. Die war vor 25 Jahren bei 150 Euro und wir sind jetzt seit 1.7.18 bei 8.400 Euro pro Hebamme pro Jahr, egal wie viel Geburten sie betreut. Darum wird ja schon lange gekämpft, nicht nur von Hebammenseite, sondern es gab ja auch viele Elternproteste und Initiativen. Zum

Glück gibt es jetzt eine Zwischenlösung, dass diese hohe Berufshaftpflichtprämie mitfinanziert wird vom Spitzenverband der Krankenkassen. Aber es bleibt doch auch ein ordentlicher Anteil bei der Hebamme selbst hängen, der eigentlich dem Einkommen der Hebamme nicht entspricht. Also, wir bleiben in etwa auf einem Drittel der Kosten, müssen wir selber tragen. Und jetzt nur mal als Beispiel: Wir kriegen für eine außerklinische Geburt hier im Geburtshaus in etwa 550 Euro; es ist eine Pauschale für elf Stunden. Acht Stunden vor der Geburt bis drei Stunden nach der Geburt. [...] Da hab' ich noch keine Rentenversicherung, keine Krankenversicherung, keine Berufshaftpflichtversicherung, gar nix. Keine Miete gezahlt, gar nix. Also hier für's Geburtshaus und so weiter. Und ich trage ja Verantwortung für zwei Leben. Also das ist ja jetzt nicht, dass ich da irgendwas tue, sondern ist ja schon ein wesentlicher Arbeitsbereich [...]. In Deutschland sollen Kinder geboren werden. Und ja, es ist einfach sehr schwierig, das zu finanzieren« (ebd., S. 4f.).

Abbildung 18: Magnet, Hebammen für Deutschland e.V.

Infolge der ständig ansteigenden Beiträge für die Versicherung haben schon viele Hausgeburtshebammen ihren Beruf aufgegeben, weil es sich finanziell einfach nicht mehr gelohnt hat. Diejenigen, die im Geburtshaus arbeiten, können die Kosten durch ein breiteres Dienstleistungsangebot wie Rückbildungsgymnastik, Schwangerenyoga, Babymassage etc. besser auffangen, wobei die Situation aber auch für sie alles andere als zufriedenstellend ist. Sowohl die Klinikhebammen als auch die frei praktizierenden beklagen die geringen Verdienstmöglichkeiten gemessen an der Verantwortung und den speziellen Arbeitszeiten, die der Beruf mit sich bringt. Würden sie nur auf die Verdienstmöglichkeiten schauen, wären sie in vielen anderen Berufen besser aufgehoben, aber fast alle Hebammen resümierten im Interview, dass ihnen der Beruf *Berufung* sei und sie sich deshalb eine andere Tätigkeit nur schwer vorstellen könnten.

4.4 Kompetenzen und Konflikte

Die vorangegangenen Äußerungen der in der außerklinischen Geburtshilfe tätigen Hebammen zeigen, dass sie keinen leichten Stand haben und an vielen Fronten kämpfen müssen. Einerseits ist ihre Arbeit sehr gefragt und sie können gar nicht alle Anmeldungen, die bei ihnen eingehen, berücksichtigen, andererseits stehen sie unter permanentem Rechtfertigungszwang, dass es sie überhaupt gibt:

> »Gerade hat man ja ganz klar das Gefühl, dass wir eigentlich weggewirtschaftet werden sollen. Schon ganz heftig. Es wird so kompliziert gemacht, es wird so schwierig gemacht, zumindest die außerklinische Geburtshilfe soll abgeschafft werden. Also es fühlt sich ganz stark so an, es ist nicht so kontrollierbar und deswegen sind wir nicht erwünscht. Und dann gibt es Politiker, die sich sehr dafür einsetzten, damit es weiter existiert, aber ich glaube, viel ist da auch geschmiert von der Ärzteschaft und von dem Kassenverband, die einfach sehr mächtig sind und die es interessanter finden, wenn das alles kontrollierbarer ist und in ihrer Hand« (Junghans, 2015, S. 11).

Um die außerklinische Geburtshilfe trotz der großen äußeren Widerstände zu erhalten, müssen sich die Hebammen politisch engagieren. Sie tun dies auch, doch es scheint ein Kampf gegen Windmühlenflügel zu sein:

> »Es ist ja so, dass wir immer Kontakt auch zu Lokalpolitikern haben, zu Frauenforen [...], die sich treffen, die immer interessiert sind, hier am Ball zu bleiben, was so intern im Geburtshaus ist und was unsere Haftpflichtversicherungen machen, und die dann auch auf Kreisebene hier versuchen, uns zu vertreten. [...] Und wenn es aktuelle Anlässe gibt, sind wir auch demonstrieren gegangen und machen unsere Stände, unsere Infostände – das auf alle Fälle« (ebd., S. 12).

Es geht aber nicht nur um das Problem der Berufshaftpflicht, sondern auch um das Verhältnis zur Ärzteschaft, das als konfliktbeladen beschrieben wird. Eine schon ältere, gestandene Geburtshaushebamme mit sehr viel Berufserfahrung in der Klinik schildert ihre Erlebnisse:

»Im Krankenhaus ist es so: Ein Arzt hat ja seinen Eid geleistet und ein Arzt will behandeln, das ist der große Unterschied. Ich behandle ja nicht als Hebamme, sondern ich begleite einen normalen Schwangerschaftsverlauf, eine normale Geburt und ein normales Wochenbett. Sobald sich eine Unregelmäßigkeit zeigt, sobald irgendetwas nicht in Ordnung ist, sei es mit Mutter oder Kind, bin ich natürlich verpflichtet, einen Arzt hinzuzuziehen. Und in der Klinik ist immer ein Arzt, und ein Arzt will behandeln. Dann [...] fing das an: ›Ja, wir wollen doch dann die Blutuntersuchung machen bei den Kindern, wir wollen doch dann den Sauerstoffgehalt prüfen bei den Kindern.‹ Und dann war das, ging das soweit, dass die Geburten eingeleitet wurden. Und das habe ich auch erlebt. 1974 bin ich damals an das Krankenhaus und da fing das grade so an mit den Einleitungen. Da kamen die Frauen, da kriegten die einen Wehentropf und abends vor fünf hatte das Kind da zu sein, weil ja um fünf Uhr das Labor zumachte, so war das. [...] Und da hab' ich gedacht, ich will das nicht mehr mitmachen, ich will keine Tröpfe mehr anlegen, ich will das nicht mehr, weil, ich hab' so viele Frauen auch erlebt, die wollten gar nicht die Geburt. [...] Da haben wir gesagt: ›Komm wir warten nochmal. Die Frau will das Kind noch gar nicht, die ist gar noch nicht bereit innerlich.‹ [...] Und in der Klinik ist es eben so, dass eben dann auch Dammschnitt gemacht wurde, das war obligatorisch, ja. Die Frau liegt auf dem Rücken, hat in Rückenlage zu entbinden, damit jeder da unten hingucken kann. Dann wird ein Dammschnitt gemacht, und was in den 80er Jahren, Ende 70erJahre auch noch war in vielen Kliniken, die Frau kriegte einfach, als das Kind rauskam, eine Durchtrittsnarkose« (Lister, 2015, S. 3f.).

Die an anderer Stelle schon erwähnte »programmierte Geburt« der 1970er Jahre stieß auf heftige Kritik bei vielen Hebammen, die eine so geartete Geburtshilfe nicht mittragen wollten. Traude Mann erlebte ähnliche Konflikte wie ihre Kollegin und zog die Konsequenzen, indem sie schon zu Beginn ihrer Berufstätigkeit die Klinik verließ. Aber auch in der Freiberuflichkeit hörten die Spannungen mit der Ärzteschaft nicht auf:

»Und dann kommen irgendwelche Gynäkologen und sagen, ›Hören Sie mal nicht auf Ihre Hebamme, Ihr Kind ist doch viel zu groß, es passt nicht aus Ihnen raus, überlegen Sie es sich nochmal mit der Geburtshausgeburt oder mit der Hausgeburt, gehen Sie doch lieber in die Klinik, weil ich glaube, ihr Kind passt da nicht raus.‹ Und wenn man dann diese Frau innerhalb von den nächsten acht Wochen irgendwann mal wieder zu dem Denken ›Ich kann das doch!‹ geholt hat, merkt man, ach, es hat im Geburtshaus halt in zwei Stunden funktioniert, ne? Und das Kind hat schwupsdiwups durchgepasst. Und dann denkt man, WARUM? Also woher kommt denn so ein Denken, dass ein Kind nicht durch ein Becken passt? Aber das ist so weit verbreitet, dieses Denken und diese Aussagen, das ist echt Mist. Ja« (Mann, 2015, S. 10).

Eine Hausgeburtshebamme, die auch zeitweise als Beleghebamme im Krankenhaus tätig war, hielt die Konflikte nicht länger aus und gab die Arbeit in der Klinik auf:

»Ich bin jahrelang zweigleisig gefahren und mache jetzt im November meine letzte Geburt als Beleghebamme, [...] weil ich gemerkt hab', das ist nicht wirklich so das, was ich mir vorstelle unter Geburtshilfe, in der Klinik zu arbeiten. [...] Man ist trotz dass man in der Klinik verschrien ist als die Hausgeburtshebamme, die ihre Geburten so macht wie zu Hause auch, den Hierarchien trotzdem unterlegen« (Köhler, 2018, S. 6f.).

»Mein Gefühl ist, dass die Medizin ganz oft darauf aufbaut, auf Ängsten, weil, sonst gäb's die Medizin ja nicht. Man versucht ja, etwas zu verhindern. Und dass umso größer die Ängste sind oder die Unerfahrenheit, umso größer ist auch der Eingriff in natürliche Abläufe. Und man kann dann nicht mehr mit Geduld und Gelassenheit abwarten, sondern man muss, hat immer das Gefühl, man muss handeln. Man muss was tun. Man muss eingreifen. Man muss etwas voranbringen. Aber [...] die größte Eigenschaft unter der Geburt ist die Geduld, abwarten zu können, geduldig zu sein, die Frauen bestimmen lassen, ohne natürlich immer wieder die Kinder und die Frauen aus dem Auge zu lassen. Also zu hören, wie's den Kindern geht, über die Herztöne das zu kontrollieren. Aber auch nicht dauerhaft, weil das ist ja auch 'ne Erkenntnis, die es inzwischen gibt, bei diesen dauerhaften CTGs, dass die Sectiorate dadurch auch gestiegen ist, sondern dass es reicht, wenn man das sporadisch macht, aber dann auch nicht überinterpretiert, sondern auch akzeptiert, dass ein Kind, was unter der Geburt steht, auch reagieren darf. Und auch anzeigen darf, dass es dem Kind auch zu schaffen macht, dass es 'ne anstrengende Arbeit ist. Und was ich, was mir ganz oft persönlich fehlt, ist diese Zusammenarbeit zwischen den Ärzten und den Hebammen. Dass man wirklich das Gefühl hat, dass man im Team ist mit den Eltern und dem Kind. Sondern man hat da 'ne ganz klare Aufteilung, wer das Sagen hat und wer sozusagen handeln muss nach demjenigen, der das Sagen hat. Und dadurch fällt eben ganz oft weg, was man selber vielleicht so für'n Gefühl hat, was der Bauch einem sagt, was man denkt, sondern man handelt im Prinzip dann nach den Vorschriften. Und ich glaube auch, dass der Vorteil, dass man Frauen sieht und erkennen kann, in dieser Eins-zu-eins-Betreuung liegt. Dass ich denke, dass, wenn man als eine Person drei Frauen begleitet bei der Geburt, nicht an gleichen Stellen zu gleicher Zeit sein kann, um zu beobachten, um zu fühlen, um zu sehen, um zu reden. [...] Also ich finde, gleichzeitig in drei Geschichten zu stecken, das funktioniert nicht. Schon in zwei Geschichten zu sein, funktioniert nicht. Dann verwechselt man was oder man denkt halt gerade in 'ner ganz anderen Dimension oder man vergisst das eine wie das andere. Und das ist der große Vorteil der Eins-zu-eins-Betreuung, dass man wirklich dadurch auch viel eher erkennen und sehen kann, was die Bedürfnisse des Kindes und auch der Frau sind. Und dadurch auch garantiert ganz viel verhindern würde an Eingriffen, die invasiv sind und die überhaupt nicht sein müssten« (ebd., S. 10f.).

Die Hausgeburtshebamme Hilla Köhler kritisiert das Machtgefälle in der Klinik und die Überarbeitung der Hebammen, die drei Geburten gleichzeitig betreuen müssen und dabei die Frauen aus dem Blick verlieren. Ihrer Aufgabe, den Gebärenden beizustehen, können sie auf diese Weise nicht gerecht werden, und so gibt es Verlierer auf allen Seiten. Sie äußert zum Schluss noch einmal ihre Visionen von Geburt und Gebären in einer Klinik. Wenn schon die Tendenzen bedauerlicherweise dahingingen, so Frau Köhler, dass die außerklinische Geburtshilfe noch weiter zurückgedrängt und auf eine hundertprozentige Klinikgeburtsrate zugesteuert würde, wie sie sie aus der DDR kannte, so wünscht sie sich doch für die Zukunft, dass ein ganzheitlicher Ansatz in der Klinik verfolgt würde und die Mütter und ihre Kinder im Zentrum der Betrachtungen stünden:

»Ich wünschte mir aber, dass die Häuser, wenn im Hintergrund das Klinische steht, schöner gestaltet sind. Das würde ich mir wünschen. Also, dass es nicht Krankenhaus genannt wird, sondern Haus der Familie, Gesundheitshaus, Haus der Kinder, Haus der Eltern, wie auch immer, Haus der Mütter. Und dass das, was man so vorfindet an Räumlichkeiten, so ähnlich oder dem entspricht, wie man sich vielleicht zu Hause auch wohlfühlen würde. Und dass das Medizinische und das Technische mehr im Hintergrund bleibt und immer nur dann zum Einsatz kommt, wenn es Problematiken oder Komplikationen gibt, und dass [...] eine natürliche Geburt nur von Hebammen begleitet wird. Und bei den Frauen, wo klar ist, dass es Komplikationen geben kann, natürlich auch die Ärzte ihre Aufgaben, die sie, wofür sie sich auch im Prinzip entschieden haben, zu studieren, zu lernen und ihr Wissen einzusetzen, übernehmen. Aber dass jeder so klar, ganz klar seine Aufgabengebiete hat. Das würd' ich mir wünschen. Mit ganz viel Ruhe, mit 'nem großen Anteil Gelassenheit und mit 'nem großen, großen Anteil an Respekt und Anerkennung der Wünsche und der Bedürfnisse der Familien, die dahin kommen. Ja« (ebd., S. 10).

Hilla Köhler plädiert auch für eine Aufarbeitung des Geburtsgeschehens mit den Eltern. Nach ihrer Erfahrung besteht ein großer Wusch, das im Krankenhaus Erlebte noch einmal zu besprechen und zu klären:

»Aber ich finde genauso wichtig die Nachbereitung. Gespräche über die Geburt, wenn die Geburten anders verlaufen sind, wie man sich das gewünscht oder vorgestellt hat, es aufzuarbeiten, da auch so was rund zu machen. Das ist ja auch so ein Stück weit unsere Aufgabe als Hebammen, da zu begleiten und da zu sein. Und es gibt 'ne Schweizer Hebamme, die hat dieses ›heilende Bad‹ präferiert oder das im Prinzip so in Umlauf gebracht bei Kaiserschnitten. Dass die Frauen sich, wenn sie bereit sind dazu, sich nackt ins Bett legen, das Kind wird gebadet und wenn die Frau sagt, jetzt gib mir das Kind aus der Badewanne, auch so nass wie es ist, auf den Körper der Frau ... So, wie sie es empfangen würde nach der Geburt, wenn sie es dann so hoch bekommt auf die Brust. Dann werden die beiden zugedeckt und dann bleiben die einfach liegen und können zusammen ankommen. Und da, das ist sehr emotional. Ich hab' das sehr oft erlebt und das merkt man dann auch, dass da, da löst sich ganz viel. Die Frauen weinen, die Kinder sind ganz gerührt und still und finden das total schön, da auch zu liegen mit dem Wasser, dass es noch so'n bisschen feucht ist, werden zugedeckt, kuscheln sich da an und es ist unglaublich toll und das macht ganz viel. Das sagen die Frauen auch hinterher. Und diese Ängste verschwinden auch, dass man sich so Sorgen macht immer um das Kind. Weil man sie dann wieder spüren kann, [...] über die Zellen, über das Körperliche. Und das ist so simpel. Aber es ist so schön. Und sowas mach ich auch gerne« (ebd., S. 17f.; zum »heilenden Bad« vgl. Meissner, 2011).

Frau Köhlers Vorstellungen decken sich mit denen der anderen interviewten Hebammen: Eine Geburt sollte, wenn sie schon in der Klinik stattfindet, so interventionsarm wie nur möglich ablaufen. Dazu bedarf es der Eins-zu-eins-Betreuung durch eine Hebamme, damit sie sich ganz der Gebärenden widmen kann, ohne durch äußere Störungen abgelenkt zu sein. Wenn die Betreuung der Normalgeburt bei den Hebammen verbleibt, idealerweise in einem Hebammenkreißsaal, müssen keine medizinischen Maßnahmen vorgenommen werden, die die gefürchteten Interventionskaskaden auslösen. Ärztliches Handeln wird nur im Ausnahmefall benötigt, wenn Komplikationen vorliegen, für die Mediziner zuständig sind. Es sollte möglich sein, die Geburt im Nachhinein zu besprechen, um eventuelle Traumata benennen und bearbeiten zu können. Und da jede geburtsmedizinische Einflussnahme Risiken für Mutter und Kind birgt, sollten – das wussten schon die alten Landhebammen – »die Hände des Arztes möglichst in der Kitteltasche bleiben« (Werthmann, 2015, Vorgespräch, Forschungstagebuch S. 1).

5 Niedergelassene Hebammen in der Vor- und Nachsorge

5.1 Vorsorgehebammen

Auf der Homepage des Deutschen Habammenverbandes heißt es:

> »Die Hebamme ist die Fachfrau rund um die Schwangerschaft, Geburt und die Zeit danach. Sie arbeitet auf der Grundlage des Hebammen-Gesetzes (HebG vom 4. Juni 1985), der Berufsordnungen der Länder und den Mutterschaftsrichtlinien. Zu jedem Zeitpunkt Ihrer Schwangerschaft können Sie mit der Hebamme Ihrer Wahl in Verbindung treten und sie um Rat fragen. Sie wird Sie zu allen Fragen der Schwangerschaft, Geburt, des Wochenbetts und der Zeit danach beraten. Ihre Hebamme ist eine wichtige Kontaktperson während Ihrer Schwangerschaft und betreut Sie rundherum vom Beginn ihrer Schwangerschaft bis zum Ende der Stillzeit« (Deutscher Hebammenverband, o. J.c).

Nahezu alle für diese Studie interviewten Hebammen berichteten über die Wichtigkeit von Schwangeren-Vorsorgeuntersuchungen insbesondere vor dem Hintergrund, dass diese in die Hände der Hebammen und nicht der Ärzteschaft gehörten. Denn hier würden die Weichen gestellt für eine glückliche Schwangerschaft und ein gutes Geburtserlebnis, indem Hebammen die werdenden Mütter bestärkten und ihnen Selbstvertrauen vermitteln könnten. In Arztpraxen erführen die Frauen dagegen häufig Verunsicherung, da spezifische Befindlichkeiten der Schwangeren unnötigerweise pathologisiert und Ängste aufgebaut würden, wo diese nicht am Platz seien.

Die Internet-Suchmaschine Google bietet Nutzern bei der Verschlagwortung »Vorsorgeuntersuchungen in der Schwangerschaft« folgenden Text:

> »Vorsorge gibt Sicherheit. Bei einer Schwangerschaft sind regelmäßige ärztliche Vorsorgeuntersuchungen und Gesundheitschecks unverzichtbar. Frauenärzte sind für dich in dieser Zeit die wichtigsten Partner für alle medizinischen Kontrollen. Denn um sicherzugehen, dass es dir und deinem Kind gut geht, wird deine Schwangerschaft von ihnen überwacht und dokumentiert. Welche regelmäßigen Vorsorgeuntersuchungen es gibt und in welchem Zeitraum sie anstehen, erfährst du hier« (AOK, o.J.).

Erst nach weiterem Suchen im Internet erfährt man, dass Schwangere auch Hebammen für die Vorsorge aufsuchen können. Lediglich die empfohlenen Ultraschallaufnahmen gehören zur ärztlichen Dienstleistung:

> »Die Mutterschafts-Richtlinien sehen im Rahmen der allgemeinen Schwangerschaftsvorsorge drei Ultraschall-Untersuchungen vor. Sie werden von den gesetzlichen Krankenkassen bezahlt und finden in der Regel um die 10., die 20. und die 30. Schwangerschaftswoche statt. Ultraschall-Untersuchungen sind grundsätzlich Ärztinnen und Ärzten vorbehalten, Hebammen bieten sie nicht an« (Familienplanung.de, o.J.),

heißt es auf den Ratgeberseiten im Netz.

Tosca Mahlke, niedergelassene Hebamme in G., berichtet im Folgenden, wie sie dazu kam, ihre Arbeit in der Klinik aufzugeben und eine eigene Hebammenpraxis, die sich auf Vorsorgeuntersuchungen spezialisiert hat, zu eröffnen:

> »Als ich dann fertig war mit der Ausbildung, dann bin ich relativ schnell natürlich auch in die Klinik, also es war dann auch klar, dass ich nicht [...] außerklinisch arbeiten möchte, weil das einfach mir am Anfang noch zu gewagt war. Wenn man noch keine Erfahrung hat, möchte ich nicht im Geburtshaus oder Hausgeburten gleich machen. Das habe ich mich also einfach nicht getraut und wollte erst mal Klinikerfahrung machen« (Mahlke, 2015, S. 4).

Sie zog es zunächst vor, als angestellte Hebamme zu arbeiten, bis sie in die Freiberuflichkeit wechselte und eine Stelle als Beleghebamme in einem konfessionellen Krankenhaus antrat, in dem sie mehrere Jahre tätig war. Danach traf sie mit ihrem Mann, einem Gynäkologen, die Entscheidung, sich gemeinsam mit ihm in einer Praxis niederzulassen:

> »Und ja, dann ist das sehr, sehr schön angelaufen und das bedeutet, ich mache jetzt hier ausschließlich die Vorsorge, das heißt das, was sie [die Schwangeren – Anm. d. Verf.] normalerweise beim Gynäkologen machen, die Untersuchung auf dem Stuhl, Muttermunduntersuchung, alles Mögliche, also was jetzt die Schwangerschaft angeht; sie sind gar nicht mehr bei meinem Mann, nur noch zur Schwangerschaftsfeststellung und zum Ultraschall. Und ich mache sämtliche andere Untersuchungen drum herum. Und natürlich auch die psychologische Betreuung und das ist natürlich, das kommt natürlich super gut an, weil die Frauen halt – es ist alles in einem. Wenn ich merke, es ist was nicht in Ordnung, sagen wir mal, die Frau sagt, ›Ich habe Ausflussprobleme‹ oder was, und ich mache einen Abstrich, renne ich rüber, mein Mann guckt sich den Abstrich an, sagt, ›Alles klar, musst du was machen‹, dann weiß ich auch, was ich zu tun habe, welche Medikamente und so. Also es ist alles in einer Hand, die Frauen müssen nicht von Pontius nach Pilatus und können ohne schlechtes Gewissen eben auch die Hebamme haben in der Vorsorge. Weil bei anderen Ärzten gibt es eben ständig diesen Kampf, weil die Ärzte das nicht wollen. [...] Die Hebamme darf nur ausführendes Organ sein, mal eine Ernährungsberatung machen oder mal ein CTG schreiben. Die lassen die Hebamme einfach nicht an die Vorsorge ran, finanziell ist das, kann das nicht der Grund sein, weil die dürfen nur einmal im Vierteljahr irgendwas abrechnen, ein paar Euro fünfzig und das war es. Es geht ums Prestige und die Macht. Die haben einfach ›Schiss‹, denn wenn wir den Frauen, den Hebammen, die Vorsorge geben, dann sind wir irgendwann ganz weg in der Geburtshilfe,

also die haben tierisch Angst vor uns. Das kann man einfach nicht anders deuten. Das ist so. Und mit uns läuft das natürlich super, weil mein Mann einfach genauso tickt wie ich, und wir könnten sonst auch nicht arbeiten, also wenn das so ein Obermediziner wäre und nur Angst machen würde und nur pathologisch es sehen würde, könnte ich nicht mit ihm arbeiten, das geht einfach nicht. Und da wir beide gleich sind, was das angeht, und die Frauen in ihrer Natürlichkeit behandeln und versuchen, dass sie in der Schwangerschaft ihr eigenes Körpergefühl entwickeln, und immer positive Stärkung von unserer Seite, und das merkt man den Frauen an, die sind einfach entspannt« (ebd., S. 7f.).

Die Hebamme Silja Demel hat sich ebenfalls mit einer eigenen Praxis selbstständig gemacht. Hier bietet sie – ebenso wie Frau Mahlke – nur Schwangerenvorsorge an, keine Kurse mehr in Yoga oder Gymnastik, wie es in ihrer vorhergehenden, größeren Praxis der Fall gewesen war:

»Hier arbeite ich alleine; ich hatte eine größere Praxis [...], da hab' ich auch ganz viele Kurse gehalten und hatte da auch eine ganze Reihe Kolleginnen mit da drin. [...] Ich wollte dann einfach auch ein bisschen die Tätigkeit verändern, ich wollte einfach eher in einem Eins-zu-eins-Gespräch mit Frauen in Beratung und ins Gespräch kommen. Das kann man in so einem Kursgeschehen nicht unbedingt tun. Wenn man zehn Frauen hat, die eine Kursgruppe bilden, dann sind die einfach manchmal unlocker, etwas von sich so zu erzählen, was sie tatsächlich betrifft. Das erzählen sie mir als Hebamme, wenn ich mit denen hier auf diesen Stühlchen sitze, dann erzählen sie mir das natürlich, klar, aber sie erzählen das halt nicht in einer Kursgruppe, wo vielleicht auch noch die Partner mit dabei sind. Dann habe ich gemerkt, dass ich einfach näher an die Frauen heran ... Ich möchte eher das Individuelle als dieses, diese Massenabfertigung, die in Kursen stattfindet. Also Massenabfertigung ist es auch nicht, aber man gibt sich natürlich Mühe, das schön zu machen, aber diese größeren Gruppen, die waren mir dann irgendwann lästig, weil ich einfach gemerkt habe, ich brauche ein Gespräch, wo ich jemandem in die Augen schauen kann, wo ich mit jemandem einfach in einer Eins-zu-eins-Situation bin« (Demel, 2015, S. 7).

Zur Zeit des Interviews arbeitet die Hebamme auch noch als Dozentin in der Hebammenausbildung. Im Folgenden gibt sie einen Einblick in ihren Tagesablauf:

»Wie sieht mein aktueller Hebammenalltag aus? Mein aktueller Hebammenalltag ist, dass ich hier bei uns im Haus dieses Zimmer habe, das ich als Praxiszimmer nutzen kann und [...] dass ich im Klinikum den Unterricht in der Hebammenschule mache und den anderen Teil dann hier mache. Häufig beginnen meine Tage, indem ich einfach morgens mir schon einmal Frauen in die Sprechstunde einbestelle, das kann sein, dass die die Schwangerenvorsorge haben wollen, weil, man kann genauso zur Hebamme gehen wie zum Frauenarzt, um die Schwangerenvorsorge machen zu lassen. Die Ultraschall-Untersuchung und einige Blutuntersuchungen sollten beim Arzt laufen und ansonsten kann die Hebamme die Schwangerenvorsorge komplett auch machen, so lange die Schwangerschaft physiologisch verläuft, also solange alles in Ordnung ist. Wenn etwas aus dem Ruder läuft oder die Frau eine Vorerkrankung hat, die einfach ärztlich mitbetreut werden muss, das ist dann klar, das muss dann der Arzt machen, aber ansonsten kann ein Großteil der Schwangerenvorsorge auch die Hebamme machen. Dafür kommen Frauen zu mir oder es sind Frauen, die sich einfach bei mir angemeldet haben, weil sie später eine Wochenbettbetreuung haben möchten. Dann laufen die Erstgespräche hier und meistens auch Folgegespräche, wo einfach, ja, über das eine oder das andere Wehwehchen berichtet wird – oder Problematiken berichtet wird. Das geht auch teilweise dahin, dass Frauen auch einfach irgendwie [...] in Not sind, die einfach erst einmal Hebammenkontakt haben wollen, zu sagen, ›Okay, wie mache ich das denn jetzt, wie komme ich jetzt weiter, wie kann ich denn jetzt Hilfen beantragen, wo kann ich mich denn hinwenden, welche Beratungsstellen können mir denn helfen?‹ Das ist so ein bisschen Schnittstelle, in der Hebammensprechstunde« (ebd., S. 10).

Die niedergelassenen Hebammen können in der Betreuung der Schwangeren den kompletten praktisch-medizinischen Teil des klassischen Frauenarztangebotes übernehmen: Die Schwangerschaft feststellen, den Mutterpass ausstellen und die Vorsorgeuntersuchungen durchführen, mit Ausnahme der Ultraschall-Untersuchungen. Wenn sich im physiologischen Schwangerschaftsverlauf Unregelmäßigkeiten oder Komplikationen zeigen, wird die Schwangere an eine gynäkologische Praxis oder ein Krankenhaus weitergeleitet. Im Fall der Hebammenpraxis von Tosca Mahlke kann ärztliche Unterstützung recht problemlos angefordert werden, da sich der Gynäkologe auf dem gleichen Flur befindet und als Ehemann der Hebamme eher das Vertrauen der Schwangeren genießt als ein fremder, von außen hinzugezogener Arzt. Allerdings ist es so, dass, wird die Schwangere durch eine

Hebamme betreut, diese immer auch die Erstkompetenz inne behält. Wählt die Schwangere hingegen die ärztliche Vorsorge, trägt der Arzt die Erstkompetenz und entscheidet darüber, welche Aufgaben er sich mit der Hebamme teilt oder auch nicht. In diesem Zusammenhang merkt die Hebamme Tosca Mahlke an, dass ihrer Meinung nach die Ärzteschaft wenig geneigt sei, Kompetenzen abzugeben, da sie Machtverlust befürchte. Es handelt sich hier offenbar um ein sehr sensibles Feld, das stets neu austariert werden muss. Zu den Vorsorgeleistungen der Hebammen gehört über den medizinischen Aspekt hinaus die psychosoziale Unterstützung der Schwangeren, da, wie Silja Demel ausführt, die Hebammenpraxen sich auch als »Schnittstellen« sehen, was die Weitervermittlung an Beratungsstellen etc. betrifft.

Ferner bieten Hebammenpraxen oft Geburtsvorbereitungskurse an, die aber auch ebenso in Geburtshäusern stattfinden können und in der Regel ab der 25. Schwangerschaftswoche empfohlen werden. Auch die Wochenbettbetreuung ist ein wichtiger Bestandteil des Hebammenberufs, ganz gleich, ob sie in einer Praxis, einem Geburtshaus oder in der Hausgeburtshilfe tätig sind.

Die Hebamme Rieke Eder machte sich nach einigen Jahren Berufserfahrung, zuletzt in einem Geburtshaus, mit einer eigenen Hebammenpraxis selbstständig, die sofort florierte und ihr eine große Berufszufriedenheit einbrachte:

> »Und stand für einen kurzen Moment da und dachte: Was mache ich denn jetzt, wenn ich da aufhöre? In die Klinik will ich nicht. Also was mache ich? Ich mache mich selbstständig. [...] Hatte von zu Hause, von der Familie, einfach die nötige Unterstützung, um das durchführen zu können. [...] Habe mich dann hier selbstständig gemacht und war wahnsinnig überrascht, wie schnell ich Zulauf von Frauen bekommen habe, ohne wirklich Werbung dafür machen zu müssen, bis auf ein paar Inserate, dass ein neuer Kurs für Rückbildung oder Geburtsvorbereitung startet. Ja und wie schnell das da auf einmal von Mund-zu-Mund-Propaganda ging. ›Ja, da ist jetzt auf einmal wieder eine Hebamme vor Ort, die auch Kapazität für Betreuungen hat, die Kurse anbietet.‹ Was hier einfach im Umfeld definitiv nicht der Fall war. Und schon die ersten Frauen, die ich betreut habe, die mich gleich weiterempfohlen haben an die Freundin, an die Cousine, an die Nachbarin, an was weiß ich wen, dass ich schon nach drei Monaten voll mit den Frauen war und die absagen musste. Und gesagt habe: ›Ich kann euch nicht betreuen, mein Terminkalender, der platzt.‹ Und habe aber dann, also im Vergleich

> zum Geburtshaus, drüber nachgedacht, hab' ich gesagt: ›Ich empfinde diese Arbeit nicht als Arbeit, nicht als ›Ich habe einen vollen Tagesplan und ich kann nicht mehr, sondern ich habe richtig Spaß dabei. Ich mache meinen Beruf gerne. Und ich habe das auch nie so gesehen, wie man ganz klassisch sagt: Selbstständig heißt selbst und ständig, sondern ich hatte die Freiheit, meinen Tag frei einzuplanen wie ich das mochte. Ich konnte morgens um zehn anfangen, ich konnte um acht anfangen, ich konnte auch erst um zwölf oder um zwei anfangen. Klar, in Abhängigkeit, wie viele Termine man hat. Aber ich konnte das einfach frei gestalten. Ich konnte für mich auch entscheiden, mache ich jetzt um sechs Feierabend oder mache ich meinen Termin noch bis um halb neun? Ich hatte auch nicht den Drang: Ach ich bin endlich froh, wenn der Termin um ist und ich zu Hause bin, sondern ich hatte richtig Spaß bei der Arbeit und konnte, denke ich, dieses Gefühl auch an die Frauen weitergeben« (Eder, 2015, S. 15f.).

Mit der eigenen Praxis kann sich die Hebamme nun ihre Zeit besser einteilen und läuft nicht so schnell Gefahr, wieder in ein Burnout-Syndrom zu geraten, wie sie es schon einmal erlebt hatte. Doch es reut sie auch, von der eigentlichen Hebammenarbeit, der Geburtshilfe, abgeschnitten zu sein:

> »Ein Stück weit hat es mich immer gereut, dass ich sie einfach für die Geburten abgegeben habe. Wo ich dann gesagt habe, eigentlich ist es wirklich schade. Ich vermisse auch heute immer noch echt die Geburtshilfe. Habe bei manchen, einzelnen Frauen darauf gehofft, vielleicht kommt das Kind so schnell und sie ruft mich ganz kurzfristig zu einer ungeplanten Hausgeburt. Hatte ich immer die Hoffnung darauf, aber ist nie wirklich eingetreten [lacht]. Ja, aber war schon einfach schön. Und natürlich, man betreut jeden Tag so die glücklichen Familien, sieht, wie die schwangeren Bäuche wachsen, man ist dann selber auch so in dem Alter mit Familienplanung, hat selber eine feste Partnerschaft, wo dann schon irgendwann auch mal so der Wunsch nach eigenen Kindern kommt. Und bin, obwohl ich dann relativ frisch selbstständig war, dann auch selber schwanger geworden. Habe auch schwanger bis zum Ende durchgearbeitet, aber mit Spaß bei der Arbeit und ohne, dass es einfach zu viel war« (ebd., S. 17).

Als Freiberuflerin war es Frau Eder auch möglich, knapp zwei Jahre Elternzeit zu nehmen und dann wieder so in den Beruf einzusteigen, wie sie es für sich einrichten konnte und richtig fand:

> »Und ja, nach jetzt über anderthalb Jahren Elternzeit, wirklich zu Hause sein, bewusst die Zeit mit den Kindern zu Hause zu genießen, [...] wieder so in den Beruf einzusteigen, ist schon einfach auch was Besonderes, weil man die Möglichkeit hat, es stundenweise einzugliedern. Dann weiß man, man muss nicht gleich wieder in einen Fulltime-Job einsteigen, bewusst auch durch die Selbstständigkeit, man ist frei, auch in der Terminplanung, man kann es auch mal stundenweise hier machen oder dort machen, am Abend machen. Man muss nicht irgendwie sagen, von Montag bis Freitag immer von dann bis dann, was eine gewisse Regelmäßigkeit auch immer so reinbringt, aber man kann da einfach auch selber entscheiden, möchte ich jetzt am Wochenende noch einen Termin reinschieben, weil ich meine Kinder besser organisiert bekomme, oder mache ich das mit Absicht unter der Woche, mach ich es Morgens oder Abends? Und auch jetzt die Frauen zu betreuen mit dem anderen Hintergrund, dass man selber schwanger war, selber Kinder geboren hat, selber einfach auch eben Kinder in diesem Kleinkindalter hat, vieles einfach an Erfahrung schon mitgeben kann« (ebd., S. 22f.).

Aus den vorangegangenen Interviews wird deutlich, dass sich die freiberufliche Hebamme in der Vor- und Nachsorge sehr vielfältig aufstellen und je nach ihrer eigenen Lebenssituation ihre Tätigkeitbereiche ausbauen oder auch partiell zurücknehmen kann, was von den Interviewpartnerinnen als klarer Vorteil verstanden wurde: »Aber ich konnte das einfach frei gestalten. Ich konnte für mich auch entscheiden, mache ich jetzt um sechs Feierabend oder mache ich meinen Termin noch bis um halb neun?« (Rieke Eder) Bedauert wird allerdings, dass die Betreuung der Geburt, was ja als die genuine Aufgabe einer Geburtshelferin verstanden werden kann, aus dem Hebammenalltag herausfällt. So schade dies einerseits ist, so kann man andererseits auch mit der Hebamme Tosca Mahlke der Meinung sein, dass eine Hebamme an vielen Stellen gebraucht wird, damit letztlich auch eine Geburt gut funktionieren kann:

> »Also die Hebamme hat ja viele Facetten. [...] Die Hebamme, die macht ja nicht nur die Geburt aus, ja? Wir haben ja ein ganz großes Spektrum. Und ich finde, es müssten viel, viel mehr Hebammen in die Vorsorge, weil dann die Geburten auch anders laufen würden. Wir hätten [...] viel weniger Kaiserschnitte, bin ich sicher, ja. Weil die Frauen anders vorbereitet sind. Schon in der Vorsorge. Also weniger angstbeladen. Das [...] geht weiter im Geburtsvorbereitungskurs, weil, der wird ja auch von Hebammen gemacht,

wo auch Positives vermittelt wird. Und so gehen die Frauen dann auch in die Geburt« (Mahlke, 2015, S. 10).

Die niedergelassene Hebamme Tosca Mahlke wird von den Frauen, die sie in der Vorsorge betreut hat, sehr geschätzt und sie zeigen ihr diese Wertschätzung auch noch nach der Geburt, die ja von einer anderen Hebamme – in der Regel einer Klinikhebamme – begleitet wurde:

»Wenn ich frage, ›Wer hat Sie denn entbunden?‹, wissen die das nicht mehr. Weil das eine Ausnahmesituation ist. Die wissen das also nur bei einer Geburtshaushebamme, die sie von Anfang an kennt, und wenn die gleiche Hebamme, die die Geburt macht, auch die Nachsorge macht. Weil, dann haben sie ein ganzheitliches Bild natürlich. [...] Dann funktioniert das. Aber wenn die Hebamme nur kommt zur Geburt, dann wissen die nicht mehr, wer das war: ›Also das war eine Blonde, das war eine Brünette, klein, groß, mittelalt, sonstwie.‹ Und wissen keinen Namen mehr. Und mich wissen die! Wenn ich jetzt hier durch die Innenstadt laufe: ›Hallo, Frau Mahlke‹, von allen Seiten. [...] Aber es ist trotzdem unheimlich schön und anerkennend, wenn die dann stehenbleiben und: ›Hallo Frau Mahlke‹ [rufen] und: ›Ach, wie schön, dass Sie da sind.‹ [...] Ist natürlich toll. Aber die wissen einfach meinen Namen, sie wissen, wo sie in der Betreuung waren in der Schwangerschaft. Und das ist natürlich für mich auch eine Ego-Sache, natürlich freut man sich, wenn man auch in der Arbeit anerkannt wird, das ist ja logisch« (ebd., S. 21).

Der Konflikt Arzt – Hebamme zeigt sich, wie aus den vorangegangenen Kapiteln hervorgeht, an vielen Stellen, so auch hier in der Schwangerenvorsorge. Noch immer ist es so, dass die Mehrzahl der Schwangeren ihre Vorsorgeuntersuchungen in einer Arztpraxis durchführen lässt, obwohl Hebammen hierfür genauso zuständig sind.

Die Hebamme Traude Mann wünscht sich hier mehr Aufklärung bzw. Information über die vorhandenen Alternativen:

»Sagt einem halt kein Arzt, ne? ›Du kannst auch ins Geburtshaus gehen oder such' dir mal 'ne Hebamme.‹ Das, naja, ›Such dir eine Hebamme für die Wochenbettzeit und zum Geburtsvorbereitungskurs‹, sagen einem schon die Gynäkologen, aber nicht, dass man auch bei einer Hebamme die Vorsorgeuntersuchungen machen kann. Also, man muss ja in der Schwangerschaft überhaupt nicht zum Gynäkologen. Aber das sagt einem kein Gynäkologe, weil, dann verdienen die ja kein Geld mehr an dir. Also, wird er dir das nicht sagen, ne? Da ist es dann gut, wenn man sich mit diesem Thema beschäftigt als schwangere Frau und dann guckt, ›brauch ich eine Hebamme?‹ Oder wenn man Freunde hat, die schon Kinder geboren haben, die einem dann sagen, ›Such dir schnell 'ne Hebamme, weil du findest sonst keine mehr‹, da hat man dann schon 'nen guten Zug gemacht. Aber wenn man sich erst am Ende der Schwangerschaft meldet, dann kriegt man keine Hebamme mehr. Und dann hat man halt auch immer nur diesen Arztbesuch gehabt, ne? [...] Ich muss ja eigentlich nicht zum Arzt, weil, ich bin ja gesund, ne? Ich bin ja nur schwanger« (Mann, 2015, S. 23f.).

Auch die Hebamme Sibilla Plattner möchte vor dem Hintergrund, dass eine Schwangerschaft heutzutage nicht mehr als natürlicher, sondern als ein außerordentlich komplizierter Zustand verstanden wird, der ärztlicher Betreuung bedarf, schon in der Schwangerenvorsorge Aufklärungsarbeit leisten:

»Schwangerschaft ist einfach heute verkompliziert, extrem verkompliziert. [...] Es wird gerne vermittelt, dass es eben kein natürlicher Vorgang mehr ist, sondern ein kontrollbedürftiger Vorgang. Und wer das so verinnerlicht hat, der wird natürlich mit dem Sicherheitsargument für sich selbst auch aufwarten und sagen: ›Es ist mir sicherer, in einer Klinik ein Kind zu bekommen, weil dort Geräte sind oder ähnliches oder weil dort eine Kinderklinik ist oder ähnliches.‹ Das Sicherheitsempfinden jedes Menschen ist ja anders und der eine braucht eben dann diese Gerätschaften und der andere braucht eher die vertraute Person um sich, die einen nicht anschwindelt, sondern einem die Wahrheit sagt, was auch nicht immer einfach ist. Ja, diese Kontrollbedürftigkeit führt schon dazu, dass die Frauen die Schwangerschaft einfach nicht mehr sehr in sich erleben, sondern eher so: Ich nehme meine Schwangerschaft wahr durch Bilder, durch Aussagen zum Gesundheitszustand des Kindes. Also wirklich eher von außen betrachtet. Und die Hauptaufgabe der Hebamme ist, sie wieder in sich reinzubringen« (Plattner, 2015, S. 6).

Sibilla Plattner sieht hier auch ein gesellschaftspolitisches Problem. Sie warnt vor allem davor, dass der Hebammenberuf komplett zum Erliegen kommen und dann niemand mehr korrigierend in die beschriebenen Prozesse eingreifen könnte:

»Es geht primär um das Recht von Frauen und Familien, etwas ganz Normales in einem völlig normalen Umfeld, auch in einer Klinik, also es geht ja auch um die Klinikhebamme, die da eventuell abgeschafft werden wird, langfristig. Und damit geht wirklich den Familien dieses Recht verloren, eigenbestimmte Dinge zu tun. Allein ob das jetzt um die Schwangerschaft, um die Geburt, um die Wochenbettzeit geht. Da wird einfach wahnsinnig eingegriffen in die Entscheidungsfreiheit, und das Recht der Frau geht einfach auch verloren auf die Wahl des Geburtsortes. Das macht mich wahnsinnig wütend. Das ist wirklich das, wo ich denke, das muss klar sein, muss allen klar sein, die dafür kämpfen, dass es weiterhin Hebammen geben soll [...]. Da geht was Elementares verloren, das einfach nicht wiederbringbar ist, wenn's erst mal weg ist« (ebd., S. 7).

5.2 Nachsorgehebammen

Sowohl die Schwangerenvorsorge als auch die Wochenbettbetreuung sind genuine Arbeitsfelder der Hebammen. 70 bis 80 Prozent aller in Deutschland tätigen Hebammen arbeiten, wie ein Zahlenspiegel aus dem Jahr 2017 aufzeigt, in der Freiberuflichkeit, mehrheitlich allerdings ohne Geburtshilfe (Deutscher Hebammenverband, 2017).

Auf eine Wochenbettbetreuung durch die Hebamme hat jede frisch entbundene Mutter einen gesetzlichen Anspruch. Die Hebamme ist Ansprechpartnerin bei den körperlichen und seelischen Veränderungen in der ersten Zeit nach der Geburt, sie beobachtet die körperlichen Vorgänge, wie die Rückbildung der Gebärmutter, das Abheilen des kindlichen Nabels oder eine eventuelle Neugeborenengelbsucht. Sie unterstützt beim Stillen, gibt Ratschläge zur Babypflege, informiert über anstehende Vorsorgeuntersuchungen beim Kind und klärt viele weitere Fragen, die die jungen Eltern haben. Bis zum zehnten Tag nach der Geburt hat eine Mutter Anspruch auf mindestens einen täglichen Besuch durch die Hebamme. Bis das Kind drei Monate alt ist, kann sie darüber hinaus bis zu 16-mal die Hebamme um Rat und Hilfe bitten. Bei Stillschwierigkeiten oder Ernährungsproblemen kann die Hebamme auch darüber hinaus noch konsultiert werden: »Das ist dann auch sehr präventiv«, sagt die Hebamme Michaela Traube.

»Die guckt halt im Wochenbett nach Mutter und Kind, und bevor es zu dicken, fetten Brustentzündungen kommt und bevor der Nabel sonst wie aussieht, ist sie durch ihre täglichen Besuche einfach schon präventiv tätig und fängt möglichst viel möglichst früh ab, dass es erst gar nicht sich zu solcher Pathologie entwickelt« (Traube, 2018, S. 8).

Da das Wochenbett heute nicht mehr wie in früheren Zeiten im Krankenhaus stattfindet und die frisch Entbundenen spätestens am dritten Tag nach der Geburt entlassen werden, ist die Nachsorge durch eine Hebamme umso wichtiger geworden. Aber auch Haus- oder Geburtshausgeburten werden von der Hebamme nachbetreut. Die Kosten trägt die Krankenkasse:

> »Bezahlt bekommen wir, ich glaube, 30, 35 Minuten, nicht mehr. Das ist sehr unrealistisch. Also sagen wir mal so, wenn eine [...] Nachsorge gut läuft, dann ist es vielleicht eine knappe Stunde, dreiviertel Stunde, Stunde. Am Anfang kann es aber auch häufiger sein, dass man mal länger da ist. Kriegt man dann nicht bezahlt« (Junghans, 2015, S. 29).

> »Und ein bisschen gleicht sich das manchmal auch aus, dass man am Anfang, wenn noch sehr viel zu besprechen ist, einfach länger da ist und je mehr das ausschleicht, merken die Frauen dann auch oder die Paare, es gibt immer weniger Fragen, die Nachsorge ist kürzer und es gibt schon einen gewissen Ausgleich, man muss da für sich gucken« (ebd., S. 30).

Zur Häufigkeit der Nachsorgetermine sagt die Hebamme:

> »Es sind bis zu acht Wochen sehr, sehr viele Termine, ich glaube, man kann gar nicht so ganz genau sagen, bestimmt sechzehn, siebzehn Termine, die man in Anspruch nehmen kann. [...] Ich glaube, es gibt sogar unbegrenzt Termine, also nicht zweimal am Tag, das ist nur in der ersten Zeit so, und dann gibt es nur noch einmal am Tag, ansonsten muss man eine Begründung angeben, wieso jetzt nochmal was kontrollbedürftig wär', beim Kind oder bei der Mutter. [...] Das muss ich bei der Abrechnung angeben. Wird aber auch so akzeptiert. Und nach acht Wochen könnte ich mit einem ärztlichen Attest auch noch länger kommen. Das heißt, ein Gynäkologe könnte sagen, es gibt Stillschwierigkeiten, es gibt verzögerte Wundheilung an irgendwelchen Verletzungen, und dann gibt es erweiterte Hebammenhilfe und dann wird das auch noch bezahlt« (ebd., S. 30f.).

Die bezahlte Zeit ist allerdings knapp bemessen, sodass die Hebammen mit großer Selbstverständlichkeit auch sehr viel unbezahlte Arbeit leisten:

»Nee, ich habe nicht das Gefühl, ich muss mich beeilen. Also das geht einfach nicht, und wenn ich immer das Gefühl hätte, ich muss mich beeilen, dann ist das nicht mehr, macht das keinen Spaß. Also ich habe dann schon das Gefühl, es muss rund sein, wenn ich da rausgehe, dann muss das, was zu besprechen ist, besprochen sein. [...] Ich geh' dann lieber raus und habe ein bisschen mehr Zeit investiert und habe das Gefühl, das ist rund und die Frau ist für den Tag gut betreut und ich weiß, es wird irgendwann auch weniger« (ebd., S. 31).

Allen interviewten Hebammen gemeinsam ist, dass sie in der Geburt einen physiologischen Vorgang sehen, der von einer Hebamme betreut werden kann und keine ärztlichen Interventionen erfordert. Auch in der Schwangerenvorsorge und der Wochenbettbetreuung fühlen sie sich kompetent in allen Fragen, die das Kind und die Gesundheit der Mutter betreffen. Den ärztlichen Blick auf diese physiologischen Vorgänge halten sie im Gegenteil für gefährlich, da hier gesundheitliche Risiken postuliert würden, die ihrer Meinung nach nicht vorlägen und die Frauen nur verunsicherten und verängstigten.

Die Konkurrenz zwischen Arzt und Hebamme wird ebenfalls angesprochen, wobei Frau Mahlke der Meinung ist, dass es nicht in erster Linie ums Geld, sondern um die Machtfrage gehe – »Die lassen die Hebamme einfach nicht an die Vorsorge ran, finanziell kann das nicht der Grund sein [...]. Es geht ums Prestige und die Macht« (Mahlke, 2015, S. 7). Ihre Kollegin Traude Mann hingegen hält den finanziellen Aspekt für ursächlich dafür, dass die Ärzte die Vorsorgeuntersuchungen nicht den Hebammen überlassen wollen: »Also, man muss ja in der Schwangerschaft überhaupt nicht zum Gynäkologen. Aber das sagt einem kein Gynäkologe, weil, dann verdienen die ja kein Geld mehr an dir« (Mann, 2015, S. 23f.).

Würden die Frauen mehrheitlich bei ihren Vorsorgeuntersuchungen zu Hebammen gehen, so der allgemeine Tenor aus den Interviews, dann würden Schwangerschaft und Geburt sich ganz anders gestalten. Die Frauen wären selbstsicherer und nicht angstbeladen, sie würden ihrem Körper vertrauen und nicht überall gesundheitliche Risiken vermuten, wo keine sind. Die Hebamme Tosca Mahlke ist sich sicher, dass eine so vorbereitete Schwangere auch gestärkt in die Geburt gehe und »wir hätten [...] viel weniger Kaiserschnitte, bin ich sicher, ja« (Mahlke, 2015, S. 10).

6 Die Hebammenschülerin heute

Der Beruf der Hebamme verliert an Ansehen, die Hebammenschulen verzeichnen weniger Bewerberinnen als in den Vorjahren, Geburtshäuser werden zurückgebaut, Entbindungsstationen geschlossen. Laut der Pressestelle des Deutschen Hebammenverbandes arbeiten derzeit in Deutschland rund 24.000 Hebammen. Davon leisten gut 11.000 Geburtshilfe in Kliniken mit 9.300 festangestellten Kräften sowie 1.700 Beleghebammen. Knapp 7.000 Hebammen arbeiten in Teilzeit. Rund 13.000 Hebammen sind in Deutschland freiberuflich tätig; teilweise arbeiten sie auch parallel in Angestelltenverhältnissen. 25 Prozent der freiberuflich tätigen Hebammen mit Geburtshilfe haben in den letzten zehn Jahren die Geburtshilfe aufgegeben. Grund dafür sind die enorm gestiegenen Beiträge der Berufshaftpflichtversicherung.

Warum entscheiden sich Frauen für den Hebammenberuf? Noch immer übersteigt die Zahl der Anmeldungen an den Schulen und Fachhochschulen die Aufnahmekapazität, das heißt, es gibt nach wie vor viele junge Frauen (und sehr wenige junge Männer), die Hebamme (bzw. Entbindungspfleger) werden möchten.

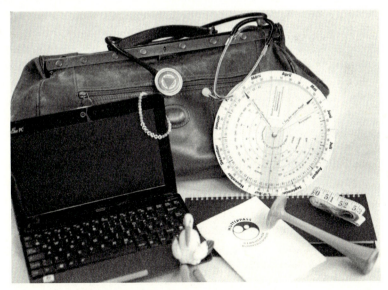

Abbildung 19: Werbe-Flyer Hebammenschule Marburg

Die 20-jährige Hebammenschülerin Nala Pfeiffer erzählt, wie sie zu ihrem Berufswunsch kam und was sie in ihrer Ausbildung bisher erlebt hat:

> »Ich hab' tatsächlich niemanden in meinem Bekanntenkreis, der Hebamme ist – ich kam eigentlich relativ zufällig darauf. [...] Im Kreißsaal in X. hab' [ich] mir das Ganze angeguckt und mir hat das so gut gefallen. Ich fand das total toll, wie die Hebammen da gearbeitet haben und generell wie es ist, Frauen unter Geburt zu begleiten. Und dann hab' ich gesagt, ja, das möchte ich machen. Und daraufhin habe ich mich dann beworben. Und 's war tatsächlich gar nicht so einfach, 'nen Platz zu kriegen, weil's doch deutlich mehr Bewerberinnen für die Ausbildung gibt, als man so denkt. Und dann wurde ich in Y. zum Bewerbungsgespräch eingeladen und hab' dann den Platz auch bekommen« (Pfeiffer, 2018, S. 3).

Nun tat sich für Frau Pfeiffer allerdings eine große Diskrepanz auf, da die Geburtshilfe, wie sie sie als Praktikantin in einem kleineren städtischen Krankenhaus erlebt hatte, sich stark von der in einer Klinik der Maximalversorgung, in ihrem Fall einer hessischen Universitätsklinik, unterschied:

> »Es ist ein deutlicher Unterschied zu dem, was ich in meinem Praktikum erlebt habe. Also der Kreißsaal in X. ist jetzt nicht so groß, der hat nicht ganz so viele Geburten und da ist alles relativ familiär und klein. Und da hab' ich mich sehr wohl gefühlt. Jetzt in der Ausbildung in der Uniklinik im Kreißsaal ist es ganz anders, vom Gefühl her und von der Art, wie dort gearbeitet wird. Ich mein, es ist 'ne Uniklinik, da steht so dieses, dieses Erforschen und dieses Medizinische-Erkenntnisse-Gewinnen im Vordergrund, und da kommen natürlich ganz viele Frauen hin, die selber krank sind, die 'ne ungewöhnlich verlaufende Schwangerschaft hatten oder deren Kind sogar krank ist. Das heißt, da gibt's einfach ganz viel Pathologisches und nicht so viel, was normal und natürlich ablaufen kann. Und dadurch ist der Fokus in der Geburtshilfe ganz anders gelegt. Ich hab' in meinem Praktikum gemerkt, da wird sich viel auf das konzentriert, was natürlich läuft, da wird den, ich sag' jetzt mal, den Dingen einfach ihren Lauf gelassen. Und in der Uniklinik wird sehr viel kontrolliert, da wird ganz viel, ich sag' jetzt mal, ganz viel Ultraschall gemacht, ganz viel CTG gemacht, ganz viel Kaiserschnitte gemacht. Und, ja, dann wird einfach versucht, dieser Geburtsablauf, dass man Herr über den wird. Und das hat mich doch sehr erschrocken, weil das eigentlich nicht die Art ist, auf die ich arbeiten, also

die Weise ist, auf der ich arbeiten wollte. Und das ist 'ne Sache, an die muss man sich gewöhnen. [...] An sich [erfüllt] die Ausbildung meine Erwartungen. Das ist in einen Theorieteil und einen Praxisteil aufgegliedert. Also wir haben Schule mit ganz normalem Unterricht und wir arbeiten zwischendurch im Krankenhaus. Und die Theorie ist sehr umfangreich. Wir lernen nicht nur Geburtshilfe und Gynäkologie, sondern ganz viel drum herum. Psychologie und Rechtslehre und Krankenpflege und Berufskunde und Sozialwissenschaften. Wir haben ganz viel drum herum, also das, was wir theoretisch in der Schule lernen, ist sehr umfangreich, und das ist auch alles sehr spannend. Wir haben relativ hochwertigen Unterricht, würd' ich sagen. Der ist auch relativ anspruchsvoll und der erfüllt schon meine Erwartungen. Nur die Arbeit in der Klinik ist einfach anders als ich sie mir vorgestellt hab'« (ebd., S. 3f.).

Im Folgenden erläutert die Schülerin, wie sie den Alltag auf Station erlebt und warum die Arbeit dort so frustrierend ist:

»Man trifft sehr viele verschiedene Frauen. Es ist sehr stressig. Man hat sehr viel zu tun. Man ist den ganzen Tag nur am Rennen, sag' ich mal, am Rumlaufen. Man hat keine freie Minute, man hat vor allem keine Zeit, sich mit den Frauen persönlich zu beschäftigen. Du hast, also teilweise hat man fünf, sechs Frauen, um die man sich gleichzeitig kümmern muss. Zum Beispiel ambulante Frauen, die mit Wehen oder Blasensprung kommen oder zum Ultraschalltermin oder so. Und da sind wir Hebammenschülerinnen überall mit eingebunden. Wir kümmern uns um alle Frauen gleichzeitig und um den Kreißsaal und um Frauen, die im OP sind. Und dieses Gefühl, von einer Frau zur nächsten zu hetzen und überall nur medizinische Daten zu erheben, Blutdruck messen, CTG anlegen, irgendwelche Fragebögen auszufüllen, das ist sehr frustrierend, wenn man sich auf niemanden einlassen kann und mit niemandem mal ein Gespräch führen kann. Wir laufen sehr viel rum. Wir sind, ja so'n bisschen Laufburschen. Als Laufbursche fühl ich mich manchmal. Einem wird ganz viel zugerufen: ›Geh' das holen, mach dies, mach jenes‹, ohne dass man wirklich sagen kann, ›Okay, ich habe jetzt eine Frau hier, die ist unter Geburt, und um die möchte ich mich kümmern den ganzen Tag.‹ Und man begleitet dieses Paar, so wie es in der Hausgeburt wäre, dass man bei einem Paar, bei einer Frau ist, und die den ganzen Tag begleitet. So laufen wir halt immer hin und her und kümmern uns um alles Mögliche gleichzeitig« (ebd., S. 4f.).

IV Generationen und Traditionen

Die junge Hebammenschülerin übt Kritik an dem, was sie in der Uniklinik erlebt, und fragt sich, wo die Ursachen liegen könnten. Dabei stößt sie auf das Thema »Angst«, das allgegenwärtig zu sein scheint:

> »Ich weiß auch gar nicht, ob das ängstliche Frauen von sich aus sind oder weil denen Angst gemacht wird. Weil Personal und Ärzte und Hebammen halt sehr auf das fokussiert sind, was falsch gehen könnte. Also sie zeigen immer das Negative auf. Und ich finde, dadurch wird sehr viel Angst gemacht. Ich weiß gar nicht, ob alle Frauen von sich aus einfach ängstlich sind und sich beim Thema Geburt und Schwangerschaft Sorgen machen. Ich glaub' tatsächlich, dass ganz viel Angst gemacht wird einfach. [...] Zum Beispiel wenn eine Frau schwanger mit einem relativ großen Kind ist. Man nennt das Makrosomie. Beispielsweise das Kind wiegt vier Kilo. Dann wird der Frau schon geraten, 'nen Kaiserschnitt zu machen, denn unter Geburt kann es ja zu einer Schulterdystokie, zu einem Geburtsstillstand, zu großen Verletzungen, zu erschwerter Geburt, zu allem Möglichen kommen. Und dann wird all das aufgezählt, was schieflaufen kann, ja was die normale Geburt behindern könnte. Und dann wird so lange darauf eingeredet, bis diese Frau sich dazu entscheidet, lieber doch 'nen Kaiserschnitt zu machen von vornherein, ohne es überhaupt normal zu versuchen. Dabei kommen auch deutlich schwerere Kinder mit viereinhalb und fünf Kilo ganz normal auf die Welt, ohne dass irgendwas ist, ohne dass die Frau verletzt ist oder sonst irgendwas. Und jedes Mal, wenn man die Ärzte fragt, ›Warum haben Sie der Frau denn jetzt zu 'nem Kaiserschnitt quasi schon geraten, obwohl das Kind einfach nur ein bisschen größer geschätzt ist?‹, dann wird immer damit sich verteidigt, dass es ja rechtliche Vorschriften gibt, dass es ja Versicherungen gibt, dass sich jeder Arzt absichern muss und dass ja nur aufgeklärt wird. Und diese Aufklärung, die ja eigentlich, also ich versteh' unter 'ner Aufklärung eigentlich was Neutrales. Einer Frau soll einfach aufgezeigt werden, ›Okay, das und das kann passieren und das muss aber nicht passieren.‹ Dass sie einfach weiß, auf was sie sich vorbereiten muss. Und diese Aufklärung geschieht in der Uniklinik eher in Form von Angstmacherei. Ja, wahrscheinlich, weil die Ärzte sich absichern wollen und weil ein, ja, Kaiserschnitte bringen mehr Geld für die Uniklinik, also für'n Krankenhaus. Das ist einfach so. Und das ist etwas, was man viel besser kontrollieren kann als 'ne natürliche Geburt. Bei der natürlichen Geburt kann man nichts beeinflussen, man kann nichts steuern. Und 'n Kaiserschnitt, den kannst du super steuern, den kannst du zeitlich dann legen, wenn man ihn braucht.

Das ist, denk ich mal, auch ein großer Grund, warum so viele Kaiserschnitte gemacht werden. Und weil ganz viel Angst gemacht wird« (ebd., S. 5f.).

Die hohe Kaiserschnittrate an ihrer Klinik hat zur Folge, dass die Schülerin mit ansehen muss, dass fast jede zweite Entbindung im Operationssaal stattfindet. Es werde viel zu schnell zur Sectio geschritten, so ihre Beobachtung, auch sei die Aufklärung, die die Schwangeren vor der Operation erhielten, ungenügend:

»Danach haben die Frauen mit Kaiserschnitt viel, viel mehr Probleme als die, die normal geboren haben. Also, die Frauen, die normal geboren haben, die meisten, die stehen nach 'ner halben Stunde auf und sind vollkommen fit, sind beschwerdefrei, also in dem Sinne, dass sie nur noch leichte Schmerzen bis gar keine Schmerzen mehr haben. Sie können sich komplett selbstständig um das Kind kümmern. Und das kann eine Frau mit Kaiserschnitt nicht. Die haben sehr starke Schmerzen. [...] Vor allem, wenn die Frauen stillen, dürfen sie nur ganz schwache Schmerzmittel nehmen, weil alles in die Muttermilch übergeht und man das Kind nicht belasten möchte. Und deshalb nehmen die Frauen nach Kaiserschnitt meistens nur Ibuprofen und Paracetamol, so'n Kopfschmerzmedikament. Aber nichts, was jetzt wirklich gegen Schmerzen von 'ner schweren Bauch-OP hilft. Und das ist, glaub' ich, sehr frustrierend und hinderlich, dass die Frauen einfach nicht für ihr eigenes Kind sorgen können in dem Moment. Die liegen im Bett und die haben selbst ohne Bewegung starke Schmerzen. Die können sich nicht nach rechts oder links drehen, um ihr Kind aus'm Bett zu heben, die können ihr Kind nicht im Arm auf dem Bauch halten zum Stillen, die können ihr Kind nicht neben sich halten und sich dahin drehen zum Stillen, einfach weil alles weh tut. Und die meisten Frauen sagen auch, sie konnten sich gar nicht so mit dem Kind beschäftigen. Sie konnten das Kind nicht kennenlernen und sich nicht darüber freuen, weil sie einfach so mit den Schmerzen und mit den Beschwerden beschäftigt waren.

Und was ich dann noch häufig hinterher erlebe, dass die Frauen, die sagen's zwar nicht, aber ich glaube, die fühlen sich sehr ausgeliefert. Also zum einen unter der OP und zum anderen hinterher. Weil diese Betäubung relativ lange nachwirkt. Das heißt, die können sich nicht bewegen. Alles wird an denen rumhantiert sozusagen. Pflege, Waschen, Wäsche wechseln und so weiter. Und hinterher können sie sich nicht bewegen, weil sie solche Schmerzen haben, und dieses Versorgtwerden, sich nicht selber um sein eigenes Kind kümmern können, noch nicht mal selber Strümpfe oder Unterwäsche anziehen, dieses Gefühl ist, glaub' ich, sehr, sehr schlimm für die Frauen, obwohl's keiner zugeben mag. [...] Oder sie haben einfach diese depressiven Verstimmungen, sind viel stärker bei den Frauen, was ich so erlebe im Krankenhaus. Ja. Sehr viele, sehr viele Nachteile eigentlich. Und trotzdem wünschen sich ganz viele Frauen 'nen Kaiserschnitt, weil sie sich einfach erhoffen, dass das Ganze unkomplizierter und schneller und angenehmer über die Bühne geht als 'ne normale Geburt.

Es wird bei 'nem Kaiserschnitt tatsächlich nicht drüber aufgeklärt. Also ich war schon bei vielen Aufklärungen über 'nen Kaiserschnitt dabei. Das ist ja ärztliche Tätigkeit. Und wir dürfen immer dazukommen und uns das anhören. [...] Also, eigentlich ist diese Aufklärung über den Kaiserschnitt an sich schon sehr abschreckend. Da wird ganz viel erzählt, also welche Nerven man verletzen kann, mit Blase und Darm und schon alleine bei der Betäubung. Die wird ja hinten ins Rückenmark gelegt. Was man da alles verletzen kann. Dass die Frau querschnittsgelähmt sein könnte und all das. Also das ist 'ne relativ abschreckende Aufklärung. Aber die Art, wie sie von den Ärzten gehalten wird, ist sehr, also die ist nicht sehr abschreckend. Da wird einfach durchgerannt, weil die Ärzte kennen das, für die ist das Routine, egal ob die Frau das zum ersten Mal hört oder nicht. Und da wird ganz emotionslos durchgegangen, ja. ›Sie wissen, dass das ist und das ist und das ist und das.‹ Ich hab' das Gefühl, die Frauen realisieren das in dem Moment gar nicht richtig. Tja, trotzdem, also es wird gesagt, was alles passieren kann während dem Kaiserschnitt, aber nicht, was hinterher passieren kann. Ich glaube, wenn man die Frauen darüber aufklärt, was für Probleme sie hinterher bekommen, würden sich's vielleicht weniger Frauen wünschen. Ja« (ebd., S. 6ff.).

Interessant ist, dass der deutliche Anstieg von Kaiserschnittgeburten, obwohl diese auch von der WHO scharf kritisiert werden, anhält, was auf eine veränderte Grundhaltung in unserer Gesellschaft gegenüber natürlichen Prozessen schließen lässt. Alles soll rational und exakt planbar sein und eine Geburt soll mit den heutigen medizinischen Möglichkeiten möglichst schmerzfrei ablaufen (vgl. Oblasser, 2007, S. 371). Es existieren mittlerweile mehrere wissenschaftliche Untersuchungen zu den Auswirkungen des Kaiserschnitts auf die Betroffenen, aus denen hervorgeht, dass 90 Prozent der Patientinnen mit vorausgegangenem Kaiserschnitt dieser Geburtsvariante bei weiteren Schwangerschaften nur noch in Notfällen zustimmen würden und im Kaiserschnitt keine wirkliche Alternative zur Spontangeburt sehen (vgl. ebd., S. 15). Die negativen gesundheitlichen Folgen und Befindlichkeiten nach Kaiserschnittoperationen werden in der Klinik jedoch ausgeblendet. Bei einer Sectiorate von über 50 Prozent in manchen deutschen Kliniken könnte man meinen, es handele sich um einen Bagatelleingriff, was aber mitnichten der Fall ist. Die Kaiserschnittstudie der Krankenkasse BARMER GEK kommt zu dem Schluss, dass im Vergleich zu den europäischen Nachbarländern die Operation in Deutschland viel zu häufig angewandt wird, und sie vermutet die Ursache in einem kulturell begründeten unterschiedlichen Medikalisierungsgrad. So hat zum Beispiel die ausgesprochen starke Stellung der Hebamme im niederländischen Gesundheitssystem zur Folge, dass in den Niederlanden viel mehr Hausgeburten stattfinden als in anderen Ländern Europas. Traditionell wird hier die Geburt als natürlicher Vorgang betrachtet, der bei unkomplizierter Schwangerschaft in der vertrauten Umgebung des eigenen Heims stattfindet und nicht in der unpersönlichen Atmosphäre eines Krankenhauses. Folglich verzeichnet Holland auch neben Island die niedrigste Kaiserschnittrate Europas, mit 17 Prozent in Holland und 15 Prozent in Island (vgl. Lutz & Kolip, 2006, S. 16).

Auch die junge Hebammenschülerin Nala Pfeiffer macht sich Gedanken darüber, warum hierzulande so oft operativ in den Geburtsverlauf eingegriffen wird. Sie reflektiert die Situation der Frauen, aber auch die der Hebammen und ÄrztInnen, deren großes Kontrollbedürfnis offenbar daraus resultiert, dass sie selbst angstgeleitet sind:

»Also wir lernen im Unterricht im Moment ganz viel darüber, dass heutzutage ganz viel in diesen Geburtsverlauf, in diesen natürlichen Geburtsverlauf eingegriffen wird. Man versucht ja, alles zu verstehen und alles zu kontrollieren. Mit CTG, mit Blutdruck bei der Mutter, mit Sauerstoffsättigung bei der Mutter, mit immer wieder Ultraschall machen, immer wieder vaginal untersuchen und gucken, wie liegt das Köpfchen, wie weit ist der Muttermund offen? Wir wollen alles kontrollieren und dadurch wird der Mutter ganz viel Angst gemacht, weil sie jedes Mal hoffen muss: ›Ich hoffe, der Wert ist gut, ich hoffe der Wert ist gut‹, weil, wenn er schlecht ist, dann wär's doof. Und wenn die Mutter angespannt ist unter Geburt, dann hat das einen ganz großen negativen Effekt. Im Körper passieren ja grade unter Geburt ganz, ganz viele Veränderungen im Hormonhaushalt und Angst bei der Mutter schüttet Adrenalin aus. Und das Kind merkt das, wenn die Mutter Stress hat, und reagiert daraufhin mit schlechten Herztönen. Und im Krankenhaus, also gerade junge

Mütter, die ihr erstes Kind bekommen, die noch nie im Krankenhaus waren oder so, für die ist es schon aufregend, allein in dieses Krankenhaus reinzukommen. Und dann sind sie im Kreißsaal. Dann sind da lauter Ärzte, die ständig reingeplatzt kommen: CTG, jeder will irgendwie mal vaginal untersuchen und den Frauen [...] wird ganz viel Angst gemacht. Oftmals auch einfach unwissend, also nicht beabsichtigt. Und daraufhin reagieren ganz viele Kinder mit schlechten Herztönen und dadurch reagiert der Körper der Mutter auch mit 'ner Schutzfunktion. Wenn der Körper merkt, ich bin grad in 'ner Stresssituation, ich bin in 'ner Situation, die ist gefährlich, mir geht's nicht gut, dann versucht der, die Geburt abzubrechen. Oder das Kind ganz schnell rauszubringen, aber meistens abzubrechen. Weil der Körper merkt, ›Okay, das ist grad nicht der richtige Zeitpunkt.‹ Das war ja früher in der Steinzeit oder so auch schon, wenn 'ne Mama ein Kind bekommen hat und die merkt, da ist plötzlich ein wildes Tier, dann hat der Körper die Geburt abgebrochen, damit die Mutter wegrennen konnte. Und ich denke mal, dass es heute immer noch so ist. Unsere Körper sind ja immer noch so, also wir haben ja immer noch bestimmte Abläufe, die einfach genauso sind wie früher. Und ich denke mal, dass ganz, ganz viel, was wir in der Geburtshilfe heutzutage machen, einen Einfluss auf die Geburt hat, der uns gar nicht bewusst ist. Dass wir ganz viel unbewusst einfach eingreifen, durch Angstmacherei, durch Stress, durch 'ne laute und helle Umgebung während der Geburt, durch 'nen vollen Kreißsaal, ganz viele Leute, die die Frau nicht kennt. Dann kommt hier noch ein Student rein, der zugucken will, und da noch irgendein Arzt, der irgendwie was machen will. Und ich glaube, Frauen brauchen einfach 'ne ruhige Umgebung, um ihr Kind sicher auf die Welt bringen zu können. Und diese Umgebung, die gibt's aber heutzutage halt nicht mehr, außer bei Hausgeburten. Aber im Krankenhaus ganz bestimmt nicht. Und dadurch, denk ich mal, provozieren wir ganz viele Pathologien durch diese, ja, durch den Stress, der der Mutter gemacht wird, dass einfach keine Frau unter Geburt sich entspannen kann und einfach in Ruhe auf ihren Körper hören und ihr Kind auf die Welt bringen kann. Ja« (Pfeiffer, 2018, S. 9f.).

Auch darüber, wie man die Situation ihrer Meinung nach verbessern könnte, macht sich die Hebammenschülerin Gedanken:

»Maßnahmen wären halt zum Beispiel, dass nur 'ne bestimmte Anzahl von Personen, die sich der Frau auch vorstellen, die die Frau kennt, unter Geburt dabei sind. Dass nicht ständig 'n neuer Arzt kommt, sich nicht vorstellt und einfach irgendwas macht an der Frau, nichts sagt und wieder rausgeht. Einfach diese vielen verschiedenen Personen. Dann, dass man einfach mal den Kreißsaal abdunkelt, dass die Frau es ein bisschen dunkel hat und nicht so im grellen Licht ist mit offenen Beinen, dann noch ein Strahler, der direkt da drauf zeigt, damit man noch möglichst viel sehen kann. Dass den Frauen die Möglichkeit gegeben wird, dass sie sich frei bewegen können. Die müssen ja im Bett liegen zum CTG, die haben dieses Dauer-CTG dran. Ja, ich denke mal, es sind so viele keine Sachen einfach, die aber oftmals nicht umzusetzen sind. Einfach wegen den Versicherungsgründen« (ebd., S. 11).

Im Folgenden berichtet Frau Pfeiffer über den normalen Kreißsaalalltag in der Uniklinik und wie die Geburten dort stattfinden:

»700 bis 800 normale Geburten, und davon sind ganz viele mit Wehentropf, also mit Unterstützungstropf, weil festgestellt wird, dass die Geburt nicht schnell genug vorangeht, weil die Frau vielleicht einfach ein langsameres Tempo hat, als in den Lehrbüchern vorgeschrieben ist. Da bekommen die Frauen dann halt Medikamente unter Geburt oder es wird 'n Dammschnitt gemacht oder kristellert oder mit der Saugglocke gezogen oder sonst irgendwas. Also ganz, ganz wenige Geburten, wo all diese Sachen nicht stattfinden, wo man der Geburt quasi ihren natürlichen Lauf lässt und wo die Frau, ja, einfach gebären kann, ohne dass da irgendwie groß an ihr rumgewerkelt wird. [...] Es gibt ja eigentlich kaum noch Kreißsäle, wo die Hebammen die oberste Position sind quasi. Die Hebamme ist zwar diejenige, die die Frau betreut, die immer bei ihr ist oder bei ihr sein sollte. Aber der Arzt ist derjenige, der am Ende die Entscheidungsgewalt hat. Der entscheidet: ›Okay, was geben wir ihr für Medikamente, was machen wir jetzt, was machen wir jetzt?‹ Der entscheidet das alles. [...] Also ich kenne nur ganz, ganz wenige Situationen, wo die Hebamme sich gegen solche Sachen geweigert hat. Und das waren dann auch nicht immer feste Anordnungen, ›Okay, wir machen jetzt das!‹, sondern Vorschläge wie: ›Wir könnten ja mal das und das Medikament geben.‹ Da gibt es dann schon manche Hebammen, die sagen, ›Nee, das lassen wir jetzt, wir warten nochmal.‹ Aber meistens machen die Hebammen das, was die Ärzte sagen. Weil die müssen sich ja auch an rechtliche Vorgaben halten« (ebd., S. 12).

Und eine weitere Beobachtung macht die junge Hebamme noch: In der Klinik seien immer Arzt oder Ärztin weisungsbefugt, was offenbar in der Außenwahrnehmung größere medizinischen Kompetenz suggeriere:

»Also letzten Endes wird natürlich immer dann der Arzt gefragt. Also im Ernstfall sagt keine Frau, ›Also ich möchte jetzt mal bitte die Krankenschwester oder die Hebamme sprechen‹, sagt keiner. Sagt immer jeder: ›Jetzt möcht ich 'n Arzt sprechen‹« (ebd., S. 39).

Das, was die Hebammenschülerin erlebt, ist sehr ernüchternd. Nicht nur, dass die Hälfte aller Geburten in ihrer Klinik mit einem Kaiserschnitt endet, sondern dass auch bei den sogenannten normalen Geburten interveniert wird, das heißt, dass in irgendeiner Form von Hebammen- oder Ärzteseite medizintechnisch eingegriffen wird. Fast jeder Gebärenden wird eine PDA gelegt, die ihrerseits wieder zu Komplikationen führen kann, die weitere Interventionen notwendig machen. Obwohl die Gefahr von Interventionskaskaden bekannt ist, da die Erfahrung gezeigt hat, dass nach einem ersten Eingriff, zum Beispiel dem Verabreichen von wehenfördernden Mitteln nach zuvor festgestellter Wehenschwäche, weitere Eingriffe in das Geburtsgeschehen nötig werden, wird weder auf die Vergabe von Medikamenten noch auf das legen einer PDA verzichtet, obgleich die zahlreichen Nachteile bekannt sind:

»PDA ist ganz oft der Anfang von so'ner Kettenreaktion, die dann halt am Ende zum Kaiserschnitt führt. Ja. Geburten ohne PDA laufen eigentlich unkomplizierter ab, aber auch ein Stück weit deutlich intensiver, weil die Frau die Geburt einfach intensiver wahrnimmt und deutlich mehr, ja Schmerzen wirklich hat. Man kann die Frau ohne PDA halt schlechter kontrollieren. Also bei 'ner PDA, wenn die Frau komplett entspannt ist, dann kann man ja sagen, ›Okay, dreh dich mal so und so, halt das Bein so und so und jetzt mach das.‹ Und 'ne Frau unter Geburt, die von den Schmerzen so, die ja damit so beschäftigt ist, die hört nicht auf das, was man ihr sagt. Wenn man ihr sagt, ›Drehen Sie sich jetzt mal so und so‹, das ist der egal in dem Moment. Und, ja, mit 'ner PDA kannst du 'ne Frau besser kontrollieren. Das ist so« (ebd., S. 16).

Die angehende Hebamme glaubt, dass viele Gebärende eine PDA ablehnen würden, wenn sie vorher genau instruiert würden und wüssten, was sie sich damit einhandelten:

»Die werden darüber aufgeklärt, wie beim Kaiserschnitt, dass, wenn die PDA gestochen wird, das ist ja genau das Gleiche wie bei der Betäubung für den Kaiserschnitt, dass hinten in den Rückenmarkskanal diese Betäubung reingespritzt wird, und die werden darüber aufgeklärt, dass es zu Taubheitsgefühlen kommen kann, zu Gefühlsverlust, dass irgendwelche Nerven beschädigt werden können oder irgendwelche Blutgefäße. Die werden sogar darüber aufgeklärt, dass sie teilweise querschnittsgelähmt sein könnten, hätten sie ja beim Kaiserschnitt auch. Aber mehr auch nicht. Denen wird noch nicht mal gesagt, dass 'ne PDA das Risiko für den Kaiserschnitt erhöht. Und das tut sie, bewiesenermaßen. Das wird ihnen nicht gesagt. Also es wird denen, wie gesagt, auch oft dazu geraten, 'ne PDA zu nehmen, weil sie sich dann ja mehr entspannen könnten. Aber es wird kein Wort darüber verloren, was es alles bewirken kann. Dass es eigentlich, ja, dass die PDA halt häufig so dieser erste Schritt in dieser Kettenreaktion ist, die dann zum Kaiserschnitt führt« (ebd., S. 17f.).

Neben dem beschriebenen erhöhten Kaiserschnittrisiko führt Frau Pfeiffer weitere Risiken der PDA an:

»Also schon deutlich mehr Saugglocken als bei 'ner normalen, also bei 'ner Geburt ohne PDA, was einfach daran liegt, dass die Frauen nicht die Kontrolle über ihren Körper haben. Meistens ist es so, dass die PDA am Ende der Geburt abgeschaltet wird, damit die auslaufen kann, damit die Frau wenigstens ein bisschen Gefühl hat. Die Frau merkt ja, wenn 'ne Wehe da ist und wann sie pressen muss. Das sind ja einfach Instinkte, das spürt die Frau ja. Wenn alles betäubt ist, spürt sie das natürlich nicht. Aber trotzdem hat die Frau nicht die gleiche Kraft mit 'ner PDA, und es dauert einfach alles viel länger und die Kinder vertragen diese längere Geburt weniger, weil sie halt mehr Schmerzen haben, mit denen sie selber umgehen müssen. Und deshalb wird oft von oben mit gedrückt, man nennt das Kristellern, wenn dann auf den Bauch draufgedrückt wird und das Kind so von oben durchgeschoben wird sozusagen, um die Frau zu unterstützen. Dann wird halt von oben gedrückt und von unten gezogen. Das ist so, wenn die Frau halt selber nicht genug Kraft hatte« (ebd., S. 19).

Bei dem bereits an anderer Stelle erwähnten und in der Literatur beschriebenen Kristellerhandgriff handelt es sich um ein geburtshilfliches Manöver, bei dem der Austritt des kindlichen Kopfes durch Druck der Hände von außen beschleunigt werden soll. In Geburtsberichten empfanden die Frauen dieses Vorgehen als sehr übergriffig. Es kommt nicht selten vor, dass die GeburtshelferInnen ihren Ellenbogen und/oder das gesamte Körpergewicht benutzen, um das Kind aus dem Bauch der Frau herauszudrücken. Mitunter können in Anwendung des Kristellerhandgriffes Hämatome und Rippenbrüche bei der Gebärenden entstehen, was von den Betroffenen als ausgesprochen gewaltsam und auch als Grenzüberschreitung empfunden wird (vgl. Ebbers, 2017, S. 10f.).

Trotz der hier vorgestellten Nachteile ist das häufige Legen einer PDA in den Kliniken augenfällig und es stellt sich die Frage, warum die Hebammen den Schwangeren diese Art von Betäubung wegen der vielen Bedenken nicht nur nicht ausreden, sondern sie oftmals sogar selber anbieten:

> »Weil 'ne Frau, die Schmerzen hat, mehr Arbeit und mehr Betreuung benötigt als 'ne Frau, die keine Schmerzen hat. Das ist so das, was ich persönlich mir denke. Also, wenn 'ne Frau im Kreißsaal ist und die hat Schmerzen und die kämpft und die muss sich durch jede Wehe durcharbeiten, dann, dann braucht die viel mehr Betreuung und Beistand und einfach da sein als 'ne Frau, die da liegt und vielleicht sogar 'ne Runde schlafen kann, die einfach entspannt ist, die ein Buch lesen kann oder sonst was, einfach abwarten kann. Um die Frau musst du dich nicht viel kümmern. Ich weiß nicht, es ist wahrscheinlich einfach diese Bequemlichkeit« (ebd., S. 18).

Andererseits wird die Zeitersparnis, die das medizinische Personal mit einer Gebärenden hat, die keine Schmerzen äußert, von dem Aufwand, der sich dann in der verzögerten und verkomplizierten Geburt zeigt, wieder ad absurdum geführt. Die Schülerin weiß darauf auch keine befriedigende Antwort und vermutet in der Vorgehensweise unüberlegtes Routinevorgehen. Sie hat jedenfalls noch nie erlebt, dass der Gebärenden eine PDA ausgeredet worden wäre:

> »Keine Ahnung, ob die Leute das einfach so hinnehmen, weil's ja schon irgendwie immer so ist? Also ich glaub' eigentlich fast nicht, dass es keinem auffällt. Also ich find's auffällig. Und ich glaube nicht, dass ich jetzt mehr Durchblick hab' als 'n ausgebildeter Arzt oder 'ne ausgebildete Hebamme. Aber es ändert auch keiner was dran. Also ich hab's noch nie erlebt, dass 'ner Frau 'ne PDA ausgeredet wird oder dass mit 'ner Frau drüber geredet wird, was denn 'ne PDA bewirkt, und dass der Frau Mut gemacht wird, dass sie's auch so schaffen kann. Das hab' ich noch nie erlebt« (ebd., S. 19).

Obwohl viele Schwangere sich in den Geburtsvorbereitungskursen damit auseinandergesetzt haben, wie sie gebären möchten, bleiben ihre Vorstellungen und Wünsche in der akuten Situation im Kreißsaal oft unberücksichtigt. Sie vertrauen auf das ärztliche Expertentum oder fühlen sich vielleicht auch ausgeliefert und resignieren. Wie wäre es sonst zu erklären, dass sie einer PDA, die sie vorher explizit nicht wollten, plötzlich zustimmen und auch alternative, die Geburt erleichternde Gebärhaltungen auf dem Hocker oder in der Badewanne, über die in den Kursen ausführlich diskutiert wurde, völlig aus dem Blickfeld verlieren?

»Wir haben eigentlich in jedem Kreißsaal einen Pezziball, so'n großen, wo aber keine Schwangere drauf darf, weil sie könnte ja rücklings runterkippen [lacht]. Und wir haben in einem Kreißsaal auch diesen Gebärhocker, diesen runden, ringförmigen Hocker, wo die Frauen sich draufsetzen können, den ich aber noch niemals in Benutzung erlebt habe. Und wir haben in einem Kreißsaal auch eine Badewanne, die wird aber auch nie benutzt, weil, sie ist kaputt angeblich, hm. Tja, also es wird alles nicht in Anspruch genommen. Wir haben auch keine Matten, glaub' ich, sodass die Frau sich auf'n Boden knien kann. Wir haben keine Sprossenwand, ja, haben wir alles nicht. Also, die Frau kann entweder auf'm Bett liegen oder auf'm Stuhl sitzen oder 'n bisschen rumlaufen. Aber in den ganzen Positionen und vor allem bei der Bewegung, da schreibt das CTG nicht gut mit. Das heißt, es geht nicht, wenn CTG läuft. Und CTG läuft unter Geburt eigentlich die ganze Zeit« (ebd., S. 24).

Es ist offenbar so, dass sowohl die Schwangeren als auch die Hebammen alternative Gebärhaltungen bzw. Möglichkeiten zur Wehenverarbeitung nicht im Blick haben und nicht einfordern. Der Gebärhocker wird nicht genutzt, die Badewanne ist anscheinend kaputt, auf den Pezziball darf sich die Schwangere nicht setzen, Sprossenwand und Matten sind nicht vorhanden. Bei Kreißsaalbesichtigungen, die die Schwangeren in der Regel vor der Geburt unternehmen, müssten diese Mängel eigentlich auffallen und deren Beseitigung diskutiert werden, was aber dem Anschein nach nicht der Fall ist.

Vor diesem Hintergrund ist es aufrüttelnd, was die Hebammenschülerin aus ihrem Arbeitsalltag berichtete. Noch nicht von jahrzehntelanger Tätigkeit abgestumpft wie viele ihrer älteren Kolleginnen, erkennt sie die Missstände und benennt sie im Interview auch ohne Vorbehalte. In der Klinik

Abbildung 20: Neuer Kreißsaal in der Lausitz Klinik Forst

allerdings muss sie sich bedeckt halten, denn als Schülerin ist sie ganz unten in der Krankenhaushierarchie. Laute Kritik am System könnte sie den Ausbildungsplatz kosten, aber den möchte sie keinesfalls verlieren, da Hebamme ihr Traumberuf ist. Wo sieht Frau Pfeiffer eigentlich ihre eigene Zukunft angesichts des oben Geschilderten?

»Mir fällt es, ehrlich gesagt, sehr schwer, damit umzugehen. Einerseits weiß ich, dass früher die Frauen auch alle ihre Kinder normal bekommen haben, ohne CTG, ohne Ultraschall, ohne Kaiserschnitt, ohne sonst was. Da ist auch meistens alles gut gegangen. Und andererseits sehe ich aber auch, wie viel schiefläuft. Und ich hab' mich tatsächlich auch schon oft gefragt, ob ich überhaupt in der Lage wäre, in 'nem Geburtshaus zu arbeiten oder Hausgeburten zu betreuen, weil ich mittlerweile nach diesem einen Jahr schon so darauf gepolt bin, auf das zu achten und alles das im Hinterkopf zu haben, was schieflaufen könnte, dass ich selber auch gar nicht mehr richtig entspannt in Geburten reingehen kann« (ebd., S. 25).

»Ich glaube, in zwei Jahren, wenn ich fertig bin, dann wird das Ganze noch schlimmer sein. Ich glaub' nicht daran, dass es irgendwie besser wird in nächster Zeit. Ich kann mir tatsächlich gut vorstellen, in 'nem Geburtshaus zu arbeiten oder in einem kleineren Krankenhaus. Das konfessionelle Krankenhaus hat mir sehr gut gefallen, aber auch in X. das Krankenhaus, in dem ich mal Praktikum gemacht habe. Da herrscht auch 'ne andere Mentalität einfach. Da kann ich mir gut vorstellen zu arbeiten. In 'nem Geburtshaus ist einfach die Verantwortung noch mal deutlich größer. Und, ja, ich weiß nicht, wo ich in zwei Jahren stehe. Ich kann mir auch gut vorstellen, dass ich nach der Ausbildung erst mal in 'nem kleineren Krankenhaus arbeite und da erst mal so die Routine reinkriege, erst mal dieses Gefühl für normale Geburten kriege, und dann in ein Geburtshaus wechsele. [...] Das find' ich auch das Schöne daran am Beruf Hebamme, man kann sich immer in alle möglichen Richtungen weiterbilden und spezialisieren und man hat nie ausgelernt. Es gibt immer noch so viele Sachen, die man lernen kann. Wer weiß, vielleicht gibt's ja in zehn Jahren irgendwas total Neues, Neuartiges, was ich ausprobieren möchte. Vielleicht gibt's dann ja gar keine Hausgeburten mehr« (ebd., S. 35f.).

Der weitere Rückgang der Hausgeburten steht der Hebammenschülerin angesichts der momentanen Krisenstimmung aufgrund der hohen Versicherungskosten deutlich vor Augen. Sie glaubt nicht, dass es in nächster Zeit um den Hebammenberuf besser bestellt sein könnte, vertraut aber darauf, dass der Beruf sehr vielseitig ist und Frauen einfach immer Hebammen brauchen werden:

»Die Frauen, die gehen mit ihren Problemen nach der Geburt nicht zum Gynäkologen, die rufen als erstes die Hebamme an. Egal, ob die Schmerzen an der Narbe haben oder 'n Milchstau oder 'ne Brustentzündung oder das Kind verhält sich komisch. Die rufen als allererstes die Hebamme an, weil, ich weiß nicht warum, ob es immer noch so einfach dieses Gefühl ist, dass man sich bei der Hebamme wohlfühlt. Das ist so die Vertraute, die begleitet die Frauen vielleicht auch schon die zweite Schwangerschaft, die hat die Frauen die ganze Schwangerschaft lang betreut. Die war vielleicht nicht unbedingt bei der Geburt dabei, aber direkt danach, wenn die Frau nach Hause gekommen ist« (ebd., S. 37).

Frau Pfeiffers Erzählung ist außerordentlich aufschlussreich. Obwohl sie noch in der Ausbildung ist, konnte sie doch verschiedene geburtshilfliche Settings miteinander vergleichen und dabei feststellen, dass die Geburtshilfe in einer Universitätsklinik in keiner Weise dem entspricht, was sie sich darunter vorgestellt hat und auch für ihr weiteres Berufsleben erhofft. Sie möchte als Hebamme die »Vertraute« der Frauen sein, möchte sie bei natürlichen Geburten begleiten und sie vor invasiven Eingriffen bewahren.

Das Schöne an ihrem Beruf, sagt sie, sei die Möglichkeit, sich in viele Richtungen spezialisieren zu können, und ganz gewiss möchte sie nach ihrer Ausbildung nicht in der Uniklinik bleiben, sondern an ein kleineres Krankenhaus oder ein Geburtshaus wechseln, wo sie ihre Vorstellungen von einer guten Geburtshilfe umsetzen könne.

Das führt zu der Frage, warum so viele Frauen in einem großen Krankenhaus, wo offenbar wenig auf ihre Wünsche eingegangen werden kann, entbinden und sich nicht für kleinere Einrichtungen oder gar Geburtshäuser entscheiden. Liegt es daran, dass durch die Schließung kleinerer geburtshilflicher Abteilungen mittlerweile keine Alternativen mehr existieren oder gibt es vielleicht noch ganz andere Gründe?

V Exkurs: Was wollen die Frauen? Mütter erzählen

1 Pia Bönner, vier Geburten

Die Kinder der in Niedersachsen lebenden vierfachen Mutter Pia Bönner sind heute 18, 16, zehn und acht Jahre alt. Sie hat bei ihren Geburten eine große Palette von Möglichkeiten, ein Kind zur Welt zu bringen, erlebt: Vom Kaiserschnitt im Uniklinikum beim ersten Kind bis zu zwei Hausgeburten am Kamin des heimischen Wohnzimmers bei den beiden letzten Kindern. Das zweite Kind, die heute 16-jährige Tochter Lara, wurde im Geburtshaus geboren. Es handelte sich bei ihrem erstgeborenen Sohn Lucas nicht um einen Wunschkaiserschnitt, sondern um eine Not-Sectio, da die Wehen nicht vorangingen und die Herztöne des Kindes schlechter wurden. Nach einer vorangegangenen Wendung des Ungeborenen aus der Beckenend- in die Schädellage war die Geburt im Geburtshaus begonnen, dann aber aufgrund von Komplikationen in die Klinik verlegt worden. Hier wurde auch zunächst noch die vaginale Entbindung versucht:

»Erst hatten wir es nämlich probiert mit Wehentropf und PDA, dass da noch das auf natürlichem Wege gehen kann. Und als das auch erfolglos war, da haben sie dann gesagt: ›Jetzt muss ein Kaiserschnitt gemacht werden.‹ Ja, und als ich dann im OP-Saal war und festgeschnallt – wie Jesus auf dem Kreuz lag ich da – und dann haben sie halt angefangen. […] Ja, und dann ist unser Sohn geboren worden, und weil ein paar Streptokokken mit im Spiel waren, wurde er dann in die Kinderklinik verlegt, die auf der anderen Straßenseite war. Und ich hab' die ganze Nacht durch geschlafen und erst am nächsten Morgen bin ich dann aufgewacht und mein Kind war nicht da. Und mir ging's halt wirklich ganz, ganz schlecht und bin aber dann trotzdem, nachdem ich dann wach war und einigermaßen auch aufkonnte, rüber in die Kinderklinik. Hat mein Mann mich mit 'nem Rollstuhl rüber getragen, dann da hoch und über die Straße und so weiter. Das war alles sehr blöd und beschwerlich, diese ganze Situation. Und erst als ich dann mein Kind im Arm hatte, da ging's mir dann besser. [...] Und die hatten mich erst auf ein Zimmer gelegt, wo noch zwei Frauen waren, die ihre Kinder dabei hatten, und das war natürlich völlig Panne, ne. Das tut man nicht. Dann haben sie das auch gemerkt, dass es wohl doch nicht so'ne gute Idee war, und haben mich dann mit 'ner Frau aufs Zimmer gelegt, die auch ihr Kind in der Kinderklinik hatte, ne. Das war dann besser. Es war natürlich schon sehr schwer, ne. Ich hatte mein Kind nicht und die hatten ihre Kinder da. Das war wenig sensibel. Naja. Und dann am fünften Tag kam er dann rüber zu mir und am sechsten Tag, das war das absolute Minimum, was ich dableiben musste, aber musste ich noch unterschreiben, dass ich nach Hause möchte auf eigenes Risiko. Und dann sind wir halt nach Hause und das war schon, ab da war alles besser, wenn man dann zu Hause ist und dem Kind ging's gut und, naja. Mir ging's nicht so gut am Anfang, aber das war ja eigentlich dann egal. Hauptsache, mit dem Kind war alles in Ordnung« (Bönner, 2018, S. 3).

Im Vergleich zu den folgenden, natürlich ablaufenden Geburten sagt Frau Bönner:

»Ich hatte mit dem Kaiserschnitt viel, viel länger zu tun, mit dieser Wunde und auch dieser Schmerz von dieser Narbe, ne, das tut viel länger weh als 'ne Geburtsnarbe. [...] Ich find, dass ich mit dem Kaiserschnitt deutlich länger im Nachhinein zu tun hatte als mit den normalen Geburtsschmerzen. Obwohl ich da auch bei Laras Geburt sehr stark eingerissen bin und das quasi da ziemlich zerfetzt war, meine ganzen Schamlippen. Aber das wurde genäht und das geht dann ja auch, ne. So'n Kaiserschnitt find' ich eigentlich schon beschwerlicher, weil es geht, ist ja 'ne komplett, dann werden ja sämtliche Bauchdecken durchtrennt und es ist ein deutlich größerer Eingriff, als wenn da so ein paar kleine Risse unten sind, die dann ja auch relativ schnell wieder zuheilen« (ebd., S. 4).

Ihr zweites Kind wollte Frau Bönner dann unbedingt im Geburtshaus bekommen, denn sie

»hatte die Nase absolut voll von Klinik. Da hab' ich überhaupt keine Lust mehr drauf gehabt aus, ich denke, nachvollziehbaren Gründen. Und, ja, das war eigentlich auch 'ne komplikationslose Schwangerschaft. War alles okay. Das Kind lag richtig. Und ich hab' bei allen meinen Kindern, hab' ich es so gemacht, dass ich die Vorsorgeuntersuchungen immer zur Hälfte bei der Frauenärztin gemacht habe und zur anderen Hälfte bei der Hebamme, ne. Das hab' ich bei Lucas schon so gemacht, also so, dass ich jedes zweite Mal bei der Hebamme war bzw. bei der Frauenärztin. Und für mich war das eigentlich das Optimale, wo ich halt beides abgedeckt habe. Auf der einen Seite das Klinische, dass halt alles okay war, und auf der anderen Seite die doch deutlich umfassendere und auch liebevollere Betreuung durch die Hebammen, die einem auch viel mehr Ängste nehmen. Ärzte geben ja oft mehr Ängste, als dass sie Ängste nehmen, aber bei den Hebammen, die dann halt auch viele Fragen beantwortet haben, auch so Alltagssachen, für die die Ärzte nun überhaupt gar keine Zeit haben, sich um alles zu kümmern. Also das war ja deutlich ausführlicher bei den Hebammen. Und insofern war das für mich mein Weg und das hab' ich bei allen vier Kindern so gemacht und bin da immer, hab' mich da wirklich umfassend betreut und versorgt gefühlt. Weil mir das natürlich schon wichtig war, immer abzuklären, ist alles okay?« (ebd., S. 4f.).

Die Geburt des zweiten Kindes verlief im Geburtshaus ohne Komplikationen, was für Frau Bönner umso schöner war, als sie sich »geheilt« fühlen konnte nach dem »Trauma Kaiserschnitt«:

»Ja, die Wehen fingen an und ich bin ins Geburtshaus. Ah, ich seh' mich noch diese blöde Treppe da immer rauf und runter gehen [lacht]. Musste ich dann, haben die mich immer rauf und runter gejagt, damit die Wehen vorangehen. [...] Und dann sind wir raus ins normale Gebärzimmer, und ich lag auf, oder saß auf diesem Maja-Gebärhocker und Willi war hinter mir, hat mich gestützt, und Lara ist quasi in meine Hand reingeboren und sie hatte noch 'ne Glückshaube auf dem Kopf, ne. Also, und das war für mich absolut beglückend, dann quasi auf normalem Wege ein Kind zu bekommen, und das hat auch ganz viel geheilt. Also Lucas' Geburt hat schon traumatische Spuren hinterlassen und auch so dieses Gefühl des Versagens, dass ich – ich wollte ja 'ne ganz ruhige, sanfte Geburt haben und es ist ja ein Höchstmittel an Interventionen bei Lucas vonstattengegangen. Und jetzt bei Lara hat es dann so geklappt, wie ich mir das gewünscht habe, und insofern war das einfach nur wunderschön, dann zu erleben, dass sie dann auch in meine Hände reingeboren wurde und ich sie halten konnte und mein Mann hinter mir saß und mich gestützt hat. Das war halt ein komplett anderes Kontrastprogramm zur ersten Geburt, ne. So eigentlich, wie man sich das wünscht« (ebd., S. 5).

Die zweite Geburt fand zwei Jahre nach der ersten statt, sodass aus medizinischer Sicht der vorangegangene Kaiserschnitt einer vaginalen Entbindung nicht entgegenstand. Liegt zwischen den Geburten allerdings nicht genügend Zeit, besteht die Gefahr, dass die Kaiserschnittnarbe reißen könnte, und es wird von einer vaginalen Geburt abgeraten. Aus dieser Erwägung heraus wies man Frau Bönner ärztlicherseits darauf hin, dass sie zwar die vaginale Entbindung versuchen könne, aber bitte nicht in einer außerklinischen Einrichtung:

> »Aaach ja, natürlich haben die Ärzte das gesagt, aber ich hab' mich ja auch vorher informiert und es muss ja nicht so sein, ne. [...] Die Wahrscheinlichkeit, dass es aufreißt, ist relativ gering. Und ich war in M. und das Geburtshaus war fünf Minuten von der Uniklinik entfernt und die Hebammen, ich habe da wirklich großes Vertrauen in die gesetzt. Das sind erfahrene Frauen, wenn eine Gefahr bestanden hätte, wenn irgendwas nicht in Ordnung gewesen wär', dann hätten die mich ruck zuck in die Klinik überwiesen, ne. Also es ist ja nicht so, dass die das nur machen, weil sie das unbedingt so möchten und nicht anders, sondern das sind verantwortungsbewusste Frauen, die ihr Handwerk verstehen, und die haben auch gesagt, ›Das ist kein Problem, und das Risiko ist nicht so groß.‹ Und das ganze Leben besteht aus Risiko. Ich war auch 'ne Risikoschwangerschaft, aber danach dürfte man ja überhaupt keine Kinder kriegen, ne. Also insofern hat das für mich eigentlich, ich hab' da drüber nachgedacht und hab' mich informiert und dann haben wir gesagt, nein, das ist keine – und ich kannte auch Leute, die Kaiserschnitt und danach 'ne normale Geburt hatten. Und warum zum Geier hätte das bei mir nicht auch klappen sollen? Das hat ja geklappt« (ebd., S. 6).

Pia Bönner fühlte sich noch immer von ihrem ersten Kaiserschnitt sehr belastet, ging aber trotzdem mit Selbstvertrauen in die außerklinische Geburt:

> »Ja, es geht, und ich kann ein Kind in einer ruhigen und sicheren Atmosphäre ganz normal zur Welt bekommen. Das war schon, also das hat mich vorher schon die ganze Zeit immer belastet. Aber als dann Lara geboren war und dann natürlich die anderen beiden, die noch als richtige Hausgeburten

zur Welt gekommen sind, es war schon so, dass das damit halt vergessen war, vergessen nicht, aber schon ein Stück weit geheilt. Ich weiß nicht, was gewesen wäre, wenn das wieder ein Kaiserschnitt gewesen wäre. Da hätt' ich vielleicht einen Knacks weggekriegt. Weiß es nicht, aber so war das dann schon wirklich gut. Glück gehabt, dass es so gelaufen ist« (ebd., S. 8).

Nach einem Umzug nach Niedersachsen und einer beruflichen Veränderung bekam Frau Bönner nach sechs und acht Jahren jeweils noch ein Kind, diesmal als Hausgeburt:

»Und es gibt hier wirklich 'ne tolle Hebammenpraxis, hier in H., quasi einmal über 'nen Berg, ein Ort weiter. Und die Hebammen bieten Hausgeburten an oder haben Hausgeburten angeboten. Und dann in Abwägung meiner Vorgeschichte, dass ich halt eigentlich überhaupt nicht in die Klinik wollte. Ich wär' gerne wieder in ein Geburtshaus gegangen, gab's aber nur in Göttingen und in Hildesheim, das hätte aber bedeutet, dass ich mitten im Winter bei vielleicht Eis und Schnee und so weiter ins Geburtshaus hätte fahren müssen. Und dann mit der Alternative hier vor Ort, dass die Hebammen zu einem kommen und hier 'ne Hausgeburt durchführen, und da war das 'ne absolut attraktive Alternative. Zwei Hebammen kommen zu mir, ich bleibe zu Hause. [...] Und es hat tatsächlich auch alles super geklappt. Der Kamin brannte, links der Mann, rechts die Hebamme, auf dem Sofa sitzend hab' ich die Wehen veratmet, natürlich zwischendurch geschrien. Und ja, aber es war trotzdem total intim und persönlich und ganz ruhig und entspannt und ja, kein Vergleich halt zu 'ner Klinikgeburt, ne, wo schnell mal jemand anderes reinkommt, wo man Schichtwechsel hat. Und ich hatte zwei absolut kompetente, erfahrene Hausgeburtshebammen, die zu mir gekommen sind. Ich habe das als absoluten Luxus empfunden, ne. Was sich sicherlich auch nicht jede Frau leisten kann, weil, zum einen braucht man die räumlichen Voraussetzungen. Wenn man in 'ner kleinen Mietwohnung sitzt, ist es wirklich ganz schlecht, 'ne Hausgeburt zu machen, weil man kann ja gar nicht richtig losschreien und loslassen. Es ist 'ne finanzielle Sache. Es hat damals schon ein paar hundert Euro gekostet. Ich glaube, die zweite Hausgeburt hat schon 600 Euro gekostet, und jetzt ist es noch mehr. Das muss man sich ja mal leisten können, 'ne Klinikgeburt ist kostenlos, zahlt die Kasse. Hausgeburt, man muss 'ne Menge Sachen besorgen, ja, was weiß ich, Folie und so, man kriegt ja 'ne große Liste von der Hebamme, was man alles da haben soll. Das ist aber, ich habe das schon als Luxus empfunden, dass ich mir das leisten kann, weil wir halt auch ein großes Haus haben mit verschiedenen Ebenen. Wenn das Kind tagsüber gekommen wäre, wäre ich halt im oberen Stockwerk, wo die Schlafzimmer sind, gewesen. Und so, die beiden Jungs sind jetzt nachts gekommen, dann war ich unten im Wohnzimmer, brennender Kamin, gemütliches Zimmer, und die Kinder, die anderen Kinder, haben dann oben geschlafen und haben nichts davon mitgekriegt, ne. Also auch das ist ja auch eine Sache, die man berücksichtigen muss, ob man das überhaupt machen kann. Wenn man nur 'ne kleine Wohnung hat, stelle ich mir das schwierig vor, so'ne Hausgeburt, wenn man noch andere Kinder hat. Und vielleicht Nachbarn, wo das einfach schwierig ist« (ebd., S. 9f.).

Da Frau Bönner beides erlebt hatte, sowohl eine Klinikgeburt als auch außerklinische Geburten, zieht sie für sich bei dem Thema »Schöne Geburt« folgendes Fazit:

»Also für mich ist vor allen Dingen eine schöne Geburt eine selbstbestimmte Geburt. Dass ich bestimmen kann, was gemacht [wird] in Absprache mit den Hebammen, aber dass ich die Freiheit habe, jede Position, die ich möchte, einzunehmen, dass ich in die Wanne kann, dass ich das tun kann, was mir guttut, mir als Gebärende, um das Kind so gut und so gesund wie möglich auf die Welt zu bringen. Und in einer Klinik, das fängt schon damit an, dass sie einem 'ne Braunüle legen, egal ob das gebraucht wird oder nicht. Aber jede Schwangere kriegt 'ne Braunüle. Und das, das empfinde ich als, weiß ich nicht, als Gängelung. Das ist allein schon, was mich von der Klinik fernhält, weil man ist, wenn man in die Klinik geht, ist man in die Klinikabläufe eingebunden und ist nur ein kleines Rädchen im Getriebe. Hier, bei mir zu Hause oder auch im Geburtshaus, steht die Geburt im Mittelpunkt und nicht das Klinikgeschehen und nicht das juristische Absichern und nicht der Dienst der Ärzte oder irgendwelche Befindlichkeiten des Personals oder Personalwechsel, sondern im Geburtshaus und auch bei der Hausgeburt ist das Wichtigste, die Geburt so gut wie möglich und so schonend wie möglich über die Bühne zu bringen, sodass es Kind und Mutter gut geht. Und diese Priorität sehe ich in einer Klinik nicht. Und insofern ist für mich 'ne schöne Geburt 'ne selbstbestimmte Geburt« (ebd., S. 13).

Mit dieser Grundhaltung wollte Frau Bönner ja auch ihr erstes Kind bekommen, was aber leider durch aufgetretene Komplikationen unter der

Geburt nicht möglich war, sodass sie in die Klinik verlegt werden musste. Was sie dort erlebte, bestärkte sie noch einmal in ihrer grundsätzlichen Einstellung, »dass ein Kind in einer ruhigen und sicheren Atmosphäre ganz normal zur Welt« kommen sollte, und diese Möglichkeit sieht sie nicht im Krankenhaus, sondern nur in einer außerklinischen Umgebung gegeben. Das Thema Sicherheit ist für Frau Bönner nicht an die Klinik geknüpft, Sicherheit vermitteln ihr vor allem kompetente Hebammen, denen sie vertraut und auf deren Rat sie sich verlässt. Dass zur Hausgeburt zwei Hebammen zu ihr in die Wohnung kamen, betrachtet sie als absolut »luxuriös«, und auch, dass sie die finanziellen Möglichkeiten und die Räumlichkeiten für eine Hausgeburt hatte (vgl. Oblasser & Eirich, 2009; vgl. auch Gaskin, 2004).

2 Mareike Nast, zwei Geburten

Ganz andere Geburtserfahrungen machte die junge Mutter Mareike Nast. Ihr war es wichtig, in einem Krankenhaus zu entbinden, und zwar in einer Klinik der Maximalversorgung. Sie habe gegen alle Eventualitäten gewappnet sein und nichts dem Zufall überlassen wollen, äußerte sie im Interview.

Ihre beiden Kinder sind gegenwärtig drei und ein Jahr alt. Ihre Erfahrungen mit Schwangerschaft und Geburt liegen also noch nicht sehr lange zurück. Frau Nast war sofort bereit, ihre Geburten zu schildern, denn sie seien wichtige Lebensereignisse gewesen, an die sie gute Erinnerungen habe:

> »Ja, also bei der Linda lief alles reibungslos und auch die Schwangerschaft war überhaupt kein Problem. Da haben wir uns dann auch überlegt, wo wir entbinden wollen. [...] Dann habe ich mir die Klinik angeschaut, in der Universitätsklinik und dann hier in der Diakonie. Und eigentlich, so vom Ambiente her und so, fanden wir eigentlich schon die Diakonie ganz schön und auch familiär. Es hat uns ganz gut gefallen. Aber bei uns war's tatsächlich so, dass wir uns für die Uniklinik entschieden haben, [...] auf hundertprozentige Sicherheit eben. Ja, das war uns halt einfach am Wichtigsten, weil dort da auch die Kinderklinik ist und die Frühchenstation und was weiß ich was alles. Uns wurde gesagt, wenn wir in der Diakonie entbinden, müsste das Kind dann noch transportiert werden dann in die Kinderstation. Da haben wir gesagt, ›Nee, falls irgendwas sein sollte, dann sind wir schon mal dort

und müssen das Baby nicht noch transportieren, wenn's 'n Herzfehler hat oder was weiß ich was alles.‹ Deswegen haben wir gesagt, ›Das halten wir schon mal aus, so'n paar Stündchen. Hauptsache, das Kind ist am sichersten Ort, wo man eigentlich sein kann.‹ [...] Und wir hatten Glück. Bei der Linda ging alles super gut, sie war in sechs Stunden da. Ich hatte starke Wehen auch und, ich muss sagen, ich hätte auch nicht gedacht, dass Wehen so schmerzhaft sind. Ich bin da ran, also ganz offen rangegangen. Ich hab' gesagt, natürlich versuche ich das auf normale Art, ne. Ich versuch's auch im Wasser, ne. Ich bin auch offen für 'ne Wassergeburt, und ja, dann lag ich da in der Wanne und dann ist die Fruchtblase geplatzt und dann war der Druck nach unten so schmerzhaft, dass ich eigentlich nur noch geschrien hab' und nicht mehr richtig geatmet hab', weil das so schmerzhaft war. Und auch den Anweisungen nicht mehr richtig folgen konnte, wie ich zu atmen habe, weil ich einfach nur noch geweint hab' vor Schmerzen. Und dann haben sie gesagt, sie könnten mir, weil der Muttermund war, glaub' ich, zu dem Zeitpunkt vier Zentimeter, dann haben sie gesagt: ›Das ist noch 'n etwas längerer Weg und Sie müssen dem Baby auch Sauerstoff ja irgendwie zuführen, und wenn Sie nur schreien und nicht atmen, würden wir Sie jetzt lieber mal entlasten mit 'ner PDA, dass Sie wieder zur Ruhe kommen, atmen, Kräfte sammeln, weil die Presswehen werden noch mal 'n großer Akt.‹ Und dann hab' ich gesagt, ›Ja, ist in Ordnung.‹ [...] Dann haben sie auf jeden Fall die PDA gelegt und ich war so glücklich. Echt, ich lag dann da und ich konnte mich erholen, ein bisschen schlafen, und drei Stunden später kamen die Presswehen. Die waren, *Wow*, sehr stark und sehr schmerzhaft. Und da konnt' ich aber auch dann richtig mitmachen. Ich hatte dann wieder mehr Energie durch diese Pause. Ich hab' zwar auch geschwitzt und geschrien und, ähm, sie wollte nicht so richtig raus. Dann, meine Kraft ließ schon wieder nach, da kam die Ärztin und hat von oben auf den Bauch gedrückt, um das Baby nach unten zu drücken. Und von unten wurde dann gezogen und dann kam sie dann zum Glück, ich glaub so nach 22 Presswehen oder so, kam sie dann raus. Weil irgendwie wollt' sie noch nicht so richtig. Und dann wurde von oben und von unten nachgeholfen und dann kam sie dann, war aber total gesund und alles. Alles lief gut. Meine Plazenta wurde dann auch auf normalem Weg geboren. Und ja, sie war gesund und munter. Ich hab' mit sechs Stunden, lag eigentlich als Erstgebärende super in der Zeit. Es gab keine Komplikation. Sie war immer mit Sauerstoff versorgt. Und eigentlich alles reibungslos, außer halt, dass ich dann die PDA wirklich brauchte oder gerne hatte, muss man so wirklich sagen. Weil ich nicht wusste vorher, wie schmerzhaft das ist« (Nast, 2018, S. 2ff.).

Frau Nast hat die Geburt ihrer Tochter Linda in guter Erinnerung. In ihrer Wahrnehmung gab es keine Komplikationen und die PDA war das, was sie sich wünschte, als die Eröffnungswehen schmerzhafter wurden. Dass die Ärztin in der Austreibungsphase kristellert hat, da, wie sie selber sagt, »von oben und von unten nachgeholfen« werden musste, gehört für Frau Nast immer noch zu einem »reibungslosen« Ablauf und sie erkennt bei dem in der Geburtshilfe sehr umstrittenen Manöver keine Übergriffigkeit. In ihrer Erinnerung war die Geburt von Linda eine schöne Geburt, bei der sie mit »sechs Stunden [...] super in der Zeit« lag.

Bei ihrem zwei Jahre später geborenen Sohn Nils machte sie andere Erfahrungen:

> »Beim Nils sah das ja dann wieder alles ein bisschen anders aus, ne. Also beim Nils war das so, da hab' ich dann auch wieder überlegt, gehen wir in die Diakonie, haben wir schon wieder überlegt, weil es da so schön ist, und wir haben von Freunden gehört, dass es so schön ist und so. Da hab' ich gesagt, ›Was ist, wenn dann wieder was ist?‹ [...] Und dann dachte ich mir, naja, ich hab' ja eigentlich 'ne gute Geburt jetzt schon hinter mir, vielleicht wagen wir's uns. Und dann hat der Andi gesagt, ›Nee, mir ist doch lieber die Uniklinik wieder, falls dann doch was ist und so.‹ Und da hab' ich gesagt, ›Okay, gut. Gehen wir in die Uniklinik wieder.‹ Die waren ja auch nett und die haben mir wirklich geholfen und die haben mir auch die PDA nicht aufgedrückt. Die haben das wirklich versucht bis zum Ende. Ja, ›Ach komm‹, mit Duftstäbchen und mit allem liefen die um mich herum und haben versucht, mir das irgendwie auszureden. Alles Mögliche auch an Medikamenten und so, hätt' ich auch nicht gedacht. Ich dachte auch, die machen am liebsten Kaiserschnitt oder so. Aber nein. Die haben gesagt, ›Das Letzte, was wir machen, ist Kaiserschnitt.‹ [...] Und beim Nils sah das alles dann wieder ein bisschen anders aus. Bei ihm waren die Herztöne ganz schlecht. Die sind immer wieder abgefallen, immer wieder. Und wir wurden schon echt nervös. Auch die Ärzte, die sind rumgelaufen wie die Hühner und haben gesagt, ›Alle Augen sind jetzt bei Ihnen.‹ Da wurd' ich dann nervös und der Andi wurd' auch nervös und, ›Was ist denn?‹ und so. ›Ja die Herztöne sind ziemlich schlecht, er müsste sehr schnell geboren werden.‹ Die haben schon den OP auch schon vorbereitet, ja, weil das wirklich kritisch war. Ich musste ständig in den Bauch atmen, um die Herztöne wieder nach oben zu kriegen. Ich musste immer [atmet tief ein] ganz tief einatmen und

mir wurde aber durch dieses Atmen so schlecht, dass ich ständig nur am Übergeben war. Also atmen, dann wieder gebrochen. Und dann haben sie gesagt, ›Ah, das sieht nicht gut aus, wir bereiten schon mal den OP vor.‹ Und dann hab' ich gesagt, ›Ach, ich würd's aber so gerne noch mal ...‹ ›Ja, wir probieren's noch mal, aber wir können diesen Zustand nicht so lang so lassen‹, haben sie gesagt. ›Also, entweder wir geben Ihnen jetzt wehenfördernde Mittel, damit er, er muss noch ein bisschen weiter runterrutschen.‹ Und das hat funktioniert. Er ist durch dieses wehen-, durch diese wehenfördernden Mittel sehr schnell nach unten gerutscht. Dann haben sie gesagt, ›Ja, und jetzt müsst' er dann auch geboren werden. Wir machen das jetzt mal mit Nachdruck.‹ Ich musste sehr viel pressen, auch stark. Und die haben mich da auch so'n bisschen angeleitet und mir geholfen und die haben gesagt: ›Das muss jetzt wirklich schnell gehen.‹ Dann musste ich zwischendrin mal wieder ganz tief atmen wegen den Herztönen. Und tatsächlich kam er sehr, sehr schnell. Ich glaube, nach drei Presswehen war er dann da. Die haben, ähm, also bei ihm war das überhaupt gar kein Problem, der kam sehr schnell. Der blieb auch nicht so weit oben wie die Linda die ganze Zeit. Ich bin aber dann stark gerissen. Also dadurch, dass das so schnell gehen musste, hatte ich dann beim Nils 'nen Dammriss zweiten Grades und er war ganz blau im Gesicht und hatte die Nabelschnur zweimal um den Hals gewickelt. Deswegen waren die Herztöne so schlecht, weil er stranguliert worden ist und immer wieder nach oben gezogen wurde. Aber ich war froh, dass das auf normalem Weg ging und dass mir der OP erspart blieb, also der Kaiserschnitt. [...] PDA hab' ich tatsächlich auch beim Nils nach, bei derselben Öffnung, also auch bei vier Zentimeter, hab' ich's nicht ausgehalten. Aber das hab' ich auch gar nicht mehr probiert. Da hab' ich gesagt, ›Es tut so weh, ich will 'ne PDA. Sofort. Ich bin das gewöhnt, ich kenn' das schon und ich hab' da überhaupt nichts gegen.‹ Ich hab' die wieder dankend angenommen, ja. Dann haben sie gesagt, ›Okay, wenn Sie wollen.‹ [...] Ihm ging's aber zum Glück gut. Also er war zwar blau, aber er wurde schnell wieder rosig und hat dann auch geweint und Luft geholt und da war ich dann auch beruhigt. Er war auch gesund, alles war gut« (ebd., S. 5).

Bei Frau Nast löste sich allerdings die Nachgeburt nicht vollständig, sodass sie operativ entfernt wurde. Nach ihrer Entlassung aus der Klinik stellten sich gesundheitliche Probleme ein, die die Hebamme, die zur Nachbetreuung zu ihr kam, im Blick hatte und zu deuten wusste:

»Aber anschließend, ich weiß nicht, ob da noch Reste oder so übrig waren, paar Wochen später hatte ich dann diesen Wochenfluss-Stau und mir ging's ganz, ganz schlecht. Ich hatte hohes Fieber, ich hab' halluziniert, mir ging's total schlecht, ich lag total krank im Bett. Und ich dachte, ›Was ist das denn‹? Die Hebamme kam vorbei, hat gesagt, ›Na, du siehst schlecht aus und es funktioniert alles nicht.‹ [...] Jetzt müssten wir mal in die Klinik gehen. Und dann bin ich dann tatsächlich in die Klinik gekommen. Da haben sie gesagt, ›Das heißt Lochialstau.‹ Und dann hab' ich gesagt, ›Okay, was machen wir da jetzt?‹ ›Ja, wir müssen das aufstechen, damit das rauskommt.‹ [...] Dann hab' ich noch 'n Antibiotika bekommen und noch Kopfschmerztabletten, weil das einfach sehr schmerzhaft war. Und mit den Tabletten und als das dann wieder lief alles, ging's mir einfach viel, viel, viel besser. Und ich kam schnell wieder zu Kräften. Und, ja, und da muss ich sagen, da ist wirklich beim Nils ein bisschen mehr hängen geblieben« (ebd., S. 4ff.).

Die Geburt eines Kindes ist das wohl emotionalste Erlebnis im Leben einer Frau. Der Wunsch, darüber zu reden, ist in der Literatur beschrieben (vgl. Friedrich, 2019), und auch Frau Nast hat sich im Interview an diese elementare Erfahrung gerne zurückerinnert. Für sie und ihren Partner stand bei der Frage des Geburtsortes der Sicherheitsaspekt im Vordergrund der Überlegungen. Das Universitätsklinikum mit angeschlossener Kinderklinik wurde vor allem deshalb gewählt, weil, falls das Neugeborene medizinische Versorgung gebraucht hätte, die entsprechenden Einrichtungen samt Personal vor Ort gewesen wären. Obgleich sie keine Risikoschwangere war, die ganze Schwangerschaft normal und unauffällig verlief und nichts auf Komplikationen oder auch nur Auffälligkeiten hindeutete, wollte Frau Nast »nichts dem Zufall überlassen« und ganz sicher gehen: »Hauptsache, das Kind ist am sichersten Ort, wo man eigentlich sein kann«, sagt sie und vertraut der medizinischen Infrastruktur einer großen Universitätsklinik.

Eine außerklinische Geburt wäre für sie nie infrage gekommen:

»Nee, nee, nee. Also das, das war also für mich, das Geburtshaus oder so, war eigentlich auch so von meinem Gefühl her schon für mich ausgeschlossen« (ebd., S. 22).

Auch während der Schwangerschaft baute sie auf ärztliche Kompetenz und nahm nicht nur die vorgeschriebenen Vorsorgeuntersuchungen wahr, sondern rief auch darüber hinausgehende Leistungen ab:

»Und mir waren diese Abstände zu lange. So vier Wochen warten bis wieder Ultraschall ist und dass man sieht, wie geht's dem Baby, ja? Und ich bin eh jemand, der bisschen ängstlicher ist, glaub' ich, als andere Leute, ne. Dann hab' ich auch immer gesagt, ›Bitte, macht diesen, den Doppler, damit ich weiß, ob das Baby gut versorgt ist.‹ ›Nein, das machen wir nur, wenn wir sehen, dass das Baby nicht gut wächst oder dass da irgendwas nicht stimmt oder so, dann machen wir so Untersuchungen. Ansonsten müssen Sie das selber bezahlen.‹ Hab' ich gesagt, ›Ach komm, und bitte‹, hab' ich so versucht, so irgendwie so drauf einzureden. Aber nee, haben sie nicht gemacht. Die haben gesagt, ›Alles in Ordnung, Baby wächst gut. Sie müssen sich entspannen‹, ne. [...] Deswegen, glaub' ich, dadurch, dass wir eben so ängstlich sind, glaub' ich, ist die Klinik einfach für uns der richtige Ort. Sonst hätt' ich keine Ruhe. Und Schmerzmittel brauch ich dann, die PDA brauch ich sowieso [lacht]. Ja. Bei den Schmerzen. Naja« (ebd., S. 18).

Dem Wunsch von Frau Nast und vieler anderer Mütter, das Ungeborene über die drei empfohlenen und von den gesetzlichen Krankenkassen bezahlten Ultraschalluntersuchungen hinaus sehen zu können, wird in der Regel nicht ohne Indikation entsprochen. Ab Ende 2020 sind 3D-Ultraschalluntersuchungen, die umgangssprachlich auch als Babykino bekannt sind und vielerorts außermedizinisch angeboten werden, verboten. Das Bundesministerium für Umwelt, Naturschutz und nukleare Sicherheit (BMU) argumentiert in der neuen Verordnung mit möglichen gesundheitlichen Risiken für den Embryo. In Skandinavien und Holland ist aus diesem Grund nur ein einziger Ultraschall während der Schwangerschaft vorgesehen, den zum Beispiel, wie in Schweden, auch eine Hebamme durchführen kann. In Deutschland hingegen zählt der Ultraschall zu den ärztlichen Leistungen.

Da viele Schwangere sich im Internet über den Verlauf der Schwangerschaft informieren, besteht die Gefahr, dass Verunsicherungen zunehmen und unnötige Ängste geschürt werden. Auch bei Frau Nast war dies der Fall:

»Ich hab' so Angst gehabt. Vorher, weil ich alles Mögliche dann gelesen hab'. Du darfst ja im Internet gar nicht gucken eigentlich. Wurde mir auch immer gesagt, ich soll nicht im Internet gucken. Aber ich bin jemand, oaahh, ich hab' bei der Linda alles studiert. Ich hab' Bücher gelesen, ich hab' mich drauf vorbereitet, ich hab' mich so gefreut. [...] Es ist so aufregend und toll und so. Und ich wollte immer wissen, wie sieht das Kind jetzt aus?« (ebd., S. 19)

Nach der Entbindung im Krankenhaus fühlte sich die junge Mutter hier eigentlich nicht mehr unbedingt wohl. Dass sie am dritten Tag entlassen wurde, kam ihr sehr entgegen, denn der Klinikalltag war nervenaufreibend für sie:

>»Und dann konnt' ich nicht schlafen. Ich hatte diese Erholung auch nicht, weil dieses andere Baby auch so unruhig war. Und da hab' ich mich dann schon gefreut, als ich dann nach Hause konnte. Da hatte ich meine vertraute Umgebung, ich hatte Ruhe, nicht noch jemanden im Zimmer. Das eine musste ständig gewickelt werden, es hatte ständig Stuhlgang, ja. Und dann, aach, das war dann so'ne Unruhe. Dann kommen die ja, in der Klinik ist es ja auch so'n bisschen lauter, ne. Dann laufen die am Flur rum oder die Schreibabys werden im Flur beruhigt oder sowas. Und dann, wuff, die Tür ging mal auf und wieder zu. Und es war einfach, war mir einfach zu unruhig. Die ersten zwei Tage wollte ich diese Untersuchungen, wie gesagt, mitmachen. Mit Hörtest und so, das macht man ja, oder Stoffwechseltest, so 48 Stunden oder irgendwie sowas nach Geburt irgendwie, oder 35, irgendwie sowas um den Dreh. Und das wollt ich noch mitmachen. Dass die da alles checken und dass ich dann nicht da nochmal zum Arzt rennen muss oder sowas. Wenn ich schon mal da bin, können sie's auch untersuchen. Aber ansonsten, länger hätt' ich's jetzt nicht, zur Erholung oder so, das wär' dann zu Hause wirklich gemütlicher und besser gewesen, ne. [...] Aber das Risiko wäre mir zu hoch, das ist es. Also, wenn jetzt 'n Arzt sagen würde, er könnte mich in meinem eigenen Haus, also dass er da irgendwas aufbaut und könnte mich sofort notoperieren, und dieser Arzt wär' bei mir zu Hause, rund um die Uhr, und die Geräte und alles, was der dafür braucht, um das zu erkennen, und mich operieren könnte in meinem eigenen Zuhause, dann würd' ich sagen, ich gebär's zu Hause« (ebd., S. 24f.).

Das Interview macht deutlich, dass die junge Mutter von zwei Kindern in Schwangerschaft und Geburt ein gesundheitliches Risiko sieht, das ärztlich betreut und überwacht werden muss, und zwar nicht durch eine Hebamme, sondern von einem Mediziner, der »mich sofort notoperieren« könnte. Für diesen Fall der Fälle hatte sie sich ein Universitätsklinikum ausgesucht, in dem ihre Kinder als Spontangeburten zur Welt kamen, allerdings mit einer vom Anästhesisten gelegten PDA. Weiterer ärztlicher Einsatz stand im Raum, es war viel die Rede von »Operation« und »Kaiserschnitt«: »Und dann haben sie gesagt, ›Ah, das sieht nicht gut aus, wir bereiten schon mal den OP vor‹« (ebd., S. 4). Frau Nast wurde also in ihren Vorannahmen bestätigt, dass eine Operation nötig werden könnte und in der Klinik dann das gesamte Equipment zur Verfügung stünde. Letztlich wurde es nicht in vollem Umfang gebraucht, obgleich dann doch noch der Operationssaal zur Entfernung der Nachgeburt zum Einsatz kam.

Frau Nast ist fest davon überzeugt, mit dem Geburtsort Universitätsklinik die richtige Entscheidung getroffen zu haben. Für sie gab es nur hier die Sicherheit, die sie brauchte:

> »Mir geht's wirklich eigentlich echt nur um die Sicherheit. Dass, wenn irgendwas, da bin ich einfach zu ängstlich. [...] Und wenn ich dieses Risiko auf null minimieren kann, dann mach ich das« (ebd., S. 28).

Mit ihrer Haltung steht Frau Nast nicht alleine da. In Deutschland bekommen über 98 Prozent aller Frauen ihre Kinder im Krankenhaus. Hier muss man die Schmerzen nicht ertragen, wenn man nicht möchte, und kann sich auf ein Team verlassen, das auf Grundlage evidenzbasierter Medizin weitgehende, wenn nicht gar hundertprozentige Sicherheit für Mutter und Kind verspricht. Eventuelle Operationen oder medizinische Eingriffe werden unter dem Sicherheitsaspekt hingenommen, wenn nicht sogar eingefordert, wie beispielsweise bei der PDA. Dass auch Krankenhausgeburten ein gewisses Risiko anhaftet, wird dagegen weitgehend ausgeblendet und eine »heimelige« Atmosphäre, wie Frau Nast sie im Diakoniekrankenhaus vermutete, von einer Universitätsklinik gar nicht erst erwartet. Wenn sich der Aufenthalt dort als »doch einfach zu unruhig« herausstellt, ist man froh, am dritten Tag nach der Geburt nach Hause gehen zu können.

Aber allein unter dem Sicherheitskriterium eine Klinik aufzusuchen, ist bei Lichte betrachtet für eine gesunde Schwangere nicht sinnvoll. Wie zahlreiche Studien belegen, ist die außerklinische Geburtshilfe ebenso evidenzbasiert und verspricht das gleiche, wenn nicht gar bessere Outcome. Ein Pilotprojekt, in Auftrag gegeben vom GKV-Spitzenverband und den Deutschen Hebammenverbänden aus dem Jahr 2011 zum Vergleich klinischer Geburten im Bundesland Hessen mit außerklinischen Geburten in von Hebammen geleiteten Einrichtungen bundesweit, kam zu dem Ergebnis, dass die »geburtshilflichen Ergebnisse in von Hebammen geleiteten Einrichtungen in Deutschland [...] dem Vergleich mit der Klinik nicht nur standhalten, sondern hinsichtlich einiger Ergebnisparameter überzeugend sind« (Pilotprojekt zum Vergleich klinischer Geburten im Bundesland Hessen mit außerklinischen Geburten in von Hebammen geleiteten Einrichtungen bundesweit, 2011, S. 37). So konnte beispielsweise der Parameter »Damm intakt« signifikant häufiger in hebammengeleiteten Einrichtungen erreicht werden. Zudem bestätigten die Prozessparameter, dass hier weniger Medikamente zum Einsatz kamen und die Varianz hinsichtlich der Gebärpositionen deutlich größer war (ebd.). Insgesamt gesehen war bei konsequenter Risikoselektion eine außerklinische Entbindung für Mutter und Kind nicht nur genauso sicher wie eine Klinikgeburt, sondern brachte darüber hinaus noch etliche Vorteile mit sich. Der Deutsche Hebammenverband sieht in dem guten Ergebnis der Pilotstudie einen hohen Sicherheitsstandard bei außerklinischen Geburten gegeben und hält darüber hinaus fest, »dass eine gekonnte Nichtintervention durch Hebammen sich positiv auf das gesundheitliche Wohlergehen von Müttern und Kindern auswirkt« (Deutscher Hebammenverband, 2011).

Obgleich also eine außerklinische Niederkunft nach vorheriger Risikoselektion in Bezug auf Sicherheit und Wohlergehen der klinischen überlegen ist, entscheiden sich die meisten Frauen für eine Entbindung im Krankenhaus. Es ist keineswegs so, dass die Schwangeren uninformiert wären und sich nicht über mögliche Geburtsorte Gedanken gemacht hätten. Ganz im Gegenteil wägen die meisten sorgfältig ab, wie und wo sie ihr Kind bekommen möchten, fragen Freundinnen, ihre Hebammen und ÄrztInnen in der Vorsorge, sehen im Internet nach, lesen Aufklärungsbroschüren, beraten sich mit ihren Partnern und Partnerinnen, machen Kreißsaalbesichtigungen und vieles mehr.

Auch Frau Nast hatte sich in M. über außerklinische Alternativen informiert, sie für sich und ihr Kind aber entschieden abgelehnt. Ihr wichtigstes Kriterium war die Nähe eines Operationssaales, obgleich sie eine »Bilderbuchschwangerschaft« hatte und keinerlei Risiko im Raum stand. Dennoch war sie angstgeleitet, denn für sie kam, wie sie immer wieder betonte, keine Geburt ohne ärztliche Assistenz, die im Notfall operieren und auch das Kind sofort entsprechend hätte versorgen können, infrage.

Ganz anders dagegen Frau Bönner, die nach einer Kaiserschnittentbindung ihr zweites Kind unbedingt außerklinisch bekommen und eine selbstbestimmte Geburt erleben wollte. In diesem Vorhaben wurde sie von ihren Hebammen bestärkt, denen sie vertraute und auf deren Kompetenz sie baute. Sie war durch den vorangegangenen Notkaiserschnitt traumatisiert und brauchte, wie sie sagt, die Erfahrung einer außerklinischen Geburt,

um zu »heilen« (Bönner, 2018, S. 8). Das Thema Sicherheit ist für Frau Bönner völlig anders konnotiert als für Frau Nast.
Pia Bönner sieht in den Hebammen

> »verantwortungsbewusste Frauen, die ihr Handwerk verstehen, und die haben auch gesagt, ›Das ist kein Problem, und das Risiko ist nicht so groß.‹ Und das ganze Leben besteht aus Risiko [...], aber danach dürfte man ja überhaupt keine Kinder kriegen, ne« (ebd., S. 6).

Mareike Nast dagegen brauchte »die Uniklinik [...] [wegen] hundertprozentiger Sicherheit eben. Ja, das war uns halt einfach am Wichtigsten, weil dort da auch die Kinderklinik ist und die Frühchenstation und was weiß ich was alles« (Nast, 2018, S. 2).

3 Katrina Stiel, zwei Geburten

Im Folgenden berichtet eine junge, zur Zeit des Interviews schwangere Mutter über ihre zwei Jahre zurückliegende Geburt im Geburtshaus:

> »Also mir war es ganz wichtig, wenn ich ein Kind bekomme, dass es 'ne möglichst natürliche Geburt wird und auch eine so gut wie möglich selbstbestimmte Geburt, und ich hatte das Gefühl, dass das im Geburtshaus eher umgesetzt werden kann. Also, dass ich da eher weniger Eingriffen ausgesetzt bin als jetzt in der Klinik. Und dann hab' ich es generell nicht mit Krankenhäusern oder Kliniken. Das ist irgendwie – gefällt mir die Atmosphäre sowieso nicht so gut. Und dann sind wir auf das Geburtshaus in Marburg gestoßen und hatten da auch unseren Geburtsvorbereitungskurs beim ersten Kind, und es hat mir da einfach gut gefallen. Also ich fand die Hebammen nett. Ich hatte ein gutes Gefühl. Ich fand die, ja, ich fand die richtig gut da. Und dann dachten wir, ja, warum nicht? [...] Ich hatte das Gefühl, ich bin da gut aufgehoben und die wissen, was sie tun, die sind souverän und gut drauf und haben auch die richtige Einschätzung zu sagen, wenn es da nicht gut laufen sollte, ›Okay wir verlegen dich jetzt in die Klinik.‹ Und auch von der Atmosphäre hat es mir gut gefallen. Wie die, wie da so die Stimmung war und die Räume, und es hat einfach was gemütliches Familiäres gehabt und dann haben wir gesagt, ›Das ist doch eigentlich genau das, was wir wollen.‹ Also möglichst natürlich. Im Sinne von so wenig medizinische

Eingriffe wie nötig – und selbstbestimmt, dass ich da einfach, also das haben wir uns auch vorher gesagt, dass man einfach sich bewegen darf, durch die Räume gehen kann, sich entscheiden kann, wie man sitzen möchte, und das ist in der Klinik ja oft dann nicht so. Kommt auf die Klinik an, aber das ist ja dann oft so ein bisschen, man muss sich dann oft in den Stuhl da setzen oder irgendwie liegend gebären. Und ja, dann auch die Tendenz in den Kliniken, wovon ich auch schon gehört habe, dass auch mal schnell ein Kaiserschnitt gemacht wird. Das würde ich mir jetzt zum Beispiel – eine Horrorvorstellung für mich [lacht]. [...] Aber solange, wie es gut läuft, wollte ich gerne so wenig medizinische Eingriffe wie möglich haben. Und das lief bei der Geburt von der Tochter auch sehr gut« (Stiel, 2018, S. 1f.).

»Ja. Und ich habe verschiedenste Sachen ausprobiert. Also erst war ich in der Wanne und dann bin ich rumgelaufen, dann saß ich zwischenzeitlich auf dem Klo, weil es dann hieß, da traut man sich irgendwie ein bisschen mehr loszulassen und zu pressen [lacht]. Und es gab [...] 'ne Zeit, in der [...] es ein bisschen gestockt hat – also wo es nicht so richtig voranging und die Wehen auch irgendwie so ein bisschen ins Leere verlaufen sind und ich nicht die – nicht nach unten gepresst habe. Und genau, da war es dann so der Moment, wo ich auch dachte: ›Boah, das ist echt richtig, richtig schmerzhaft und war das die richtige Entscheidung?‹ Weil, im Geburtshaus dürfen sie einem ja keine Schmerzmittel geben in dem Sinne, sondern nur homöopathische Sachen. Dann dachte ich schon so einen Moment, ›Och, wenn ich jetzt die Möglichkeit hätte, [...] [die] mich jetzt fragen würden: Willst du irgendwie was haben? Ich glaub, ich würde ja sagen.‹ [...] Und dann meinte ich auch während der Geburt, als das dann so schmerzhaft wurde mit Presswehen, ›Gib mir irgendwas. Es tut so weh.‹ Und da meinte die Hebamme, ›Nee, das geht nicht, sonst müssen wir dich in die Klinik verlegen.‹ Das wollte ich natürlich nicht. Ja, deswegen hat's dann auch so geklappt. Also im Nachhinein war es genau die richtige Entscheidung, ins Geburtshaus zu gehen, und auch schöne – also abgesehen von den Schmerzen – war es eigentlich auch eine schöne Erfahrung und eine schöne Geburt ohne irgendwelche Probleme. Ja« (ebd., S. 2f.).

An die Hebammen und die Atmosphäre im Geburtshaus erinnert sich Frau Stiel gerne zurück:

»Also die Hebammen haben super betreut. Als wir nachts ankamen, wurden schon irgendwie Kekschen hingestellt und Tee und wir hatten da einen Raum für uns. War natürlich noch nichts los nachts im Geburtshaus. Konnten wir uns auch frei bewegen. Wobei die eh hinten einen abgetrennten separaten Raum haben, der abhängig ist von den Kursen. Wo man dann die Geburt auch tagsüber ohne viel Einwirkungen machen kann. Aber nachts war es natürlich noch mal viel ruhiger und nur die Hebamme da und wir [...]. Das war gut. Und als wir dann – als Hannah dann auf der Welt war [...], hab' ich mich ins Bett gelegt und gleich an die Brust angelegt und die haben da ihr Zeug gemacht und gewogen und geguckt und ich war selig, dass es vorbei war. Ja, und dann haben sie uns sogar noch Frühstück ans Bett gebracht. Und eine Hebammenschülerin hat uns dann auch noch mit ihrem Auto nach Hause gefahren [lacht], weil wir damals noch kein Auto hatten. Und wir tatsächlich auch ins Geburtshaus mit 'nem Taxi gefahren sind« (ebd., S. 3).

Frau Stiel war mit der Geburt im Geburtshaus ebenso zufrieden, wie Frau Nast mit der ihren im Uniklinikum, jedoch aus anderen Beweggründen. Ihr war es nicht wichtig, einen Operationssaal in direkter Nähe zu wissen, und auch auf eine PDA konnte sie verzichten, obgleich sie die Geburt als so schmerzhaft empfand, dass sie die Hebammen um Mittel zur Linderung bat. Schmerzstillende Medikamente konnten ihr im Geburtshaus zwar nicht verabreicht werden, dafür aber Nähe und Zuwendung und eine absolute Eins-zu-eins-Betreuung. Zeitweise waren sogar zwei Hebammen anwesend. Sie hat sich deshalb auch entschieden, ihr zweites Kind wieder im Geburtshaus zu bekommen, weil »es eine schöne Erfahrung war«. Sie hebt vor allem die ruhige, familiäre Atmosphäre im Geburtshaus hervor und im Anschluss daran die Geborgenheit in der eigenen Wohnung:

»Das war auch sehr nett. Also rundum gut betreut. Das war auch dann, fand ich auch richtig gut dann, gleich zu Hause zu sein. Mir hat das gut gefallen, mich dann in mein Bett zu legen, und dann haben wir auch erst mal eine Runde alle geschlafen, und abends, als wir aufgewacht sind nach ein paar Stündchen, hab' ich dann auch erst meine Eltern angerufen und gesagt, dass sie Großeltern geworden sind« (ebd., S. 4).

Zur Rundumbetreuung gehörte für Frau Stiel auch, dass sie während ihrer Schwangerschaft die Vorsorgetermine und Geburtsvorbereitungskurse im Geburtshaus wahrnehmen konnte. So war es ihr möglich, schon früh in Kontakt mit den dort tätigen Hebammen zu treten und eine Vertrauensbasis aufzubauen. Da während einer Geburt immer zwei Hebammen anwesend sind, traf es sich für Frau Stiel glücklicherweise, dass ihre »Lieblingshebamme« Dienst hatte, mit der sie sich auch eine Hausgeburt hätte vorstellen können:

»Das war in dem Fall, bei meinem ersten Kind, auch meine Lieblingshebamme aus dem Geburtshaus [lacht]. Wo ich hoffe, dass sie dieses Mal auch wieder dabei ist. Das war dann [...] das Gefühl, ›Ja, jetzt ist alles safe, jetzt – es wird alles gut.‹ Ja. Dementsprechend sind sie immer zu zweit. Und ja, wenn jetzt meine Lieblingshebamme mir sagen würde – mir anbieten würde, ich komm zu dir nach Hause und ich bin auf jeden Fall bei der Geburt dabei – ja, kann schon sein, dass ich dann auch sagen würde, ja, dann machen wir es zu Hause« (ebd., S. 7).

Ihre »Lieblingshebamme« kam dann auch zur täglichen Nachsorge zu ihr in die Wohnung, wobei Karin Stiel aber Wert darauf legt, dass alle Hebammen im Geburtshaus gleichermaßen kompetent und freundlich sind:

»Und von denen finde ich alle gut. Also es wäre jetzt keine dabei, wo ich sagen würde, es wär' schlimm, wenn die während der Geburt dabei wär'. Kann ich mir bei allen gut vorstellen. Aber naja, natürlich hat man zu manchen noch mal 'nen besseren Draht, und die war auch, also diese Hebamme, meine Lieblingshebamme, die war auch meine Nachsorgehebamme. Das schweißt ja auch noch mal zusammen, wenn die dann jeden Tag nach Hause zu einem kommt und ja, einem hilft mit dem Baby dann, und sie macht jetzt auch die Nachsorge wieder beim zweiten Kind. Also das ist schon sicher« (ebd., S. 8).

Für Frau Stiel steht fest, dass die in wenigen Tagen anstehende zweite Geburt ebenfalls im Geburtshaus stattfinden wird. Sie hält die Hebammen dort für sehr kompetent und weiß, dass sie sich, sollte es nötig werden, auch ärztlichem Eingreifen nicht verschließen würden:

»Und ich weiß auch, dass die zum Beispiel, wenn jetzt mit dem Kind irgendwas ist oder es nicht so richtig gut atmet oder irgendwelche Sachen sind, wo die sich nicht ganz sicher sind, dass dann auch ein Kinderarzt angerufen wird, der vorbeikommt. Das haben die mir jetzt auch schon gesagt im Aufklärungsgespräch. Man muss ja so ein Aufklärungsgespräch machen, wenn man im Geburtshaus gebären möchte und auch eine Einverständniserklärung unterschreiben, dass man quasi über die Risiken auch informiert wurde. Und bei dem Gespräch wird dann auch viel gesagt, was im Notfall gemacht wird. Also, wenn jetzt Blutungen auftreten, ganz schlimme, dann wird sofort ins Krankenhaus verlegt, oder wenn das Kind irgendwie im Geburtskanal stecken bleibt oder sonst irgendwelche Komplikationen auftreten. Dann wird einem auch genau gesagt, wie man dann ins Krankenhaus verlegt wird. [...] Also die fahren dann auch immer mit. [...] Und das wird einem dann auch alles vorher gesagt, und man kennt ja so die – man weiß eigentlich schon ganz gut, worauf man sich einlässt. Ich mein hundertprozentig weiß man natürlich nie, was passiert. Man braucht schon so ein Stück weit auch Vertrauen, dass alles gut gehen wird, ja. [...] Weil viele, also viele, mit denen ich mich unterhalte, die haben da schon – also die würden sich das nicht trauen im Geburtshaus. Und ziehen die sichere Variante in der Klinik vor, weil da eben alles schon vor Ort ist und ein Arzt und die ganzen Geräte. Und ja, ich hab' auch im Bekanntenkreis tatsächlich eine Geschichte gehört, wo es auch wirklich gut war, dass sie direkt vor Ort war, weil dann ein Loch im Zwerchfell war beim Kind und natürlich schon wichtig, dass es direkt dann versorgt wurde. Denk ich mir dann schon auch. Hm. Naja, wie gesagt. Hundertprozentige Sicherheit gibt es nie [atmet tief ein]« (ebd., S. 16f.).

Ähnlich wie Frau Bönner, geht auch Frau Stiel davon aus, dass eine »hundertprozentige Sicherheit« nirgends gegeben ist und sie deshalb auch keine Gründe erkennen kann, die für eine Klinikgeburt sprechen.

Sie vertraute den Hebammen und ihrem eigenen Körper und sah in ihrem Zustand einen natürlichen Vorgang, der kein ärztliches Eingreifen nötig machte. Obwohl ihr beim ersten Kind die körperlichen Vorgänge neu waren, war sie

»wirklich auch so total davon überzeugt und sicher, dass es irgendwie gut laufen wird. Also ich weiß, ich kann nicht erklären, wo das herkam, aber – oder wo das jetzt auch noch herkommt – aber ich hab' irgendwie das Gefühl, dass alles gut gehen wird und dass es schon so passt und laufen wird und das war beim ersten Kind auch da. Sonst hätt' ich das auch mit dem Geburtshaus nicht gemacht. [...] Ich hatte nicht mal eine Nummer – mir ist jetzt aufgefallen, ich hatte nicht mal eine Nummer von der Klinik. Ich hätte nicht mal gewusst, wo ich da anrufe – ich hätt' erst mal googeln müssen« (ebd., S. 4f.).

3 Katrina Stiel, zwei Geburten

Ganz anders als Frau Nast ist Katrina Stiel grundsätzlich zurückhaltend in Bezug auf ärztliche Konsultationen und medizinische Interventionen, was jedoch nicht bedeutet, dass sie ignorant oder uninformiert wäre, ganz im Gegenteil. Sie hat sich über die Abläufe in der Schwangerschaft sachkundig gemacht und gewissenhaft alle Vorsorgeuntersuchungen wahrgenommen, zunächst sogar sowohl bei der Frauenärztin als auch bei der Hebamme. Im späteren Verlauf ihrer Schwangerschaft hat sie sich aus Gründen, die sie im Folgenden erläutert, nur noch von der Hebamme untersuchen lassen:

»Ich war dann auch irgendwann nur noch zur Vorsorgeuntersuchung im Geburtshaus, weil ich mir dachte, ich will ja hier mein Kind bekommen und nicht irgendwie, also nicht in der Klinik und auch nicht von der Frauenärztin. Und dann hab' ich auch irgendwann ab der 32. Woche, bin ich dann auch nicht mehr zur Vorsorge zur Frauenärztin gegangen, weil mich das auch so ein bisschen, ja, zum einen gestresst hat, dass dann so viele – das ist ja dann irgendwann alle zwei Wochen, die Untersuchung, und wenn man dann ins Geburtshaus geht und zum Frauenarzt, ist man quasi jede Woche irgendwo. Und ich fand das bei denen im Geburtshaus [...] auch viel entspannter. Also man hat das Gefühl gehabt, man wird gut versorgt, aber es ist nicht so ein, ja, ist nicht alles so – wird alles nicht so ernst genommen. Oder ich weiß nicht, wie ich das beschreiben soll. Aber beim Frauenarzt wird man auch immer gynäkologisch untersucht und da werden schon super früh Herztöne gemessen, also ein CTG gemacht, und im Geburtshaus haben die einfach gesagt, ›Das bringt jetzt eh noch nichts. Das ist noch nicht aussagekräftig‹ – und genau das hatte ich dann auch bei Hannah nämlich bei meiner Frauenärztin: Die hat dann, glaub' ich, in der 31. Woche ein CTG gemacht und meinte, ›Ja, die Herztöne haben ab und zu so Aussetzer‹ oder irgendwas hat sie gesagt. ›Kann sein, dass die Nabelschnur nicht gut durchblutet ist. Dazu müssen wir einen Dopplerultraschall machen.‹ Und da ich eh mit Ultraschalls – das ist ja auch das Nächste, das wird ja im Geburtshaus auch nicht gemacht – eh fand, es werden viel zu viele Ultraschalls gemacht, fast bei jeder Untersuchung. Und dann dachte ich, jetzt auch noch so Dopplerultraschall, der irgendwie nochmal mehr durchpulst und, ja, weiß ich nicht, vielleicht, eventuell, man weiß es nicht, aber vielleicht unangenehm für das Kind sein könnte. Es ist – da scheiden sich ja die Geister. Da dachte ich, nee, das will ich nicht, weil ich auch meinte, ›Was passiert denn, wenn die Nabelschnur jetzt nicht gut durchblutet ist oder wenn jetzt was raus kommt, was nicht erwünscht ist?‹ Da meinte die Frauenärztin zu mir, ›Dann kann man auch nichts machen.‹ Dann muss ich nur jede Woche vorbeikommen und nochmal ein CTG machen. Und dann dachte ich mir so, ›Nee, mir geht's gut. Das Kind wächst. Alles fühlt sich gut an. Warum soll ich mir jetzt so einen Stress geben?‹ Also diese Pathologisierung, die dann auch, finde ich, schon beim Frauenarzt stattgefunden hat zum Teil, die hat mir einfach nicht gefallen« (ebd., S. 5).

An dieser Stelle wird noch einmal deutlich, wie unterschiedlich die Vorstellungen von »Sicherheit« konnotiert sein können. Während Mareike Nast um zusätzliche Ultraschalluntersuchungen bat, die medizinisch gar nicht notwendig waren und auch abgelehnt wurden, steht Katrina Stiel dieser Untersuchung eher skeptisch gegenüber, da sie »vielleicht unangenehm für das Kind sein könnte«. In der Tat ist sich die Wissenschaft im Hinblick auf die Unschädlichkeit von Ultraschalluntersuchungen durchaus unsicher, sodass sie zukünftig (ab dem Jahr 2020) wegen möglicher Nebenwirkungen massiv zurückgefahren werden sollen.

Frau Stiel setzte von Anfang an auf ihr eigenes Körpergefühl, das ihr sagte, dass es ihrem Kind gut gehe. Das heißt nicht, dass sie ärztliche Ratschläge oder Maßnahmen grundsätzlich ablehnt, doch sie hinterfragt deren Nutzen und bildet sich eine eigene Meinung:

»Man braucht ja eh einmal einen Ultraschall während der Schwangerschaft, um zu gucken, auch wo die Plazenta liegt. Und ich hab' auch gegen meine Frauenärztin nichts. Also die ist eine super nette Frau. Wir verstehen uns gut und paar Sachen finde ich auch sinnvoll, die gemacht werden. Fand ich das auch okay dann, einen Ultraschall auch zu machen und zu gucken, das Baby auch mal zu messen und zu schauen, ob alle Organe irgendwie gut sitzen und so. Und das finde ich dann schon auch beruhigend. Also so abgeneigt bin ich dann der Medizin gegenüber auch nicht [lacht], dass ich dann sage, das will ich gar nicht« (ebd., S. 6).

Worauf gründet die junge Frau ihr Vertrauen, dass alles gut gehen wird und Schwangerschaft und Geburt nicht der ärztlichen Betreuung bedürfen, sondern bei einer Hebamme gut aufgehoben sind?

»Tja, ich denke mir einfach, 'ne Geburt ist über viele Jahrhunderte schon ein natürlicher Vorgang und ich möchte mir nicht einreden lassen, dass, also nicht immer die negative Seite so einreden lassen, sondern eher die positive Seite, wo es gut funktioniert, hervorheben. Weil die eigentlich – oder nicht nur eigentlich, die, finde ich, schon eher die Regel ist. Also ich mein, klar, passieren kann immer was, aber passiert auch was in der Klinik, und warum nicht davon ausgehen, dass es ein guter natürlicher Prozess ist und der Körper schon weiß, was er tut, sondern immer sich diese Ängste mit auf die Schultern laden? Das finde ich einfach – also ich finde es wichtig, ganz rational zu gucken und zu wissen, was los ist. Ich will jetzt auch nicht, dass man die Augen davor verschließt, ne, was passieren könnte, aber ich find's unnötig, sich das die ganze Zeit von der medizinischen Seite immer einreden zu lassen, dass eine Geburt irgendwie sowas ist wie 'ne Krankheit oder irgendwas, wo man ständig untersucht werden muss und ständig Angst haben muss, dass was schief geht. Und ja – und ich denke halt auch, dass jeder Eingriff in die Geburt nicht unbedingt nur positive Seiten mit sich bringt. Also egal ob ich jetzt Wehen einleite oder einen Wehenhemmer gebe oder eine PDA mache. Das sind ja alles Eingriffe, die auch was mit der Geburt machen oder auch mit diesem Vorgang. Und die Natur weiß, was sie tut und das ist auch ein natürlicher Vorgang, und ich finde, alle Eingriffe, die von außen kommen, erst mal nicht unbedingt positiv. Also zum Beispiel 'ne PDA ist ja für viele Frauen auch so der Segen, der dann kommt. Aber ich mein, im Endeffekt beeinflusst das total die Geburt und verzögert die höchstwahrscheinlich auch noch nach hinten, weil, naja, Sie wissen ja wie das – also kennt man ja, wie das vonstattengeht. Aber dann ist alles taub und man kann dann nicht mehr richtig pressen und das Kind hat dann aber die ganze Zeit im Mutterleib ja trotzdem den Geburtsstress, dem man ausgesetzt ist, aber die Geburt stagniert dann einfach und Frauen plaudern wieder fröhlich. Oder weiß ich nicht. [...] ›Och, tut ja gar nicht mehr weh.‹ Und trotzdem ist man aber unter der Geburt und das verzögert sich dann und dann muss wieder ein Wehenmittel gespritzt werden, dann werden die Wehen wieder viel zu stark. Und ich find' das alles – das sind alles Eingriffe, die nicht nötig sind. Die ich auch nicht möchte und deswegen finde ich es gut, dass das im Geburtshaus nicht gemacht wird und deswegen hab' ich mich ja auch dafür entschieden« (ebd., S. 17).

In diesem Kapitel kamen drei Mütter zu Wort, die über ihre Geburten und ihre Einstellungen zu Schwangerschaft und Gebären bereitwillig und ausführlich Auskunft gegeben haben. Sie decken mit ihren Erfahrungen in etwa die Bandbreite dessen ab, was heute unter Geburt verstanden wird und wie sie – ob außerklinisch oder klinisch – abläuft. Von den beschriebenen sieben Geburten fanden drei im Krankenhaus und vier im außerklinischen Setting statt, wobei hier zwei Kinder im Geburtshaus und zwei zu Hause zur Welt kamen. Von den in der Klinik geborenen Kindern wurde eines mit Kaiserschnitt geholt, während die anderen beiden Spontangeburten waren. Allerdings fanden auch bei diesen medizinische Eingriffe statt. Es wurden zweimal PDAs gelegt, einmal kristellert und einmal operativ die Nachgeburt entfernt. Allerdings waren die Hebammen darauf bedacht, Frau Nast zu überzeugen, es doch bei dem vorliegenden komplikationslosen Geburtsverlauf ohne PDA zu versuchen, doch darauf wollte sie sich nicht einlassen. Für sie war diese Methode der Schmerzstillung segensreich und sie würde sie bei jeder weiteren Entbindung wieder einfordern. Alle Frauen hielten ihre Geburten für »schöne Geburten« und erinnerten sich gerne zurück, mit Ausnahme der Kaiserschnittgeburt, die für Frau Bönner traumatisch war und die sie, wie sie sagte, nur »heilen« konnte, indem ihre anderen drei Kinder, die sie außerklinisch zur Welt gebracht hat, schöne Geburten waren.

Ob eine Frau sich für die Klinik oder eine hebammenbetreute Einrichtung entscheidet, hängt stark von ihrer eigenen Lebensphilosophie ab und davon, wie sie für sich Angst und Risiko definiert. Hält sie Schwangerschaft und Geburt für physiologische Vorgänge, die in der Regel einen guten Verlauf nehmen und die sie mit ihrer Hebamme bespricht, oder ist sie der Meinung, dass sich während dieser Zeit besondere gesundheitliche Risiken auftun können, die medizinisch überwacht und behandelt werden müssen? Welches Körpergefühl hat eine Frau, vertraut sie ihrer eigenen Wahrnehmung, ist sie »guter Hoffnung« oder braucht sie eine ärztliche Diagnose, um zu wissen, ob es ihr und dem Ungeborenen gut oder schlecht geht? Wenn sie immerzu in der Angst lebt, dass etwas schiefgehen könnte, braucht sie, wie Mareike Nast, die »Sicherheit« vieler Ultraschallbilder, die ihr zeigen sollen, dass ihr Kind in ihrem Bauch gedeiht. Und wenn trotz normaler Schwangerschaft und keinerlei Indizien für irgendwelche Unregelmäßigkeiten die Angst groß ist, das Kind müsse eventuell direkt nach der Geburt in eine Kinderklinik verlegt werden, dann kann ein Klinikum der Maximalversorgung diese Angst lindern, da die Pädiater im Falle eines Falles direkt zur Stelle wären.

Wie bereits mehrfach ausgeführt, ist es gegenwärtig in Deutschland sicher, ein Kind zur Welt zu bringen; ganz gleich, ob in der Klinik, einer häuslichen Umgebung oder einer hebammengeleiteten Einrichtung. Dennoch assoziieren die meisten Menschen allein die Klinik mit einem hohen

Sicherheitsstandard. Dabei machen die vorangegangenen Ausführungen deutlich, dass Sicherheit sehr unterschiedlich konnotiert sein kann und viele Frauen sich ganz im Gegensatz zum Mainstream eher in einem außerklinischen Setting sicher fühlen. Im Film *Die sichere Geburt* (Hauck, 2019) werden diese Fragen reflektiert und veranschaulicht, um zu dem Ergebnis zu kommen, dass sich die moderne Geburtshilfe, wie sie sich heute präsentiert, der Kritik stellen muss und dass erkennbare Fehlentwicklungen diskutiert und zurückgedreht werden müssen. Dies dürfte tiefgreifende, vor allem auch gesellschaftspolitische Konsequenzen zur Folge haben und letztendlich bedeuten, andere Geburtsformen als jene zu befördern, die derzeit in deutschen Krankenhäusern praktiziert werden.

VI Die sichere Geburt

Risikodiskurse

Was ist eine sichere Geburt? Wie die Interviews zeigen, gehen die Meinungen hier weit auseinander. Fakt ist allerdings, dass sich trotz der unterschiedlichen Ansichten die große Mehrheit der Bevölkerung für eine Geburt im Krankenhaus entscheidet. Im Folgenden kommt der stellvertretende Leiter der geburtshilflichen Abteilung eines großen Klinikums zu Wort, der seine Sicht auf Sicherheit bei der Geburt erläutert.

1 Die ärztliche Sicht

Prof. Dr. Malte Küfner kann auf mehrere Jahrzehnte Berufserfahrung zurückblicken und äußert sich zum Thema »außerklinische Geburten« sehr kritisch. Er ist der Meinung, dass auch bei einer risikolosen Schwangerschaft unter der Geburt plötzlich Komplikationen auftreten können, die ärztliches Handeln erfordern. Daher ist es ihm als Arzt wichtig, dass die Kinder in einer Klinik zur Welt kommen, da dort sofort eingegriffen und Schlimmes verhütet werden kann:

> »Ich werde immer eingeladen von den Hebammen, die ja außerklinische Geburtshilfe machen, ›Na, komm doch mal hin.‹ [...] Ich sag, ›Nein, ich find' das nicht zielführend. Weil, wenn's blutet wie Hund, was mach ich denn dann? Dann fahrt ihr hier hoch im Schweinsgalopp, da liegen aber eineinhalb Liter eben im Rettungswagen, ja.‹ Und das kann man manchmal nicht absehen. Ich wollte jetzt die Zahl ganz bewusst vermeiden, aber Ihnen sag' ich sie: 25 Prozent der Geburten, die keine Risiken angekreuzt haben im Mutterpass, entwickeln unter der Geburt irgendein Problem. Jede vierte Frau. Und die gilt's zu filtern« (Küfner, 2018, S. 18).

Der Arzt, eigens dazu geschult, Pathologien zu erkennen und zu behandeln, geht davon aus, dass eine Geburt sich nicht pathologisch entwickeln muss, es aber kann. Daher, so führt er aus, halte er sich erst einmal grundsätzlich im Hintergrund und vertraue auf die Arbeit der Hebammen in seiner Klinik:

> »Gar nicht erst einmischen. Die Geburtshilfe ist etwas – wir schauen: Ist der Geburtsverlauf natürlich? Es gibt Zeiten, die man so für die erste und für die Mehrfachgebärende über den Daumen hat, plus-minus natürlich, ne, wo man sagt, soundso viele Stunden das, soundso viele Stunden das, und dann sollte irgendwie etwas vorangegangen sein. Aber es gibt eigentlich nichts Schlimmeres, [als] zuzugucken und zu sagen, ›Ich seh' mir da einen Geburtsstillstand an, vielleicht drei, vier Zentimeter, und das guck ich mir 15 Stunden an. Dann hab' ich irgendwann 'ne Infektion vielleicht beim Kind, vielleicht, ja, also andere Pathologie, die ich mir da ranzüchte.‹ Also sinnvoll wäre, es geht normal weiter in der Geburt. Sonst hab' ich ja irgendeinen Punkt, wo ich fragen muss, ›Warum ist das so, ja‹? [...] Und jetzt muss ich Kaiserschnitt machen, damit nicht Mutter oder Kind einen Schaden nehmen. Dann, ja, hab' ich eben soundso viele Kaiserschnitte. Da kommen die Frühgeborenen dazu, da kommt die Pathologie dazu. Das sollte natürlich anders sein in einem Haus, welches reife Kinder entbindet. Würde mich wundern, wenn das gleich wäre, ne« (ebd., S. 11).

Der Arzt spricht hier die Situation an, dass in einer Universitätsklinik chirurgische Eingriffe unter der Geburt zwangsläufig häufiger sind, da die Klientel eine andere ist als in einem kleineren Krankenhaus, das kaum Risikogeburten zu versorgen und daher zum Beispiel auch eine niedrigere Kaiserschnittrate hat. Nach einer Pressemitteilung des Statistischen Bundesamtes vom 17. September 2018 fanden im Jahr 2017 30,5 Prozent der Krankenhausentbindungen per Kaiserschnitt statt (Statistisches Bundesamt, 2018), wobei die Rate an Unikliniken signifikant höher war (Hetrodt, 2019), was Professor Küfner wie folgt erklärt:

> »Ja, ich denke, man muss vielleicht grundsätzlich erst mal überlegen, warum wir einen Kaiserschnitt überhaupt machen wollen oder müssen und wie wir das jetzt werten. Ich denke, es gibt einmal die Kaiserschnitte, die wir primär machen, weil Patienten kommen und möchten das haben. Wir haben die Kaiserschnitte, die alle eingehen in die Statistik, die jetzt bei sehr früh Ge-

borenen notwendig sind. Wo man sagt, eine vaginale Entbindung würde Schaden bringen, das heißt, eine Frühgeburtlichkeit. Und dann haben wir diese Kaiserschnitte, wo wir eine Geburt versuchen, auf dem vaginalen Wege zu erreichen und kommen an 'ne Stelle, wo dann ein Missverhältnis im Becken liegt oder aber ein, also ein Problem zwischen dem Eintreten des kindlichen Kopfes in das Becken, weil er möglicherweise zu groß ist oder die Beckenform entsprechend ist, dass es nicht funktioniert. Und das kann ich dann nachweisen, wenn ich sehe, der Muttermund ist ganz auf und das Baby geht nach 'ner gewissen Zeit von einigen Stunden nicht in das Becken hinein. Und dann ist die Sache, was soll ich weiter machen, als die Option zu nutzen, einen Kaiserschnitt machen zu können? Das sind eigentlich die Hauptpunkte, warum wir Kaiserschnitte machen. Und ich sag' mal, die Frequenz ist jetzt abhängig davon, welches Kollektiv kommt zu Ihnen. Wenn's die Zweitgebärende ist, die ein Kind schon bekommen hat, dann ist selten da ein Kaiserschnitt notwendig. Wenn die aber gar nicht hier entbindet und ich quasi das Kollektiv bekomme, welches mit Mühen behaftet ist, dann ist natürlich die Kaiserschnittrate anders. [...] Ich denke, es braucht eine Maximalversorgung da, wo ich zum Beispiel die Frühgeborenen unterbringe oder wo ich Zwillinge, Drillinge, solche Patienten oder Patienten mit Gerinnungsstörungen, operativen Schritten in der Vorgeschichte, endokrinologischen Störungen. Das sind ja ganz viele Möglichkeiten, die sein können, zum Beispiel Beckenoperationen, also immer Dinge, wo ich erwarten muss, es ist nicht so, wie wenn ich alles jungfräulich hätte. Dann muss ich ja schauen, wie kann ich den Patienten auch helfen, ne« (ebd., S. 5f.).

Neben dem Kaiserschnitt werden oft auch andere Eingriffe durchgeführt, die der Arzt erläutert:

»Dann haben wir natürlich weitere Pathologie, die wir durch eine sehr große Gebärmutter haben, wenn zwei Kinder drin liegen, dass eine Rate an Blutungen später aufgrund von dem Nichtzusammenziehen der Gebärmutter resultieren kann. Das wär' etwas, was man eigentlich auch gerne schnell behandelt, weil der Blutverlust sonst sehr hoch ist. Also das ist etwas, warum [man] Zwillinge gerne in der Klinik entbinden sollte, um einfach diesen Support zu haben. [...] Also wir haben 'ne sehr gute Kooperation mit dem Geburtshaus hier. Aber auch die stellen manchmal fest, sie haben 'ne Plazentalösungsstörung oder eben 'ne Blutung aufgrund 'ner Geburtsverletzung, und dann müssen sie schnell mit dem Krankenwagen hier hoch kommen und das

VI Die sichere Geburt

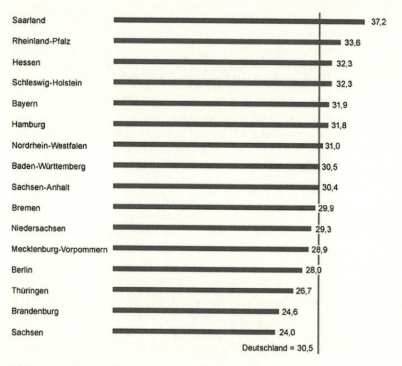

Abbildung 21: Kaiserschnittrate 2017 in Prozent

ist natürlich dann ein Weg – da sagt man, ja, kann ich das vermeiden? Und wenn ich weiß, bei Zwillingen ist das hochwahrscheinlich oder auch sehr großen Kindern, wenn ich ein Fünf-Kilo-Kind im Bauch habe, dann ist es einfach deutlich größer als das normale Dreieinhalb-Kilo. Also ist die Gebärmutterkontraktion, die ich brauche, nachher möglicherweise verspätet und ich brauch da Hilfsmittel mit Medikamenten oder gar operativ. Und das ist etwas, wo ich denke, das wird ja auch gefiltert vorher. Die Kolleginnen werden außerklinisch sagen, ›Nee, also Zwillinge machen wir nicht.‹ Sehr große Kinder, dann müssen wir gut sprechen mit der Patientin oder mit der Schwangeren, nicht Patientin sondern Schwangeren. Und das Dritte wäre gewesen die Beckenendlage. Da [...] brauch ich jetzt Handgriffe und hab' auch nicht so viel Zeit. Also da zu sagen, von außerhalb, in dem Fall [die] Patientin dann zu bringen und zu sagen, hat das Kind Minuten, solange wie es das schafft, zwei, drei, vier, fünf Minuten ..., irgendwann verstirbt es. Also

> brauch ich dann jemand, der die Handgriffe schnell ausführen kann, ne. Und deswegen ist die Beckenendlagenentbindung etwas, was, ich denke schon, in eine erfahrene Hand gehört und ich bin froh, wenn ich es, wenn ich es hier in einem Environment machen kann, wo alle Dinge zur Verfügung stehen, eben Medikamente, Anästhesist und so weiter, ne« (ebd., S. 8).
>
> »Ansonsten, wie gesagt, wir in der Klinik hier und ich selber auch, entbinden gerne Beckenendlagen. Und man kann so sagen über den Daumen, ein Teil der Patienten kommt im Vorfeld und fragt auf eine Wendung. Auch das geht. Die Hälfte gehen gut zu wenden, also sehr moderat auf 'ne Schädellage. Das heißt, das ist eine Variante. Und die andere Hälfte, die sich zum Beispiel jetzt entscheiden kann für einen Kaiserschnitt primär – oder, wie gesagt, ich möchte eine Beckenendlagengeburt versuchen. Da denke ich, bei der Hälfte von denen, die das versuchen, gelingt das auch« (ebd., S. 9).

Der Mediziner legt Wert darauf, zu betonen, dass in seiner Klinik die Kaiserschnittoperation nur bei zwingender Indikation vorgenommen wird und dass man sie auch zu vermeiden trachtet, wie beispielsweise bei einer Beckenendlage, die man in vielen Fällen auch vaginal entbinden könne. Immer aber steht in seiner Erzählung im Vordergrund, dass er eine Geburt in der Klinik für den sichereren Weg hält und Frauen in außerklinischen Einrichtungen einer Vielzahl von Gefahren ausgesetzt seien.

Dem Einwand, dass ein Uniklinikum aber von vielen Frauen nicht gerade als ein gemütlicher Entbindungsort wahrgenommen werde, entgegnet er:

> »Und da kann ich sagen, von meiner Laufbahn her als Assistent kommend, 93 damals bis jetzt, hat sich da viel getan. Dass wir sehen, dass die Kreißsaalsituation freundlicher geworden ist, dass, ich sag' mal, man hat nicht mehr die gekachelten Wände, ja, wie in 'nem OP. [...] Das ist ganz anders geworden. Und ich denke, von daher ist es schön, wenn man beides verbinden kann. Den medizinischen Sachverstand und die kurzen Wege, aber dennoch eine häusliche Atmosphäre schaffen. Und das ist etwas, denke ich, was die Kliniker natürlich angehen, ne« (ebd.).

Der Arzt möchte die »kurzen Wege« in einer Uniklinik – womit die schnelle zur Verfügung Stellung des medizintechnischen Equipments gemeint ist – mit »häuslicher Atmosphäre« unter der Geburt verbinden. Ob dies allerdings gelingen kann, bleibt angesichts der Aussagen der Hebammen und der interviewten Mütter zweifelhaft.

Auch das Thema »Wunschkaiserschnitt« wird im Folgenden erörtert:

> »Ah ja, ich klär sie zumindest mal auf, dass der Kaiserschnitt eine entsprechende Komplikations- und Beschwerderate hat, ja. Muss man schon machen. Da ist jetzt nicht mehr drüber zu diskutieren, weil das jetzt tatsächlich in der Landschaft in Deutschland so ist, dass die Patientin das mit wählen darf. Also, sich jetzt zu weigern, bringt auch nix. Ich denke, man muss mit der Patientin vernünftig reden, ja. Wie, ja, wie in diesem Fall? Sagen, was wägen wir ab, mütterliches Risiko? Es ist ein Baucheingriff, den wir machen, wie wenn ich einen anderen Baucheingriff mache für die Entfernung einer Eierstockzyste per Bauchschnitt. Was mach ich dann heute? Eine Bauchspiegelung! Weil ich den Bauchschnitt vermeiden möchte! Und beim Kaiserschnitt sagt man, ›Ist ja nur ein Kaiserschnitt.‹ Es ist ein Bauchschnitt, der macht Verwachsungen. Und, ich sag' mal, der macht 'ne Schwäche in der Gebärmutterwand und für nachfolgende Geburten sind das Komplikationen, die ich mir einhandele. Das muss man offen kommunizieren. Und dann, wenn die Patientin sagt, ›jawohl, das unterschreib ich, das möchte ich gerne machen‹, dann habe ich 'ne schwere Handhabe, zu sagen, ›Wir machen das Ganze vaginal‹« (ebd., S. 13).

Prof. Dr. Küfner möchte, wenn es geht, den Bauchschnitt vermeiden. Er weiß um die Risiken dieser Operation und führt sie meist nur bei strenger Indikation aus. Da der Kaiserschnitt jedoch, der noch im 19. Jahrhundert als »geburtshilfliche Verzweiflungstat« (Kuhn & Tröhler, 1987, S. 121) galt, in den letzten Jahrzehnten sehr viel sicherer geworden ist, kommt es in manchen Kliniken zu den beschriebenen exorbitant hohen Zahlen. Dass hier ein Umdenken erforderlich ist, steht außer Zweifel, wie mehrere Studien belegen. Wichtige Ergebnisse zeitigte die im Jahr 2012 erschienene Studie der Bertelsmann Stiftung, der Datenmaterial der Barmer GEK und DKV Deutsche Krankenversicherung zugrunde lag. Die Wissenschaftler und Wissenschaftlerinnen sind sich hier bewusst,

> »dass die Zunahme des Kaiserschnittniveaus und die teilweise ausgeprägten regionalen Unterschiede kritisch zu hinterfragen sind. Die Diskussion um die Antriebskräfte dieser Entwicklung sollte auch vonseiten der Fachgesellschaften forciert werden. Dies scheint umso dringlicher, als sich die Kaiser-

schnittrate in Regionen mit vergleichsweise wenigen Kaiserschnitten und bei jüngeren Gebärenden in den letzten Jahren deutlich überdurchschnittlich erhöht hat. Setzen sich diese Entwicklungen fort, wird die Häufigkeit von Schnittentbindungen auch in den kommenden Jahren weiter steigen. Damit verbunden wären zusätzliche Ausgaben der Krankenversicherungen, denen vermutlich kein angemessener gesundheitlicher Nutzen (mehr) gegenübersteht« (Kolip et al., 2012, S. 87).

Die Studie fordert Abhilfe und eine Aufklärung der Bevölkerung durch die Erarbeitung von Leitlinien, die für Laien verständlich sind: »Die Aufklärung über die Konsequenzen einer Sectio für zukünftige Schwangerschaften bzw. den zukünftigen Geburtsmodus soll einbezogen sein« (ebd., S. 88), führt sie aus. Ferner zeigen die Befunde der durchgeführten Analysen, dass eine früh einsetzende vorgeburtliche Hebammenbetreuung die Kaiserschnittrate verringert:

»Nach Expertenmeinung sind vielen werdenden Eltern die Möglichkeiten der Inanspruchnahme von Hebammenbetreuung zu wenig bekannt. Hier wären alle Institutionen, bei denen sie Informationen und Rat suchen (bspw. Ärzte, Beratungsstellen, Krankenkassen), gefordert, auf diese Möglichkeit konsequenter als bisher hinzuweisen« (ebd., S. 89).

Zudem wird das Trainieren geburtshilflicher Fertigkeiten angemahnt. Vieles ist in den letzten Jahrzehnten durch den Einsatz der Kaiserschnitttechnik verloren gegangen. Warum sollte bei Beckenendlagen oder Zwillingsschwangerschaften ein Kaiserschnitt indiziert sein, wenn die Frau genauso gut vaginal entbinden kann? – fragen die Experten und Expertinnen auf Grundlage ihres Datenmaterials (vgl. ebd., S. 92). Ferner sind ihrer Meinung nach die finanziellen Nachteile einer natürlichen Geburt zu beseitigen, um hier keine Anreize für den besser bezahlten Kaiserschnitt zu schaffen. Den forensischen Aspekten soll mit der Entwicklung klarer Leitlinien begegnet werden, an denen sich auch die Rechtsprechung im Streitfall orientieren kann (vgl. ebd., S. 94).

In der gegenwärtigen Geburtsmedizin sind es aber nicht nur die Kaiserschnitte, die in Kritik geraten sind, sondern auch das häufige Legen der PDA mit den oft negativen Folgen einer Saugglockengeburt oder anderer operativer Eingriffe. Hebammen weisen auf deren Nachteile hin; der Arzt dagegen sieht den Sachverhalt anders und hebt die Vorteile hervor:

»Wenn die Patientin es wünscht als Schmerzmittel. Wenn man weiß, man ist unter der Geburt, ja, und hat zum Beispiel andere Mittel, die nicht gefruchtet haben. Ein typischer Fall zum Beispiel, wo das Geburtshaus gerne Patienten verlegt, wenn sie mit den Schmerzmitteln nicht zurande kommen oder es nicht mehr schaffen, auf natürlichem Wege das auszuhalten, dass sie dann eine Patientin verlegen für die PDA. Oder man merkt, der Platz ist wahrscheinlich eng, das Kind ist groß, Beckenform schwierig, und dann ist es manchmal gut, man hat eine Entspannung durch die PDA und dann kann manches Kind noch geboren werden, was vielleicht sonst eben sehr mühsam geworden wäre. [...] Und wir sind alle dankbar als Team, wenn wir – auch die Frauen meistens sind sehr dankbar, wenn sie sehen, okay, wir haben den Kaiserschnitt vermeiden können, haben dafür ein Instrument vielleicht einsetzen müssen, weil es sehr eng war und es gerade so passte und eben unterstützend. Oder wir haben Pathologie beim Baby und sehen, dass also das Baby erschöpft [ist], und dann ist es natürlich auch gut, die Geburt abkürzen zu können, ja, und von daher ein Instrument in dem Fall einzusetzen. Aber auch nur immer wieder zu sehen auf das Wohl der Mutter und des Kindes, sonst ja nicht. Ich meine, welches Interesse hätte ich, eine Geburt abzukürzen? Doch nur, wenn ich Schaden abwenden möchte, sonst nicht, ne. Also, das ist so meine persönliche Philosophie. Und ich denke, auch die meisten Kollegen würden das unterschreiben« (Küfner, 2018, S. 10).

Insgesamt gesehen zeigt das Interview mit dem erfahrenen Arzt, dass eine Geburt seiner Meinung nach in ein Krankenhaus gehört, da es immer zu Zwischenfällen kommen könne, die außerklinisch nicht oder nur schwer in den Griff zu bekommen seien. In der Klinik sei die moderne Medizin in der Lage, bei Problemen medikamentös und/oder operativ einzugreifen und eine für Mutter und Kind sichere Geburt zu gewährleisten. Einen Wunschkaiserschnitt könne er als Arzt gesetzlich gesehen nicht ablehnen, doch kläre er die Patientinnen darüber auf, dass ein Bauchschnitt keine kleine Operation sei, sondern auch Risiken berge und negative Auswirkungen auf weitere Geburten haben könne. Medizinische Indikationen für einen Kaiserschnitt erörtert Professor Küfner im Gespräch sehr ausführlich. Er führt die Operationshäufigkeit in einer Uniklinik auf die pathologisch vorbelastete Klientel zurück, die in einem normalen Krankenhaus nicht in dieser Häufigkeit vorliegt, sich dagegen aber in einem Haus der Maximalversorgung konzentriert.

Der Chefarzt schildert die ärztliche Sicht auf Geburtshilfe: Eine Geburt kann theoretisch zwar normal verlaufen, praktisch aber – so seine Ansicht – stößt die Hebammenkunst häufig an ihre Grenzen und ärztliches Eingreifen wird notwendig. Die Geburt ist folglich ein risikobehafteter Vorgang, der, um gelingen zu können, ein ärztliches Team im Hintergrund braucht: »Dieses ganze Eingehen auf die Mutter durch die Hebamme, und das ärztliche Team im Hintergrund – das muss gar nicht im Vordergrund sein, das darf auch im Hintergrund sein« (ebd., S. 9). Aber ohne ärztliches Team geht es nicht, so sein Fazit. Es fällt auch auf, dass er die Schwangeren und Gebärenden in der Regel als »Patientinnen« bezeichnet, bis auf eine Ausnahme, bei der er sich im Nachhinein selbst korrigiert.

2 Die Sicht der Hebammen

Hebammen haben dagegen eine andere Sicht auf die Geburt. Für sie ist Gebären ein natürlicher körperlicher Vorgang, den Frauen beherrschen und der normalerweise nicht des ärztlichen Intervenierens bedarf. Nur ausnahmsweise – bei bestimmten, zuvor bei der Vorsorge festgestellten Risikofaktoren – müssen ihrer Meinung nach Schwangerschaft und Geburt ärztlich betreut werden. Denn für Komplikationen seien die Ärzte ausgebildet, sagen die Hebammen, nicht für eine normale Geburt. Da die Unikliniken jedoch Zentren der Maximalversorgung seien, werde überall Pathologie vermutet und daher auch bei unkomplizierten Geburten viel zu viel interveniert.

Die Hebamme Sidonia Schmitt hat dies so erlebt:

> »Ja, und in der Uniklinik ist es natürlich so, du hast sehr viel Pathologie. Ja, du hast sehr viel Frühgeburtlichkeit, spielt eine große Rolle. Auch das Klientel von den Frauen, die in die Uniklinik gehen, war mein Empfinden. [...] Also viel so, natürlich sehr sicherheitsbetonte Frauen, die auch vielleicht das Denken haben, ›Ach in der Uni, da ist die Kinderklinik, da kann nichts schiefgehen‹. [...] Dann fand ich immer, dass sehr viel interveniert wurde, dass keine Zeit gelassen wurde, dass es immer alles schnell gehen musste« (Schmitt, 2016, S. 4f.).

Auch der Hebamme Hilka Groß ist in der Klinik aufgefallen, dass man dem natürlichen Geburtsablauf wenig Raum gibt und immer gleich eingreift, weil man Komplikationen vermutet:

»Und immer der Blick auf Pathologie. Was ist alles falsch, was ist verkehrt, was funktioniert nicht, wo könnte noch ein Problem sein, wo müssen wir denn was machen? Der Blick auf die Dinge hat sich doch etwas verändert. Der Blick auf die Pathologie, auf was man machen muss, ohne dass die Frauen selber was leisten. Denen wird viel aus der Hand genommen. Die werden noch bestärkt darin: ›Ja, Sie müssen keine Schmerzen haben, wenn Sie das nicht wollen.‹ So. Das ist nicht so mein Selbstverständnis, einer Frau durch die Geburt oder durch die Zeit zu helfen. Klar gibt es Sachen, die muss man behandeln und die müssen auch intensiv betreut werden, aber ganz viele, die werden eben auch zu Intensivpatienten gemacht. Ob man Geburten einleitet oder nicht warten kann oder wenn der Doktor meint, er hält es selber nicht aus, daneben zu stehen, wenn eine Frau Schmerzen hat« (Groß, 2015, S. 5).

Die Hebamme Marlitt Braun spricht das Haftungsproblem an und ist der Meinung, dass aus Haftungsgründen in der Klinik öfter als nötig in einen Geburtsverlauf eingegriffen werde:

»Also die Zusammenarbeit mit den Ärzten [...] ist durchaus von Teamarbeit geprägt. Es ist natürlich dann so, dass, wenn eine Pathologie ist, dass der Arzt sagt, was zu tun ist. [...] Solange es physiologisch läuft, dann darf ich das entscheiden. Aber es ist so, wie die Politik im Hause ist. In einem Krankenhaus ist es so, dass die Abteilung immer geleitet wird von einem Chefarzt, der hat das letzte Sagen. Und auch versicherungstechnisch in den Häusern ist das so geregelt. Klar, im Hebammenkreißsaal müssen wir die nicht rufen, aber das mussten wir versicherungstechnisch auch abregeln. Das ist ja auch schon ein außergewöhnliches Modell. Dann gibt es natürlich auch manchmal Meinungsunterschiede. Ob man diese Frau einleiten muss oder nicht? Oder ob ein Wehentropf dran sollte oder nicht? Macht man die Blase auf oder nicht? Ob man da jetzt ein bisschen unterstützt, ob man der Frau noch ein bisschen Zeit lässt? Von der Frau hängt es natürlich auch noch immer ab. Aber da gibt es durchaus Meinungsverschiedenheiten und ganz schöne Diskussionen. Jetzt ist das so, ich bin ja jetzt schon älter, dass man mit den Ärzten, also mit den älteren, auch schon länger zusammenarbeitet, da gibt es schon häufiger mal Diskussionen. Oder die denken, ›Lass die mal machen.‹ [...] Grundsätzlich gibt es die Hierarchie, aber innerhalb des Kreißsaals, mit den normalen Assistenzärzten, ist es doch eher ein Team. Man will, dass das Kind gut auf die Welt kommt. Und dass Frau und Kind nichts passiert. Und da unterstützt man sich. Aber es gibt durchaus Diskrepanzen und Situationen, wo, also wenn man einen jungen Arzt hat, wo die Hebamme sagt, ›Nee – wir müssen jemanden rufen, der das besser einschätzen kann.‹ Ich hab' auch immer dieses Haftungsproblem. Wenn wir vor Gericht stehen und da ist ein Fall, dass die sagen, ›Hier ein junger Arzt und Sie als erfahrene Hebamme, dass müssten Sie wissen.‹ Also bin ich mit dran, ich bin immer mit dran. Auch wenn ich in der Pathologie gar nicht zuständig bin. Aber dann steht da einer gerade von der Uni, ja, der weiß es ja auch nicht« (Braun, 2015, S. 33f.).

Miltraud Jäger kritisierte vor diesem Hintergrund ebenfalls den Klinikablauf und arbeitete lieber als Beleghebamme an einem kleineren Krankenhaus. Eine außerklinische Tätigkeit dagegen kann sie sich unter dem Sicherheitsaspekt nicht vorstellen:

»Es geht dann ja eigentlich auch immer gut, weil die Kinder, die so schnell kommen, die haben ja eigentlich auch nichts, aber ich wäre vom Gefühl her nie eine Hausgeburtshebamme geworden. Ich denke, das hat damit zu tun, dass ich diese fünf Jahre diese Sicherheit – oder diese sechseinhalb Jahre – die Sicherheit dieser großen Klinik hatte. Und eben auch erlebt habe, was alles passieren kann. Die Kolleginnen, die so in die Hausgeburtshilfe gehen, die sind immer davon überzeugt, es wird schon alles gutgehen und wenn nicht, werden sie es schon rechtzeitig merken und sie werden darauf reagieren. Also ich glaube, wenn man hier in Ostfriesland irgendwo außerhalb ist und plötzlich geht's dem Kind unter der Geburt schlecht, das ist schon – aus meiner Sicht – ein Risiko, das zu Hause zu beenden. Im Laufe der vielen Berufsjahre hab' ich immer wieder erlebt, dass auch gesunde Schwangere mit einer vollkommen unkomplizierten Schwangerschaft und einer ganz normal beginnenden Geburt ... – plötzlich haben wir so schlechte Herztöne oder irgendwelche Vorkommnisse, die uns zum Handeln zwingen, wo auch 'n Arzt erforderlich ist und wo ich immer denke, wenn ich jetzt zu Hause wäre, wie wäre das geendet?« (Jäger, 2016, S. 5)

Nala Pfeiffer ist sich dagegen sicher, dass durch die stressigen Abläufe im Krankenhaus überhaupt erst Pathologie entsteht, wo vorher gar keine war:

»Und dadurch, denk ich mal, provozieren wir ganz viele Pathologien durch diese, ja, durch den Stress, der der Mutter gemacht wird, dass einfach keine

Frau unter Geburt sich entspannen kann und einfach in Ruhe auf ihren Körper hören und ihr Kind auf die Welt bringen kann« (Pfeiffer, 2018, S. 10).

Es scheint ein Teufelskreis zu sein, aus dem es kein Entrinnen gibt. Da die Hebammenschülerinnen in großen Krankenhäusern ausgebildet werden, in denen Pathologie gehäuft vorkommt, erleben sie alltäglich eine Vielzahl operativer Entbindungen und es fällt ihnen schwer, wieder den physiologischen Ablauf einer Geburt zu erkennen:

»Und, genau, und was ich in meiner Ausbildung gelernt habe, ist vor allem Pathologie, was natürlich auch sehr wichtig und sehr gut ist, aber was ich auch gelernt habe, ist, viel Angst haben als Geburtsbegleiterin. Und da war mir nach der Ausbildung klar, ›So, jetzt muss ich erst mal gucken, wie ich wieder mit beiden Beinen auf den Boden komme und erst mal wieder ein natürliches Verhältnis zu diesem natürlichen Prozess entwickeln kann.‹ Und das war nicht ganz so leicht. [...] Und ja, für mich ist einfach außerklinische Geburtshilfe, gibt viel mehr Raum den Frauen, diesem individuellen Prozess. Ich finde, man kann Frauen viel liebevoller betreuen. Eine Geburt ist was sehr Gewaltiges. Umso wichtiger ist es, das in einem möglichst geschützten Raum stattfinden zu lassen, mit Zeit und möglichst einer Eins-zu-eins-Betreuung. Und so kann Geburt geschehen und unterstützt werden, ja, wie es halt in Kliniken alleine schon aufgrund des Personalschlüssels definitiv nicht möglich ist. Außerdem finde ich ganz wichtig, heute denkt man, ›Oh, die Technik ist so toll geworden‹, und man stellt das an erste Stelle. Und die ganze Menschlichkeit geht immer mehr verloren. Viele denken, ›Wir haben 'ne tolle Technik, wir haben die Möglichkeit von einer PDA, von 'nem Kaiserschnitt, von Medikamenten und so weiter.‹ Toll, dass wir das alles haben, wenn man es braucht. Aber es wird viel zu viel eingesetzt, weil der Personalschlüssel so schlecht ist« (Traube, 2018, S. 3f.).

Überarbeitetes klinisches Personal, eine zu enge Personaldecke, keine Zeit für Gespräche und zum Abwarten, bis Mutter und Kind soweit sind, sondern – auch vor dem Hintergrund des Haftungsaspektes – nach Vorgaben handeln und zu früh und zu häufig in den natürlichen Geburtsverlauf eingreifen mit den Mitteln, die der modernen Geburtsmedizin zu Gebote stehen. Die häufigsten Interventionen sind: Dauer-CTG, Vergabe wehenfördernder oder -hemmender Mittel, PDA, Saugglocke, Kristellerhandgriff, Geburt in Rückenlage und bei schwierigeren Komplikationen Kaiserschnitt. In diesem Vorgehen wird heutzutage die größtmögliche Sicherheit gesehen, die es bei einer Geburt geben kann, und die Zahlen bestätigen, dass so gut wie keine Frau und kein Kind unter der Geburt versterben. Andererseits legen außerklinische Einrichtungen die gleichen Resultate in Bezug auf Sicherheit vor – was macht also eine Geburt sicher?

Es darf nicht übersehen werden, dass es nicht nur Ärzteschaft und Hebammen sind, die darüber entscheiden, wie eine Geburt ablaufen soll, sondern auch die Mütter und Väter haben eigene Vorstellungen. Entscheiden sie sich für eine Hausgeburt oder gehen sie in ein Geburtshaus, ist ihnen klar, dass keine Schmerzmittel oder andere Interventionen zum Einsatz kommen, was sie mit der Wahl des Geburtsortes auch explizit so wünschen. In der Klinik sieht es dagegen anders aus. Hier schreibt die junge Hebamme Levke Stamm den Grund für die zunehmende Pathologisierung der Geburt zu einem großen Anteil den Frauen selber zu, die, so ihre Meinung, die medizinischen Interventionen regelrecht einforderten:

> »Es wird immer pathologischer, aber einfach halt, weil man zu früh irgendwie in das Normale halt eingreift, ne, oder weil man's beschleunigen will oder weil, ja irgendwie, ja ist tatsächlich so, [...] ganz verrückt: Es gibt Frauen, die würden sich am liebsten 'ne PDA legen lassen, bevor sie Wehen haben, ne. Da muss man dann erst mal erklären, dass das nicht geht« (Stamm, 2018, S. 13).

3 Die Sicht der Frauen

Auch aus der Sicht der Mütter liegen ganz unterschiedliche Einstellungen zum Thema Sicherheit vor. Während Frau Bönner, die eine operative Entbindung im Krankenhaus hinter sich hatte, dies auf keinen Fall noch einmal riskieren wollte und ihre drei weiteren Kinder außerklinisch zur Welt brachte, konnte sich Frau Nast, obgleich keine Risikoschwangere, eine Geburt nur in einem »sicheren Uniklinikum« vorstellen:

> »Aber, bei uns war's tatsächlich so, dass wir uns für die Uniklinik entschieden haben, weil wir auf hundertprozentige Sicherheit eben. Ja, das war uns halt einfach am Wichtigsten, weil dort da auch die Kinderklinik ist und die Frühchenstation und was weiß ich was alles [...]. Deswegen haben wir

gesagt, das halten wir schon mal aus, so'n paar Stündchen. Hauptsache, das Kind ist am sichersten Ort, wo man eigentlich sein kann« (Nast, 2018, S. 2).

Frau Bönner dagegen wollte, nachdem ihr erstes Kind per Kaiserschnitt geboren war, unbedingt das zweite außerklinisch bekommen, da sie keinen Grund sah, aus Sicherheitsgründen ein Krankenhaus aufzusuchen:

> »Ja, ich wollte dann natürlich dann nochmal im Geburtshaus probieren und außerdem hatte ich die Nase absolut voll von Klinik. Da hab' ich überhaupt keine Lust mehr drauf gehabt aus, ich denke, nachvollziehbaren Gründen. Und, ja, das war eigentlich auch 'ne komplikationslose Schwangerschaft. War alles okay« (Bönner, 2018, S. 4).

Die Geburt war dann genauso, wie Frau Bönner es sich gewünscht hatte:

> »Und das war für mich absolut beglückend, dann quasi auf normalem Wege ein Kind zu bekommen, und das hat auch ganz viel geheilt« (ebd., S. 5).

Auch für Frau Stiel kam nur eine hebammengeleitete Einrichtung infrage, da sie dort keine medizinischen Interventionen zu befürchten hatte:

> »Also mir war es ganz wichtig, wenn ich ein Kind bekomme, dass es 'ne möglichst natürliche Geburt wird und auch eine so gut wie möglich selbstbestimmte Geburt, und ich hatte das Gefühl, dass das im Geburtshaus eher umgesetzt werden kann. Also, dass ich da eher weniger Eingriffen ausgesetzt bin als jetzt in der Klinik« (Stiel, 2018, S. 1).

4 Fazit

Ärzte- und Hebammensicht stehen sich in den zitierten Interviews ebenso diametral gegenüber wie die Ansichten der interviewten Mütter. Was jeweils als Sicherheit unter der Geburt verstanden wird, könnte unterschiedlicher nicht sein: Die einen brauchen die Sicherheitsstandards eines Klinikums der Maximalversorgung, andere sehen in einem kleineren Krankenhaus, in dem nur im Notfall ein Arzt hinzugezogen wird, den Königsweg und wieder andere fühlen sich in der Ruhe und Geborgenheit, die außerklinische Einrichtungen bieten, sicher.

Noch haben die Hebammen und die Mütter die Wahl, wo sie arbeiten bzw. gebären möchten. Nach § 24f des Fünften Sozialgesetzbuchs (SGB V) »kann die Frau zwischen stationärer Geburt in einer Klinik und ambulanter Geburt in der Klinik, im Geburtshaus oder zu Hause wählen, wobei sie Hebammenhilfe und ärztliche Hilfe in Anspruch nehmen kann« (Selow, 2015, S. 60). Sollten aber immer mehr Hebammen ihre Freiberuflichkeit aufgeben und weiterhin die kleineren Krankenhäuser ihre geburtshilflichen Abteilungen schließen, wird es so weit kommen, dass Schwangeren ihre gesetzlich zugesicherte Wahlmöglichkeit genommen wird und es letztlich keine Alternative zum Krankenhaus der Maximalversorgung mehr gibt. An dieser Entwicklung wird öffentliche Kritik laut und es stellt sich die Frage, warum keine Kompromisse gesucht werden, die den oben formulierten heterogenen Sicherheitsbedürfnissen Rechnung tragen könnten. Die hohen Sicherheitsstandards in Deutschland, ob bei einer außerklinischen oder klinischen Geburt, laufen angesichts der neuesten Entwicklungen Gefahr, untergraben zu werden, worauf die Berufsverbände und andere Organisationen mit Nachdruck hinweisen: »Was braucht eine sichere Geburtshilfe?« fragt Motherhood e. V., eine »Bundeselterninitiative zum Schutz von Mutter und Kind während Schwangerschaft, Geburt und erstem Lebensjahr«. Der Verein gründete sich 2015 vor dem Hintergrund des drohenden Mangels an freiberuflichen Hebammen und formuliert folgende Verbesserungsvorschläge:

➢ die Eins-zu-eins-Betreuung von Geburten durch eine Bezugshebamme
➢ ein Vergütungssystem, das den Betreuungsaufwand ausreichend honoriert
➢ die Sicherung und den Ausbau der häuslichen Wochenbettbetreuung
➢ die Einrichtung eines Haftungsfonds
➢ die Betrachtung der Geburtshilfe als gesamtgesellschaftliche Aufgabe – losgelöst von der Wirtschaftlichkeit einer Geburt
➢ eine genaue Dokumentation des aktuellen Versorgungsstandes und -bedarfs in der Geburtshilfe
➢ die Sicherung des Rechts auf eine selbstbestimmte Geburt und die freie Wahl des Geburtsortes
➢ den weiteren Ausbau der Hebammenkreißsäle (Mother Hood e. V., o. J.).

Da eine Geburt stets mit den Themen Angst und Risiko verbunden ist, die meisten Frauen aber eine normale Geburt wünschen, unabhängig davon, ob sie in einem Krankenhaus oder außerklinisch entbinden, stellt sich die Frage: Was ist denn eine normale Geburt? Zunächst einmal könnte man sie definieren als einen physiologisch ablaufenden körperlichen Prozess ohne medikamentöse oder technische Intervention. Diesem Ablauf sind jedoch Grenzen gesetzt, wie die Deutsche Gesellschaft für Gynäkologie und Geburtshilfe festhält:

> »Die Geburt ist ein natürlicher Vorgang, und es ist die Aufgabe des Geburtshelfers, unter Berücksichtigung der individuellen geburtsmechanischen, physiologischen und auch psychischen Gegebenheiten eine Begleitung und risikoadaptierte Überwachung der Schwangeren und des Kindes zu gewährleisten. Eine Häufigkeitsberechnung der ›normalen Geburt‹ ist aufgrund der Dehnbarkeit der Definition und somit unterschiedlichen Auslesekriterien nicht möglich. Starke Verteilungsschwankungen ergeben sich zudem zwischen den einzelnen Kliniken als Folge einer risikoorientierten Selektion und Betreuung in Abteilungen mit unterschiedlichem Behandlungspotential« (Chalubinski & Husslein, 2000).

Vor diesem Hintergrund und den oben zitierten Erfahrungsberichten von Hebammen, Arzt und jungen Müttern ist eine normale Geburt eher selten geworden. So selten, dass die Sorge im Raum steht, dass sie demnächst ganz verschwinden könnte. Bei einer normalen Geburt assistiert in der Regel die Hebamme, da ärztliches Eingreifen nicht vorgesehen ist. Dass Geburten aber immer seltener so ablaufen, liegt an der grundsätzlichen Einstellung zu Schwangerschaft und Geburt, nicht nur von ärztlicher Seite, sondern auch seitens der Frauen selbst. Der salutogenetische Fokus, die Wertschätzung der Selbstwahrnehmung und der eigenen körperlichen Ressourcen mit dem Gefühl, »guter Hoffnung« zu sein und der Überzeugung, dass alles gut geht, wird in unserer Gesellschaft zugunsten der Angst- und Risikoaspekte und dem Fokus auf Pathologie verdrängt.

Um der normalen Geburt wieder Geltung zu verschaffen, haben Anfang 2014 ein Berliner Arzt und eine Hebamme bei der UNESCO beantragt, sie als immaterielles Kulturgut unter Schutz zu stellen. Bislang wurde der Antrag, anders als beim Hebammenwesen, nicht positiv beschieden. Begründet wurde er damit, dass Schwangere aufgehört hätten, guter Hoffnung zu sein, und stattdessen Ängste die Geburt bestimmten. Das Wissen um die natürlichen Prozesse und die menschlich zugewandte Betreuung während der Geburt gingen zunehmend verloren zugunsten einer technikorientierten Überwachung. Was Schwangeren fehle, sei das Vertrauen und die Kenntnis über die eigenen körperlichen Möglichkeiten, eine Geburt gut zu meistern. Mit ihrem Antrag zur Aufnahme der »normalen Geburt« in die Liste des immateriellen Kulturerbes wollten Professor Abou-Dakn und Bettina Kraus erreichen, »dass die Geburtshilfe wieder von dem Grundsatz bestimmt ist, im Notfall auf die ganze Bandbreite des menschlichen und medizinischen Wissens zurückzugreifen, im Regelfall jedoch nichts davon zu brauchen« (Thieme, o. J.).

Doch die bei einer Zahl von ca. 98 Prozent nahezu komplette Verlagerung der Geburt in ein Krankenhaus belegt eher die medizinische als die menschliche Sicht auf ein Geschehen zwischen den normativen Fluchtpunkten »Natürlichkeit« und »Risikominderung«.

VII Verbandspolitische Forderungen

Die deutschen Hebammenverbände stehen hinter der Forderung, die normale Geburt wieder in den Fokus zu rücken und auch die Frauen darin zu bestärken, ihrem Körper zu vertrauen und medizinische Interventionen nur in begründeten Ausnahmefällen zuzulassen. Hierfür müssten aber genügend Hebammen zur Verfügung stehen und dem drohenden Hebammenmangel müsste entschieden entgegengetreten werden.

Bei den gegenwärtigen vehementen Diskussionen um den Beruf bezieht die Vorsitzende des Deutschen Hebammenverbandes (DHV), Utta Grube, Stellung:

»Zum Hebammenmangel, den ja viele Kliniken beklagen: Sie schreiben Stellen aus, die werden nicht mehr besetzt oder können nicht mehr besetzt werden, weil die Hebammen sich nicht darauf bewerben. Da halten wir als Verband dagegen, dass Hebammen Frauen sind, die andere Frauen ganzheitlich und individuell und intensiv unter der Geburt, vor der Geburt [...] und nach der Geburt betreuen wollen. Es ist zeitintensiv. Das braucht 'ne Nähe, das braucht Vertrauen zwischen Mutter und Hebamme. Das ist das, was sich Hebammen aussuchen, wenn sie sich entscheiden, oder was sich Frauen aussuchen, wenn sie sich für den Beruf entscheiden. Das ist auch das, was sie lernen in der Ausbildung. Und was sie dann vorfinden in den Kreißsälen ist einfach ganz was anderes. Wir haben vor zwei Jahren Daten erhoben. Zwei Drittel der Hebammen, die in Kreißsälen arbeiten, betreuen drei oder mehr Frauen gleichzeitig. Das ist weit weg von der Entscheidung, die sie getroffen haben bei der Berufswahl. Und so lang sich das nicht ändert, werden Hebammen auch nicht zur Verfügung stehen länger. [...] Also wir sagen, der Hebammenmangel ist zum einen dadurch zu beheben, dass sich die Arbeitsbedingungen massiv verbessern. Dann reicht es auch nicht, diese freien Planstellen zu besetzen, sondern wir wollen, dass die Stellen in den Kreißsälen

VII Verbandspolitische Forderungen

verdoppelt werden. Dann haben wir die Betreuungsintensität von europäischen Nachbarländern. Das, finden wir, steht auch unseren Frauen zu« (Grube, 2018, S. 3).

Der Hebammenverband fordert die Eins-zu-eins-Betreuung, eine Akademisierung der Ausbildung und bessere Arbeitsbedingungen in den Krankenhäusern:

»Wir brauchen Anreize, dass die Hebammen im Beruf bleiben. [...] Arbeitsbedingungen verbessern und so Dinge, wie, dass eine Kollegin, die in einem geringeren Umfang als Vollzeit arbeiten will, dass es sich für sie auch lohnt. Da müssen wir Lösungen dafür finden. Da brauchen wir aber den GKV, da brauchen wir die Politik als Verbündete, das ist eins. Und wir müssen natürlich die Ausbildung attraktiver machen. Wir müssen deutlich mehr Hebammen ausbilden und wir müssen sie so ausbilden, dass sie danach so arbeiten können, wie sie das wünschen. [...] Hebammen müssen in die Lage versetzt werden, sich selber weiterzuentwickeln, ihr Umfeld zu gestalten, ihre Einflussnahmemöglichkeiten zu gestalten. Also, das kriegt man mit einer akademischen Ausbildung besser hin als mit der Berufsfachschule. Und dann müssen natürlich Hebammenaspekte auch mehr mitberücksichtigt werden. Im Moment haben wir 3.000 praktische Stunden, davon ist aber viel auf Station, die mit Hebammentätigkeit nicht viel zu tun haben. Wir sind dafür, diesen Praxisanteil etwas zu verringern und wirklich mit Hebammenarbeit vollzupacken. Und da muss die Außerklinik einen deutlich größeren Platz kriegen. Und Weiterentwicklungsmöglichkeiten, ne. Also wir haben jetzt schon die Situation, dass wir fast ausschließlich, also ganz viele Abiturientinnen haben, es sind so um die 90 Prozent Abiturientinnen, die sich für diesen Beruf entscheiden. Die möchten immer häufiger aber auch studieren und die möchten sich auch danach weiterentwickeln können im Beruf. Und das müssen wir auch mit der Hebammenarbeit gewährleisten können« (ebd., S. 28f.).

Die Vorsitzende klagt, dass den andauernden Warnungen ihres Verbandes kein Gehör geschenkt wurde und nun der Hebammenmangel traurige Realität sei:

»Also, dass es so weit kommen konnte, dass wir jetzt von so'nem Hebammenmangel sprechen, und wir warnen wirklich seit vielen, vielen Jahren davor, das hat meiner Meinung nach was damit zu tun, welchen Stellenwert wir Geburtshilfe, der Geburt, dem Kinderkriegen, Familien und auch Frauen beimessen in unserer Gesellschaft. Der ist nicht vom Himmel gefallen. In der Klinik nicht und auch in der Freiberuflichkeit nicht. Dass es jetzt so ist, wie es ist, ist die Konsequenz einer jahrelangen Missachtung dessen, was wir, wovor wir gewarnt haben. Letztendlich sind natürlich nicht die Hebammen die Leidtragenden, die haben Alternativen. Das ist bedauerlich. Viele wenden sich von ihrem Beruf schweren Herzens ab. Das ist eine schlimme Situation für Hebammen – aber die Leidtragenden sind die Mütter und ihre Kinder. Und das wurde über Jahre hinweg einfach ignoriert. Das wurde nicht zur Kenntnis genommen. Das hat für mich was mit dem Frauenbild in unserer Gesellschaft zu tun« (ebd., S. 32).

Utta Grube sieht hier ein gesamtgesellschaftliches Problem, das von mehreren Seiten anzugehen sei, und es stellen sich ihr mehrere Fragen: Welche Gebärkultur haben wir in Deutschland und was ist politisch gewollt? Welche Lobby haben die Hebammen im Vergleich zur Ärzteschaft? Wie können die geburtsmedizinischen Interventionen zurückgefahren werden? Am Beispiel des Ultraschalls, der eine ärztliche Leistung ist, diskutiert sie die »aberwitzige Situation« (ebd., S. 15), dass die Beweislast, ob diese Intervention Vorteile bringt oder nicht, jetzt bei den Hebammen liegt:

»Also ich denke auch, dass die Politik da gefragt ist, denn wir brauchen einen kulturellen Wandel, kulturellen Wandel im Hinblick auf die Geburt. Wie wollen wir, dass Kinder in Deutschland geboren werden, welchen Stellenwert räumen wir dem ein? Das ist, glaub' ich, ganz wichtig, dass wir das schaffen. Und zu den Krankenkassen noch, das ist ja, wir befinden uns ja jetzt in dieser witzigen oder aberwitzigen Situation, dass wir jetzt beweisen müssen, dass Interventionen keinen Vorteil bringen. [...] Wir müssen jetzt zeigen zum Beispiel am Beispiel Ultraschall, dass nur eine bestimmte Anzahl und zu bestimmten Zeitpunkten und bestimmten Indikationen tatsächlich sinnvoll ist. [...] Das ist für mich eine total verkehrte Welt« (ebd.).

Die Expertin bezieht sich hier auf die gegenwärtige Diskussion zum Ultraschall während der Schwangerschaft. Ab 2021 wird der Ultraschall ohne medizinische Indikation eine Ordnungswidrigkeit sein. Wegen der nachgewiesenen Strahlenbelastung sollen künftig Ultraschallexpositionen bei schwangeren Frauen so kurz und so selten wie möglich vorgenommen werden. Bei der Einführung des Ultraschalls für Schwangere wurde dieser jedoch nur gepriesen und in keiner Weise auf Nachteile für das Ungeborene hingewiesen. Dass er als ärztliche Leistung noch dazu überaus lukrativ war, dürfte ein Ergebnis ärztlicher Lobbyarbeit gewesen sein.

Hebammen haben dagegen keine so große Lobby, sodass Frau Grube hofft, dass die Akademisierung des Hebammenberufes sich vorteilhaft auf das gesellschaftliche Ansehen der Berufsgruppe auswirken und ihr auch mehr Durchsetzungskraft verleihen könnte:

>»Also, ich glaub, an der Lobbyarbeit der Ärzte kann man nix verändern. Wir müssen unsere ausbauen, da sind wir dran. Ich find' schon, dass wir eine gute Lobby haben, dafür, dass wir so eine kleine Berufsgruppe sind. Aber was, glaube ich, bei uns auch noch eine Rolle spielt, ist dieser Aspekt, dass wir fast ausschließlich Frauen sind, die diesen Beruf ausüben. Wir sehen das an unserer Ausbildung, dass wir längst so arbeiten, wie es akademische Berufe machen, uns [...] diese [akademische] Ausbildung aber [...] nach wie vor verwehrt wird als letztes Land in Europa« (ebd., S. 19).

Ende 2019 hat der Bundesrat der Reform der Hebammenausbildung zugestimmt und die vollständige Verlegung der Hebammenausbildung in den tertiären Bildungsbereich beschlossen. Damit wurde eine EU-Richtlinie aus dem Jahr 2013, in der die Ausbildung von Hebammen auf Hochschulniveau angesiedelt wird, auch von Deutschland als letztem EU-Land umgesetzt. Die von Frau Grube geforderte Akademisierung des Hebammenberufs ist am 1. Januar 2020 in Kraft getreten, sodass die Hebammen nun auch in Deutschland auf einem Niveau ausgebildet werden, das ihrer anspruchsvollen Tätigkeit mit Frauen und Familien während Schwangerschaft, Geburt, Wochenbett und Stillzeit entspricht (vgl. Gesetz zur Reform der Hebammenausbildung und zur Änderung des Fünften Buches Sozialgesetzbuch [Hebammenreformgesetz-HebRefG], 2019, 28. November).

Die Verbandsvorsitzende spricht aber noch ein weiteres dringendes Problem an – das der Forensik:

>»Ich möcht' dann noch einen Aspekt anfügen. Jetzt haben wir ein paar Mal über Forensik gesprochen, ne. Also die Klagefreudigkeit steigt, die Krankenkassen und die Sozialversicherungsträger haben die Möglichkeit, in Regress zu gehen und die ihnen entstandenen Kosten bei jemandem, der als schuldig befunden wird, wieder einzufordern. [...] Man schustert das immer der

Forensik in die Schuhe und sagt, ›Die Richter entscheiden so, die Richter sprechen solche Urteile.‹ Aber die Richter entscheiden nicht, ob unter der Geburt ein Fehler passiert ist oder nicht, sondern die orientieren sich ausschließlich an den Gutachten, die im Moment noch größtenteils von den Ärzten geschrieben werden. Das heißt, die Situation, unter der auch die Ärzte leiden und die die Ärzte auch beklagen, haben aber auch deren Kollegen verursacht. Da wären dann Forderungen von uns, dass man einfach auch Hebammengutachterinnen deutlich mehr abfragt und uns nicht automatisch unterstellt, ›Dieses Gutachten hat eine Hebamme geschrieben, das ist ein Gefälligkeitsgutachten.‹ So kann man das eigentlich nicht abhandeln. Also wo gibt's das, außer bei uns, dass eine fremde Berufsgruppe Gutachten über das Verhalten einer Berufsangehörigen schreibt. Gibt's nur bei Hebammen. Vielleicht in der Pflege noch, das weiß ich nicht. Aber das sind ähnliche Verhältnisse. Aber es käme tatsächlich kein Schlosser auf die Idee, ein Gutachten über die Arbeit eines Installateurs zu schreiben. [...] Wir haben auch nicht wirklich viele Hebammen, die als Gutachterinnen arbeiten können. Aber was die berichten, ist, dass sehr häufig ihre Gutachten nicht gleichwertig gewertet werden. Wo wir das mitkriegen, können wir das benennen, wo wir das nicht mitkriegen, können wir das natürlich nicht machen. Aber wir müssen natürlich schon für ein Bewusstsein auch sorgen, dass Hebammen von Hebammengutachterinnen begutachtet werden. [...] Oder man sagt, ›Okay, in jedem geburtshilflichen Fall gibt's ein ärztliches Gutachten [und] ein Gutachten von einer Hebamme‹« (Grube, 2018, S. 23).

Der Verband möchte zudem ein Bewusstsein dafür schaffen, dass Kinder außerklinisch zur Welt kommen können und dass auch in diesem Sektor kompetente Hebammen tätig sind:

»Man müsste das Bewusstsein schaffen, dass ein Krankenhaus *ein* Ort ist, wo Kinder zur Welt kommen können. *Andere* Orte sind zu Hause oder im Geburtshaus. Aber es wird so akzeptiert [...] und viele denken gar nicht mal über die Möglichkeit nach, dass sie das Kind auch zu Hause oder im Geburtshaus zur Welt bringen können. Da würd' ich mir tatsächlich wünschen, dass wir es hinkriegen, eine Kampagne ›Physiologische Geburt‹ zu starten, dass das ins Bewusstsein kommt. [...] Die außerklinische Geburt [ist] sehr sicher, sehr frauen- und sehr kinderfreundlich, ist ja nix, womit wir hinter dem Berg halten. Wir gehen mit dieser Information auch raus, aber es setzt sich trotzdem im gesellschaftlichen Bewusstsein im Moment noch nicht durch. Und deswegen [...] sind wir sehr froh über diese Aufnahme in der Liste des immateriellen Kulturerbes der UNESCO. Weil das, find' ich, ist schon nochmal ein Zeichen, dass wir hier was haben, was wir wirklich bewahren müssen. Und das gibt uns schon einen Auftrieb. Und das ist gut« (ebd., S. 11).

Die Deutsche UNESCO-Kommission hat 2016 das Hebammenwesen in das Bundesweite Verzeichnis des Immateriellen Kulturerbes aufgenommen. Die Kommission begründete ihre Entscheidung damit, »dass die deutsche Hebammenkunde auf einem, über Jahrhunderte erworbenen, breiten Wissen fußt, verschiedene Kulturtechniken vereint sowie einen hohen sozialen und kulturellen Wert hat« (*Deutsches Ärzteblatt*, 2016, 16. Dezember).

Im März 2018 hat die deutsche UNESCO-Kommission daraufhin die Nominierung des Hebammenwesens als Immaterielles Kulturerbe für die internationale UNESCO-Liste beschlossen.

Abbildung 22: Logo UNESCO-Nominierung des Hebammenwesens

Die anscheinend wie ein Damoklesschwert über der Geburtshilfe schwebende Forensik lähmt die angestrebten Verbesserungen im Hinblick auf interventionsarme oder interventionsfreie Geburten. Die zunehmende Klagehäufigkeit führte zu den extrem hohen Versicherungsprämien aufseiten der freiberuflich in der Geburtshilfe tätigen Hebammen, ein weiterer wichtiger Aspekt, der den Beruf in Misskredit gebracht hat. Auch hierzu bezieht der Deutsche Hebammenverband Stellung und fordert eine grundsätzliche Regelung für diese komplexe Problematik. Der Berufsverband geht davon aus, dass alle werdenden Mütter einen Anspruch und ein Grundrecht auf Hebammenhilfe haben und dass es vor diesem Hintergrund eine gesellschaftliche und politische Selbstverständlichkeit sein muss, dass diese wohnortnah und flächendeckend in allen benötigten Organisationsstrukturen zur Verfügung steht. Die steigenden Berufshaftpflichtkosten werden seit Juli 2015 gemäß dem aktuellen Vergütungsvertrag in Form des Sicherstellungszuschlages ausgeglichen. Dieser wird auf Antrag der Hebamme rückwirkend ausbezahlt. Mit dem Sicherstellungszuschlag ist eine Zwischenlösung gefunden worden, die den Großteil der Kosten für freiberuflich in der Geburtshilfe tätige Hebammen bis zu einer maximalen Höhe von aktuell 6.053,25 Euro abdeckt. Der Vertrag zwischen den Krankenkassen und den Hebammenverbänden wurde durch einen Schiedsspruch am 25. September 2015 festgesetzt. Hebammen beklagen aber, dass diese Lösung weiterhin inakzeptabel sei, da sie immer noch auf einem Drittel der Kosten sitzen blieben. Langfristig präferiert der DHV ein staatliches Fondsmodell, mit dem die Belastung auf mehreren Schultern verteilt werden soll. Die Kosten steigen stetig und lagen im Jahr 2019 bereits bei 8.664 Euro (Pressestelle des Deutschen Hebammenverbandes, 2019).

Neben der Forderung, die Eins-zu-eins-Betreuung sicherzustellen, sieht der Verband in den wenigen hebammengeleiteten Kreißsälen eine Situation, die es zu verbessern gilt, und fordert sowohl die flächendeckende bundesweite Einrichtung von hebammengeleiteten Kreißsälen als auch die ausreichende Besetzung von Wochenstationen, Schwangerenstationen und Schwangerenambulanzen mit Hebammen, vor allem auch in leitenden Positionen. Auch die Unterstützung von Geburtshilfepraktiken, bei denen die Erhaltung der natürlichen physiologischen Prozesse in Schwangerschaft, Geburt und Wochenbett das Ziel ist, sieht der DHV als vordringliche Aufgabe (Deutscher Hebammenverband, o.J.d).

Insbesondere die Forderung nach hebammengeleiteten Kreißsälen stößt anscheinend noch immer auf taube Ohren. Dabei wäre mit deren Etablierung eine große Bandbreite dessen zu verwirklichen, was eine gute Geburtshilfe leisten könnte: die geforderte Eins-zu-eins-Betreuung, sicheres, interventionsfreies Gebären, ein gewaltfreier Raum für Mutter und Kind und eine selbstbestimmte Geburt.

Gerade auch vor dem Hintergrund des im vorigen Kapitel diskutierten Sicherheitsaspekts wäre der Hebammenkreißsaal ein Kompromiss zwischen einem Krankenhaus der Maximalversorgung und einer außerklinischen Geburt. Frauen wie Frau Nast, die sich nur in einer Klinik »sicher« wähnen und eine außerklinische Geburt niemals in Erwägung ziehen würden, könnte man mit dieser Einrichtung entgegenkommen.

Wie aus Kapitel IV.3.2 dieser Untersuchung hervorgeht, haben Hebammen wie Silja Demel oder Marlitt Braun überaus positive Erfahrungen im hebammengeleiteten Kreißsaal gesammelt und sich gefragt, warum das Modell nicht Schule macht.

Praktisch sieht die Arbeit eines Hebammenkreißsaales so aus, dass hier selbstständig und eigenverantwortlich normale Geburten betreut werden. Die dort tätigen Hebammen leiten eine Frau nur in den herkömmlichen Kreißsaal weiter, wenn sich vor, während oder nach der Geburt Komplikationen ergeben, die ärztliches Können erfordern. Ansonsten verbleiben die Frauen im alleinigen Verantwortungsbereich der Hebammen in dem von ihnen geleiteten Kreißsaal – ein überzeugendes Konzept, das sich in Deutschland aber nur schwer durchsetzt:

Die Arbeit der Hebammenkreißsäle in Deutschland wurde kürzlich erstmalig umfassend evaluiert. Nach dieser Untersuchung zeigt sich unter anderem, dass die Interventionsraten im Hebammenkreißsaal im Vergleich zum ärztlich geleiteten Kreißsaal deutlich niedriger sind. Frauen, die sich für eine Niederkunft im Hebammenkreißsaal entschieden hatten, hatten eine um nahezu 70 Prozent geringere Wahrscheinlichkeit, einen Kaiserschnitt zu erhalten (Kolip et al., 2012, S. 90).

Abbildung 23: Hebammenkreißsäle in Deutschland

Obwohl die Vorteile eines Hebammenkreißsaales auch wissenschaftlich bestätigt wurden, ist das Modell hierzulande bei insgesamt nur 20 Hebammenkreißsälen noch immer ein Desiderat.

Inwieweit sich die Hebammen selber bei der Durchsetzung der formulierten Forderungen einbringen können, ist fraglich. Viele Hebammen äußerten im Interview, dass sie sich verbandspolitisch wenig oder gar nicht engagieren könnten, weil die zeitliche Inanspruchnahme durch den Beruf so hoch sei, dass sie keine Kapazitäten mehr dafür frei hätten.

Da die Frage, wie zukünftig die Kinder in Deutschland zur Welt kommen sollen, aber gesamtgesellschaftlich gelöst werden muss, kann es auch nicht allein die Aufgabe der Hebammen sein, sich politisch zu positionieren, um den formulierten Aufgabenkatalog umzusetzen. Die Protestgeneration der 1970er und 1980er Jahre hat seinerzeit ihre Forderungen nach einer »sanften«, nicht fremdbestimmten Geburt auf die Straße getragen und auch im persönlichen Umfeld durchgesetzt, indem sie frauenzentrierte Gesundheitszentren und Geburtshäuser gründete und/oder den versierten, außerklinisch tätigen Landhebammen vertraute, die sie bei Hausgeburten unterstützten. Auch heutzutage gibt es Protestaktionen gegen die Schließung von Geburtsstationen und gegen die die Hebammenarbeit gefährdenden viel zu hohen Kosten für die Berufshaftpflicht. Doch momentan ist noch nicht abzusehen, ob die Aktionen das Ruder noch herumreißen können oder nicht.

VIII Epilog

In nur 60 Jahren hat sich der Beruf der Hebamme und mit ihm die Kultur des Gebärens so fundamental verändert, dass die Körperhistorikerin Barbara Duden »vom Untergang der Geburt im späten 20. Jahrhundert« (Duden, 1998, S. 149) spricht. Das, was schwanger sein einmal war, nämlich »guter Hoffnung« sein, ist zu einem Zustand geworden, der als außerordentlich risikobehaftet gilt. Eine Schwangere wird mit dem Ausstellen ihres Mutterpasses zur Patientin und erhält schon bei ihrem allerersten Praxisbesuch Anweisungen, wie sie sich fortan zu ernähren, auf was sie zu achten und wie sie ihren Körper zu behandeln habe. Es werden Ultraschallaufnahmen vom Ungeborenen gemacht und der Frau werden die Mutterschutzmaßnahmen erläutert, die sie, je nach Art der beruflichen Tätigkeit, von der Arbeit entlasten oder auch freistellen. Dies alles geschieht in guter Absicht für Mutter und Kind, denn man möchte beide gesund erhalten und ihnen dafür die bestmöglichen Bedingungen bieten.

Eine Schwangere genießt den besonderen Schutz des Staates, der ihr auch eine wohnortnahe Geburtshilfe und einen guten Betreuungsschlüssel bei der Geburt garantiert. Zur Seite steht ihr eine Hebamme, deren Berufsethos darauf ausgerichtet ist, ihr bei der Geburt beizustehen, sie zu unterstützen und sich ihrer als Person anzunehmen. Hierzu gehört neben den Vorsorgeuntersuchungen auch die Wochenbettversorgung nach der Geburt über einen längeren Zeitraum hinweg.

In der Realität sieht es so aus, dass mehr als 98 Prozent aller Frauen in Deutschland in einem Krankenhaus entbinden. Auch hier werden sie von einer Hebamme unterstützt, allerdings nicht in Form einer Eins-zu-eins-Betreuung. Wie die Interviews gezeigt haben, liegen die Gebärenden oftmals längere Zeit alleine in ihrem Krankenzimmer, da sich die überforderte Hebamme nicht um mehrere Frauen gleichzeitig kümmern kann. Damit die Frauen in der Eröffnungsphase der Geburt keine Schmerzen haben, wird ihnen eine PDA gelegt. Viele Frauen fordern diese Art der Betäubung ein, aber auch wo dies nicht der Fall ist wird sie ihnen häufig schmackhaft gemacht, da man sie aus Zeitgründen nicht adäquat betreuen kann, und eine Gebärende, die keine Schmerzen äußert, braucht weniger Zuwendung. In der Klinik werden auch Geburten eingeleitet, wenn das Kind übertragen ist oder eine andere ärztliche Indikation vorliegt. Es werden künstlich Wehen ausgelöst, was oftmals weitere medizintechnische Interventionen nach sich ziehen kann. Auch die PDA macht diese in vielen Fällen notwendig, wenn beispielsweise die Geburt durch den Kristellerhandgriff und/oder den Einsatz der Saugglocke zu Ende gebracht werden muss. In großen Krankenhäusern liegt die Kaiserschnittrate derzeit bei ca. 50 Prozent, wie beispielsweise im Universitätsklinikum Gießen, im bundesweiten Durchschnitt bei ca. 31,6 Prozent. Wenn die WHO zehn bis 15 Prozent für angemessen hält, müssen diese Zahlen alarmieren. Nach der Leitlinie der Deutschen Gesellschaft für Gynäkologie und Geburtshilfe ist die Schnittentbindung vor allem dann unumgänglich, wenn das Kind quer im Bauch liegt, wenn sich die Plazenta vorzeitig löst oder andere schwerwiegende Probleme auftreten, die Mutter und Kind gefährden können. Allerdings sind solch zwingende Gründe für weniger als zehn Prozent der Kaiserschnitte in Deutschland verantwortlich. Die meisten anderen Sectiones erfolgen aus Gründen, die auch unter MedizinerInnen umstritten sind. Dazu gehört die Beckenendlage, die in den vergangenen Jahren fast automatisch zum Kaiserschnitt führte. Erst in jüngerer Zeit gehen einige Ärzte und Ärztinnen wieder dazu über, eine äußere Wendung zu versuchen, wobei das Kind durch gezielte Handgriffe am Bauch der Mutter in die richtige Geburtsposition gedreht wird. Führt dies nicht zum Erfolg, werden Beckenendlagen neuerdings auch häufiger wieder vaginal entbunden, wie beispielsweise am Universitätsklinikum in Frankfurt am Main, wo sich Prof. Dr. Frank Louwen auf Beckenendlagengeburten spezialisiert hat (vgl. Louwen, 2020). In der Mehrzahl der Fälle kommt allerdings nach wie vor der Kaiserschnitt zum Einsatz.

Auch ein höheres Geburtsgewicht kann zur Sectio führen. Obwohl hierfür keine offiziellen Leitlinien existieren, wird der Mutter bei einem geschätzten Geburtsgewicht von mehr als vier Kilogramm die Gefahr einer Schulterdystokie bedeutet, wenn sie sich für eine vaginale Geburt entscheidet. Trotz erheblicher Ungenauigkeiten bei der Gewichtsschätzung des Ungeborenen sitzt nun der Schwangeren die Angst im Nacken und sie wird sich mit hoher Wahrscheinlichkeit zur Sectio entschließen, um Schaden vom Kind abzuwenden. Grundsätzlich, darin sind sich alle Befragten einig, wird die Kaiserschnittoperation zu häufig angewandt und es ist ein Umdenken erforderlich, um zu einer vernünftigen, weniger invasiven Geburtshilfe zurückzukehren.

1 Historischer Wandel: Dorfhebammen

Die Veränderungen in der deutschen Geburtshilfe der letzten 60 Jahre sind enorm; die hier vorgestellten Hebammengenerationen haben dies in ihrem Arbeitsalltag erlebt und Stellung dazu bezogen. Die Hausgeburtshebammen der 1950er und 1960er Jahre verstanden sich als Geburtsbegleiterinnen und halfen den Frauen in ihrer »schweren Stunde«. Mit großem Vertrauen in die natürliche Geburt, in ihr eigenes professionelles Können und auch mit Gottvertrauen standen sie den Gebärenden und Wöchnerinnen bei. Sie halfen bei einer normalen Geburt ebenso wie bei Beckenendlagen- oder Zwillingsgeburten. Es war eine Selbstverständlichkeit, dass die Geburt bei der Schwangeren zu Hause stattfand und sie nicht in einer fremden Umgebung niederkam. Die Geburt eines Kindes war ein familiäres Ereignis, denn es wurde in eine Familie hineingeboren, in der es fortan leben würde und die für sein Wohl und Wehe verantwortlich war. Die Nachbarschaft und die Dorfgemeinschaft nahmen den Familienzuwachs auf, Mutter und Kind wurden Gaben überbracht und die Wöchnerin erfuhr besondere Zuwendung nicht nur in Form von Geschenken, sondern vor allem auch in einer Entlastung von den alltäglichen Pflichten. Sie blieb zehn Tage lang im Bett, es wurde für sie und ihre Familie gekocht und sie konnte sich allmählich auf die neue Situation und das Leben mit dem Neugeborenen einstellen. Die Hebamme war auch hierfür die Fachfrau. Sie stand der Mutter noch längere Zeit nach der Niederkunft mit Rat und Tat zur Seite und ließ sie und das Kind über Tage, manchmal Wochen nach der Geburt nicht aus den Augen.

Die Hebamme war auch für die Taufe zuständig und trug das Kind zur Kirche. Wie der Bürgermeister des Ortes nahm sie einen besonderen Platz im Kirchenschiff ein, denn sie gehörte als besondere Persönlichkeit zu den DorfhonoratiorInnen. Sie war stets zugegen, wenn im Ort ein neuer Mensch das Licht der Welt erblickte, und ihr Tun war ein ganzheitliches Tun. Sie stand immer an der Schwelle des Lebens und ging mit der Gebärenden gemeinsam durch die Krise der Geburt. Kulturethnolo-

Abbildung 24: Frau aus Bauerbach und Hebamme mit dem Säugling auf dem Arm, 1950

gisch gesehen, teilte sie mit ihr im Turner'schen Sinne einen Schwellenzustand (Liminaliät) und blieb ihr deshalb besonders innig verbunden (vgl. Turner, 1998). Sie war Begleiterin eines Übergangsritus während der Geburt und auch während des Wochenbetts, wenn die junge Mutter ihre neue Rolle in der Gemeinschaft einnahm. Solche Übergänge in den verschiedenen Stadien des Lebens werden stets von Bräuchen und Ritualen begleitet, wie sie in den Interviews von den Dorfhebammen beschrieben werden. Und da das Vertrauensverhältnis fortbestand, konnte die Hebamme diese herausragende soziale Stellung in der Dorfgemeinschaft auf Dauer einnehmen. Es gab kaum eine gebärfähige Frau im Dorf, die diesen Zustand der »rites de passage« (vgl. van Gennep, 2005) nicht mit ihr geteilt hätte, wie es kaum ein Haus gab, in dem nicht ein Kind geboren worden war. In den Dörfern war jedes Haus ein Geburtshaus und die Hebamme ging in jedem ihr ganzes Berufsleben lang selbstverständlich ein und aus.

Die Hebammen der 1950er und 1960er Jahre kannten nur normale Geburten, die sie zu Hause betreuten. Es wurden keine medizinischen Interventionen angewandt und sie verließen sich auf das, was sie in der Ausbildung erlernt und im Laufe ihres Berufslebens dazugelernt hatten. Sie kannten sich mit Schwangerschaft und Geburt aus, hatten mit dem Hörrohr und ihren Händen Hilfsmittel, mit denen sie prüfen konnten, ob es dem Kind im Mutterleib gut ging. Den Zustand der Schwangeren verstanden sie als eine Zeit der »guten Hoffnung«. Verlief eine Schwangerschaft nicht regelmäßig oder die Schwangere zeigte bestimmte Anzeichen, die die Hebamme nicht zu deuten wusste, überwies sie die Frau an einen Arzt oder eine Ärztin. Mitunter musste dann auch die Geburt in einem Krankenhaus stattfinden, was aber, laut den Berichten der Hebammen, nur in seltenen Fällen vorkam. Auch die Frauen selbst sahen keine Veranlassung, ihr Kind in einer Klinik zu entbinden. Sie hatten Vertrauen zu ihrer Hebamme, von der sie häufig selber schon auf die Welt geholt worden waren.

Die alten Dorfhebammen verstanden die Welt nicht mehr, als plötzlich die Hausgeburten aufgegeben wurden und die Klinikgeburt um sich griff. Flankiert von gesundheitspolitischen Maßnahmen und einer veränderten Gesetzeslage (Mutterschutzgesetz von 1968) sahen viele Frauen in der Klinikgeburt einen Fortschritt, an dem sie teilhaben wollten. Die Städterinnen hatten es ihnen vorgemacht und die Dorffrauen wollten nicht zurückbleiben und ebenfalls mit der Zeit gehen. Die Krankenkassen finanzierten nicht nur die Niederkunft in der Klinik, sondern auch noch einen mehrtägigen Aufenthalt im Anschluss an die Geburt, sodass mit der Aussicht auf den Krankenhausaufenthalt eine gewisse Wohlfühlerwartung im Sinne eines Kurzurlaubs einherging. Man konnte sich Essen ans Bett bringen lassen und durfte eine Auszeit von den alltäglichen Pflichten nehmen. Dies schien zunächst verlockend, wich aber bald einer Ernüchterung, die sich durch den Klinikalltag zeigte, in dem viele Frauen anonym blieben und sich unbeachtet fühlten. Sie beklagten, dass das medizinische Personal sie schon am nächsten Tag auf dem Krankenhausflur nicht einmal mehr wiedererkannte, und erlebten eine Entfremdung, die von der Hebamme Birthe Lister als »nicht mehr normal« (Lister, 2015, S. 21). beschrieben wird. Ferner waren sie medizintechnischen Prozeduren ausgesetzt, wie sie die »programmierte Geburt« als gepriesene Neuerung der 1970er Jahre vorsah. Die meisten Frauen ahnten die Folgen solcher Eingriffe für sie selbst und ihr Kind nicht und blieben schockiert und hilflos zurück.

Doch die Hausgeburt war und blieb fortan ein Auslaufmodell und es bedurfte großer Anstrengungen seitens der Frauen und auch der Hebammen, wieder außerklinische Einrichtungen mit freiberuflichen Hebammen zu etablieren, in denen normale Geburten stattfinden konnten. Es waren die alten Landhebammen wie Liesel Werthmann, Helma Ide und Jadwiga Hamann, die in den 1970er und 1980er Jahren im Zuge der neuen Frauenbewegung wieder verstärkt Hausgeburten betreuten. Die wenigsten von ihnen hatten sich in Kliniken anstellen lassen, da sie diese Arbeitsform nicht gewohnt waren und auch nicht guthießen. Trotz der Gefahr, vom sogenannten Fortschritt abgehängt zu werden, blieben sie in der Freiberuflichkeit und riskierten finanzielle Einbußen, was auf ein hohes Maß an Selbstbewusstsein und beruflicher Standesehre schließen lässt.

2 Historischer Wandel: Klinikhebammen der 1970er und 1980er Jahre

Die nächste Hebammengeneration hingegen arbeitete nun als Angestellte in Krankenhäusern, worauf sie auch in ihrer Ausbildung vorbereitet wurde, da die Zahl der außerklinischen Geburten so stark zurückgegangen war, dass diese in den Ausbildungscurricula keine Rolle mehr spielten. Die Hebammen lernten jetzt eine Geburtshilfe kennen, die stark medikalisiert war. Es war die Zeit der »programmierten Geburt«, die die Ärzte auch »terminierte Schwangerschaft« oder »getimte Geburt« nannten (Heidiri, 2015, S. 17). Gebären sollte nicht mehr dem Prinzip der Natur überlassen, sondern der medizintechnischen Überwachung unterstellt werden, da man hierin einen Fortschritt sah, der die Assistenz der Ärzteschaft implizierte und das einst umfangreiche Aufgabengebiet der Hebammen deutlich beschnitt. Zum innovativen Vorgehen in den Kliniken gehörte nun die Vergabe von wehenfördernden Mitteln ebenso wie die Betäubung mit Lachgas, dem Pudendusblock und der Durchtrittsnarkose; ferner kam die Kopfschwartenelektrode beim Ungeborenen zum Einsatz und bei der Gebärenden Saugglocke und Zange. Der Kaiserschnitt wurde zunächst noch nicht so häufig angewandt; die Ärzteschaft hatte Respekt vor dieser Operation, die als große Bauchöffnung nicht als Bagatelleingriff galt. Die Hebammen arbeiteten im Schichtdienst; die Frauen, die sie betreuten, waren ihnen unbekannt. Ihr in der Ausbildung erlerntes Können war zunehmend weniger gefragt, das Hörrohr, mit dem sie umzugehen verstanden, wurde durch ein Dauer-CTG ersetzt und die Eins-zu-eins-Betreuung, die für ihre Vorgängerinnen selbstverständlich gewesen war, war nicht zu leisten angesichts des engen Personalschlüssels vor Ort. Viele Hebammen dieser Generation fühlten sich frustriert und beruflich desillusioniert und äußerten, wie Rabea Greif im Interview, dass sie den Beruf, so wie er sich in der Klinik entwickelt habe, kein zweites Mal mehr erlernen würden.

Doch vonseiten der Hebammen als auch breiter Teile der Gesellschaft setzte nun Kritik an einem Verständnis von Geburt als »technischem Ereignis« ein und es wurden die Stimmen alternativer Ärzte und Hebammen aus Frankreich und England gehört, die die »sanfte Geburt« (Leboyer) propagierten und die medizintechnischen Interventionen anprangerten, allen voran die in Verruf geratene »programmierte Geburt«. Diese neue kritische Haltung führte dazu, dass Hebammen nun wieder verstärkt selbstständig sein und außerklinisch oder in den Kliniken als Beleghebammen arbeiten wollten. Sie forderten flexiblere Arbeitszeiten, die sie in die Lage versetzten, mit einer halben oder Drittelstelle ihren Dienst als Klinikhebamme zu versehen und den anderen Teil ihrer Arbeitszeit freiberuflich zu gestalten. Es tat sich nun auch die Möglichkeit auf, eigene ambulante Hebammenpraxen zu eröffnen, Schwangere in der Vor- und/oder Nachsorge zu betreuen oder selbstständig Kurse anzubieten, etwa in der Geburtsvorbereitung, der Schwangeren- und Rückbildungsgymnastik, in Schwangerenyoga, Massage und vielem mehr. Die Geburten verblieben zwar mehrheitlich im Krankenhaus, aber dafür öffneten sich neue Tätigkeitsfelder im außerklinischen Bereich, die die Hebammen wahrnahmen und ausbauten. Diese Entwicklung führte zu einer größeren Berufszufriedenheit, da ihnen ein hohes Maß an Selbstständigkeit möglich war, was den Klinikalltag, sofern sie ihn zusätzlich versahen, akzeptabler machte. Ein Manko blieb freilich, dass die Mehrzahl der Hebammen keine Geburten mehr außerhalb der Klinik betreute, da sich auf diesem Gebiet keine nennenswerten Veränderungen mehr ergaben. Die außerklinische Geburtenrate blieb konstant bei unter zwei Prozent, wobei regionale Unterschiede zu verzeichnen sind. An Orten mit Geburtshäusern und überwiegend mittelständischer akademischer Klientel lag und liegt sie in der Regel etwas höher als im Bundesdurchschnitt. Im Großen und Ganzen jedoch blieb der Sieg der Klinikgeburt unangefochten.

Aus kulturhistorischer Sicht nahm diese Entwicklung ihren Anfang in den Accouchieranstalten des ausgehenden 18. Jahrhunderts, als zum ersten Mal in der Geschichte Geburten in einem klinischen Setting stattfanden. Nie zuvor hatten sich Frauen zum Gebären in ein Krankenhaus begeben und es war und blieb zunächst auch schwierig, sie hiervon zu überzeugen. Freiwillig fanden sie sich so gut wie nie dazu bereit, sodass die Niederkunft in der Gebäranstalt für unverheiratete Mütter verpflichtend wurde und die Dienstherrschaft dafür Sorge zu tragen hatte, dass die ledige Magd zu gegebener Zeit ins Accouchierhaus überstellt wurde. Im Falle verheirateter Frauen blieb die Geburt das ganze 19. Jahrhundert hindurch im Wesentlichen ein häusliches Geschäft, für das die Hebamme als Geburtsbegleiterin ausgebildet war. Dies änderte sich erst im 20. Jahrhundert sukzessive, zunächst in den großen Städten, in der zweiten Jahrhunderthälfte auch auf dem Land.

Auffallend ist, dass nahezu alle befragten Hebammen die Geburt im Krankenhaus kritisch sehen. Die Hebammengeneration der 1950er und 1960er Jahre weigerte sich, hier ihren Dienst zu tun, und blieb, trotz massiver Verdiensteinbußen, weiterhin freiberuflich in der Hausgeburtshilfe tätig. So entzog sie sich den normativen Imperativen – ein Beispiel von Eigensinn, den noch die nächste Generation, wenn auch unter anderen Vorzeichen, aufwies.

Die Generation der 1970er und -80er Jahre arbeitete zwar in den Krankenhäusern, übte aber bald massiv Kritik an der Medikalisierung der Geburt, die sie hier in Form der »programmierten Geburt« vorfand, und entzog sich diesen Zumutungen. Auch in der Gesellschaft regten sich Proteste und interessanterweise schalteten sich selbst Ärzte (Leboyer, Lamaze, Odent, Read [vgl. Dick-Read, 1962] u. a.) mit der Forderung nach mehr Menschlichkeit unter der Geburt für Mutter und Kind ein. Die medizintechnischen Interventionen gingen unter diesem Druck langsam wieder zurück, die Krankenhäuser propagierten nun auch ambulante Geburten und richteten die Kreißsäle freundlicher her, was freilich eher kosmetischer Natur war. Babys konnten unter dem Schlagwort »Rooming-in« in den Krankenzimmern der Mütter verbleiben und die Hebammen ermunterten die Frauen zum Stillen. Massive geburtshilfliche Eingriffe in den Körper, wie sie der Kaiserschnitt darstellt, waren zu dieser Zeit bei einer Sectiorate von rund fünf Prozent noch vergleichsweise selten.

Die Protestgeneration der 1970er und 1980er Jahre lenkte jedoch ihr Augenmerk nicht nur auf humanere Entbindungsmethoden in den Kliniken, sondern schuf ihrerseits Alternativen zur Niederkunft im Krankenhaus in Form von Geburtshäusern, die fortan wie Pilze aus dem Boden schossen und in denen Hebammen tätig waren, die eine natürliche und selbstbestimmte Geburt gewährleisteten. Nach der »Wende« entstanden erstmals auch Geburtshäuser in den neuen Bundesländern, die hier einen großen Nachholbedarf hatten, da in der DDR außerklinische Geburten nicht erlaubt waren.

3 Historischer Wandel: Hebammen in Gegenwart und Zukunft

Doch auch diese Entwicklung hielt nicht kontinuierlich an. Die Möglichkeit, ein Kind außerklinisch oder in einer hebammengeleiteten Einrichtung zur Welt zu bringen, wird in Deutschland seit etlichen Jahren immer schwieriger. Die immens gestiegenen Versicherungskosten für die Berufshaftpflicht machen die Hebammenarbeit zunehmend unattraktiv, denn ca. 9.000 Euro jährlich, von denen die freiberufliche Hebamme gut ein Drittel selber zahlen und für die gesamte Summe in Vorleistung treten muss, sind auf Dauer nicht zumutbar. Die Geburt erscheint hier nicht nur als riskantes, sondern vor allem als ökonomisches Projekt, bei dem Kosten und Nutzen sowie Risiken und der erwartete »Output« evaluiert werden. Obwohl es nicht mehr Geburtsschäden als früher gibt, haben sich durch den medizinischen Fortschritt die Behandlungs- und Pflegekosten pro Versicherungsfall dramatisch erhöht, eine gesamtgesellschaftliche Entwicklung, die auf dem Rücken der Hebammen ausgetragen wird. Vor diesem Hintergrund verwundert es nicht, dass sie die Geburtshilfe zunehmend ad acta legen und sich auf andere Gebiete ihres Faches verlegen oder den Beruf ganz aufgeben. Das bedeutet für die Schwangeren, dass das ihnen gesetzlich zugesicherte Recht auf die freie Wahl des Geburtsortes unterlaufen wird. Mit dem Beistand einer Hebamme ein Kind zur Welt zu bringen wird immer schwieriger, da auch die wohnortnahen Krankenhäuser zugunsten zentralisierter Großkliniken verschwinden. Der deutsche Hebammenverband hat bereits eine »Landkarte der Unterversorgung« ins Internet gestellt. Barbara Blomeier, erste Vorsitzende des Landesverbands der Hebammen in Nordrhein-Westfalen warnte unlängst in der Westdeutschen Zeitung (Werner-Staude, 2017, 17. Mai) vor einem Flächenbrand, auch wenn dieser in ländlichen Gegenden augenfälliger sei als in den Städten. Doch greife er auch hier bereits um sich.

Von den rasanten gesundheitspolitischen Veränderungen in der deutschen Geburtshilfe ist die Hebammentätigkeit voll betroffen. Viele der Interviewten äußern, dass sie sich nicht auch noch politisch engagieren könnten bei der hohen zeitlichen Auslastung, die ihr Berufsalltag mit sich bringe, und dass hier die Bevölkerung mit aufgerufen sei, diese Negativspirale nicht unwidersprochen hinzunehmen, sondern aufzubegehren gegen eine Politik, die schon am Beginn des menschlichen Daseins, gewissermaßen in der Stunde der Geburt, versage. Aber wie wollen die Deutschen eigentlich, dass ein Mensch zur Welt kommen soll?

Dass die Geburt in der sozialwissenschaftlichen Forschung einen »blinden Fleck« (Villa et al., 2011, S. 7) darstellt, erstaunt angesichts der Tatsache, dass gerade sie sowohl für die Gesellschaft als auch für das Individuum schlicht existenziell ist. Gebären ist keineswegs ein bloßes bio-physiologisches Phänomen, sondern ist aufs engste mit sozialen, politischen und kulturellen Vorstellungen, Ritualen und Praxen verbunden. Wie die hier vorgelegte Studie zeigt, ist es in den letzten Jahrzehnten nicht nur zur Veränderung des Hebammenalltags gekommen, sondern auch zu einer gravierenden Bedeutungsveränderung der Geburt, bei der die Geburtsrituale in den Hintergrund traten zugunsten einer übergreifenden medikalisierten Organisation reibungsloser Abläufe und dem damit einhergehenden Versprechen der Risikobeherrschung (vgl. ebd., S. 11).

Geburtsrituale machen das physiologische Geschehen des Gebärens zu einem sozialen Ereignis. Die erste Generation, die hier zu Wort kam, die der Landhebammen, fand bei ihren Hausgeburten einen klar umgrenzten Raum vor, in dem Direktheit, Gleichheit und Einfachheit vorherrschten. Die Hebamme konnte an die Arbeit ihrer Vorgängerin anknüpfen, indem sie das Vertrauen der Frauen und der Dorfbevölkerung genoss und sich ihrer Stellung in der Gemeinschaft sicher war. In ihrer traditionellen Lebenswelt war sie in der Lage, auch traditionelle Sicherheiten zu bieten. Die ihr anvertrauten Frauen waren frei von Entscheidungszwängen und Selbstverantwortungsnöten, sie konnten in einem festgefügten und Vertrauen erweckenden Ordnungsrahmen zuversichtlich ihrer Geburt entgegensehen. Die Hebamme war Teil dieses lebensweltlichen Gefüges, in dem alle Beteiligten von einem guten Gelingen ausgehen konnten.

Mit den Wandlungsprozessen der modernen Gesellschaft öffneten sich die Dörfer und damit einher gingen die Enttraditionalisierung der Lebenswelten und die Individualisierung der Lebensführung. Gebären wurde nun zum Projekt (Rose & Schmied-Knittel, 2011, S. 91) mit persönlichem Ressourceneinsatz und einem Überangebot an Möglichkeiten. Ratgeberliteratur und Internetforen zwingen die Schwangere gegenwärtig in eine Spirale der andauernden Suche nach dem richtigen Vorgehen und verlangen ihr enorme Entscheidungskompetenz ab sowie ein unentwegtes Abwägen zwischen den zahlreichen Angeboten, die die moderne Gebärkultur vorhält. Die Geburt wird somit zu einem Projekt im Leben des »unternehmerischen Selbst«, das ökonomisierten Logiken folgt (vgl. Bröckling, 2007). Sowohl an die Schwangere als auch an die Geburt selbst werden hohe Erwartungen geknüpft und der Frau selbstbestimmte Entscheidungen abverlangt, deren Folgen sie alleine zu tragen hat, da sie nicht mehr als im gesellschaftlichen Verantwortungsbereich liegend wahrgenommen werden.

Die infolge dieser Umbrüche in der zweiten Hälfte des 20. Jahrhunderts verdrängte Hausgeburt entzieht sich in einem gewissen Grad der Herrschaft des medizinischen und ökonomischen Apparates, womit sie als fahrlässig betrachtet wird. Man handelt nur dann verantwortungsbewusst, so die Doktrin, wenn man in der Klinik entbindet. Mit dem wirkmächtigen Risikobegriff und seinen klinischen Kriterien kann somit soziale Herrschaft ausgeübt werden (vgl. Nadig, 2011).

Der Anspruch auf Sicherheitsstandards hat sich durchgesetzt und die Frauen nehmen die detaillierte Schwangerschaftsdiagnostik in Anspruch, die die gegenwärtige Geburtskultur zur Verfügung stellt. Gleichzeitig wird die Schwangere verpflichtet, selbst Verantwortung zu übernehmen, um zu einem guten Geburtserlebnis zu kommen. Individuelle Versagensängste und Schuldzuweisungen sind die Kehrseite dieser Medaille, wenn etwas nicht so klappt, wie es klappen sollte. Die in solche Zwänge hineinmanövrierten Frauen würden Entlastung finden, wenn sie Hebammen ihres Vertrauens aufsuchen könnten, die mit ihnen die zahlreichen Ängste und Verunsicherungen bearbeiteten, statt sie weiter anzuheizen. Hebammen, das hat die Untersuchung gezeigt, sind näher bei den Frauen und bringen mehr Verständnis auf als Gynäkologen und Gynäkologinnen. Auch ist ihr Fokus nicht unentwegt auf Pathologie gerichtet, da sie in Schwangerschaft und Geburt physiologische Vorgänge sehen, denen man nicht ständig mit Angst begegnen muss. Angesichts dessen drängt sich die Frage auf, warum sich die Schwangerenvorsorge überhaupt in ärztlicher Hand befindet? Vielmehr wäre die Position der Hebammen sowohl hier als auch bei den Geburten zu stärken, indem der außerklinische Sektor sowie hebammengeleitete Einrichtungen, wie etwa Hebammenkreißsäle, weiter ausgebaut würden. Wie zahlreiche Studien belegen, bringen medizintechnische Interventionen keine besseren Geburtsergebnisse; vielmehr stellen die vorgeburtliche Betreuung und der kontinuierliche Beistand während der Geburt einen Gewinn für alle Beteiligten dar. Vor diesem Hintergrund könnte der schon mehrfach erwähnte Hebammenkreißsaal der Königsweg sein, da mit ihm sowohl eine interventionsfreie Geburt möglich ist, als auch im Falle eventueller Geburtskomplikationen ärztlicher Beistand hinzugezogen werden kann. Dieses Angebot würde auch den Frauen mit einem hohen Sicherheitsbedürfnis, wie es beispielsweise Frau Nast im Interview äußert, entgegenkommen (vgl. Rahden, 2011, S. 77).

Wie sich das Gebären für kommende Generationen gestalten und wie sich die Gebärkultur weiter verändern wird, ist nicht prognostizierbar. Viele Anzeichen deuten darauf hin, dass der Machbarkeitsgedanke an sein Ende gelangt sein könnte und angesichts der hohen Rate operativer Entbindungen gegenwärtig wieder gegengesteuert wird. Wie dieser Prozess sich im Einzelnen abbildet, muss offenbleiben. Da die Deutungshoheit dessen, was Geburt zu sein hat, im klinischen Machtgefüge liegt, kann die Hoffnung auf Verbesserung der Verhältnisse nur bescheiden ausfallen.

An den Hebammen dürfte die Umsetzung dringend nötiger Veränderungen jedenfalls nicht scheitern. Sie haben gezeigt, dass sie zu allen Zeiten für die ihnen anvertrauten Frauen einstanden und die Technisierung, Hospitalisierung und Medikalisierung der Geburt stets kritisch sahen. Ihr Wissen ist ein über Generationen gewachsenes Wissen, das sich nicht nur aus medizinischen, sondern auch aus sozialen und alltagsweltlichen Erfahrungen speist. In ihren Erzählungen äußern die interviewten Hebammen vehement Kritik am bestehenden Gesundheitssystem, verleihen auf der anderen Seite aber auch ihren Hoffnungen auf und ihren Visionen für eine Gebärkultur Ausdruck, die den Frauen und Familien gerecht werden und auch dem Hebammenberuf wieder zu neuem Ansehen verhelfen könnte.

Hebammen – dies hat das Buch zeigen können – stehen solidarisch an der Seite der Frauen und lassen sich nicht instrumentalisieren. Mit großem beruflichem Engagement und wachem politischen Interesse verfolgen sie die Entwicklung ihrer Profession und streiten für das Recht der Frauen auf eine selbstbestimmte Geburt. Mitunter denken sie ans Aufgeben angesichts der aktuellen Verhältnisse in den Kliniken und des Damoklesschwertes der Versicherungswirtschaft. Für die meisten Befragten aber war und ist die Hebammentätigkeit ihr Traumberuf, für den sie viel auf sich nehmen und dessen Fortbestand ihnen ein großes Anliegen ist.

Danksagung

Mein Dank gilt zahlreichen Personen und Institutionen, die das Zustandekommen der Studie möglich gemacht haben, allen voran meinen InterviewpartnerInnen, die mir viele Stunden ihrer wertvollen Zeit geschenkt haben, um aus ihrem Berufsleben zu erzählen. Ferner danke ich der Gerda Henkel Stiftung für die großzügige Förderung des Projekts und die darüberhinausgehende Unterstützung in Form von Film- und Öffentlichkeitsarbeit. Ich danke meinen Studierenden für die fleißige Mitarbeit im Seminar und dem Institut für Europäische Ethnologie/Kulturwissenschaft der Philipps-Universität Marburg für die Bereitstellung der Infrastruktur und die kollegiale Anteilnahme am Fortgang der Arbeit. Ein besonderer Dank geht an Silva Sprogies und Kristina Fischer, die nicht nur zahlreiche Transkriptionen übernommen, sondern auch das Manuskript Korrektur gelesen haben. Nicht zuletzt gilt mein Dank dem Psychosozial-Verlag Gießen für die überaus konstruktive Zusammenarbeit.

Widmen möchte ich das Buch meinen fünf Enkelkindern, von denen einige klinisch, andere außerklinisch das Licht der Welt erblickt haben. Allen gemeinsam aber ist, dass ihr erster Schritt ins Leben von einer engagierten Hebamme begleitet wurde.

Marita Metz-Becker,
Mogán de Gran Canaria, 8. März 2020

Anhang

InterviewpartnerInnen (alphabetisch, anonymisiert)

Hebammen

Silke Brandt-Schwermann, Jg. 1963
Marlitt Braun, Jg. 1965
Silja Demel, Jg. 1966
Rieke Eder, Jg. 1990
Rabea Greif, Jg. 1947
Hilka Groß, Jg. 1962
Asta Hahn, Jg. 1965
Jadwiga Hamann, Jg. 1932
Dietlinde Heil, Jg. 1947
Helma Ide, Jg. 1928
Miltraud Jäger, Jg. 1950
Urte Junghans, Jg. 1967
Reglinde Kahl, Jg., 1951
Hilla Köhler, Jg. 1965
Rosanna Lachmann, Jg. 1936
Birthe Lister, Jg. 1951
Tosca Mahlke, Jg. 1963
Traude Mann, Jg. 1993
Nala Pfeiffer, Jg. 1998
Sibilla Plattner, Jg. 1968
Ortrud Ruben, Jg. 1942
Sidonia Schmitt, Jg. 1970
Levke Stamm, Jg. 1990

Michaela Traube, Jg. 1968
Liesel Werthmann, Jg. 1931

Mütter

Pia Bönner, Jg. 1966
Mareike Nast, Jg. 1985
Katrina Stiel, Jg. 1988

Deutscher Hebammenverband

Utta Grube

Leitung Geburtshilfliche Abteilung Universitätsklinikum

Prof. Dr. med. Malte Küfner

Die Bundesländer der InterviewpartnerInnen

Baden-Württemberg
Bayern
Berlin (DDR und BRD)
Hessen
Niedersachsen
Nordrhein-Westfalen
Rheinland-Pfalz
Saarland

Literatur

Ade, Dorothee & Schmid, Beate (2011). Wo weder Sonne noch Mond hin scheint. Der Brauch der Nachgeburtsbestattung. *Mitteilungen der Deutschen Gesellschaft für Archäologie des Mittelalters und der Neuzeit, 23*, 227–236.
Aerzteblatt.de (2018, 7. Mai). Vermischtes. Zahl der Entbindungsstationen und Geburtshäuser rückläufig. https://www.aerzteblatt.de/nachrichten/94968/ (20.2.2021).
Ahlfeld, Friedrich (1927). Wie die Marburger Frauenklinik entstand. *Festzeitung Philipps-Universität Marburg* (hrsg. v. Ernst Elster), 69–70.
AOK (o. J.). Vorsorgeuntersuchungen: sicher durch die Schwangerschaft. https://aok-erleben.de/vorsorgeuntersuchungen-sicher-durch-die-schwangerschaft/ (18.2.2021).
Badinter, Elisabeth (2000). Wie aktuell ist Simone de Beauvoir? In: Alice Schwarzer (Hrsg.), *Man wird nicht als Frau geboren* (S. 24–37). Köln.
Beauvalet, Scarlett (1998). Die Chef-Hebamme: Herz und Seele des Pariser Entbindungshospitals von Port-Royal im 19. Jahrhundert. In: Jürgen Schlumbohm, Barbara Duden, Jacques Gélis & Patrice Veit (Hrsg.), *Rituale der Geburt. Eine Kulturgeschichte* (S. 221–241). München.
Beauvoir, Simone de (1951). *Das andere Geschlecht. Sitte und Sexus der Frau*. Hamburg (zuerst 1949 in Frankreich).
Beck, Lutwin (Hrsg.). (1986). *Zur Geschichte der Gynäkologie und Geburtshilfe*. Berlin, Heidelberg, New York, Tokio.
Beitl, Richard (1942). *Der Kinderbaum*. Berlin.
Beratung und Information für Frauen im Frauenzentrum Berlin-West (Hrsg.). (1975). *Anfänge einer feministischen Therapie*. Berlin.
Boivin, Marie-Anne-Victoire (1829). *Handbuch der Geburtshülfe, nach den Grundsätzen der Entbindungs-Anstalt zu Paris, und denen der berühmtesten in- und ausländischen Geburtshelfer: Mit 106 lithographirten Abbildungen, welche die Behandlung aller Arten der Entbindung zeigen, 6 synoptischen Tabellen, das Ergebniß von 24.214 Fällen darbietend, und einem Anhange: die Aphorismen von Mauriceau und Orazio Valota enthaltend*; ins Deutsche übersetzt von Robert, Ferdinand. Marburg.
Bönner, Pia (2018). Interview vom 29.6.2018. Unveröffentlicht.
Brandt-Schwermann, Silke (2018). Interview vom 29.6.2018. Unveröffentlicht.
Braun, Marlitt (2015). Interview vom 18.5.2015. Unveröffentlicht.
Brednich, Rolf Wilhelm (1982). *Lebenslauf und Lebenszusammenhang. Autobiographische Materialien in der Volkskundlichen Forschung*. Freiburg i. Br.

Bröckling, Ulrich (2007). *Das unternehmerische Selbst – Soziologie einer Subjektivierungsform*. Berlin.
Brüderle, Nicole (2016). *Kindbettgeschenke. Untersuchungen zu Ursprung, Form und Funktion von kunstgewerblichen Objekten als Gaben an die Mutter nach der Geburt*. Göttingen.
Busch, Dietrich Wilhelm Heinrich (1821). *Einrichtung der geburtshülflichen Klinik in der academischen Entbindungs-Anstalt zu Marburg*. Marburg.
Chalubinski, K. M. & Husslein, K. (2000). Normale Geburt. Zusammenfassung. https://link.springer.com/chapter/10.1007/978-3-642-98004-6_30 (18.2.2021).
Demel, Silja (2015). Interview vom 19.5.2015. Unveröffentlicht.
Deutscher Hebammenverband (o. J.a) Erfolgreiche E-Petition: Mehr als 200.000 Menschen unterstützen Hebammen in ihren Forderungen. https://www.hebammenverband.de/e-petition/ (12.2.2021).
Deutscher Hebammenverband (o. J.b). Unesco: Hebammenwesen ist immaterielles Kulturerbe, https://www.hebammenverband.de/beruf-hebamme/unesco-kulturerbe (12.2.2021).
Deutscher Hebammenverband (o. J.c). Hebammenhilfe – was steht Ihnen zu? https://www.hebammenverband.de/familie/hebammenhilfe/ (18.2.2021).
Deutscher Hebammenverband (o. J.d). Stellungnahmen und Positionen. https://www.hebammenverband.de/verband/berufspolitik/stellungnahmen/ (18.2.2021).
Deutscher Hebammenverband (2011). Presseerklärung vom 2. Dezember 2011 zum Pilotprojekt »Vergleich klinischer Geburten im Bundesland Hessen mit außerklinischen Geburten in von Hebammen geleiteten Einrichtungen bundesweit. Hrsg. v. GKV Spitzenverband und den Deutschen Hebammenverbänden, mit Unterstützung von QUAG e. V. (Gesellschaft für Qualität in der außerklinischen Geburtshilfe e. V.)«, Berlin. https://www.hebammenverband.de/presse/uebersicht/02122011/ (18.2.2021).
Deutscher Hebammenverband (Hrsg.). (2017). Zahlenspiegel zur Situation der Hebammen 6/2017. https://www.unsere-hebammen.de/w/files/tour-1/dhv-zahlenspiegel_web.pdf (18.2.2021).
Deutscher Hebammenverband (2020). Gegen die Schließung von Kreißsälen, https://www.unsere-hebammen.de/mitmachen/unterversorgung-melden (17.2.2021).
Deutsches Ärzteblatt (2016, 16. Dezember), 113(50), A 2294.
Dick-Read, Grantly (1962). *Mutterwerden ohne Schmerz: Die natürliche Geburt*. Hamburg.
Dipper, Christof (1980). *Die Bauernbefreiung in Deutschland 1790–1850*. Stuttgart, Berlin, Köln, Mainz.
Dohrn, Rudolf (1903). *Geschichte der Geburtshülfe der Neuzeit*. Tübingen.
Duden, Barbara (1994). *Der Frauenleib als öffentlicher Ort. Vom Missbrauch des Begriffs Leben*. München.
Duden, Barbara (1996). *Anatomie der guten Hoffnung. Bilder vom ungeborenen Menschen 1500–1800*. Stuttgart.
Duden, Barbara (1998). Die Ungeborenen. Vom Untergang der Geburt im späten 20. Jahrhundert. In: Jürgen Schlumbohm, Barbara Duden, Jacques Gélis & Patrice Veit (Hrsg.), *Rituale der Geburt. Eine Kulturgeschichte* (S. 149–168). München.
Duden, Barbara (2002). *Die Gene im Kopf – der Fötus im Bauch. Historisches zum Frauenkörper*. Hannover.
Duden, Barbara (2010). Von der Tauglichkeit der Geschichte für Hebammen. In: Daniel

Schäfer (Hrsg.), *Rheinische Hebammengeschichte im Kontext. Kölner Beiträge zur Geschichte und Ethik der Medizin, Bd. 1* (S. 273–284). Kassel.
Ebbers, Maike (2017). *Grenzüberschreitung und Grenzachtung im geburtshilflichen Kontext.* Bachelor-Thesis zur Erlangung des Grades »Bachelor of Science«. Katholische Hochschule Nordrhein-Westfalen, Abteilung Köln, Fachbereich Gesundheitswesen, Bachelorstudiengang Hebammenkunde, 22.5.2017.
Eder, Rieke (2015). Interview vom 24.5.2015. Unveröffentlicht.
Familienplanung.de (o. J.). Ultraschall-Untersuchungen in der Schwangerschaft. https://www.familienplanung.de/schwangerschaft/schwangerschaftsvorsorge/ultraschall/#c2793 (18.2.2021).
Favre, Adeline (1982). *Ich, Adeline, Hebamme aus dem Val d'Anniviers.* Zürich.
Fischer-Homberger, Esther (1975). *Geschichte der Medizin.* Berlin, Heidelberg, New York.
Flick, Uwe, von Kardorff, Ernst & Steinke, Ines (Hrsg.). (2008). *Qualitative Forschung. Ein Handbuch*, (6. Aufl.). Reinbek.
Foucault, Michel (1988). *Die Geburt der Klinik. Eine Archäologie des ärztlichen Blicks.* Frankfurt a. M.
Friedrich, Jana (2019). *Jede Geburt ist einzigartig: 50 Geschichten über die elementarste Erfahrung des Lebens.* München.
Fuchs-Heinritz, Werner (2005). *Biographische Forschung. Eine Einführung in Praxis und Methoden* (3. überarb. Aufl.). Wiesbaden.
Gamperl, Katharina (2012). *Die Lotusgeburt als Übergangsritual? Zur Bedeutung der Plazenta und Selbstbestimmtheit der Frau bei Geburt und Schwangerschaft.* Diplomarbeit an der Philosophischen Fakultät der Universität Wien.
Gaskin, Ina May (Hrsg.). (2012). *Die selbstbestimmte Geburt: Handbuch für werdende Eltern* (7. Aufl.). Krugzell.
Geburtshaus Marburg – Familie im Zentrum (o. J.). Warum Geburtshaus? https://www.geburtshaus-marburg.de/warum-geburtshaus (6.7.19).
Gélis, Jaques (1989). *Das Geheimnis der Geburt. Rituale, Volksglauben, Überlieferung.* München.
Gerhard, Ute (2009). *Frauenbewegung und Feminismus. Eine Geschichte seit 1789.* München.
Gesetz zur Reform der Hebammenausbildung und zur Änderung des Fünften Buches Sozialgesetzbuch (Hebammenreformgesetz-HebRefG) (2019, 28. November). Bundesministerium für Gesundheit, Bundesgesetzblatt, Jahrgang 2019, Teil I, Nr. 42.
Gibbons, Luz, Belizán, José M., Lauer, Jeremy A, Betrán, Ana P, Merialdi, Mario & Althabe, Fernando (2010). *World Health Report, 2010, Background Paper 30: The Global Numbers and Costs of Additionally Needed and Unnecessary Caesarean Sections Performed per Year: Overuse as a Barrier to Universal Coverage.* Hrsg. v. World Health Organisation.
Girtler, Roland (1998). *Landärzte. Als Krankenbesuche noch Abenteuer waren.* Wien, Köln, Weimar.
GKV Spitzenverband (o. J.). Zahlen, Daten, Fakten, Berechnungsbeispiele https://www.gkvspitzenverband.de/krankenversicherung/ambulante_leistungen/hebammen_geburtshaeuser/gkv_kennzahlen_hebammen/gkv_kennzahlen_hebammen.jsp (20.2.2021).
Goldstein, Rudolf (1932). *Die Zunahme der Anstaltsentbindungen im Deutschen Reich*

(Diss.). Berlin (Sonderdruck aus: *Archiv für Frauenkunde und Konstitutionsforschung*, *18*[4], 201–255).
Göttsch-Elten, Silke & Lehmann, Albrecht (2007). *Methoden der Volkskunde. Positionen, Quellen, Arbeitsweisen der Europäischen Ethnologie* (2. überarb. und erw. Aufl.) Berlin.
Greif, Rabea (2016). Interview vom 15.1.2016. Unveröffentlicht.
Groß, Hilka (2015). Interview vom 6.12.2015. Unveröffentlicht.
Grube, Utta (2018). Interview vom 6.7.2018. Unveröffentlicht.
Hahn, Asta (2018). Interview vom 4.7.2018. Unveröffentlicht.
Hamann, Helga (1989). *Die Hebammen und ihre Berufsorganisation. Ein geschichtlicher Überblick* (5. Aufl.). Hannover.
Hamann, Jadwiga (2018). Interview vom 25.7.2018. Unveröffentlicht.
Hasenjäger, Andres (2002). *Primary Nursing als Konzept für die Pflege und Beratung von Frauen im Wochenbett unter besonderer Berücksichtigung der Stillförderung*. Diplomarbeit, Evangelische Fachhochschule Berlin.
Hauck, Carola (2019). *Die sichere Geburt – Wozu Hebammen?* Dokumentarfilm. München.
Hebammen für Deutschland e.V. (2018). UNESCO-Nominierung des Hebammenwesens, 19. Dezember 2018 (20.2.2021).
Heidiri, Adrian Maria (2015). *Die Erfindung der natürlichen Geburt. Diskurs um Geburtshilfe (1976–1983) – neue Frauenbewegungen, Gynäkologen und Hebammen zwischen Sicherheit und Selbstbestimmung*. Examensarbeit. Historisches Seminar, Albert-Ludwigs-Universität Freiburg im Breisgau.
Heil, Dietlinde (2016). Interview vom 28.4.2016. Unveröffentlicht.
Heimberg, Anke (Hrsg.). (2005). *»… das erste und einzige feministische Archiv in Marburg.« 15 Jahre feministisches Archiv Marburg*. Marburg.
Hessisches Staatsarchiv Marburg. HStAM, Bestand 261, 1837 – 48.
Hessisches Staatsarchiv Marburg. HStAM, Bestand 268 Kassel, Nr. 16, 1864: 160.
Hessisches Staatsarchiv Marburg. HStAM 305a; Nr. 4.
Hessisches Staatsarchiv Marburg. HStAM 305 a; A IV, 3 c, δ 1, Nr. 4 und Nr. 32.
Hessisches Staatsarchiv Marburg. HStAM, Bestand 305 a; A IV, 3 c, δ 1, Nr. 32, Katalog von 1829.
Hessisches Staatsarchiv Marburg. HStAM 305 a; A IV, 3 c, δ 1, Nr. 42, Hüter am 7.2.1847.
Hetrodt, Ewald (2019). Mehr Kaiserschnitte als anderswo. FAZ.net. https://www.faz.net/aktuell/rhein-main/region-und-hessen/mehr-kaiserschnitte-in-hessischen-geburtskliniken-16149510.html (18.2.2021).
Hillemanns, Hans-Günther & Steiner, Heiko (Hrsg.). (1976). Vorwort. In: Dies., *Die programmierte Geburt*. 1. Freiburger Kolloquium, September 1976 (S. V–VII). Stuttgart.
Hirsch, August (1884–1888). *Biographisches Lexikon der hervorragenden Ärzte aller Zeiten und Völker*. Wien.
Hopf, Christel (2008). Qualitative Interviews – ein Überblick. In: Uwe Flick Ernst von Kardorff & Ines Steinke et al. (Hrsg.), *Qualitative Forschung. Ein Handbuch* (6. Aufl.). (S. 349–360). Reinbek.
Horner, Maria (1985). *Aus dem Leben einer Hebamme* (hrsg. v. Christa Hämmerle). Wien, Köln, Graz.
Hunter, William (1774). *Anatomia Uteri Humani Gravidi Tabulis Illustrata*. Birmingham.
Ide, Helma (2018). Interview vom 22.8.2018. Unveröffentlicht.

Illich, Ivan (1975). *Die Nemesis der Medizin: Die Kritik der Medikalisierung des Lebens*. Hamburg.
Internationale Gesellschaft für Pränatale und Perinatale Psychologie und Medizin. Fachgesellschaft für die wissenschaftliche Erforschung der frühsten menschlichen Lebensphase (o.J.). Empfängnis – Schwangerschaft – Geburt – frühe Kindheit. https://isppm.de/ (20.2.2021).
Jäger, Miltraud (2016). Interview vom 8.1.2016. Unveröffentlicht.
Jansen, Liviana (2017, 23. Juni). Hebammen kämpfen ums Überleben. *Waiblinger Kreiszeitung*.
Jung, Tina (2014/2015). *Die Ökonomisierung der Geburtshilfe? Hessische Studie zur Versorgungsqualität in Schwangerschaft und Geburt*. Gefördert vom Hessischen Ministerium für Wissenschaft und Kunst (HMWK). Projektlaufzeit: November 2014–Dezember 2015. Unveröffentlicht
Jung, Tina (2017). Die »gute Geburt« – Ergebnis richtiger Entscheidungen? Zur Kritik des gegenwärtigen Selbstbestimmungsdiskurses vor dem Hintergrund der Ökonomisierung des Geburtshilfesystems. In: *GENDER. Zeitschrift für Geschlecht, Kultur und Gesellschaft*, (2), 30–45.
Jung, Tina (2018). Sichere Geburten? Aspekte der Versorgungsqualität in der Geburtshilfe in Zeiten der Ökonomisierung des Gesundheitssystems. In: Helga Krüger-Kirn & Laura Wolf (Hrsg.), *Mutterschaft zwischen Konstruktion und Erfahrung* (S. 63–77). Opladen & Toronto.
Junghans, Urte (2015). Interview vom 15.6.2015. Unveröffentlicht.
Kahl, Reglinde (2018). Interview vom 26.10.2018. Unveröffentlicht.
Klinik für Frauenheilkunde und Geburtshilfe (o.J.). Beckenendlage. https://www.kgu.de/einrichtungen/kliniken/klinik-fuer-frauenheilkunde-und-geburtshilfe/geburtshilfe/risikosprechstunde/beckenendlage/Universitätsklinikum Frankfurt (20.2.2021).
Köhler, Hilla (2018). Interview vom 3.10.2018. Unveröffentlicht.
Kolip, Petra, Nolting, Hans-Dieter & Zich, Karsten (Hrsg.). (2012). *Faktencheck Gesundheit. Kaiserschnittgeburten – Entwicklung und regionale Verteilung*. Erstellt im Auftrag der Bertelsmann Stiftung. Gütersloh.
Krafft-Ebing, Richard von (1902). *Psychosis menstrualis. Eine klinisch-forensische Studie*. Stuttgart.
Krohne, Otto (1923). *Das preußische Hebammengesetz vom 20. Juli 1922*. Osterwieck am Harz.
Krüger-Fürhoff, Irmela Marei (2013). Körper. In: Christina von Braun & Inge Stephan (Hrsg.), *Gender@Wissen. Ein Handbuch der Gender-Theorien* (3. überarb. u. erw. Aufl.) (S. 66–80). Köln, Weimar, Wien.
Krüger-Kirn, Helga & Wolf, Laura (Hrsg.). (2018). *Mutterschaft zwischen Konstruktion und Erfahrung*. Opladen & Toronto.
Küfner, Malte (2018). Interview vom 4.7.2018. Unveröffentlicht.
Kuhn, Walter & Tröhler, Ulrich (Hrsg.). (1987). *Armamentarium obstetricium Gottingense. Eine historische Sammlung zur Geburtsmedizin*. Göttingen.
Kuntner, Liselotte (1994). *Die Gebärhaltungen der Frau. Schwangerschaft und Geburt aus geschichtlicher, völkerkundlicher und medizinischer Sicht* (4. ergänzte Aufl.). München.

Kuntner, Liselotte (2004). Plazentabestattung im Kulturvergleich. Zum Umgang mit der Nachgeburt. In: *curare*, 27(3), 279–293.
Kunz, Tobias (2019, 28. Mai). Geburten lohnen sich einfach nicht mehr. *Oberhessische Presse*, 4.
Labouvie, Eva (1998). *Andere Umstände. Eine Kulturgeschichte der Geburt*. Köln, Weimar, Wien.
Labouvie, Eva (1999). *Beistand in Kindsnöten. Hebammen und weibliche Kultur auf dem Land (1550–1910)*. Frankfurt a. M., New York.
Lachapelle, Marie Louise (1921–1825). *Pratique des accouchemens, ou, Mémoires, et observations choisies, sur les points les plus importans de l'art*. Paris.
Lachmann, Rosanna (2015). Interview vom 29.5.2015. Unveröffentlicht.
Landesdenkmalamt Baden-Württemberg & Historische Gesellschaft Bönningheim e. V. (Hrsg.). (1997). *»Wo weder Sonne noch Mond hinscheint«. Archäologische Nachweise von Nachgeburtsbestattungen in der frühen Neuzeit*. Stuttgart.
Leboyer, Frederick (1974). *Der sanfte Weg ins Leben. Geburt ohne Gewalt*. München.
Lehmann, Albrecht (1982a). Leitlinien des lebensgeschichtlichen Erzählens. In: Rolf Wilhelm Brednich (Hrsg.), *Lebenslauf und Lebenszusammenhang. Autobiographische Materialien in der volkskundlichen Forschung* (S. 71–87). Freiburg i. Br.
Lehmann, Albrecht (1982b). *Erzählstruktur und Lebenslauf. Autobiographische Untersuchungen*. Frankfurt a. M.
Lehmann, Albrecht (1993). *Im Fremden ungewollt zuhaus. Flüchtlinge und Vertriebene in Westdeutschland 1945–1990*. München.
Lehmann, Albrecht (2007). *Reden über Erfahrung. Kulturwissenschaftliche Bewusstseinsanalyse des Erzählens*. Berlin.
Lehmann, Volker (1986). Zur Geschichte der Uterusnaht beim Kaiserschnitt. In: Lutwin Beck (Hrsg.), *Zur Geschichte der Gynäkologie und Geburtshilfe* (S. 95–102). Berlin, Heidelberg, New York, Tokio.
Lisner, Wiebke (2006). *»Hüterinnen der Nation«. Hebammen im Nationalsozialismus*. Frankfurt a. M.
Lister, Birthe (2015). Interview vom 10.6.2015 Unveröffentlicht.
Louwen, Frank (2020). *Praxismanual Beckenendlagenentbindung*. Berlin.
Loytved, Christine (2002). *Hebammen und ihre Lehrer. Wendepunkte in Ausbildung und Amt Lübecker Hebammen (1730–1850)*. Osnabrück.
Loytved, Christine (2016). *Qualitätsbericht 2014, Außerklinische Geburtshilfe in Deutschland*. Hrsg. im Auftrag der Gesellschaft für Qualität in der außerklinischen Geburtshilfe e. V. (QUAG e. V.). Storkow.
Loytved, Christine & Wenzlaff, Paul (2007). *Außerklinische Geburt in Deutschland*. Hrsg. v. d. Gesellschaft für Qualität in der außerklinischen Geburtshilfe e. V. (QUAG e. V.). Bern.
LR online (2015, 18. April). Neue Forster Geburtsstation eröffnet. https://www.lr-online.de/lausitz/forst/neue-forster-geburtsstation-eroeffnet-36812074.html (22.2.2021).
Lutz, Ulrike & Kolip, Petra (2006). *Die GEK Kaiserschnittstudie (2006)*. Schriftenreihe zur Gesundheitsanalyse Band 42. Bremen/Schwäbisch Gmünd.
Mädrich, Julia & Nicolaus, Ulrike (1999). Hebammen im Nationalsozialismus. In: Marita Metz-Becker (Hrsg.), *Hebammenkunst gestern und heute. Zur Kultur des Gebärens durch drei Jahrhunderte* (S. 70–77). Marburg.
Mahlke, Tosca (2015). Interview vom 3.12.2015. Unveröffentlicht.

Mann, Traude (2015). Interview vom 9.6.2015. Unveröffentlicht.
Martin, Emily (1989). *Die Frau im Körper. Weibliches Bewußtsein, Gynäkologie und die Reproduktion des Lebens.* Frankfurt a. M., New York.
Maygrier, Jaques-Pierre (1822). *Nouvelles démonstrations d'accouchements.* Paris.
Meissner, Brigitte R. (Hrsg.). (2011). *Emotionale Narben aus Schwangerschaft und Geburt auflösen: Mutter-Kind-Bindungen heilen oder unterstützen – in jedem Alter.* Winterthur.
Metz-Becker, Marita (1997). *Der verwaltete Körper. Die Medikalisierung schwangerer Frauen in den Gebärhäusern des frühen 19. Jahrhunderts.* Frankfurt a. M., New York.
Metz-Becker, Marita (1998). Die Hebammen und »die Gränzen ihres Handwerks« – Von studierten Geburtshelfern und anderen Merkwürdigkeiten in der Geschichte der Medizin. In: *Deutsche Hebammen Zeitschrift*, (1), 10–13.
Metz-Becker, Marita (Hrsg.). (1999). *Hebammenkunst gestern und heute. Zur Kultur des Gebärens durch drei Jahrhunderte.* Marburg.
Metz-Becker, Marita (Hrsg.). (2006). *Wenn Liebe ohne Folgen bliebe ... Zur Kulturgeschichte der Verhütung.* Marburg.
Metz-Becker, Marita (2014). Die »Kaisergeburtsgeschichte« der Maria Sophia Dickscheidt (1782). G. W. Steins Kaiserschnittbistouri im Marburger Museum Anatomicum. In: Irmtraut Sahmland & Kornelia Grundmann (Hrsg.), *Tote Objekte – Lebendige Geschichten. Exponate aus den Sammlungen der Philipps-Universität Marburg* (S. 176–188). Petersberg.
Metz-Becker, Marita (2015). Empfehlungsschreiben für die Deutschen Hebammenverbände zur Bewerbung bei der UNESCO, das Hebammenwesen als Immaterielles Kulturerbe unter Schutz zu stellen. https://www.hebammenverband.de/beruf-hebamme/unesco-kulturerbe/ (18.2.2021).
Metz-Becker, Marita (2016). *Gretchentragödien. Kindsmörderinnen im 19. Jahrhundert.* Sulzbach am Taunus.
Metz-Becker, Marita & Maurer, Susanne (Hrsg.). (2010). *Studentinnengenerationen – Hundert Jahre Frauenstudium in Marburg.* Marburger Stadtschriften zur Geschichte und Kultur Band 96. Marburg.
Metz-Becker, Marita & Schmidt, Stephan (Hrsg.). (2000). *Gebärhaltungen im Wandel. Kulturhistorische Perspektiven und neue Zielsetzungen.* Marburg.
Mother Hood e. V. (o. J.). Eltern fordern sichere Geburten. https://www.mother-hood.de/aktuelles/aktuelles.html (18.2.2021).
Mundlos, Christina (2015). *Gewalt unter der Geburt. Der alltägliche Skandal.* Marburg.
Mutke, Hans Guido (1977, 13. Januar). Die programmierte Beendigung der Schwangerschaft und die terminierte Geburt. In: *Deutsches Ärzteblatt*, (2), 93.
Nast, Mareike (2018). Interview vom 16.8.2018. Unveröffentlicht.
Nadig, Maya (2011). Körperhaftigkeit, Erfahrung und Ritual: Geburtsrituale im interkulturellen Vergleich. In: Paula-Irene Villa, Stephan Moebius & Barbara Thiessen (Hrsg.), *Soziologie der Geburt* (S. 39–73). Frankfurt a. M., New York.
Niemeyer, Wilhelm Hermann (1828). Das Gebärhaus an der Universität Halle als Lehr- und Entbindungsanstalt. In: *Zeitschrift für Geburtshülfe und praktische Medizin*, (1), 24–156.
Niethammer, Lutz (1980). *Lebenserfahrung und kollektives Gedächtnis. Die Praxis der »Oral History«.* Frankfurt a. M.

Oblasser, Caroline, Ebner, Ulrike & Wesp, Gudrun (2007). *Der Kaiserschnitt hat kein Gesicht*. Salzburg.
Oblasser, Caroline & Eirich, Martina (Hrsg.). (2009). *Luxus Privatgeburt – Hausgeburten in Wort und Bild*. Salzburg.
Odent, Michel (1978). *Die sanfte Geburt*. München.
Oesterlen, Friedrich (1865). *Handbuch der medicinischen Statistik*. Tübingen.
Osiander, Friedrich Benjamin (1794). *Denkwürdigkeiten für die Heilkunde und Geburtshülfe*. Göttingen.
Otto, Barbara (2004). Die Nachgeburt. Eine volkskundliche Spurensuche. In: Kurt Sartorius & Historische Gesellschaft Bönnigheim e.V. (Hrsg.), *»Damit's Kind g'sund bleibt« – Tabu Nachgeburtsbestattung*. Bönnigheim.
Pathologisch-Anatomisches Bundesmuseum Wien (Hrsg.). (1999). *Geburtshilfe und Geburtsmedizin einst und heute*. Wien.
Peters, Katja (2019, 16. Mai). Professor Erhard Daume: Ein Pionier der Hormonbehandlung zum 90. Geburtstag. *Oberhessische Presse*, 5.
Pfeiffer, Nala (2018). Interview vom 12.6.2018. Unveröffentlicht.
Pilotprojekt zum Vergleich klinischer Geburten im Bundesland Hessen mit außerklinischen Geburten in von Hebammen geleiteten Einrichtungen bundesweit (2011). Hrsg. v. GKV-Spitzenverband und den Deutschen Hebammenverbänden, mit Unterstützung von QUAG e.V. (Gesellschaft für Qualität in der außerklinischen Geburtshilfe e.V.). Berlin. https://www.gkv-spitzenverband.de/media/dokumente/krankenversicherung_1/ambulante_leistungen/geburtshaeuser/Geburtshaeuser_Nov-2011_Pilotprojekt_Vergleich__klin-ausserklin_Geburten_GKV-SV.pdf (28.1.2021).
Plattner, Sibilla (2015). Interview vom 7.12.2015. Unveröffentlicht.
Pressestelle des Deutschen Hebammenverbandes (2019). *Zahlenspiegel zur Situation der Hebammen* 4/2019.
Pulz, Waltraud (1994). *»Nicht alles nach der Gelahrten Sinn geschrieben« – Das Hebammenanleitungsbuch von Justina Siegemund. Zur Rekonstruktion geburtshilflichen Überlieferungswissens frühneuzeitlicher Hebammen und seiner Bedeutung bei der Herausbildung der modernen Geburtshilfe*. München.
QUAG e.V. (Gesellschaft für Qualität in der außerklinischen Geburtshilfe) (o.J.). Startseite. https://www.quag.de/ (20.2.2021).
Rahden, Oda von (2011). *Die Wahl des Geburtsorts – Eine Analyse der Entscheidungskriterien schwangerer Frauen am Beispiel des Hebammenkreißsaals*. Dissertation Universität Bremen, 31.8.2011.
Rose, Lotte & Schmied-Knittel, Ina (2011). Magie und Technik: Moderne Geburt zwischen biografischem Event und kritischem Ereignis. In: Paula-Irene Villa, Stephan Moebius & Barbara Thiessen (Hrsg.), *Soziologie der Geburt* (S. 75–100). Frankfurt a.M., New York.
Ruben, Ortrud (2015). Interview vom 19.6.2015. Unveröffentlicht.
Schenk, Herrad (1992). *Die feministische Herausforderung*. München.
Schlumbohm, Jürgen Barbara Duden, Jacques Gélis & Patrice Veit (Hrsg.). (1998). *Rituale der Geburt. Eine Kulturgeschichte*. München.
Schlumbohm, Jürgen (2012). *Lebendige Phantome. Ein Entbindungsspital und seine Patientinnen 1751–1830*. Göttingen.

Schlumbohm, Jürgen & Wiesemann, Claudia. (2004). *Die Entstehung der Geburtsklinik in Deutschland 1751–1850*. Göttingen.
Schmitt, Sidonia (2016). Interview vom 3.2.2016. Unveröffentlicht.
Schmitz, Britta (1994). *Hebammen in Münster. Historische Entwicklung, Lebens- und Arbeitsumfeld, berufliches Selbstverständnis*. Münster.
Schönfeld, Walther (1948). *Frauen in der abendländischen Heilkunde vom klassischen Altertum bis zum Ausgang des 19. Jahrhunderts*. Stuttgart.
Schumann, Marion (2009). *Vom Dienst an Mutter und Kind zum Dienst nach Plan: Hebammen in der Bundesrepublik 1950–1975*. Osnabrück.
Schumann, Marion (2010). Dienstleistung statt sozialer Betreuung – Der Auftrag von Hebammen in der Bundesrepublik Deutschland bis 1970 im Umbruch. In: Daniel Schäfer (Hrsg.), *Rheinische Hebammengeschichte im Kontext* (S. 251–272). Kassel.
Schütze, Fritz (1983). Biographieforschung und narratives Interview. In: *Neue Praxis, 13*(3), 283–293.
Schwarzer, Alice (1999). *Simone de Beauvoir. Rebellin und Wegbereiterin*. Köln.
Schwarzer, Alice (Hrsg.). (2000). *Man wird nicht als Frau geboren*. Köln.
Selow, Monika (2015). QM in der Freiberuflichkeit, Teil 15: Geburtsort-Wahlrecht der Frau. In: *Deutsche Hebammenzeitschrift, 7*, 60.
Siebold, Eduard Caspar Jacob von (1839–1845). Versuch einer Geschichte der Geburtshülfe. 2. Bde. Berlin. Neuer Abdruck von Franz Pietzcker. Tübingen 1901.
Sommer, Daniela (2019). Kleine Anfrage von Dr. Daniela Sommer (SPD) im Hessischen Landtag vom 27.2.2019 zum Thema Kaiserschnitt in der Geburtshilfe und Antwort des Ministers für Soziales und Integration. http://starweb.hessen.de/cache/DRS/20/6/00256.pdf (25.1.2021).
Stamm, Levke (2018). Interview vom 15.3.2018. Unveröffentlicht.
Staatsarchiv Marburg. StAM 16, Ministerium des Innern, Rep. VI, Kl. 17, Nr. 8, Hüter am 4.3.1852.
Statistisches Bundesamt (2018). Pressemitteilung Nr. 349 vom 17. September 2018: 30,5 % der Krankenhausentbindungen per Kaiserschnitt im Jahr 2017. https://www.destatis.de/DE/Presse/Pressemitteilungen/2018/09/PD18_349_231.html (20.2.2021).
Stein, Georg Wilhelm (1801). *Katechismus zum Gebrauche der Hebammen in den Hochfürstlichen Hessischen Landen nebst Hebammenordnung und Anlagen*. Marburg.
Stiel, Katrina (2018). Interview vom 7.6.2018. Unveröffentlicht.
Stieldorf, Andrea, Mättig, Ursula & Neffgen, Ines (Hrsg.). (2018). *Doch plötzlich emanzipiert will Wissenschaft sie treiben. Frauen an der Universität Bonn 1818–2018*. Bonner Schriften zur Universitäts- und Wissenschaftsgeschichte, Bd. 9. Göttingen.
Stollowsky, Lilli (2016). *Hilfe, meine Hebamme ist weg! Über die Abschaffung eines Berufes*. Norderstedt.
Tannert, Ina (18.12.2019. Hebammen bekommen Prämie für jede Geburt. *Oberhessische Presse*, 11.
Thieme (o. J.). »Normale Geburt« soll immaterielles Kulturerbe werden. https://www.thieme.de/de/hebammenarbeit/normale-geburt-immaterielles-kulturerbe-53835.htm (20.2.2021).
Thurnwald, Andrea K. (1994). *Kind, du bist uns anvertraut. Geburt und Taufe im Leben fränkischer Familien und Gemeinden*. Fränkisches Freilandmuseum Bad Windsheim.
Traube, Michaela (2018). Interview vom 3.7.2018. Unveröffentlicht.

Turner, Victor W. (1998). Liminalität und Communitas. In: Andréa Belliger & David J. Krieger (Hrsg.), *Ritualtheorien. Ein einführendes Handbuch* (S. 251–264). Opladen.

van Gennep, Arnold (2005). *Übergangsriten* (3. erweiterte Auflage). Frankfurt a. M., New York.

Verbund Hebammenforschung (Hrsg.). (2007). *Handbuch Hebammenkreißsaal. Von der Idee zur Umsetzung.* Osnabrück.

Versorgung durch Hebammen im Kreis ist Thema. Gemeinsame Versorgungskonferenz von Kreis und Stadt rund um das Thema Geburt (2019, 14. November). *Oberhessische Presse*, 10.

Villa, Paula-Irene, Moebius, Stephan & Thiessen, Barbara (Hrsg.). (2011). *Soziologie der Geburt.* Frankfurt a. M., New York.

Vogt, Irmgard (1989). Die Gesundheit der Frauen ist Frauensache. Die Frauengesundheitsbewegung. In: *Argument-Sonderband AS 186*, 123–134.

Vorländer, Herwart (Hrsg.). (1990). *Oral History. Mündlich erfragte Geschichte.* Göttingen.

Jansen, Liviana (2017, 23. Juni). Hebammen kämpfen ums Überleben. *Waiblinger Kreiszeitung.*

Weber-Kellermann, Ingeborg & Stolle, Walter (1971). *Volksleben in Hessen.* Göttingen.

Werner-Staude, Monika (2017, 17. Mai). Hebammenschwund: Wohnortnahe Geburt ist in Gefahr. *Westdeutsche Zeitung.* https://www.wz.de/politik/landespolitik/hebammenschwund-wohnortnahe-geburt-ist-in-gefahr_aid-25370029 (18.2.2021).

Werthmann, Liesel (2015). Interview vom 6.7.2015. Unveröffentlicht.

Wissenschaftliche Dienste des Deutschen Bundestages (2018). Dokumentation WD 9 - 3000 - 043/18: Informationen zur Schließung von Krankenhäusern während der letzten Jahre sowie zur Schließung von Geburtshilfeabteilungen. https://www.bundestag.de/resource/blob/569502/6820e8ed9f66a420a0b25f754b0ab48c/WD-9-043-18-pdf-data.pdf (28.1.2021).

Zglinicki, Friedrich von (1990). *Geburt und Kindbett im Spiegel der Kunst und Geschichte.* Aachen.

Verzeichnis der Abbildungen

Abbildung 1: Marie Anne Victorine Boivin-Gillain, Dr. med. h. c. Philipps-Universität Marburg. Aus: Walther Schönfeld, Frauen in der abendländischen Heilkunde vom klassischen Altertum bis zum Ausgang des 19. Jahrhunderts, Stuttgart 1948, Tafel IV.

Abbildung 2: Hausgeburtsszene mit Accoucheur, Hebamme und dem Gebärstuhl nach Georg Wilhelm Stein aus Kassel. Anonymer Kupferstich. Aus: Friedrich Benjamin Osiander: Abhandlung von dem Nutzen und der Bequemlichkeit eines Steinischen Geburtsstuhls, Tübingen 1790.

Abbildung 3: Totalpräparat einer Schwangeren. Museum Anatomicum Marburg. Foto: Marita Metz-Becker.

Abbildung 4: Der Geburtshelfer tastet die stehende Schwangere ab, ohne einen Blick unter ihren Rock zu werfen. Lithografie nach Antoine Chazal von Francois-Louis Couché. Aus: Jaques-Pierre Maygrier, Nouvelles démonstrations d'accouchements, Paris 1822.

Abbildung 5: Foetus in utero. Aus: William Hunter, Anatomia Uteri Humani Gravidi Tabulis Illustrata. Copperplate engraving by Jan van Riemsdyk, Birmingham 1774, Table VI.

Abbildung 6: Abschlussfoto des Hebammenkurses 1911 der Marburger Hebammenlehranstalt. Aus: Metz-Becker, Marita (Hrsg.), Hebammenkunst gestern und heute. Zur Kultur des Gebärens durch drei Jahrhunderte, Marburg 1999, S. 79.

Abbildung 7: Geburtshau Rödgen. Foto: Dorothea Heidorn.

Abbildung 8: Anzahl freiberuflich tätiger Hebammen. Grafik: GKV Spitzenverband. https://www.gkvspitzenverband.de/gkv_spitzenverband/presse/zahlen_und_grafiken/gkv_kennzahlen_hebammen/gkv_kennzahlen_hebammen.jsp (25.2.2021).

Abbildung 9: Hebammenkoffer, Anfang 20. Jahrhundert. Wikimedia Commons, Wolfgang Sauber. Creative Commons Attribution-Share Alike 3.0 Unported. https://commons.wikimedia.org/wiki/File:ML_-_Hebammenkoffer_1.jpg (25.2.2021).

Abbildung 10: Deutsche Bundespost, Wohlfahrtsmarke, Hebamme mit Kind, Erstausgabetag 1.10.1956. Privatbesitz.

Abbildung 11: Wöchnerinnenschüssel aus Hessen, 19. Jahrhundert. © Museumslandschaft Hessen Kassel, Volkskundesammlung.

Abbildung 12: Geburt des Johannes, Johann von der Leyten, 1512. Altarretabel in der Elisabethkirche zu Marburg. Foto: Marita Metz-Becker.

Abbildung 13: Denkmal für die Hebamme Johanna Volke (1892–1963) in Bad Sassendorf, Entwurf. Bildhauer: Michael Düchting, Soest. Foto: Tagungs- und Kongresszentrum Bad Sassendorf GmbH/Marketing.

Abbildung 14: Neugeborenes im Säuglingszimmer einer Marburger Klinik, 1980er Jahre. Foto: Marita Metz-Becker.

Abbildung 15: Hebammen-Hörrohr. Privatbesitz. Foto: Marita Metz-Becker.

Abbildung 16: Hebamme Tatjana Meier, Gießen, mit Neugeborenem nach einer Klinikgeburt. 2020. Foto: Privatbesitz Marita Metz-Becker.

Abbildung 17: Antike Geburtsszene, Gebärende mit Hebamme und Helferinnen. Kopie spätes 18. Jahrhundert, Italien. Privatbesitz Liselotte Kuntner.

Abbildung 18: Magnet. ©Hebammen für Deutschland e. V.

Abbildung 19: Werbe-Flyer Hebammenschule Marburg. © Heinz Keßler.

Abbildung 20: Neuer Kreißsaal in der Lausitz Klinik Forst. © Fotostudio Vonderlind.

Abbildung 21: Kaiserschnittrate 2017 in Prozent. Grafik: Destatis. https://www.destatis.de/DE/Presse/Pressemitteilungen/2018/09/PD18_349_231.html (25.2.2021).

Abbildung 22: Logo UNESCO-Nominierung des Hebammenwesens. ©Hebammen für Deutschland e. V.

Abbildung 23: Hebammenkreißsäle in Deutschland. Deutscher Hebammenverband. https://www.hebammenverband.de/familie/hebammen-kreisssaele/ (25.2.2021).

Abbildung 24: Frau aus Bauerbach und Hebamme mit dem Säugling auf dem Arm, 1950. Fotosammlung Walter Weitzel, Marburg-Bauerbach. Historische Bilddokumente: https://www.lagis-hessen.de/de/subjects/idrec/sn/bd/id/48-049 (25.2.2021).

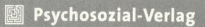
Psychosozial-Verlag

Helga Krüger-Kirn, Marita Metz-Becker, Ingrid Rieken (Hg.)
Mutterbilder
Kulturhistorische, sozialpolitische und psychoanalytische Perspektiven

2015 · 199 Seiten · Broschur
ISBN 978-3-8379-2500-5

Karrierefrau vs. Vollzeitmama, Arbeitsteilung vs. Doppelbelastung, schwaches Geschlecht vs. Powerfrau – welche Auswirkungen hat Muttersein auf das Frauenbild und welche Rollenbilder lassen sich auch mit Kind realisieren?

Das Bild der Mutter ist sowohl traditionell geformt als auch einem stetigen Wandel unterworfen. Kulturelle Ideale und Leitbilder sowie das individuelle Selbstverständnis prägen unser Bild von Mutterschaft. Vor diesem Hintergrund ist zu fragen: Wie »natürlich« sind Muttersein und Mutterliebe? Wie wirken sich gesellschaftliche Anforderungen – zum Beispiel die Vereinbarkeit von Beruf und Familie – auf die Rolle der Frau und Mutter und die neu zu definierende Rolle des Vaters aus?

Die Autorinnen gehen diesen Fragen nach und beleuchten sowohl die historische Dimension der jeweiligen Mutterbilder als auch gegenwärtige Probleme und Phänomene des Mutterschaftsmythos. Sie hinterfragen Stereotype und Familienleitbilder, untersuchen die körperlichen und psychischen Dimensionen von Mutterschaft und zeigen Handlungsspielräume und Gestaltungsmöglichkeiten für selbstbestimmtes Mutter- und Vatersein auf.

Mit Beiträgen von Karin Flaake, Helga Krüger-Kirn, Marita Metz-Becker, Ingrid Rieken, Elisabeth de Sotelo, Sabine Toppe und Ulrike Wagner-Rau sowie einem Beitrag des Galeristen Michael W. Schmalfuß

Walltorstr. 10 · 35390 Gießen · Tel. 0641-969978-18 · Fax 0641-969978-19
bestellung@psychosozial-verlag.de · www.psychosozial-verlag.de

Psychosozial-Verlag

Ursula Henzinger
Stillen
Kulturgeschichtliche Überlegungen zur frühen Eltern-Kind-Beziehung

2020 · 264 Seiten · Broschur
ISBN 978-3-8379-2906-5

»**Stillen ist mehr als Nahrung.**«
Brigitte Benkert, Hebammeninfo

Stillen gilt als das Natürlichste der Welt und doch ist es für viele Frauen mit Stress und Konflikten verbunden. Auf der Suche nach den Gründen entfaltet Ursula Henzinger eine Kulturgeschichte des Stillens. Dabei betrachtet sie die unterschiedlichen Frauen- und Mutterbilder, Stillmythen und Ammenmärchen sowie die Mutter-Kind- und Vater-Kind-Beziehung aus historischer und soziologischer Perspektive. So zeigt Henzinger, welche Bedeutung das Stillen für die Bindung von Eltern und Kind hat, welche emotionalen Herausforderungen es für stillende Mütter zu bewältigen gibt und wie Eltern bewusster mit eigenen Ambivalenzen, Schwächen und Stärken umgehen können.

Walltorstr. 10 · 35390 Gießen · Tel. 0641-969978-18 · Fax 0641-969978-19
bestellung@psychosozial-verlag.de · www.psychosozial-verlag.de

Marita Metz-Becker
Gretchentragödien
Kindsmörderinnen im 19. Jahrhundert (1770–1870)

2021 · 254 Seiten · Broschur
ISBN 978-3-8379-3101-3

»Das Verdienst der gut lesbaren Studie *Gretchentragödien* ist, die rund hundert hessischen Kindsmörderinnen der Jahre 1770 bis 1870 dem Vergessen entrissen zu haben. Dank der Arbeit mit den Prozessakten gelingt es Marita Metz-Becker, die meist tristen Lebensumstände der Kindsmörderinnen zu rekonstruieren und in ihrem zeit- und sozialgeschichtlichen Zusammenhang zu kontextualisieren.«
Meret Fehlmann, Schweizerisches Archiv für Volkskunde, 112 (2016)

Goethes Gretchentragödie hat das Bild der Kindsmörderin nachhaltig geprägt. Doch was bedeutete eine ungewollte Schwangerschaft im 18. und 19. Jahrhundert wirklich? In welchem gesellschaftlichen Klima wurden Mütter zu Mörderinnen?

Marita Metz-Becker verfolgt die Spuren, die diese Frauen in Akten und Archiven hinterlassen haben. Die Autorin schildert die prekären Lebensumstände der Täterinnen, insbesondere von Dienstmägden, die sich zwischen gesellschaftlicher Ächtung und Scham in einer für sie aussichtslosen Lage wiederfanden. In ihrer kulturwissenschaftlichen Studie untersucht die Autorin den Kindsmord als historisches Phänomen, tief in die Dynamiken und Widersprüche seiner Zeit verstrickt.